KB201723

10대라면 반드시 알아야 할 법률 이야기

10대라면 반드시 알아야 할
법률 이야기

초판 1쇄 인쇄 2025년 5월 23일
초판 1쇄 발행 2025년 5월 30일

지은이 박길홍

펴낸이 박세현
펴낸곳 팬덤북스

기획 편집 곽병완
디자인 김민주
마케팅 전창열
SNS 홍보 신현아

주소 (우)14557 경기도 부천시 조마루로 385번길 92 부천테크노밸리유1센터 1110호

전화 070-8821-4312 | **팩스** 02-6008-4318
이메일 fandombooks@naver.com
블로그 http://blog.naver.com/fandombooks

출판등록 2009년 7월 9일(제386-251002009000081호)

ISBN 979-11-6169-351-4 03360

법조항과 판결문으로 쉽게 이해하는 법의 모든 것

10대라면
반드시 알아야 할

법률 이야기

팬덤북스

찬바람이 불기 시작하던 작년 겨울 원고를 의뢰받고는 개나리가 필 때 즈음에 책이 나올 거라 이야기 드렸었는데, 다시 하얀 눈이 내리는 계절이 되어서야 원고를 완성하였답니다. 원고를 정리하면서 법이란 넓은 영역을 한 권의 책으로 소개한다는 것이 가능할까? 라는 물음을 계속해서 하게 되었어요. 그러기에 커다란 바다에서 큰 그물로 넓은 물고기를 몰아가듯이 최대한 조심스럽게 글을 썼지만, 그럼에도 부족한 부분들이 있을지 조심스러운 마음이 가득합니다. 피자 위에 토핑이 필요한 것인지 아닌지 가늠하기 어려워 손님들의 표정을 바라보는 가게 주인처럼 말이에요.

공부를 할수록 느끼는 것은 법이란 조심스럽다라는 점이에요. 그 주제가 다름 아닌 우리들의 삶과 다툼을 다루기 때문이랍니다. 그리고 마치, 살아있는 생물처럼 항상 변하는 사회현상들이 사람들의 다툼에 묻어 법정까지 옮겨와 명쾌한 판단을 기다리곤 한답니다. 이렇게 보면 법이란 것이 항상 새롭게 변해야 할 것 같지만, 법률가들은 자신들의 판결로 생길지도 모를 급격한 변화와 사회적 혼란은 막을 책임도 있기에 조심스럽게 판결문을 다듬곤 한답니다.

이렇게 보면, 법을 공부하고 집행하는 사람들은 산길을 운전하는 운전사들과 같은 처지가 아닌가 해요. 속도를 내는 발판과 정지하게 해주는 발판을 서로 잘 눌러주면서 나아가야 한답니다. 법이 재미없고 답답해 보이는 이유는 이렇게 변화를 바라는 사람과 안정을 바라는 사람 사이에서, 최고의 결과를 구해야 하기 때문일 것입니다. 이런 작업들은 지루해 보이지만, 천천히 사회를 바꾸는 판결들이 나오는 것을 보면 법률가는 그래도 의미 있는 직업이 아닐까 하는 생각이 들어요.

이번 책에서는 자칫 재미없을 법을 전달하기 위해, 실생활의 뉴스들과 사례들을 최대한 반영하여 개론서로 집필하였답니다. 깊이 있는 분석을 원하시는 분들에게는 이 책이 만족스럽지 못할 수도 있을 거라는 생각이 들어요. 최대한 많은 내용을 담고자 했음에도, 더 많은 내용을 담지 못한 점은 아쉽습니다.

지면을 빌어 오랜 시간 원고를 기다려주신 팬덤북스 대표님, 편집자님에게 감사의 인사를 전하고 싶어요. 그리고 원고가 나올 때까지 물심양면으로 지원해주신 부모님과 동생, 그리고 지도교수님에게도 감사하다는 말을 전하고 싶습니다. 원고와 관련하여 궁금하신 사항이 있으시면 개인 메일이나 SNS로도 언제든지 문의를 부탁드리겠습니다.

겸허한 마음으로 기쁘게 여러분들과 소통을 기다리겠습니다. 새로운 한 해 이 글을 읽으시는 모든 분들의 앞날에 밝은 빛이 가득하시길 바라겠습니다. 감사합니다.

차례

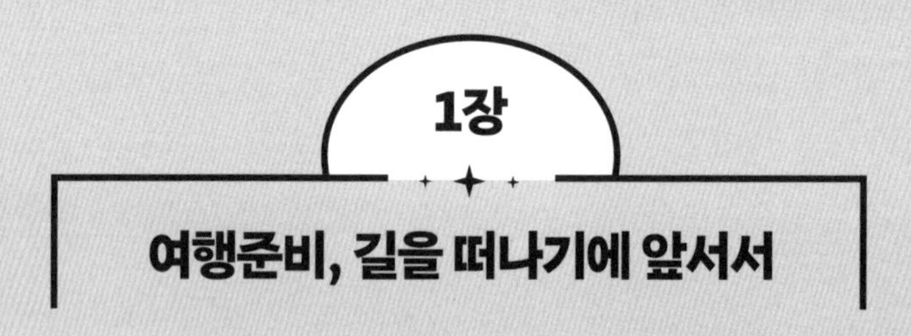

2장

여행지침서, 법이란 세계로 떠나보기

3장

종착역, 법조인이 된다는 것

1장

여행준비, 길을 떠나기에 앞서서

우선 여러분들에게 솔직하게 고백하려고 합니다.

사실 법이란 '어려운' 학문이에요.

음… 처음부터 이렇게 이야기하면 뒤를 읽을 생각이 나겠냐고요? 물론 저의 목적은 여러분들이 이 책의 마지막 장까지 순탄하게 도달하게 하는 거랍니다. 그렇지만 그런 저도 거짓말하기 어려운 사실이 있으니, 법이란 녀석은 너무나 어렵다는 것입니다. 살아가면서 가장 많이 이야기를 듣는 단어 중 하나, 법이라는 단어가 친숙한 말이 되어야 할 텐데 말이죠. 그러기에 법을 다루기 위해서는, 전문적인 교육 과정을 거치고 또 시험을 통해서 자격을 얻게 되어 있답니다. 그리고 긴 시간 동안 훈련이 필요하죠.

그렇다면 법이란 전문적인 사람들만 다루는 그런 것이 아닐까요? 그렇지 않아요. 우리의 삶은 좋든 싫든 법에서 자유로울 수 없습니다. 우리는 느끼지 못하지만 학교를 오가는 버스를 탈 때, 채팅 메신저에서 이모티콘을 살 때, 인터넷에서 게임 아이템을 결제할 때, 이 모든 것들은 우리의 동의를 거쳐 법적인 관계가 만들어집니다.

우선 눈을 감아 봅시다. 지금 여러분은 학교에 가는 버스 위에서 교통카드를 들고 서 있답니다. 카드를 단말기에 가져다 대는 순간, 소리를 내며 카드가 찍히고 버스에 타게 됩니다. 어떤가요? 이런 간단한 행동이 법적인 것과 관계가 있다고요? 대답은 '예'랍니다. 카드가 단말기에 닿고, 버스 요금이 결제된 순간,

버스 기사님과 여러분은 법적인 '계약관계'에 놓이게 됩니다. 물론 계약서를 쓰지는 않았지만 말이에요. 무슨 소리냐고요? 우리는 알지 못하지만, 버스 요금을 결제한 순간, 기사님과 버스 회사는 승객들을 '안전하고 편안하게 모실 서비스의 의무'를 지게 됩니다, 그리고 승객인 우리는 '안전한 운행의 서비스를 누릴 권리'가 생기게 됩니다.

버스에 탄 나는 핸드폰을 열고 요즘 유행하는 LOL리그 오브 레전드 게임을 켭니다. 화면에는 멋진 페이커의 모습과 함께 아이템 결제창이 뜨죠. 신상 아이템 스킨이 나왔다고 하네요. 깊은 생각 없이 나는 아이템 결제동의 버튼을 눌렀답니다. 아차, 그런데 무료인줄 알았는데 계좌에서 결제가 되었다고 해요. 엄마가 알면 큰일 날 일, 빨리 환불받아야 하는데… 급한 마음에 다시 핸드폰을 켜서 결제취소 버튼을 눌렀어요. 다행히 얼마 뒤에 결제된 금액이 다시 들어올 거라는 메시지가 화면에 뜬답니다. 놀란 가슴을 쓸어내리는 나. 이 잠깐의 순간에도 이미 법이 관여하고 있어요.

핸드폰으로 '결제' 버튼을 누르는 순간, 나와 게임회사 사이에는 '계약'이라는 것이 또 발생하였답니다. 실수를 알아차린 내가 취소를 누른 순간, '계약해지'라는 행동이 발생합니다. 그런데 내가 실수한 결제를 다시 돌려받을 수 있는 것은 어떻게 가능할까요? 돈을 돌려줘야 한다는 내용 역시 법령으로 규정이 되어 있기 때문이에요. '전자상거래 등에서의 소비자보호에 관한 법률'이라는 다소 긴 이름의 법령이 우리가 다시 돈을 돌려받을 권리를 보장해주고 있답니다. '사고로부터 안전할 권리' '돈을 돌려받아야 할 권리' 이 모든 것들이 '법률'이라는 이름으로 규정되어 있고, 우리는 이러한 사항에 따라 나의 권리를 주장할 수 있어요. 이렇게 법은 우리 삶에서 생각보다 많은 영향을 주고 있습니다.

자, 이제부터 본격적으로 법이란 것에 대해 여러분들과 같이 이야기하려고 해요. 혹시 법조문들이 적힌 책을 보신 적이 있나요? 이런 두꺼운 책을 '법전'이라고 합니다. 우리가 법전을 볼 기회는 많이 없답니다 사실 어른이 되어서도 법조인이 직업이 아닌 이상은 두꺼운 법전을 볼 일들은 많지 않아요. 그런데, 우리 법전을 들여다보면 다양한 이름의 법령이 그 안에 있다는 것을 알 수 있답니다. 그 이름들을 간단히 살펴볼까요? '헌법' '민법' '형법' '상법' '노동법'…. 정말 다양한 이름의 법이라는 것들이 법전을 두껍게 만들고 있답니다. 그렇다면, 우선 알아보고자 해요. 이런 법들의 이름이 다양한 이유는 무엇일까요?

1 여행자의 마음가짐, 리걸 마인드

지금부터 상상의 시간입니다.

이곳은 말이 통하지 않는 사막의 어느 나라. 우리는 지금 막 공항에서 도착해서 짐을 들고 나왔답니다. 공항 직원들에게 물어보니 이 나라에는 시내로 가기 위해서는 공항 밖으로 나와서 한참을 걸어서 길 건너편에 있는 정류장을 이용해야 한다고 해요. 공항문을 열고 나가니 후끈한 사막바람이 불고 있어요. 그리고 눈앞에는 언제 만들어졌는지는 모르지만 멋들어진 12차선 도로가 있습니다. 횡단보도와 신호등을 찾는 나, 자세히 살펴보니 길을 건널 수 있는 횡단보도는 우리가 서 있는 지점에서 저 멀리 걸어가야 하는 위치에 있답니다.

머리 위에 햇볕은 따갑기만 해요, 땀은 계속 흐르고, 손에 들린 짐 가방은 점점 무거워집니다. 그런 햇살을 버티면서 한참을 걸어야 길을 건널 수 있는 횡단보도에 도착합니다. 처음드는 생각은 아마 이것일 거예요.

'뭐 저런 곳에 신호등을 만들어 놨데, 짜증나!'

그런데 내 눈앞에 있는 커다란 차도를 지나다니는 차들이 보이질 않아요. 불현듯, 머릿속에 생각이 떠오릅니다.

'그냥 길을 건너가 버릴까?'

그도 그럴 것이, 버스 정류장은 바로 도로 건너편에 보이고 있거든요. 차도에는 차도 없고, 하늘이 내려주신 좋은 기회라는 생각이 들어요. 하지만 길을 건너가려다 보니 저기 멀리 보이는 신호등이 여간 신경 쓰이는 것이 아닙니다. 차라리 눈에 보이지 않으면 건너가겠는데, 분명 신호등이 허용된 길은 저 곳에 있으니, 눈앞의 도로를 무단으로 횡단하면 안 된다는 생각이 듭니다.

이러지도 저러지도 못하는 상황. 그냥 건너자니 저기 멀리서 깜빡이는 신호등 불빛이 보이고, 그렇다고 신호등까지 걸어가서 다시 길을 건너고, 걸어간 거리를 다시 걸어와야 한다니… 손에 든 짐 가방이 더욱 무겁게 느껴집니다.

자 여기서 첫 번째 질문을 하나 드리려고 해요.

아무것도 없는 길에 신호등과 하얀색으로 그려진 횡단보도가 하나 있을 뿐인데 우리는 왜 길을 건너는 데 눈치를 보게 되는 걸까요? 누군가가 다가와서 이야기하는 것도 아닌데 말이에요. 사실 우리는 어릴 때부터 받은 교육에 따라서 신호등을 무시하고 커다란 도로를 무단횡단하면 안 된다는 생각을 가지고 있답니다. 비록 도로 위에 차가 없더라도 말이죠.

그럼 우리는 어떤 교육을 받았던 걸까요?

아마 우리들의 머릿속에는 '차도는 사람이 다니면 안 되는 곳', '빨간불은 모든 사람이나 차량이 움직임을 멈춰야 하고, 초록불은 반대로 다녀도 되는 것'이라는 약속을 익혀왔기 때문이랍니다. 그리고 이런 것들을 지키지 않을 경우, 벌금을 문다거나 정도가 심할 경우에는 경찰서에 잡혀가 처벌받을 수도 있다는 것을 알고있어요. 우리 머릿속에 있는 법을 어기면 벌을 받는다는 두려움. 그것 때문에 법을 지키는 예방효과를 법률용어로 '위하'라고 한답니다.

그런데 말이에요, 이런 경우는 어떨까요?

망설이고 있는 나의 눈에 사람들이 보입니다. 주변에 사는 주민들 같은 이들은 왠지는 모르지만 신호등이 없는 차도를 유유히 지나다녀요. 의아해진 나는 지나가는 사람 한 명을 잡고 통역기를 사용해서 물어봅니다. "신호등은 저기 있는데 여기로 지나가도 되나요?"

마을 주민은 이상한 듯 쳐다보더니 나에게 이야기합니다.

"우린 오래전부터 여기로 다녔어요."

들어보니 꽤 오래전부터 근처 마을사람들은 먼 횡단보도 대신에 이곳으로 다녔다고 해요. 그리고 지금까지는 아무런 일도 없었다고 합니다. 그리고 눈앞에 길을 쉽게 가로지르는 사람들 무리들이 보입니다. 하지만 우리는 여전히 불안해할 거예요. 신호등도 없는데 길을 가로지르다니 말이죠, 이거 법을 어기는 행위 아닌가요?

그런데 고민하던 나의 눈에 물끄러미 마을 사람들을 쳐다보고 있는 제복 입은 경찰관들이 보입니다. 그 경찰관들은 관심이 없다는 듯 여기를 쳐다보다가 심지어 지나가는 사람들에게 손도 흔들고 있죠. 그런 경찰관을 보면서 나는 생각합니다.

'이 나라에서는 차도를 그냥 지나가도 경찰들에게 잡히지 않는가 봐.'

나는 어떻게 이런 생각을 가지게 되었을까요?

나의 눈에 신호등 없는 차도에서도 마음 놓고 길을 건너는 것은 '꽤 오랜 시간을 거쳐서 사람들에게 당연하듯 받아들여지고 있는' 행동으로 보였을 거예요. 하지만 이것만으로는 우리가 길을 건너기는 부족해요, 나의 망설임을 깨뜨린 것은 따로 있었답니다. 바로 결정적으로 내가 마음을 놓게 만든 것은 멀리서 길을 건너는 사람들을 쳐다보면서도 아무런 조치를 취하지 않던 경찰관들이었어요.

이것을 바꾸어 말하면 어떤 말로 말할 수 있을까요?

학문적 용어로는 '법률적인 확신'이라고 할 수 있어요. 물론 경찰관들의 이런 행동을 한다고 해서 모든 것들이 법적인 확신을 부여하진 않는답니다. 하지만 적어도 이방인인 나의 눈에는 그 나라의 법을 집행하는 정식 제복을 입은 공무원이 주민들의 행동을 알면서도 단속하지 않았다는 사실은 중요한 의미로 받아들여졌을 거예요.

자, 이렇게 오랫동안 사람들에게 받아들여지고, 또한 법률적인 확신이 있다면 우리는 그 법을 '관습법'이라고 부릅니다. 관습법의 특징은 성문화되지 않았다는 점이에요. 무슨 말이냐고요? 그 법이 '글'로 적혀 있지 않다는 말이랍니다.

용기를 내어 사람들과 길을 건너는 나에게 갑자기 바라보기만 하던 경찰관들이 뛰어옵니다. 알아들을 수 없는 말로 소리치며 다가오는 경찰관을 보면서, 갑자기 나의 머릿속이 복잡해집니다. 뭐라는 거야? 경찰관들이 나에게 하는 말들을 통역기로 들어보니 대강 이런 내용입니다.

"우리나라 법에서는 차도로 지나는 건 우리나라 사람들에게 가능한 거야, 너는 외국인이니 위법행위를 한 거야!"

네, 여러분들의 의견을 인정합니다. 매우 당황스럽고 불공평한 법이에요. 그런데 여기서 곰곰이 생각해보겠습니다. 모든 걸 다 떠나서 외국인인 내가 왜 그 나라의 법을 따라야 할까요? 나랑 처음 본 저 경찰관이 나를 잡을 수 있는 권한이 있을까요? 나는 외국인인데 말이죠.

도대체 법률이 뭐 길래?

해외에 여행을 하는 동안에 우리는 그 나라의 법을 잘 따라야 한다고 이야기 듣습니다. 그런데 그런 생각 안 해보셨나요? 나는 만들 때 동의도 하지 않은 법인데, 왜 우리는 그 나라의 법을 따라야 하는 걸까요?

국가들은 영토라는 것을 가지고 있고, 국경선을 경계로 우리나라와 다른 나라를 명확하게 구분하고 있답니다. 영토라는 것은 국가들의 경계선이라는 의미에 더하여, 우리나라의 법과 제도가 영향을 미친다는 실질적인 의미도 있어요. 이렇게 영토 안에서 적용되는 법을 '국내법'이라고 해요. 그렇다면 이 국내법이 적용되지 않는 우리 국경선 밖에서 적용되는 법은 뭐라고 할까요? 그런 국가 간의 법을 '국제법'이라고 한답니다.

그렇다면 이렇게 국내법을 적용할지, 국제법을 적용할지를 정해야 합니다. 그러기 위해서 가장 중요한 내용 중 하나가 '사건이 일어난 곳이 나의 관리범위인지'를 확인하는 것입니다. 만약 내 관리범위가 아닌데 누군가를 단속하거나 잡아넣는다면, 큰 문제가 될 거예요. 이런 사법적 관리범위를 '관할권'이라고 합니다. 가끔식 살아가면서 만나는 내 범위를 벗어나는 일에도 훈수를 두는 사람을 우리는 '오지랖퍼'라고들 하죠. 이런 오지랖퍼가 되는 것을 방지하기 위해서 관할권을 정확하게 정하고 나의 사건인지 다른 곳의 사건인지를 정하는 것은 매우 중요한 절차입니다.

그런데 처음에 여행을 온 우리는 차도를 왜 건너려고 할까요? 네 맞아요, 우리가 길을 건너려고 하는 건 맞은편에서 다음 목적지로 가기 위해 버스나 택시를 타야 하기 때문입니다. 자, 지금 우리가 서 있는 길의 이쪽 편, 나와 여러분이 나란히 서 있는 이곳을 우리가 살고 있는 현실이라고 해보겠습니다. 더욱 간단히 이야기하면 '무언가 해결해야 하는 문제가 발생한 상황'이라고 생각해보죠간단히 '문제'라고 불러보겠습니다.

그렇다면 차도를 건너서 도착하려 하는 길 건너편의 저곳은 어떨까요?

지금 짐 가방을 들고 우리가 길을 건너가야만, 우리는 목적지에 도착하기 위해서는 꼭 도달해야 하는 곳이라고 해보겠습니다. 법학을 가르치는 교과서에서는 이런 도달해야 할 이상적인 상태를 '법의 지배Rules of Law'상태라고 부른답니다. 이제 우리 앞에 놓인 저 하얀색 도로, 건널목의 의미가 조금은 달라 보일 거예요.

우리는 길의 반대편에 있는 법의 지배라는 목적지에 도달하기 위해 건널목을 건너야 해요. 그런데 어차피 목적지가 반대편이라면 그냥 차도를 건너면 되지 않을까요? 왜 우리는 신호에 따라서 건널목을 건너야 할까요? 여기서 우리는 우리의 목적지인 '법의 지배' 또는 '정의'라는 것에 도달하기 위해서는 목적만큼이나 수단절차도 중요하다는 것을 알아야 합니다. 내가 건너편에 있는 정의라는 목적지에 정의에 도달하였더라도, 그 절차가 위법하다면 아무리 좋은 결과라도 인정될 수 없다는 것이랍니다.

이렇게 법은 그 목적과 수단이 모두 적합할 때, 하나의 완전한 모습을 갖추게 됩니다. 그래서 우리 법률에서는 범인에게 어떤 벌을 얼마나 줄지와 더불어, 어떻게 수사와 재판을 시작하고 범인을 잡아와야 하는지도 법률로 정하고 있어요. '민사소송법' '형사소송법'과 같이 이렇게 방법과 절차를 정의해 놓은 법률을 '절차법'이라고 합니다. 이와 반대로 우리가 어떤 권리와 의무들을 가지고 있는지 등의 내용의 적어놓은 법률을 '실체법'이라고 한답니다.

우리는 '대중교통은 줄서서 타는 법' '공손하게 대답하는 법' 등 귀가 아프도록 '법'이라는 단어들을 들어왔어요. 그런데 말이죠, 우리가 흔히 말하는 '법'과 이 책에서 다루려는 '법'은 어떤 차이가 있을까요? 둘 다 똑같은 단어인데 말이에요.

사실 우리는 알고 있답니다. 나라에서 정한 '법 여기서 법률이라고 말해볼게요'과 학교나 집에서 부모님들이 말하던 '법'이란 것은 차이가 있다는 것을 말이에요. 엄격하게 말하면, 부모님들이나 학교에서 말하는 법이란 '도덕' 또는 '예절'에 가깝습니다. 그렇다면 도덕과 법의 차이는 무엇일까요? 얼마 전에 서울의 한복판, 시청 앞에서 커다란 사고가 있었답니다. 도로 한복판에서 자동차가 반대로 달리면서 신호를 무시하는 바람에, 많은 사람들이 죽거나 다친 사건이 발생하였죠.

이렇게 교통신호를 어길 경우에는 끔찍한 결과를 가져온답니다. 우리는 빨간불에서는 모든 자동차들이 멈추거나, 사람들은 도로를 건너지 않고 파란불에서는 반대로 한다는 것을 알고 있어요. 이렇게 우리 사회의 구성원 하나하나가 약속된 신호에 따라 움직이게 됩니다. 그리고 이런 사회적인 약속을 어긴 행위를 우리는 간단하게 '위법'적인 행위라고 합니다.

이런 위법행위가 일어나서 시청역 횡단보도 사건처럼, 사람들이 생명을 잃거나 차량이 파손되는 상황을 막기 위해, 국가는 적절한 '공권력'을 행사하게 됩니다. 바로 교통경찰들을 동원해서 위법행동을 단속하거나, 사건이 엄중할 때에는 검사나 판사들을 동원하여 억울한 사람들이 없도록 대신 벌을 내려주기도 합니다. 교통을 유지하는 경찰관들은 빨간불에 도로를 횡단하는 사람들을 단속하고, 차량들이 서로 얽혀서 사고가 나지 않도록 여유가 있는 곳으로 차량들을 유도하기도 합니다.

이런 일련의 행위를 행사하는 힘을 '강제력'이라고 해요. 이 강제력은 일반적인 법과 국가가 행사하는 법을 구분하는 중요한 차이 중 하나입니다. 그렇다면 국가가 이렇게 우리들을 불편하게 하는 이유가 무엇일까요? 교통사고에서 사람들을 안전하게 보호하는 것, 우리들의 재산을 사고로부터 보호하는 것, 혼란스러운 상황이 만들어지지 않도록 하는 것. 이 모든 것들이 막고 사회질서를 유지하려는 목적일 거예요. 독일의 유명한 법학자 '게오르크 옐리네크Georg Jelinek, 1851~1911'는 이런 도덕과 법의 관계를 아래와 같이 이야기 했답니다.

"법은 최소한의 도덕이다."

악법도 법인가요?

"그럼 국가가 정하면 국민들은 무조건 따라야 하나요?"

누군가가 묻는다면, 옛날 어른들은 당연히 이런 대답을 했을 거예요.

"국가와 어른이 하는 말은 당연히 잘 들어야지!"

그런데 이 말은 조금 다툼의 소지가 있어요. 정확하게는 국민들은 '합법적인 국가의 요구'를 따라야 합니다. 자, 그럼 여기서 물어볼 수 있어요, 합법적이란 도대체 어떤 의미일까요? 여러 가지 조건이 필요하지만, 가장 중요한 것 중 하나는 '법률에 규정이 되어 있는 내용으로만 죄를 물어야 한다.'는 겁니다. 반대로 말한다면, 예전에는 법률에도 없이 백성들을 마음대로 가두거나 괴롭힌 경우가 많았다는 이야기가 됩니다.

혹시 '소크라테스의 죽음'과 관련된 이야기를 들어보셨나요?

오래전에 "악법도 법이다."라는 내용으로 교육되었던 이야기였답니다. 그리스의 청년들을 위해 쓴소리를 하고 다니던 소크라테스가 체포된 후, 자신이 부당하게 죽는 것을 알면서도 "이것은 법이기에 지켜야 한다."라고 하면서 죽음을 받아들였다는 내용입니다. 그런데 과연 소크라테스가 그런 이야기를 했을까요? 사실 그러지 않았다고 해요.

이 내용은, 일본의 법철학자 오다카 도모오가 1930년대에 출판한《법철학法哲學》에서 실정법주의 현실의 법만을 보는 관점 를 주장하면서 "소크라테스가 독배를 든 것은 실정법을 존중했기 때문이며, '악법도 법'이므로 이를 지켜야 한다."라고 쓴 내용이 기원이 되었다고 해요. 당시는 일제강점기였기에, 말 잘 듣는 식민지 백성이 필요했다고 합니다. 그래서 이 법이 문제가 있지만, 그래도 법이니 너희가 따라야 한다라는 생각이 교육되고 있었답니다.

2004년 헌법재판소가 초·중·고 교과서에 실린 내용 중 헌법에 대해 잘못 이야기하고 있는 내용을 찾아 교육인적자원부에 수정을 요청하였다고 해요.[1] 지금의 관점으로 보면 굉장히 이상한 내용이지만, 오랫동안 많은 사람들에게 교육되어온 내용이랍니다.

소크라테스는 너무 옛날의 이야기가 아니냐고요?

그렇다면, 현대와 같이 국민의 대표인 국회의원들이 국회에서 법을 만들었다면 어떨까요? 의회를 통해 만들어진 법이 누가 보아도 문제가 있다면 말이에요?

지난 2024년 1월 26일, 이탈리아의 대통령인 '세르조 마타렐라'는 제2차 세계대전에 있었던 유대인 및 기타 인종들에 대한 대학살 홀로코스트 에 대하여 반성의 마음을 담아 연설을 하였습니다. 세르조 대통령은 연설 도중에 "파시즘 치하의 이탈리아가 인종차별법을 채택하여 유대인 체포와 추방, 심지어 학살에 적극적으로 협력했다."라고 언급합니다.[2] 의회가 제대로 기능을 하지 못하고 정의롭지 못한 법을 만들어 부당한 행위를 하게 만들었다는 것이랍니다.

이러한 상황은 나치정권의 독일 역시 마찬가지였어요. 정당하게 선거를 통해 선출된 나치정당의 의원들이 '나와 피부색이 다르고 인종이 다르다는 이유'만으로 다른 인종의 사람들을 죽이거나 차별하는 법을 제정합니다. 국가의 강제력이 행사될 근거를 마련한 것이었죠.

그런데 말이죠, 이 법률들이 정해질 때에는 절차상으로는 아무런 문제가 없었다는 것이 무서운 점이에요. 정식 절차를 거쳐서 제정된 법이었지만, 그 내용에는 무시무시한 목적을 담고 있었답니다. 그렇다면 이 법은 어떻게 보아야 할까요?

소크라테스에게 적용하였다는 논리대로라면, '악법도 법'이기에 우리는 그 법을 따라야 한다라는 주장을 할 수 있을 거예요. 어찌되었든, 국민들이 선출한 대표들이 만든 법이 아니냐는 것이죠. 하지만 이 법 자체는 그 목적을 보면 문제가 많습니다. 수많은 사람들의 생명과 재산을 나와 피부색, 조상이 다르다는 이유만으로 마음대로 다룰 수 있는 법을 만들었다면, 그 법이 받아들여지긴 어려울 거예요. 이렇듯 그 정당성에 의문을 가지지 않는 법은 언젠가 무서운 결과를 가져오게 된답니다.

자, 다시 정리해볼까요?

국가는 질서와 안정을 지키고 보호하기 위해서 '법'이라는 것을 정해놓고, 경우에 따라선 '강제력'을 행사하며 지키게 합니다. 그런데 이러한 강제력은 잘못 사용한다면 우리들의 자유를 해칠 정도로 위험한 힘이 됩니다. 그렇다면 국가가 그런 위험한 힘을 행사해서라도 지키려 하는 것은 무엇일까요? 우리 사회가 추구해야 하는 정당한 가치 바로 '정의'라 불리는 것일 거예요. '강제력'과 '정의', 이 두 가지는 법이 가지고 있는 두 얼굴이랍니다.

법을 공부하는 사람들은 항상 마주하게 되는 유명한 조각상이 있어요. 한 손에는 저울, 한 손에는 칼을 든 여신이 눈을 가리고 서 있는 모양이랍니다. 법과 정의의 여신, 디케Dike 입니다. 앞이 보이지 않는 여신은 저울에 사람의 죄를 달아서, 문제가 있다고 생각될 경우에는 칼을 사용해 죄를 벌합니다.
이 여신의 모습은 법의 두 얼굴을 잘 보여줍니다. 저울은 '우리네 현실에서 발생한 갈등과 문제들에 대한 균형'을 칼은 '강제력'을 상징합니다. 그리고 눈을 가린 여신은 '공평한 정의'를 의미합니다.

_ 이상영 · 김도균, 《법철학》KNOU,2018 중에서

이처럼 법이란 무엇인지 많은 학자들은 오늘도 고민하고 있답니다. 법의 두 얼굴인 '강제력'과 '정의'는 시대에 맞추어 그 적당한 정도를 찾기를 요청받았기 때문이에요. 그래서 법전에 있는 대부분 내용은 논리적인 해석이 필요합니다. 그리고 법률가들은 이러한 조항들을 법리에 맞게 해석하고 현실의 문제에 적용합니다. 이렇듯 법률가들이 세상을 바라보는 눈은 공평해야 하기에 논리적인 훈련이 필요하답니다.

우리가 법률가라 이야기하는 판사, 검사, 변호사 또는 법과 관련된 사람들이 되기 위해 법들을 해석하고 적용하는 훈련을 받는 것이 필수랍니다. 이러한 법률가들이 갖추어야 하는 마음가짐을 '리걸 마인드Legal Mind'라고 말해요.

앞에서 제가 법이란 어려운 학문이라고 한 이유 중 하나는 바로 이런 훈련이 필요하기 때문이랍니다. 이런 생각의 훈련들을 위해 여러 법률사례들을 읽다 보면 결국 근본적인 물음에 다다를 거예요. 법이란 무엇이지? 정의란 무엇일까? 사실 어려운 이야기이고 지금도 논쟁이 되는 주제입니다.

단순한 건널목을 건너는 일 하나만으로도 이렇게 많은 생각거리가 나온답니다. 처음부터 깊은 물속으로 들어갈 필요는 없어요. 법학 모두를 공부한다는 것은 너무나 방대한 내용이기에 책 하나로 모든 것을 안다는 것은 불가능에 가깝습니다. 다만 이 책을 통해 얕은 물에 발목까지만 발을 물에 담그는 느낌으로 천천히 법이란 무엇인지를 알아가도록 하겠습니다. 호캉스를 온 관광객이 된 기분으로 말이죠.

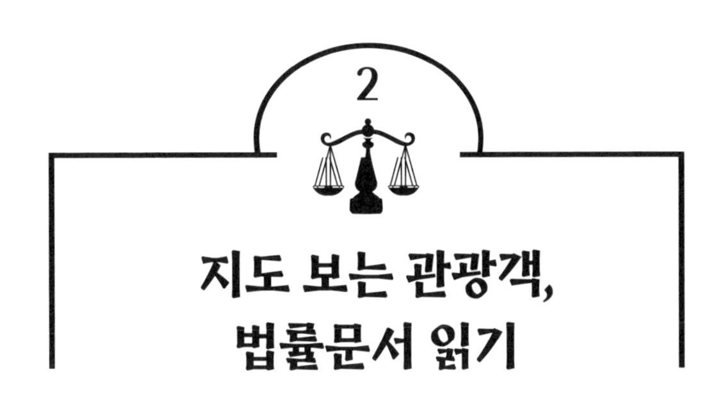

2

지도 보는 관광객, 법률문서 읽기

여행을 떠나기 전에 우선 알아볼 것이 있어요. 저를 포함해서 법이란 것을 처음 만나는 사람들이 힘들어 하는 이유 중 하나는 바로 암호 같은 단어들 때문일 거예요. 간단하게 법전을 보는 법, 그리고 판결문에서 나오는 사건번호 및 사건명들을 어떻게 보아야 하는지에 대해 먼저 설명해보겠습니다.

혹시 법전을 열어보곤 이내 고개를 흔들어본 경험이 있으신가요? 그 두께도 두께지만 법전 안의 암호 같은 글들을 보면 이게 무슨 내용인가 싶을 때가 있을 거예요. 우선 법전이 어떻게 구성되어 있는지부터 한번 살펴보도록 하겠습니다. 내용은 법무부의 홈페이지를 참고하여 설명해 보도록 할게요.

기본적으로 법령은 제명, 본칙, 부칙으로 구성된답니다. 우리나라 법제처 정부입법지원센터의 〈법령입안, 심사의 세부기준〉에서 이야기하는 내용을 볼까요? 우선 '제명'은 법의 제목이자 이름이라고도 보시면 됩니다. 본칙은 법령의 본체를 말해요. 여기에는 법령의 주요 내용들이 들어가 있어요. 마지막으론 '부칙'이 있답니다. 부칙은 본칙의 시행일, 적용사례, 경과조치 등의 자세한 부분을 규정한 부분입니다. 기존의 법률과의 관계나 새로운 법률이 등장할 때, 본칙과 어떤 관계인지에 대해서도 부칙에서 기입하고 있어요. 어렵지 않죠?

구분	기재방법	조문표시
편	OO편	
장	제1장	1,2, ...
절	제1절	1,2, ...
관	제1관	1,2, ...
조	제1조	1,2, ...
항	제1조 제①항	①, ②, ...
호	제1조 제①항 제1호	1,2, ...
목	제1조 제①항 제1호 가목	가,나, ...

자 다음으로는 법전의 각 본문을 보면 이제 이런 단어들이 보일 거예요.

편, 장, 절, 조, 항… 이런 어려운 말들이 법전에 가득하죠. 일종의 분류 코드와 같다고 보면 됩니다. '장'은 통상 조문수가 30개 이상이 될 경우, 여러 개의 장으로 나누어 사용합니다. 민법이나 상법과 같이 조문이 많을 경우 '편'이라는 구분 단위로 두어 사용해요. 어렵다구요? 그렇다면 아래를 보도록 하겠습니다.

건축법 제69조 특별건축구역의 지정

① 국토교통부장관 또는 시·도지사는 다음 각 호의 구분에 따라 도시나 지역의 일부가 특별건축구역으로 특례 적용이 필요하다고 인정하는 경우에는 특별건축구역을 지정할 수 있다. <개정 2013. 3. 23., 2014. 1. 14.>

1. 국토교통부장관이 지정하는 경우

가. 국가가 국제행사 등을 개최하는 도시 또는 지역의 사업구역

나. 관계법령에 따른 국가정책사업으로서 대통령령으로 정하는 사업구역

자, 건축법 법령이 보이네요. 그 아래로는 제69조라는 항목이 보입니다. 이 조항을 왜 선택했냐고요? 한 조문에서 모든 내용이 나와 있으니까요. 자, 이제 조항을 순서대로 읽어주면 됩니다.

(1) 처음 항의 표시기호인 '①'의 의미는 제69조 제1항입니다.
(2) 다음 기호인 '1'의 의미는 제69조 제1항 제1호라는 의미입니다.
(3) 그리고 다음 기호 '가'의 의미는 제69조 제1항 제1호 가목이 되는 거예요.

이렇게 기호들만 알고 있다면, 앞으로 조문 읽기는 문제가 없을 거랍니다.

참! 이 체계는 법의 길이에 따라 다르게 적용된다는 점도 기억해 두세요. 조문이 많지 않은 법률은 장과 절, 또는 조문만으로 되어 있는 법률도 있어요. 반대로 장으로 모든 분량을 담을 수 없는 법률의 경우, 편으로 법률을 담기도 한답니다. 가령 민법, 형법, 상법, 민사소송법과 같은 법률들은 그 분량으로 인해 편을 분류기준으로 하고 있어요.

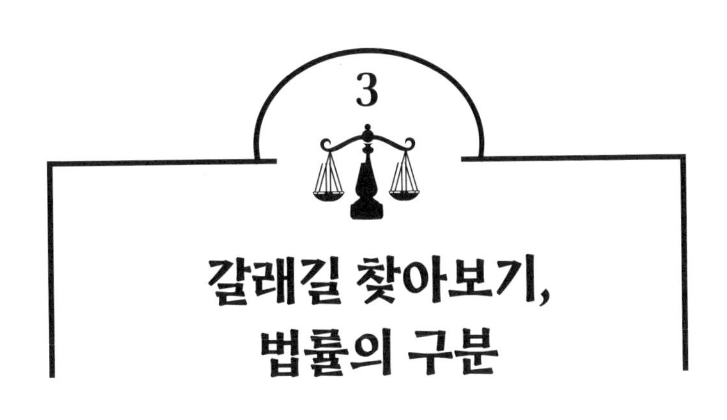

3 갈래길 찾아보기, 법률의 구분

혹시 아르바이트를 해본 적이 있나요? 아마 대부분 이 글을 읽고 계시는 분들은 아직 일하기 가능한 나이가 아니기 때문에 아르바이트의 기회가 없었을 거라는 생각이 들어요. 글을 쓰면서 저는 예전에 편의점 아르바이트를 한 기억이 떠올랐답니다. 그런데 기억에 남는 손님 한 분이 있어요. 슬프게도 나쁜 쪽으로 말이에요. 항상 이상한 일들을 벌이시곤 편의점 안에서는 왜 술을 못 마시느냐 같은 문제들을 설명해야 하는 것들이었죠. 저와 같이 힘 없는 알바생들과 한참 실랑이하던 손님들은 마지막에는 이렇게 외치곤 했답니다.

"야, 편의점 안에서 술 먹지 말란 법이 어디 있어? 그런 법 있으면 당장 가져와!"

그런데 이게 생각보다 답답해요. 조그만 가게에서 손님이 무슨 일을 하면 된다, 하면 안 된다라는 규정을 세세하게 정해놓을 일이 있을 리가 없죠. 다만 그러면 안 된다는 것을 합리적인 사람들이라면 잘 알 텐데 말이에요. 저 손님을 말릴 수 있는 방법이 뭘까요? 우선 나에게 이상한 일을 벌이시던 저 손님을 조용하게 만들려면 아마도, 어딘가에 적혀 있는 규정이 필요하다는 생각을 많이 했었답니다.

명확하게 글자로 어딘가에 적혀 있는 규정이 있다면, "이거 보세요, 손님"이라고 할 수 있었을 텐데 말이에요. 그런 상상을 하다가 문득 다른 생각이 들었답니다. 그런데 그 손님이 내가 들이민 글을 보고 과연 조용히 있을까요? 저런 진상이? 만약 제가 그런 규정을 만들어서 들고 갔다면 혹시 이러진 않았을까요?

"야, 너가 뭔데? 너가 왕이야? 내가 왜 여기서 너가 만든 규정을 따라야 해? 내가 동의하지도 않았는데 말야!"

경험상 이런 손님들은 피하는 게 좋습니다.

아무튼 여기서 말씀드리고 싶어요. 우선 법이란 것이 누군가에게 영향을 미치기 위해서는 눈에 보이는 것이 중요할 수도 있다는 점이랍니다.

성문법이란?

> 성문법은 문자로 표현되고 일정한 문서의 형식 및 절차를 거쳐서 공포되는 법을 말하며 불문법에 대립되는 개념이다.
>
> _ 이세훈, 《법령용어해설》 법제처, 2009 중에서[3]

우리나라의 법과 제도를 정하는 기관 중에서 '법제처'라는 곳이 있답니다. 이곳에서는 친절하게도 애매한 법률용어에 대한 해설 서비스를 제공해주고 있어요 법학을 공부하시다가 필요한 내용이 있으면 인터넷 사이트를 언제든지 방문하셔도 됩니다. 법제처에서는 '성문법'을 이렇게 설명하고 있답니다. 어려운가요? 자세히 보면 우선 '일정한 문서의 형식 및 절차'라는 말이 눈에 띕니다. 다시 말하면 성문법을 만들기 위해서는 일정한 형식과 절차가 필요하다는 거랍니다.

음? 그렇다면 문자로 표현되지 않는 법도 있다는 말이겠죠?

네, 그런 법을 불문법不文法이라고 한답니다. 마치 동물과 식물 같은 구분법이라고 할까요?

우리 법은 글로 쓰여 있고, 나름의 위, 아래의 체계를 갖추고 있어요. 이런 체계를 성문법주의라고 해요. 이를 간단하게 나타낸 그림으로 '법령위계도' 라는 것이 있답니다. 아래의 그림을 자세히 보면 법령이란 계급이 있다는 것을 알 수 있을 거예요.

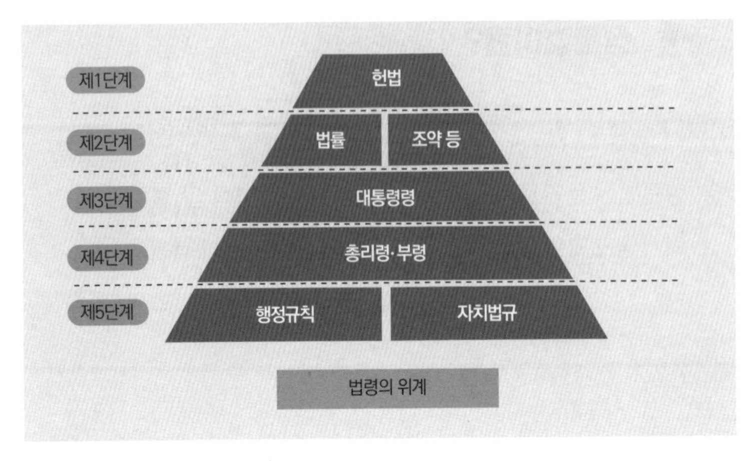

법령위계도 (출처 : 법제연구원)[4]

다음은 이어지는 법제처의 해석이랍니다.

> 사회규범이 법으로서 행하여지기 위하여는 국가의 입법작용에 의하여 일정한 목적을 달성하기 위한 의식적 법정립행위를 거치는 수가 많고 특히 근대국가에 있어서는 성문법이 법의 중요부분을 차지하고 있다. 입법작용에 의하여 성문화되고 제정되었다는 점에서 성문법은 제정법制定法이라고도 한다.

복잡하지만 간단하게 말씀드리면, 성문법이 되기 위해서는 어딘가에 글로 쓰여 있어야 하고 더하여, '입법작용'이란 것이 필요하다고 합니다. 입법작용이란 단어는 조금은 어렵지만, 간단히 말하면 '법을 만드는 작업'이에요. 그런데 입법작용이라는 것이 왜 필요할까요? 위에서 이야기한 편의점의 진상손님을 생각해보도록 해요. 알바생이든 저에게 진상손님이 요청하던 규정이나 법은 어딘가에 '글로 쓰인 법'이자 '손님인 내가 납득할 수 있는 법'이었을 거예요. 다른 방식으로 말씀드리면 눈으로 볼 수 있는 문서라는 '형식'을 갖추고 있고, 마음으로 따를 수 있는 정상적인 '절차'를 통과해서 만든 무언가를 가져오라는 뜻이랍니다.

그렇다면, 이것들을 모두 갖출 수 있는 방법은 무엇일까요? 민주주의 체제의 많은 국가들은 이런 역할을 담당하는 입법부를 가지고 있어요. 우리나라 여의도에는 국회의사당이 머릿속에 떠오르시지 않나요? 이곳은 국민들의 선거를 통해 전국에서 선출된 국회의원들이 모여 있는 곳이에요.

우리가 따라야 할 법률이란 녀석을 어느 날 한 장소에서 국민 모두가 모여 회의를 통해 만들 수 있다면 가장 이상적이겠지만아주 먼 옛날에 그리스의 도시국가들에서는 실제로 그렇게 했다고 해요, 지금처럼 사람들도 많고 시간이 부족한 사회에서는 모든 사람들이 한 곳에서 이런 일을 한다는 것은 사실상 불가능합니다. 그래서 '선거'라는 제도를 통해서 우리가 선출한 대표들이 국회에 모여서 법률을 만들게 됩니다. 내가 선출한 대표들을 통해서 나의 목소리를 내는 것이죠. 이런 것을 '대의제도국민대표제도'라고 해요.

현재 우리나라 국회는 의원들의 숫자를 법률로 정하며 200명 이상으로 하도록 되어 있답니다헌법 제41조 제2항. 그 국회의원들의 임기는 4년으로 보장해주도록 역시 법으로 정해져 있어요 헌법 제42조. 그런데 200명 이상이나 되는 많은 인원들이 왜 필요할까요? 항상 국회의원들의 숫자에 대해 논란이 되지만, 이렇게 많은 사람들이 필요한 이유가 바로 이곳, 국회에서 법률을 논의하고 만드는 작업을 해야 하기 때문이랍니다.

> 입법권은 국회에 속한다.
>
> **_ 헌법 제40조**

우리나라 헌법 제40조에는 국회의 권한 중 하나로 입법권을 명시해 놓았답니다. 입법권, 다시 말해 법을 만들 수 있는 권리는 국회의 것이라는 내용이죠. 이렇게 법률은 국회를 통해 선출된 국민들의 대표인 국회의원이 만들기에 헌법을 제외한 가장 높은 위치에 있답니다. 흔히 선거제도와 대의제도를 택하지 않은 국가들은 우리의 선거와 같은 복잡한 제도를 비판하기도 한답니다. 뭐 하려고 돈과 노력이 많이 들어가는 선거제도라는 것을 유지하냐는 거죠. 똑똑한 사람들 몇몇을 임명해서 일한다면 더욱 효율적일 텐데 말이에요.

보는 관점에 따라서는 일리가 있는 말이랍니다. 그런데 말이에요, 앞에서 우리가 보았듯 대다수의 사람들을 따르게 하기 위해서는 '정당한 절차'라는 것 역시 중요합니다. 선거라는 조금은 비효율적으로 보이는 제도를 통해서, 우리의 손으로 선출한 대표들이 정해지고, 그들이 우리의 의견을 반영해서 만든 법률 그 자체만으로도 절차적 정당성을 가지게 됩니다.

물론 이런 시스템 역시 완벽하다고 보장은 할 수 없겠죠. 그러기에 불합리한 부분이 있다면 언제든지 개선되고 수정이 되어야 할 거예요. 그래도 아직은 다수의 지지를 받고 있는 것을 보면, 우리가 따르는 이 시스템은 최선은 아니지만 그래도 꽤 괜찮은 시스템으로 보여요 먼 미래에 우리가 지금보다 더 좋은 시스템을 찾는다면 이런 체제의 미래가 어떻게 될지는 모르지만 말이죠.

그런데 말이에요, 법원의 아래 되어 있는 성문법 밑을 보면 우리는 여러 가지 이름들을 볼 수가 있답니다. 맨 위의 '헌법', 그 다음은 '법률'이라는 단어까지는 익숙할 거예요. 그런데 그 아래 단어들을 보면 어느 순간 '법'이라는 이름이 사라진 것을 알 수 있답니다. 같은 성문법인데 어떤 것들은 법이란 이름이 붙고, 어떤 것들을 이름이 없는 이유는 무엇일까요? 법률 아래에 있는 '명령', '규칙', '자치법규' 이러한 것들이 법률과 구별되는 가장 중요한 차이점은 '국회'의 결정을 거치지 않는다는 점이에요. 무슨 이야기냐고요? 분명 우리나라 법에는 법을 만들 권한은 '국회'에 속한다고 헌법에 적혀 있다고 했는데 말이죠.

명령을 내려 봐

명령은 그 제정권자에 따라 대통령령, 총리령, 부령으로 나뉩니다. 이름만 보아도 누가 만들었는지 조금은 짐작되시죠? 이들은 대표적인 행정부의 사람들입니다. 행정부는 만들어진 법령에 따라서 나라를 운영하는 부서입니다. 간단히 줄여서 정부라고도 말하죠. 그렇다면 이런 명령은 왜 필요할까요? 법령이 있는데 말이에요.

우선 우리가 사는 사회가 점점 규모가 커지고, 당연히 그 안에서 일어나는 일들 역시 복잡해지기 때문이에요. 때로는 너무나 급하게 정부에서 기준을 정해줘야 하는 일들도 발생하기도 합니다. 이러한 모든 경우, 200명 이상의 국회의원들이 모여서 하나하나 법률을 정해야 한다면 비효율적이고 또 모이는 일조차 쉽지 않을 거예요.

그래서 우리나라 헌법에서는 행정부서에 어느 정도 입법을 할 수 있는 권한을 허용하고 있습니다. 입법부국회가 아닌 행정부가 주체가 된다는 점에서 이러한 명령을 '행정입법'이라고도 한답니다. 아래의 두 조항을 한번 볼까요?

대통령령은 법률에서 구체적으로 범위를 정하여 위임받은 사항과 법률을 집행하기 위하여 필요한 사항에 관하여 대통령령을 발할 수 있다.

_ 헌법 제75조

> 국무총리 또는 행정각부의 장은 소관사무에 관하여 법률이나 대통령령의 위임 또는 직권으로 총리령 또는 부령을 발할 수 있다.
>
> _ 헌법 제95조

음, 내용이 어렵다고요?

두 조항이 말하는 바를 간단히 정리하면 대통령, 총리 및 행정각부의 장은 명령을 제정할 수 있다는 내용이에요. 하지만 편한 만큼 조건들이 붙는답니다. 대통령령의 경우를 먼저 살펴볼까요? 헌법을 보면 대통령은 법률이 '구체적'으로 범위를 정하고, '위임'받은 사항과 '필요한 사항'에 관해서만 대통령령을 발의할 수 있다고 정해져 있답니다.

우선 대통령은 '법률이 정한 사항'에 대하여만 명령을 정할 수 있다고 합니다. 그리고 그 '법률'은 국회에서 정하게 되어 있어요. 이것은 여러 가지를 생각하게 해요. 대통령은 국민이 선출한 대표입니다. 그러기에 대통령이 가지는 권한은 막강하답니다. 명령에 대한 권한 역시 그중 하나에요. 많은 국민들의 행동을 제약할 수 있는 법을 국민의 대표들인 의원들과의 토론 없이 제정할 수 있다는 것 역시 그런 권한 중 하나랍니다. 그러기에 이런 막강한 권한은 규제 또한 필요하답니다.

"바쁘고 급한 일 많은 너가 일을하게는 해줄게, 하지만 그 힘을 마구 쓰게 놓아두진 않을 거야." 라고 법으로 규정하고 있는 거예요. 국무총리가 발의하는 '총리령'과 각 부서의 장들이 발의하는 '부령'은 어떨까요? 이러한 명령들도 예외 없이 법률과 다른 규제를 받게 해 놓았답니다. 법령에서는 명령을 제정할 때 아래와 같은 규정을 두었습니다.

① 소관사무 담당하는 일에 대해서
② 법령 또는 대통령이 명령하는 한도 안에서 명령을 만들 수 있다

국무총리 및 장관들은 행정부의 대표인 대통령의 아래에 있는 사람들입니다. 그래서 총리나 장관의 명령은 법령이나 대통령의 명령의 범위 안에서 정해지도록 되어 있답니다. 행정부에서 만드는 이런 '명령'은 간편하게 실행될 수 있지만, 잘못하면 입법부의 고유한 권한인 입법권과 충돌할 가능성이 있어요. 이러한 충돌을 방지하기 위해, 기본적으로는 법률이 정하는 범위 안에서 명령을 정할 수 있도록 규정해 놓고 있답니다.

규칙은 무엇인가요?

〈빅마우스〉라는 드라마를 보셨나요? 재판을 하면 지기만 해서 고민하던 변호사가 누명을 쓰고 교도소에 수감 되면서 겪는 이야기를 다룬 이야기랍니다. 주인공이 누명을 쓰고 끌려간 곳은 온갖 흉악범들이 판을 치는 '구천교도소'라는 곳이었어요. 드

라마에서 제가 인상 깊게 본 것은, 이 교도소란 곳에서 재소자들 사이에 통한다는 '핵심규칙'이란 것이었답니다.

> 하나. 교도소장의 명령은 절대적이다 사회통념과 상반되는 규칙이라도 !
> 둘. 교도소장이 정한 제소자들 간의 계급을 절대적으로 따른다.
> 셋. 하지만 살고 싶다면, 빅마우스 주인공 을 건드리지 마라.

자, 드라마에 '규칙'이라는 단어가 나옵니다. 여기서 말하는 핵심규칙이란 것은 '구천교도소'라는 일정한 공간 안에서만 적용되는 룰이에요. 드라마 안의 교도소처럼 우리나라의 국가기관들 역시, 내부적인 필요에 따라서 지켜야 할 '규칙'을 정할 수 있도록 정해놓고 있답니다. 아래의 내용들을 참고해볼까요.

> 국회는 법률에 저촉되지 않는 범위 안에서 의사와 내부규율에 관한 규칙을 제정할 수 있다.
>
> _ **헌법 제64조 제1항**

대법원은 법률에 저촉되지 않는 범위 안에서 소송에 관한 절차, 법원의 내부규율과 사무처리에 관한 규칙을 제정할 수 있다.

_ 헌법 제108조

헌법재판소는 법률에 저촉되지 않는 범위 안에서 심판에 관한 절차, 내부규율과 사무처리에 관한 규칙을 제정할 수 있다.

_ 헌법 제113조 제2항

중앙선거관리위원회는 법률에 저촉되지 않는 범위 안에서 선거관리, 국민투표관리 또는 정당사무에 관한 규칙을 제정할 수 있으며, 법률에 저촉되지 아니하는 범위 안에서 내부규율에 관한 규칙을 제정할 수 있다.

_ 헌법 제114조 제6항

규칙이란 것은 특정한 조직의 범위 안에서 따라야 할 기준이랍니다. 그리고 예외없이 모든 규칙 역시 '법률에 저촉되지 않는 범위 안'이라는 내용을 포함하고 있어요. 어떤 조직의 수장이 내가 이런 법을 따라야해 라고 지정한다고 해도, 그 위에 있는 법률에 위반된다면 규칙으로 인정될 수 없다는 이야기에요. 다시 드라마 이야기로 돌아가 볼까요?

교도소의 핵심규칙 제1조에 내용입니다. '교도소장의 명령은 절대적이다 사회통념과 상반되는 규칙이라도.' 자, 이제 위의 내용들을 알아보았으니, 이 규칙의 가장 큰 문제점이 무엇인지 알 수 있을 거에요. 교도소장의 명령은 절대적이라는 말은 당연히 단서가 붙어야 합니다. '법률에 저촉되지 않는 범위 안에서'라는 조항이 그것이죠. 법률이나 상식적인 사회통념과 맞지 않는 교도소장의 명령이라면, 아무리 그 목적이 질서유지를 위한 것이라고 해도 받아들여져서는 안 됩니다. 규칙 역시 기본적인 법률의 틀에서 자유로울 수 없기 때문이에요. 흔히들 우리는 어떤 조직에 들어가면 이런 이야기들을 들을 때가 있답니다.

"내가 조직의 대표인데 안 될 것이 뭐야?"

"아니, 기관장님이 지시한 내용인데 왜 따져요? 당연히 해야 하는 거지."

아직도 우리네 사회에서 지시라는 것을 받았을 때, 묻지도 따지지도 않고 행동하고 성취하는 사람에 대해서 '일 잘한다.'라고 평가하는 경우들이 있답니다. 그렇지만 그 행동의 범위가 법률을 벗어난다면, 혹은 사회적인 통념이나 도덕의 범위를 벗어난다면, 그 지시는 명백한 문제가 있음을 알아야 한답니다. 이런 판단을 내리는 데 법을 안다는 것은 많은 도움이 된답니다.

'규정 가져와 봐!'라고 소리치는 손님들을 대비하기 위해, 많은 나라에서 모두가 볼 수 있도록 법률을 글로 써놓았다고 이야기를 드렸어요. 그런데 말이죠, 여기서는 하나의 문제가 있습니다. 과연 우리가 세상 모든 일들을 법전 속에 기록하는 것이 가능할까요? 우리나라는 짧은 시간 동안 빠르게 발전하면서, 법률의 많은 부분을 외국에서 들여왔답니다.

그리고 이러한 법들은 기존의 우리네 전통생활 속에서 이어져 내려오던 관습과 충돌하는 경우가 발생하고 있어요. 특히 사람과 사람 사이의 다툼민사문제에서 이런 경우가 많이 발생했습니다. 우리들이 전지전능한 존재라서, 모든 변수에 대하여 명쾌한 답을 모두 글 속에 담을 수 있다면 문제가 없겠지만, 사실상 그러기는 불가능하다고 할 수 있어요. 이런 어려움을 보완하기 위해 우리나라 민법에서는 아래와 같은 조항을 두었답니다.

민사에 관하여 법률에 규정이 없으면 '관습법'에 의하고 관습법이 없으면 '조리'에 의한다.

_ 민법 제1조

우리들이 사회에서 생활하면서 거부감 없이 계속 따르고 있던 무언가를 '관행' 또는 '관습'이라고 합니다. 그런데 우리 민법에서는 '관습법'이라는 단어를 사용하였습니다. 이런 관습이나 관행이 법이라고 불리기에는 조금은 아쉬움이 있습니다.

앞에서 이야기한 길을 건너는 마을 사람들이 기억나나요? 사람들이 건널목 없는 곳에서 무단횡단을 하면서 '아무런 문제없어요.'라고 말을 하지만, 내게는 이게 정말 문제가 없는 행동인지에 대한 의심이 있습니다. 그렇다면 처음에는 걸음을 떼지 못하던 내가 어떻게 길을 건널 마음을 먹었을까요?

우선 들락날락 쉼 없이 도로를 넘나드는 많은 동네 사람들의 행동 때문일 거예요. '이 길은 신호 없이도 다닐 수 있는 길'이라고 나에게 확신을 준 이유가 있었죠. 바로 마을 사람들이 '동일한 길을 건너는 행위를 반복적'으로 하고 있었기 때문이랍니다. 거기다, 할아버지의 할머니 때부터 이렇게 했었다라고 하는 '상당한 기간' 동안 이루어진 일이라는 생각이 듭니다.

둘째, 길 건너편에서 사람들을 지켜보고 있던 경찰관이 있었답니다. 우리는 경찰관을 보면서 왜 길을 건너려다가 포기했을까요? 우리의 인식에서 함부로 길을 건너는 행위는 법적으로 문제가 되고, 그래서 경찰관에게 잡힐 수 있다는 생각이 있었기 때문일 거예요. 하지만 스스럼없이 사람들을 보내주는 경찰관들을 보면서 우리 머릿속으로, '여기서는 길을 건너도 법적으로도 문제가 없는가 보다.'라는 확신이 들었을 거랍니다.

사실 현실에서는 경찰관만 있다고 법적확신이 성립되었다고 보기는 힘들어요. 법원의 판결을 통한 구체적인 판례나 유관기관의 해석들이 필요합니다. 자, 이렇게 '법적으로 문제가 없겠다.'라고 받아들여지는 것을 '법적 확신'이라고 한답니다.

관습법은 무엇인가요?

관습법이 성립하기 위해서는 우선 두 가지가 필요해요. 사회적으로 거듭된 관행이라는 것과 우리가 사는 사회 안에서의 법적인 확신이 필요하답니다. 어렵게 말하면, '소리 내어 말하지는 않지만 주변 사람들에게 받아들여지고tacitus populi consensus' 있고, '법적으로 허용되거나 저지당할 수 있다는 법적 확신opinio juris'이 필요하다고 합니다. 이렇게 상당한 기간 동안 이루어졌고, 법적인 확신이 있는 상황에 더하여, 관습이 법으로 불리기위해서는 마지막으로 '정당성과 합리성'이 필요합니다.

> 관습내지 관습법이라고 할지라도, 헌법을 최상위 규범으로 하는 전체 법질서에 반하여 정당성과 합리성이 없는 때에는 이를 법적 규범으로 삼아 법원法源으로서 효력을 인정할 수 없다.
>
> _ 대법원 2003.7.24.선고, 선고2001다48781 전원합의체 판결

사실 법을 전문적으로 공부하지 않는 우리들이 어떤 행동을 콕 집어서 이건 '관습법'이라고 부르기는 쉽지 않아요. 그래서 관습법이라 불리는 많은 경우들은 법원의 판결에 따른 확인을 받아왔답니다. 관습법의 매력은 사회가 달라지면서 나타나는 생각의 변화를 판결에서 읽을 수 있다는 점에 있습니다. 현재를

살아가는 우리들이 과거부터 이어져 왔던 일들에 의문을 품을 때, 특히 '이 관습은 현재와 맞지 않아'라는 공동의 의견이나 생각이 공유된다면 오랜 관습법이라 할지라도 효력을 잃을 수 있답니다. 아래의 기사를 보도록 해요.

"맏딸도 제사 지낼 수 있다"…
가부장제 깨온 판결들

사건의 발단은 A씨가 사망하자 그의 혼외 여성과 아들이 실제 부인과 딸들의 상의도 없이 화장하고 추모공원에 유해를 봉안하면서 시작했습니다. 1993년 결혼한 A씨는 딸 2명을 둔 상태에서 2006년에 부인이 아닌 다른 여성과 아들을 얻었습니다. 그러자 딸들은 A씨의 유해를 돌려달라며 소송을 냈습니다. 1심과 2심에선 딸들이 졌습니다. 기존 판례는 적서 여부보다 성별을 우선시했기 때문입니다. 대법원은 아들과 딸의 역할의 차이가 없다는 점을 분명히 했습니다. 대법원은 "제사에서 부계혈족인 남성 중심의 가계 계승 의미는 상당 부분 퇴색하고, 망인에 대한 경애와 추모의 의미가 보다 중요해지고 있다"고 강조했습니다.

… 중략 …

제사용 재산을 승계하는 과정에서 여성이 불합리하게 배제되는 점도 짚었습니다.

대법원은 "오늘날 전통적인 매장 대신 화장 등 장례방법이 다양해짐에 따라 피상속인 유해의 귀속 또는 관리가 더 문제 될 수 있는데, 이조차 남성 상속인에게 우선적으로 귀속된다는 것은 더더욱 그 정당성을 찾기 어렵다."고 지적했습니다.

_ 매일경제, 2023년 5월 14일 기사

조금씩 줄어드는 추세지만, 우리나라에서 명절 연휴 때 흔히 볼 수 있는 광경 중 하나가 제사를 지내는 모습이랍니다. 부모님들이 제사상을 차리고 향을 피우고 절을 하는 모습은 우리나라에서 오랜 시간을 이어져 내려온 모습이에요. 그런데 옛날 전통 제사를 소개하는 사진을 자세히 보면 특이한 점이 있다는 것을 느낄 수 있을 거예요. 절을 하고 제사를 지내는 것은 대부분 남자들이라는 점이랍니다. 특히 '제주祭主, 제사를 주재하는 사람'의 경우에는 모두가 남자들이었죠.

기사에 나온 사건의 내용은 이렇습니다. 딸들이 있던 집안편의상 A집안이라고 하겠습니다의 아버지가 혼인한 상태에서 다른 부인과 만든 새 집안B집안이라고 부르겠습니다 사이에서 아들을 낳게 됩니다. 그리고 아버지가 돌아가시게 되죠. B집안의 부인은 원래부터 부인이었던 A집안과 상의도 없이, 아버지의 유해를 화장해서 납골당에 모시게 됩니다. A집안 딸들은 우리도 아버지의 자식들이라며 아버지의 유해를 모셔 오려고 하게 되죠. 그런데 B집안은 아버지의 시신을 돌려달라는 A집안의 말을 들으려 하지 않습니다. 그리고 이야기합니다.

"제사는 원래 장남의 몫이야!"

화가 난 A집안의 딸들은 아버지의 시신을 돌려받기 위해서 B집안을 법원에 고소한 내용이랍니다. 많은 중간내용들이 있었지만 생략하고 간단히 결과만 이야기하겠습니다.

공동상속인 사이에 협의가 이뤄지지 않는 경우에는 적서를 불문하고 장남 또는 장손자가, 아들이 없는 경우에는 장녀가 제사 주재자가 된다.

_ 대법원 2008.11.20. 선고 2007다27670

남은 집안사람들 사이의 합의를 먼저 해보고, 누가 제주가 될지 정해지지 않으면, 제일 나이 많은 아들이, 아들이 없다면 제일 나이 많은 손자아들의 아들가 제사를 주재하고, 손자도 없는 경우에는 집안에서 가장 나이가 많은 딸이 제주가 된다는 내용입니다. 사실 이러한 내용은 법에 정해진 바는 없어요. 다만 아직도 우리 사회에 남아 있는 유교문화 관습의 전통으로 내려와서 관습법처럼 적용이 되었던 것이었죠.

그런데 이런 것이 부당하다고 주장하는 사람들은 계속 있어왔답니다. 2008년도 한 차례 이런 논의가 있었지만, 재판소는 판결을 통해서 유교적인 관습이 법적으로도 효력을 가짐을 판결하였습니다. 다시 말해 딸들이 아무리 불만이 있더라도 집안에 남자가 있다면 제주는 될 수 없었다는 것이었어요.

> 2008년의 판결은 더 이상 조리에 부합한다고 보기 어렵다. 공동상속인 간의 협의가 이루어지지 않고 제사주재자의 지위를 인정할 수 없는 특별한 사정이 있지 않은 한, 제사의 주재자는 피상속인의 직계비속 중 남녀, 적서를 불문하고 최근친의 연장자가 제사주재자로 우선한다.
>
> **_ 대법원 2023.5.11. 선고 2018 다 248626**

그런데 2023년에 이 판결이 바뀌게 됩니다.

재판부는 동일한 사건에 대하여 위와 같이 판결을 내립니다. 이제 이 판결로 기존에 제사를 지내지 못했던 많은 딸들이 마음 놓고 부모님의 제사를 지낼 수 있게 되었습니다. 판결문에서 이야기하듯 2008년도 판결은 더 이상 현대에 맞지 않다는 것을 재판소에서 언급합니다.

어떤가요? 사회에서 계속 유지되어 왔던 하나의 관습에 대해 의문이 제기되고, 이후 무려 15년의 시간이 걸려 다른 판결을 이끌어 내었어요. 세상을 바꾸는 일은 이렇게 오랜 시간이 걸린답니다.

판례법이란?

판례법에 대해선 우리나라에선 조금의 다툼이 있답니다. 앞에서 살펴본 우리나라 민법 조문 제1조를 기억하시나요? 다시 기억해보면, 개인 사이의 분쟁에서 '법률'을 우선 적용하고, 법률이 없는 경우 '관습법'을, 그리고 아직은 무언지 모를 '조리'라는 것을 마지막으로 적용한다고 되어 있답니다.

보시면 '어?'하며 이상하게 생각하실 분들이 계실 거예요. 어디를 살펴봐도 '판례'라는 말은 없으니 말이에요. 사실 판결? 판례? 이런 비슷한 단어들의 차이를 구별하는 것은 쉽지 않습니다. 우선 판례가 무엇인지부터 살펴보도록 해요. 우선 우리나라 법원이 발간한 자료를 살펴보도록 하겠습니다.

> 판결과 판례가 명확히 구별되지 않고 사용되는 경우가 있지만, 양자는 구별되는 개념이다. 그 기준에 대하여는 몇 가지 견해가 있다. 하나하나의 재판이 판결이고 그것에 의하여 밝혀진 이론·법칙 또는 규범을 판례라고 보는 것이 옳다는 견해,

설명이 불친절한가요? 사실 법률용어들은 그 의미가 정확해야 하기에, 길고 자세하고 또 무미건조하기도 하답니다. '판결判決'과 '판례判例'는 사실 법학을 공부하는 사람들도 많이 혼동하

는 단어입니다. 위의 법원 자료를 보더라도 여러 가지 견해가 있는 것 같아요. 이루어진 재판의 결과를 '판결'이라고 하고, 그 판결을 나오게 하는 이론, 법칙, 규범 등을 '판례'라고 한다고 합니다. 다시 말해 수학문제를 풀기 위한 수학공식이 '판례'라고 한다면, 그 공식을 통해 나온 결과인 정답은 '판결'이 됩니다.

공부하는 우리들은 응용력 향상을 위해서 공식을 이해하는 것이 중요하다는 말을 수도 없이 들었을 거예요. 판례를 공부하는 것은 법학을 공부하는 사람들에게 중요한 과제이기도 해요.

그런데 말이에요, 이런 경우도 있지 않을까요?

수학문제를 푸는데 답이 여러 가지라면 시험을 보는 우리들은 당황하게 됩니다. 사실 위에서 언급하는 부분은 우리나라의 재판소 구조와도 관련이 있어요. 우리나라 대부분의 재판은 기본적으로 세 번 지방법원 - 고등법원 - 대법원 의 재판을 받게 되어 있답니다. 재판받는 사람들이 억울한 일이 없도록 방지하기 위해서, 한 번 심리가 끝난 재판도 다시 보겠다는 의미에요. 이것이 '삼심 세 번 심리를 받는 제도'입니다.

그렇다면 세 번의 수학문제를 푸는 방식 판례 이 각각 다르다면 어떻게 해야 할까요? 모두를 답안지로 보아야 할까요? 아니면, 가장 마지막의 풀이 대법원 판결 를 답으로 보아야 할까요? 단순히 선생님 판사님 이 바뀌었을 뿐인데 말이에요. 하나의 사건에 여러 답이 있다면, '통일성'이란 것을 해친다는 현실적인 문제가 존재합니다.

> 보통은 모든 법원의 판결례를 판례라고 통칭하지만, 법의 통일이라는 기능이 무엇보다 중요하고 하급심법원은 대법원 판례에 구속된다는 사정을 고려하면 관할의 제한이 없는 최고법원인 대법원의 판결만을 '판례'로 파악하는 것이 타당하다는 견해 등이 그것이다.

위의 판결문은 이런 의문에 대하여 한 판사님께서 정리해주신 내용이랍니다. 판사님은 우선 판례란 다른 것이 아닌 '대법원이 판단한 의견'이라고 합니다. 명확하게 가장 마지막에 풀은 수학문제 답이라고 말씀을 주셨어요.

> 엄밀한 의미 '판례'는 '특정 사건과 관련한 쟁점에 관하여 대법원이 판단한 법령의 해석·적용에 관한 의견'을 가리킨다. 다시 말해 대법원판결에서 추상적 형태의 법명제로 표현된 부분이 모두 판례인 것은 아니고, 그중 특정 사건의 쟁점을 해결하는 데 필요한 판단 부분만이 판례이다.
>
> **_ 대법원 2021.12.23. 선고 2017다257746**

그런데 위 판결을 보면, 표현된 모든 부분이 판례가 아니고, 특정 사건의 쟁점을 해결하는 데 필요한 부분만이 판례라는 내용이 보입니다. 다시 말해 문제를 푸는 과정 전체가 아니라, 문제 해결에 핵심 이 되는 부분을 판례라고 한다는 거예요.

그런데 조금 더 근본적인 논쟁도 존재합니다.

다시 돌아가서 우리나라에서 '판례'를 법적 판단기준으로 볼 수 있을지는 논쟁이 그것이에요. 여기에 대하여 살펴보았듯 명확한 법규정이 없기 때문이죠. 조금 깊이 들어가면, 세상은 판례가 법적인 효력을 가지지 않는 국가들과 효력을 가지는 국가들로 나뉜답니다.

판례가 법적 효력을 가지는 나라들에서 판사님들이 한 번 내린 판결은 다음 판결에 영향을 미치게 됩니다. 같은 내용에 대해서 어떤 판사님이 A라고 판결 내렸다면, 다음 사람 역시 판결은 A대로야 라고 말할 확률이 높다는 뜻이랍니다. 학술적인 용어로는 이러한 것을 '선례구속의 원칙doctrine of precedent'이라고 부른답니다.

하지만 학자들에 따라서는 우리나라의 법체계에서는 판례를 법으로 받아들여서는 안 된다라고 말씀하시는 분들도 계세요. 자칫하면 다음 판사님들이 판결을 내릴 때, 스스로 양심과는 상관없이 앞의 사람들의 판례를 따라갈 수 있기 때문이랍니다. 모두가 일리 있는 내용이랍니다, 여러분들의 생각은 어떠신가요?

다음으로는 '조리'에 대한 내용입니다.

우리들은 말을 하다가 보면, 앞뒤가 착착 들어맞게 이야기하는 사람들에게 '참 조리 있게 말한다.'라고 칭찬하곤 합니다. 사전적인 의미의 조리는 사회의 합리성, 도리, 본질적인 법칙을 의미합니다. 가슴에 와 닿으시나요? 조리는 간단히 말하면, 당연히 그렇게 되어야 하는 경우를 의미합니다.

앞에서 말씀드렸듯 우리 민법 제1조에서는 법률→관습법→조리의 순으로 재판에 판단하는 기준을 정해놓았답니다. 다르게 이야기하면, 조리는 법률과 관습법의 보충적인 역할을 한다는 것을 의미해요. 조리라는 것을 보고 있으면, '뭐야? 뭔가 막연한데?'라는 생각이 들 수도 있어요. 하지만 의외로 우리 생활 속 판결에서 조리가 활용된 경우가 많이 있답니다. 관련해서 잠깐 살펴볼까요?

> '종중宗中'이란 공동선조의 분묘수호, 제사 및 종원 상호 간의 친목 등을 목적으로 구성되는 자연발생적인 종족집단으로, 이러한 목적과 본질에 비추어 볼 때 공동선조와 성과 본을 같이하는 후손은 성별의 구별 없이 성년이 되면 당연히 종중의 구성원이 된다고 보는 것이 조리에 합당하다.
>
> _ 대법원 2009.1.15. 선고 2008다70220

이 사건에서 어려운 법률 용어들이 보인답니다.

우선 '종중宗中'이라는 말이 보일 거예요. '종중'은 같은 조상님을 가지고 있는 사람들의 무리를 뜻한답니다. 우리나라는 전통적인 유교문화로 종중이라는 공동체의 힘이 강해요. 제사를 참석할 때 보면, '우리 집안은 누구누구의 몇대 손이고…' 하는 이야기를 듣곤 한답니다. 그런데 놀랍게도 예전에는 이 종중이 되려면 성별이 중요했다고 해요. 다시 말하면 남자만이 종중의 사람이 될 수 있었답니다 지금 사람들의 눈으로 보자면 뜨악할 내용이죠.

아무튼 누가 봐도 이상한 이런 오랜 관습이 있습니다. 어느 날 누군가가 부당하다고 말하면 모두가 생각을 해보게 되는 것이죠. 위의 판결은 바로 그러한 내용입니다. 과연 이러한 제도는 현대사회에 맞는 것일까요? 이 사건에 대하여 여러 판사님들이 머리를 맞대고 토론한 끝에 결론을 내리게 됩니다.

종중이 되기 위해서는 같은 성씨를 가지고 같은 본관本貫, 성의 시조가 처음 나타난 곳 을 가진 사람이 조건인데, 그렇다면 당연히 모두가 같은 가족이지 남자든 여자든 무슨 상관이니? 라는 생각을 하였던 것이죠. 네, 지극히 당연한 이야기 입니다. 다만 이런 당연한 생각이 받아들여지기까지 너무나 오랜 시간이 걸렸어요. 판사님들은 판결을 내리면서, 너무나 당연한 내용이기에 '조리에 합당하다.'라는 표현을 쓰고 계세요.

사실 저런 당연한 이야기임에도 우리네 생활 속에는 아직도 관습이라는 이름으로 부당한 차별을 가하거나 여러 의문을 가지게 하는 문제들이 존재한답니다. 문제는 너무나 많은 사람들이 얽혀서 살아가는 복잡한 현대 사회에서는 예상되는 모든 문제를 일일이 법으로 규정할 수도 없고, 현대에는 맞지 않는 관습들을 모두 정확히 찾아내어 판결을 준비할 수도 없다는 것이에요. 이렇게 법적으로 규율되어 있지 않고, 관습법으로도 해결하기 애매한 법적 문제에 부딪혔을 때, 그런 부분들은 세상살이 이치인 '조리'로 보완한답니다.

공법과 사법이란 무엇인가요?

우리가 태어날 때, 좋든 싫든 가지게 되는 몇 가지가 있어요.

우선 성별, 이름… 이런 부분들은 스스로의 선택의 범위를 벗어난 일이랍니다. 그중에는 국가도 속해 있답니다. 그리고 국가는 입법기관, 행정기관, 사법기관과 같은 기관들을 거느리고 있어요. 그리고 그러한 기관을 통하여 우리는 나라가 제공해주는 여러 가지 서비스를 누리게 됩니다.

나라를 침략하는 외적들로부터 지켜주는 '국방', 우리의 재산을 빼앗아 가려는 도둑들로부터 지켜주고 질서를 유지해주는 '치안', 불이 났거나 긴급한 상황에서 구해주는 '소방', 사회적으로 가난하거나 힘든 사람들을 보호해 주는 '복지' 등의 여러 가지 서비스들이 존재합니다.

그런데요. 이런 국가의 기관들과 우리들 사이에 문제가 생긴다면 어떻게 해결해야 할까요? 아니면, 국가기관들 사이에도 법적인 문제가 생길 수도 있답니다. 이런 경우 개인들의 싸움처럼 국가에도 같은 법을 적용하게 될까요? 이렇게 법률관계에서 국가나 국가기관이 개입되거나 또는 영향을 미치는 경우 적용되는 법을 공법公法이라고 한답니다.

그 반대는 국가가 개입되지 않는 상황이 될 거예요. 바로 개인과 개인의 문제를 규율하는 법이 그것입니다. 이러한 법들을 우리는 사법私法이라고 이야기한답니다. 참고로, 이 사법을 이야기할 때 발음상의 문제가 있어요. 또 다른 사법司法이 존재하기 때문이랍니다. 이 사법은 흔히 우리가 법 전체를 말할 때 쓰는 법률시스템이란 뜻입니다. 두 법은 엄연히 한자는 다르지만 우리말로는 똑같아요. 예전에 방영되었던 드라마 〈이상한 변호사 우영우〉에서는 이 차이를 어떻게 구분하는지를 보여주는 장면이 나왔답니다. 바로 재판장님의 대사로 말이에요.

장변호사 : 공법적 책임과 사법적 책임을 함께 져야하는 개인정보 사건의 특성상…

재판장: 사뻡私法 입니다. 공법 사뻡할 때 사뻡은 사뻡이라고 발음해야죠, 사법司法은 완전히 다른 뜻이지 않습니까. '이상한 변호사 우영우' 제15화 중에서

그렇다면 법을 왜 이렇게 나누는 걸까요?

시간을 멀리 돌려 축구와 피자, 스파게티로 유명한 유럽의 이탈리아에는 아주 오래전에 '로마'라는 나라가 있었답니다. 이 나라가 유럽사회에 미친 영향은 매우 컸어요. 힘이 강했을 때의 로마는 지금의 유럽을 넘어, 아프리카 북부, 중동까지 아우르는 거대한 제국이었죠. 이 커다란 제국의 다양한 사람들을 다스리기 위해서 로마인들에게 항상 '법'을 정비하는 것이 가장 큰 숙제 중 하나였답니다. 사실 로마가 큰 나라가 되기 전에 법률은 굉장히 간단했어요. 로마의 법이란 철저하게 가장특히 아버지이 이끄는 가족단위의 국가였어요. '파밀리아Familia'라고 불리는 가족은 로마 사회의 기본단위이자 엄청난 힘을 가지고 있었답니다.

그도 그럴 것이, 농장을 가진 경우에는 가족뿐 아니라 속해 있는 노예들까지 모두가 아버지의 관리대상이었다고 해요. 그

러기에 가장은 경우에 따라서는 이들을 벌하거나, 심한 경우 목숨을 빼앗을 수도 있었어요. 이러한 가장의 권한을 '포테타스 Potetas'라고 불렀답니다. 공동의 성씨를 쓰는 파밀리아들이 모여서 '씨족사회 gens'를 이루었고 이들은 조그만 법적 단위가 됩니다. 이 시대의 로마사람들은 집안에서 일어난 일은 집안에서 해결한다는 의식이 강했다고 해요.

하지만 로마라는 국가가 점점 영토를 넓히면서, 여기저기서 복잡다단한 사건들이 일어납니다. 그리고 예전의 개인들 간의 법으로는 더 이상 커다란 로마제국을 유지할 수 없을 지경에 이르렀죠. 이제 로마사회의 지배자들은 자신들만큼이나 힘이 강한 아버지들의 권리인 포테타스를 제한하려합니다.

그 시작은 중대범죄를 다루는 형법刑法 분야부터 일어났어요. 이제 커져버린 영토만큼이나 나라의 곳곳에서는 빈번하게 범죄들이 발생하고 있었습니다. 그런데 아직까지도 로마의 각 파밀리아 마다 이런 죄인들을 처리하는 방식들이 달랐답니다. 특히 폭력 vis 을 통한 범죄행위에 대해서 질서 유지를 위해서도 국가가 앞으로 나서서 하나의 법으로 다스려야 할 필요성이 생겼답니다.

---

ur quidquid ominio per vim flat, aut in vis publicae aut in vis privatae crimen incidat.
- 폭력으로 행해진 것은 무엇이든 그것은 공적폭력 범죄 또는 사적폭력 범죄이다.

_ 한동일, 《로마법 수업》 문학동네, 2016 **중에서**

로마제국은 이런 작업을 위해서 나라 안에서 일어나는 폭력의 종류를 나누었답니다. 바로 '공적폭력vis publica'과 '사적폭력vis privata'으로 나눈 것이에요.

그렇다면 이 두 가지의 차이가 무엇일까요?

눈치 빠른 분들은 알아차렸을 거예요. 예전 파밀리아 단위에서 일어나던 판결들에서 국가가 개입할 여지를 보는 것이었어요. 이런 변화에 대하여 연구를 하시는 분들은 '범죄가 국가의 이익을 직접 침해한 것인지, 개인의 이익을 침해한 것인지 여부'를 따지는 것이 공법과 사법을 가르는 출발이었다고 한답니다.

음, 무슨 이야기냐고요?

가령 누군가의 물건을 훔치는 절도범죄의 경우는, 훔친 사람과 피해당한 사람의 개인적인 관계의 문제이지만, 그 물건이 개인의 것이 아닌 나라의 보관품이라서 피해당한 당사자가 국가가 되는 경우는 공법의 영역이라고 보았답니다 가령 국가가 지은 유피테르(제우스) 신전에 있는 재물을 훔친 도둑이 있다면, 국가 단위의 큰 문제로 친구의 물건을 슬쩍한 것과는 차원이 다르다는 이야기 입니다.

로마시대 이후, 근대 사회로 들어오면서 공법과 사법의 구별이 더욱 명확해집니다. 특히 17~18세기 대혁명과 나폴레옹 전쟁을 거치면서, '국가'라는 개념이 머릿속에 생기게 된 유럽에서는 공법과 사법은 구분되어야 한다는 생각이 더욱 확실하게 기틀을 잡게 되었죠. 이제 사람들은 국민이 모여서 만든 국가라는 존재가 있는데, 그 국가는 나라의 사람들의 권리를 인정하고 보호해야 하는 것이 당연하다고 생각합니다. 그런 생각들이 모여 헌법, 행정법이라는 새로운 법들이 나타나게 되었고, 사람들은 이 법들을 합쳐 공법이라 불렀답니다. 개인들은 공법이 규정하는 나라의 기반 위에서 서로가 자유롭게 계약하고 거래하게 됩니다.

반면 개인들 사이에는 계약에 따른 조건에 따라, '민법'이 적용됩니다. 이런 세계관에선 어떤 분들은 세상에는 '개인과 국가'만이 있을 뿐이라 주장하시는 분들도 있답니다. 똑 부러지게 '공법'과 '사법'을 구분하던 세상. 그런데 시간이 지나면서 조금씩 다른 의견도 나타나기 시작했답니다. 이제 '개인과 국가' 이렇게 단순하게 두 세력으로 해결하기에는 너무나 많은 다른 참여자들이 나타나게 되었기 때문이에요.

빅토르 위고의 고전소설을 기반으로 만든 영화 〈레미제라블〉을 보면, 감옥에서 나온 뒤 사업가로 성공한 주인공 장발장의 회사에서 직원들의 다툼이 생깁니다. 그리고 직원이었던 팡틴이 일방적으로 해고당해 거리로 쫓겨나오게 됩니다. 직장을 구할 때까지 아무런 보장도 없이 거리로 쫓겨나게 된 것이에요. 당장 살 길이 막막해진 그녀는 결국 죽음을 맞게 되고, 그녀의 딸인 코제트를 주인공 장발장이 맡게 되면서 이야기가 시작됩니다. 실제 산업혁명 초기에 유럽 각 국의 노동자들에게 일어났던 이야기입니다. 사장과 직원들은 '노동계약'이라는 개인 간의 계약을 맺어서 고용되었어요. 하지만 이 둘의 문제가 생겼을 때 어떤 방식으로 풀어야 할지가 문제가 됩니다.

당장 권력과 자본을 가진 사람들은 힘을 가지고 있을 수밖에 없고, 하루하루 삶이 힘든 사람들은 삶을 위해서라도 불공평한 계약을 참으면서 일을 할 수 밖에 없어요. 거리에는 당장 회사에서 쫓겨나면 아무런 대책이 없는 사람들이 대다수입니다. 막막해진 사람들은 국가로 몰려갑니다. 과연 개인들의 문제인 노동계약에 대하여 국가가 개입할 수 있을까요? 그런데 이런 이들을 모른 척하고 놓아둔다면, 회사에서 강제로 쫓겨나는 사람들이 더욱 많아지고, 사람들의 소득이 줄어들고 소비가 되지 않아, 결국에는 국가경제 전체를 보아도 문제가 발생할 거예요.

이런 상황은 어떨까요?

2023년 8월 31일에 일본의 후쿠시마 주변에서는 여러 사람들이 모여서 시위했답니다. 바로 '도쿄전력'의 후쿠시마원전 오염수 해양방류에 대한 항의를 위해서였어요.[5] 특이했던 것은 시위를 주도하는 이들은 이곳 후쿠시마 주변 사람들이 아니었다는 거예요. 1930년대의 일본의 또다른 도시인 '미나마타시'에서는 특이한 병이 발생합니다. 수많은 주민들이 원인모를 마비증상이나, 여러 질병에 시달렸어요. 주변의 동물들 역시 경련을 일으키며 죽어버리고 말았죠. 이유를 조사하던 사람들은 주변에 위치한 '신일본 질소비료회사'라는 곳에서 오랫동안 방류한 수은이 원인임을 알게 됩니다. 이 당시에 수은 피해를 입었던 환자들이 이번 후쿠시마 원전수 방류현장에 나타나 힘을 보태고 시위를 하였습니다.

자, 국가가 자유로운 기업의 활동을 보장해준 상황에서 그 회사가 문제를 일으켰을 때는 어떻게 해야 할까요? 자본주의 사회에서 개인들 사이의 자유를 허용해주고, 돈을 벌 수 있는 자유를 무한대로 보장해주었더니 여러 가지 문제들이 발생하게 됩니다. 하지만 국가는 개인들의 일에는 개입해서는 안 된다는 믿음으로 인해 초기 산업화 단계에서 이런 문제에 개입하는 것이 소극적이었어요. 이것들은 사법의 영역이라고 생각하고 소극적으로 대응하였습니다. 그리고 결국 우리네 사회에 커다란 문제가 발생하였죠. 이러한 일들이 계속되자 개인들의 문제에 국가가 개입해야 한다는 목소리가 커지면서 기존의 공법과 사법을 대신할, 또 다른 성격의 법이 필요하다는 목소리가 높아집니다. 이런 상황에서 현대에 등장한 것이 '사회법'이라고 불리는 새로운 유형의 법이예요. 경제법 · 환경법 · 노동법 등의 사회법은 법학의 영역에서 활발히 논의되고 있답니다.

다시, 공법과 사법으로 돌아오도록 하겠습니다. 사실 공법과 사법은 오래전부터 그 영역이 구분되어 왔지만, 그 구분법이 여러 가지라 아직도 완벽한 기준을 제시하는 학설은 존재하지 않아요. 하지만 일반적으로 헌법 · 행정법 · 형법 등이 공법에 속하며, 민법 · 상법 등은 사법에 속합니다.

2장

여행지침서, 법이란 세계로 떠나보기

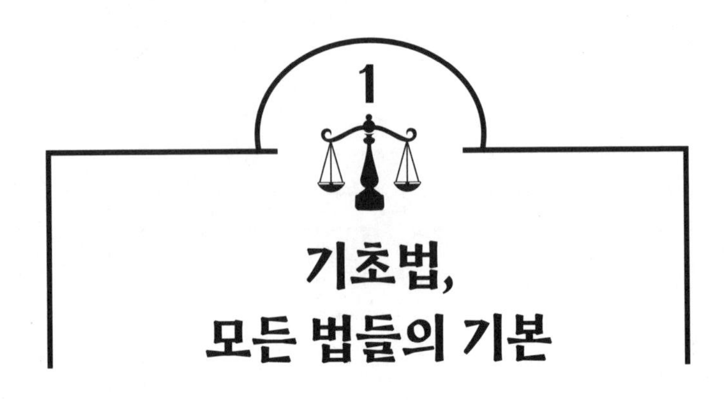

1 기초법, 모든 법들의 기본

사물의 본질에 대하여 탐구하는 학문을 '철학'이라고 한답니다. 그리스 시대에 유명한 플라톤이란 철학자가 있었답니다. 바로 '너 자신을 알라.'고 이야기했던 철학자 소크라테스의 제자였죠. 그런데 스승님인 소크라테스를 독약을 마시고 죽게 만든 사람들을 지켜보면서, 플라톤은 '민주주의라는 좋은 제도를 가진 우리 국가아테네가 왜 이렇게 정신 차리지 못하는가?' 하는 주제를 연구하게 됩니다.

그는 완벽한 국가체제를 생각해내는데, 나라에는 여러 사람들이 모여서 나라를 이끌어가는 방식이 아닌, 각자의 역할에 맞는 전문가들이 필요하다고 생각해요. 가령, 생산하는 일을 하는 사람들은 생산을 하고, 전쟁을 하는 사람들은 전쟁에 전념하고 하는 식이였어요. 이런 세상에서는 전문적인 지도자가 필요하다고 보았답니다. 이런 지도자는 그리고 당연히 철학자가 되어야 한다고 생각했어요.

고대부터 철학이란 이렇게 사람들에게 가장 높은 위치에 있는 학문으로 받아들여졌답니다. 그러기에 법학 역시 이런 철학에서 영향을 많이 받았다는 것은 이상하지 않을 거예요. 이런 학문이 현대에도 이어져서 법이란 무엇인지, 법이 추구하는 것은 무엇인지와 같은 문제를 고민하는 분야가 존재한답니다. 바로 '법철학'이라고 불리는 학문이에요. "법 하나도 힘든데 철학이라뇨?"하고 물러서는 분들이 있을 거예요. 사실 법철학 과목은 법을 전공하는 학생들도 굉장히 힘들어 하는 과목이랍니다. 그럼에도 법철학은 법학과목에서 중요하면서도 매력적인 과목이에요.

> 법철학을 최후 최고의 법정이라고 합니다. … 법철학은 법과 법학을 대상으로 더 높은 더 깊은 차원의 판단을 구하는 법정이라는 뜻입니다. 따라서 법철학은 법학의 근거이자 종착역이라고 할 수 있는 것입니다.
>
> **_ 이상영 · 김도균, 《법철학》**KNOU,2018 **중에서**

다음으로는 '법제사'라는 과목이 있답니다.

법제사는 법의 역사와 발전을 공부하는 학문이에요. 가령 동서양을 막론하고 법이란 무엇인지, 법은 어떻게 발전되어 왔는지 공부하는 학문이랍니다. 과거의 법제사는 서양법을 기본이라고 생각하고 서양법의 발전만을 다루었답니다. 하지만 현대에 들어와서는 각 국가별로 자신들의 법이 어떻게 발전하였는지, 이러한 법의 발전이 각자의 사회에 무엇을 가져다주었는지에 대하여 여러 가지 연구가 이루어지고 있답니다.

'법사회학'은 법이 우리 사회에 어떤 영향을 미쳤는지 연구하는 학문입니다.

프랑스의 대혁명이 일어나기 앞뒤로 많은 사상가들이 법률이 사회에 미치는 의미에 대하여 고민하였답니다. 그 중에 유명한 프랑스 법학자인 '몽테스키외' 역시 그런 고민에 빠져있던 사람이에요. 그에게는 법이 사회에 끼친 영향에 대해 살펴보고, 경우에 따라서 사회가 법에게 어떤 영향을 미치는가 주요 관심사이었습니다. 몽테스키외는 다른 학자들과는 다르게 《법의 정신》이라는 책에서, 여러 가지 역사적인 정부들의 형태를 연구했답니다. 그리고 이러한 정부들이 법을 통해서 어떻게 움직이는지를 분석해보았어요.

황제가 있는 군주정, 의원들이 모여 정치하는 공화정 등을 보면서, 한 권력자가 모든 힘을 가지는 정치구조가 아닌, 세 개의 힘이 분리되어있는 형태 삼권분립 를 주장하였답니다. 법을 만드는 힘 입법, 법을 집행하는 힘 행정, 법을 어겼을 때 판단하고 처분하는 힘 사법 의 세 힘을 오늘과 같이 분리하여, 서로를 존중하지만 또 견제하는 제도를 주장하였어요. 그런데 몽테스키외의 이런 주장은 우리에게 익숙하지 않나요? 네, 바로 현대의 '삼권분립'의 아이디어를 제공한 사람이 바로 몽테스키외입니다. 이런 점을 바라본다면, 그의 천재성을 알 수 있을 거예요. 이렇게 법사회학은 법이 실제로 영향을 미치는 사회현상, 조직기구 등을 탐구하는 학문이랍니다.

이렇듯, 기초법학은 법을 공부하면서 가장 기본이 되는 중요한 학문이랍니다. 그렇지만 대한민국에 법학전문대학원**로스쿨** 제도가 도입되고 이제, 법조실무를 가르치는 것이 중요해지면서, 기초법학의 지위가 과거에 비해 많이 떨어지고 있는 상황이에요. 관련해서 각 학교들에 기초법학을 활성화 하는 방안을 강구하고 있지만, 현재에도 그 해결책을 찾기가 쉽지는 않은 상황이랍니다.[6]

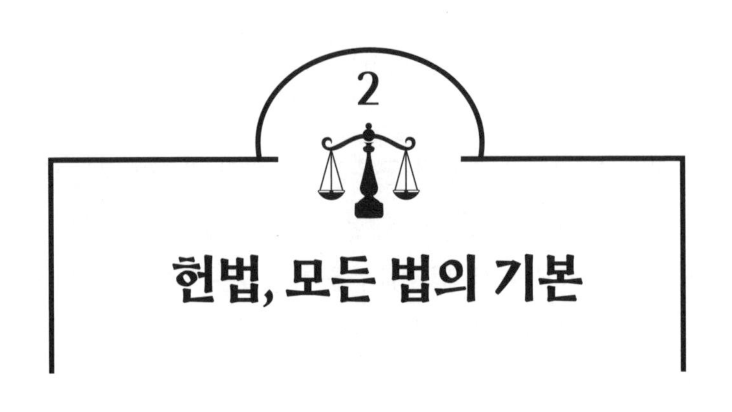

2

헌법, 모든 법의 기본

국가는 국민입니다!

우리가 무언가를 만들어낼때 여러 가지 설계도가 필요해요.

가령 커다란 배나 자동차, 도로나 항만 등을 만들 때 기본적인 그림을 그리고 세부 내용들을 채워놓게 되죠. 헌법은 나라와 법률을 만드는 기본설계도의 역할을 해줍니다. 이 나라는 어떤 모습으로 구성되어야 하는지 국가조직 와 이 나라의 법은 국민의 권리를 지키려 하는지 기본권 국가가 나아가야 하는 방향에 대한 내용을 적어놓았답니다. 그러기에, 헌법의 다른 이름은 근본법이기도 해요. 그리고 각 조문들을 보면 알겠지만, 그 범위가 크고 목표가 높기에 세부 내용은 보기에 따라서는 허술할 수 도 있답니다.

우선 우리나라의 헌법이 어떻게 구성되어 있는지부터 살펴보려고 해요. 헌법을 살펴본다면, 이 법의 성격을 어느 정도 알 수 있을 거라 생각합니다.

'대한민국헌법'은 총 130개의 조문으로 이루어져 있답니다.

① 총강 제1조~제9조

② 국민의 권리와 의무 제10조~제39조

③ 국회 제40조~제65조

④ 정부 제66조~제100조

⑤ 법원 제101조~제110조

⑥ 헌법재판소 제111조~제113조

⑦ 선거관리 제114조~제116조

⑧ 지방자치 제117조~제118조

⑨ 경제 제119조~제127조

⑩ 헌법개정 제128조~제130조

이 중에서 첫 조문은 제1장 '총강'으로 되어 있지요. 조문 제1조에서 제9조까지는 대한민국은 어떤 나라이고, 어떤 범위를 가지고 있고, 어떤 성격을 가지고 있다 등이 나와 있답니다. 다음은 '국민의 권리와 의무'에 대하여 나와 있어요. 제10조에서 제39조까지의 내용입니다. 이 조항을 보면, 국민은 법률로 규정된 어떤 권리를 가지고, 어떤 의무를 지는지에 대하여 나와 있답니다. 흔히 이 부분을 '기본권'에 관한 내용이라고 해요.

마지막으로 제40조부터 제130조까지의 내용입니다. 이 부분은 '국가기관'에 관련된 내용을 말합니다. '국회' '행정부' '법원'

'헌법재판소' 등에 대한 이야기가 나와 있답니다. 다음으로는 '선거관리' '지방자치' '경제' '헌법개정' 등에 대한 내용이 조문으로 나와 있어요. 이렇게 살펴보면, 헌법이 추구하는 바에 대하여 어렴풋이 알 수 있을 거예요.

첫째, 헌법은 대한민국이 어떤 나라인지를 설명해줍니다.
둘째, 헌법은 대한민국의 국민들이 어떤 권리를 가지게 되는지를 설명해줘요.
셋째, 헌법은 대한민국이라는 국가가 어떤 식으로 설계되어 있는지를 알려준답니다.

대한민국의 모든 법률은 이 헌법에 위배 되지 않는 범위에서 설계되어 제정되어야 한답니다. 우선 대한민국 헌법 총강 제1조를 살펴볼까요?

> ① 대한민국은 민주공화국이다.
> ② 대한민국의 주권은 국민에게 있고, 모든 권력은 국민으로부터 나온다.
>
> _ **헌법 제1조**

특히 제1조 제2항은 영화 〈변호인〉으로 유명해진 법조문입니다. 영화에서 주인공은 이렇게 이야기하죠. "대한민국헌법 제

1조 2항, 대한민국의 주권은 국민에게 있고 모든 권력은 국민으로부터 나온다, 국가는 국민입니다."

우리 헌법에 가정 먼저 나오는 조문, 대한민국은 민주공화국이고, 주권은 국민에게 있고, 모든 권력은 국민으로부터 나온다는 내용입니다. 그런데 '민주공화국'이라는 의미는 무슨 뜻일까요? 아마 친구들이 민주공화국이라는 단어를 보면서도, 저 단어가 어떤 의미인지 깊이 생각해보지는 않았을 거라고 생각해요. 그런데 이 민주공화국이 무슨 뜻인지 친절하게도 우리 법원에서 답을 내려준 적이 있답니다. 아래의 판결문을 한번 볼까요?

> 민주국이란 주권자인 국민이 동의한 법에 의해 국민의 행동과 삶이 규율되는 정치공동체를 말한다. 공화국이란 구성원들이 함께 어울려 살아가는 정치공동체, 즉 구성원들 중 어느 누구도 특정인의 자의적 의지에 예속되지 않고 공공선에 기반을 둔 법에 의해 구성원들의 행동과 삶이 규율되는 정치공동체를 말한다.
>
> **_ 부산지법 2017.1.20. 선고 2016고단3264판결**

우선 사건 번호를 먼저 보겠습니다.

부산지방법원에서 2017년에 1월 20일에 판결을 확정 선고 한 사건이에요. 그렇다면 뒤에 내용은 어떤 의미일까요? 2016년의 고단 형사1심단독사건 제3264번째 접수된 사건이라는 뜻이랍니다.

이제 앞으로 사건번호를 보면, 막연하지만 어렴풋이 내용을 짐작할 수 있을 거예요.

판결에서는 '민주공화국'이란 무엇인지에 대하여 결론을 내어놓았습니다. '법'에 의해 국민의 행동과 삶이 규율되는데, 그 법이란 녀석은 '국민들의 동의'가 있어야 한다는 내용입니다. 더하여, 공화국이란 '구성원들이 함께 어울려 살아간다.'라는 내용이 들어 있답니다. 혼자서 독자적으로 살아가는 나라는 공화국이 아니라는 뜻이죠. 또한 어느 누구도 '특정인의 의지'에 예속되지 않아야 한다고 합니다. 어떤 사람이 힘을 가지고 본인의 의지만을 강요하며 다른사람이 살아가야 한다고 주장한다면, 그 나라는 민주공화국이 아니라는 뜻이 됩니다. 마지막으로, 법이란 '공공선'이라는 것에 기반을 두어야 한다고 해요.

뭔가 긴 내용이죠? 다시 간단히 말하자면, '다수를 위한 선한 목적을 가진 법이란 녀석이 국민들의 동의를 통해 법으로서 힘을 얻게 되고, 그 법이란 녀석을 통해서 사회를 구성하는 우리 모두가 누군가에게 지배당하지 않고, 함께 어울려 살아갈 수 있는 나라'를 민주공화국이라고 말하고 있습니다. 그럼 다음 문장을 볼까요?

이 세상에서 가장 민주적인 절차에 의한 법일지라도 사회의 한 부분에게 다른 부분의 의사를 강요하고 의사를 강요당한 구성원들의 자율성을 박탈하는 자의적인 법이 될 수도 있기 때문에, 대한민국헌법 제1조 제1항은 대한민국이 지향하는 공동체가 민주국임과 동시에 공화국이어야 함을 규정하고 있다.

_부산지법 2017.1.20. 선고 2016고단3264판결

그런데 법이란 녀석이 정해졌다고 해서 끝난 건 아니라는 말이됩니다. 아무리 민주적인 절차를 통해 제정한 법도 다른 사람의 자유를 빼앗지는 않는지 살펴야 한다라는 뜻이에요. 자, 이 부분에서 우리는 하나 생각해볼 필요가 있답니다.

가령 국회에서 정당한 입법절차를 통해 오늘부터 '대한민국의 국민이 되기 위해서, 국민음식인 삼겹살과 소주를 먹고 마실 수 있는 사람이어야 한다.'라는 자격을 정했다고 생각해봅시다. 이 법은 다른 사람의 자유를 빼앗을 가능성이 없을까요? 당장에 술을 마실 수 없는 사람들이나, 또는 종교상의 이유로 술이나 돼지고기를 먹지 못하는 사람들, 선천적으로 술이나 돼지고기만 먹으면 알레르기가 있는 사람들에게 피해를 주는 법안이 될거고, 이런 법은 공화국의 정신과 맞지 않을 거예요.

이 판결에서는 민주적인 절차도 중요하지만, 정당한 절차를 거친 결과물이 누군가의 자유를 빼앗게 된다면 그것 또한 잘못되었다고 말하고 있답니다. 공정한 절차를 거쳤다는 매력적인 단어에 빠져서, 누군가를 핍박하는 법은 사라져야 한다는 내용을 말하고 있답니다.

> 행정입법에서 재량행위를 규정하면서 재량권 행사기준을 전혀 규정하지 않거나 이를 규정하였다 하더라도, 그 내용이 명확하지 않은 경우에는 행정청에 자의적인 권력을 부여하게 된다.
>
> 이러한 상황에서 법공동체의 구성원들은 미래의 상황을 예측할 수 없어 자신의 행동을 결정짓지 못할 뿐만 아니라, 자신의 미래의 삶을 구상하고 설계하지 못하므로 자유로운 삶을 영위할 수 없다.
>
> 따라서 이와 같은 행정입법은 헌법에서 규정한 공화국의 원리 및 법치주의 원칙에 위배되어 헌법에 위반된다.
>
> **_ 부산지법 2017.1.20. 선고 2016고단3264판결**

이 사건은 군대에 갈 나이가 된 사람에게 국가기관병무청에서 입영통지서를 전달하고, 통지한 입영일로부터 3일이 지났을 때에도 아무런 소식이 없자, 국가가 병역법을 위반하였다고 통지서를 받은 사람을 고소를 한 사건입니다.

이 사건에서 쟁점이 되었던 부분은 군대를 가야 하는 사람에게 30일 전까지는 통지서를 전달하게 규정을 두고구 병역법 시행령 제21조 제1항, 다음 규정에서는 지방병무청장이 그 기간을 줄일 수 있게 만들어 놓았다는 거예요시행령 제21조 제2항. 문제의 시작은 새로운 시행령에서 '병무청장이 기간을 줄일 수 있다.'라고 되어 있고는 권한이 어떻게 적용될 수 있는지에 대한 세부적인 규정을 두지 않았다는 점이었답니다. 국가가 자신들의 권력을 행사하기 위해 규정을 만들 때, 그 내용을 명확하게 정해놓지 않는다면, 이것 또한 사람들을 마음대로 다룰 수 있는 하나의 권력이 됩니다. 사건에서 재판부는 병무청에 잘못이 있음을 판결합니다.

이 판결문에서 무엇이 보이나요? 혹시 우리 헌법이 추구하고자 하는 바를 느낄 수 있을까요? 국가권력으로부터 자유를 빼앗긴 구성원들의 권리를 보호하는 것, 또는 그럴 가능성으로부터도 사회의 구성원들을 보호하는 것. 앞으로 보게 될 헌법관련 내용에서 이러한 것들을 우리는 계속 느끼게 될 겁니다.

내친김에 다른 조문들도 살펴볼까요? 이어지는 조문입니다.

대한민국 국민이 될 자격

> ① 대한민국의 국민이 되는 요건은 법률로 정한다.
> ② 국가는 법률이 정하는 바에 의하여 재외국민들 보호할 의무를 진다.
>
> _ 헌법 제2조

우리 헌법 제2조의 내용은 대한민국의 국민이 되는 방법에 대하여 설명한 글이랍니다. 우리는 흔히 대한민국 영토 안에서 태어난 것만으로도 '대한민국의 국민'이 될 수 있다고 생각하지만, 우리나라의 헌법에서는 명확하게 이야기하고 있어요. 바로 '법률'이 정한 요건을 충족해야 한다고 말이에요. 그렇다면 헌법에서 말하는 '국민이 되게 만들어 주는 법률'은 무엇일까요? 우선 우리나라 '국적법'에서 대한민국 국민이 될 수 있는 방법에 대하여 규정하고 있답니다. 우리나라의 국민으로 구분되는 기준은 크게는 두 가지가 있어요.

'속인주의'와 '속지주의'라 불리는 것이랍니다.

우선, 속인주의는 기본적으로 부모님 중 누군가가 국적이 한국인 경우, 아이를 한국인으로 인정해주는 것을 말해요. 사실 1997년도 이전까지는 '아버지의 국적이 한국인일 경우'만을 한국인으로 인정해주었다고 합니다. 하지만 이런 내용이 성별의 차별요소를 가지고 있다는 문제가 제기되었고, 의견을 반영하여 1997년 개정 이후 국적법에는 '아버지 또는 어머니의 국적이 한국인을 경우'로 조문이 바뀌게 되었다고 해요. 이러한 정책을 '부모양계혈통주의' 라고 한답니다.

그렇다면 이런 경우는 어떨까요? 아이가 대한민국에서 태어났는데 부모님이 누구인지 분명하지 않거나, 부모님의 국적이 없을 경우가 존재합니다. 여기서 '국적이 없다.'는 말이 무슨 뜻인지 이해가 잘되지 않을 거예요. 그런데 실제로 그런 일들이 있답니다.

〈터미널〉이라는 영화가 있어요. 한 남자가 자신이 살던 나라가 갑자기 지구상에서 사라지는 바람에 공항에 갇혀 지내는 이야기랍니다. 그리고 지난 2022년에는 무려 18년 동안을 프랑스

파리의 드골 공항에서 무국적자로 지낸 '메흐란 카리미 나세리' 씨가 사망한 소식이 뉴스에 나기도 했답니다 이런 무국적자들이 전 세계에 무려 1천만 명이 넘는다고 해요.[7]

또는 아이가 대한민국에서 발견되었지만, 출생지가 불명확한 경우도 있답니다. 이런 경우 아이는 어느 나라 사람으로 보아야 할까요? 우리나라 법률에서는 이런 경우 대한민국 국민이라 인정하고 있답니다. 이러한 사람들을 우리 국민이라고 인정하는 주요한 근거는 대한민국이라는 땅에서 태어났기 때문입니다. 이러한 기준방식을 '속지주의'라고 부른답니다. 혈통을 중요시하는 우리나라 같은 동아시아 국가에서는 드물지만, 미국과 같은 다민족 국가는 속지주의를 국적취득의 기준으로 삼고 있어요.

그런데 우리나라는 조금 특수한 사정을 더 가지고 있답니다.

지구상에 몇 안 되는 분단국가이기 때문이에요. 자, 그렇다면 휴전선 넘어 북한 땅의 주민들은 어떻게 봐야 할까요? 지난 2023년 12월 31일에 조금은 무서운 뉴스가 발표되었답니다. 북한의 김정은 국무위원장이 공개적인 자리에서 "남한과는 더 이상 같은 국가가 아니다."라고 발표했다고 해요.[8] 그런데 의외로 주변에서 뉴스를 보면서 이렇게 말하시는 분들이 많이 계신답니다.

"아니 유엔에도 따로 가입했고, 서로 다른 국기를 들고 살아가는데, 북한은 원래부터 우리랑 다른 나라가 아니었어?"

이미 갈라선 나라에서 무슨 선언이냐고 하시는 사람들의 반응들도 많이 있었답니다. 그렇다면 북한의 사람들을 우리는 법적으로는 어떻게 보아야 할까요? 재미있게도 이와 관련된 판결도 존재한답니다.

> 설사 원고가 북한법의 규정에 따라 북한국적을 취득하여 중국 주재 북한대사관으로부터 북한의 해외공민증을 발급받은 자라 하더라도, 북한지역 역시 대한민국의 영토에 속하는 한반도의 일부를 이루는 것이어서 대한민국의 주권이 미칠 뿐이고, 대한민국의 주권과 부딪치는 어떠한 국가단체나 주권을 법리상 인정할 수 없는 점에 비추어 볼 때, 이러한 사정은 원고가 대한민국 국적을 취득하고, 이를 유지함에 있어 아무런 영향을 끼칠 수 없다 고 판단하였다.
>
> **_ 대법원 1996.11.12. 선고 1996누1221 판결**

이 사건은 거의 30년 전인, 1996년에 선고되었던 행정항소사건입니다.

사건의 내용은 복잡하고 또 재미있어요. 북한지역에서 오랜 기간을 살아온 북한 국적의 사람이 중국으로 건너가 중국 사람과 결혼하여 살고 있었습니다. 중국에 살지만, 국적이 필요했던 북한사람은 주중 북한대사관에서 해외공민증여권의 일종 을 받아 살고 있었습니다. 그런데 이 사람이 대한민국으로 오고 싶었나 봐요.

그런데 대한민국과 북한은 엄연히 왕래 불가능한 적대적인 국가였습니다. 머리를 굴리던 이 사람은 대한민국으로 입국이

가능한 중국여권을 받기 위해 중국인 국적을 사서 대한민국으로 들어왔다가 발각이 되었답니다. 처음 보는 사례에 난리가 난 출입국 관리사무소는 이 사람을 서둘러 돌려보내려 합니다. 원래부터 북한국적을 가지고 있는 사람이기 때문이라는 거예요.

하지만 우리나라 대법원은 다른 관점으로 이 사건을 보았습니다. 그리고 위와 같이 판결하죠. 북한영토 역시 엄연한 대한민국의 영토이고, 거기서 대한민국으로 온 사람을 북한으로 돌려보낸다면, 우리가 그 사람의 국적을 발급해준 북한정권의 존재를 인정하는 것이기 때문에, 비록 북한공민증을 가지고 있더라도 이는 무효이며, 이 사람이 대한민국 국적을 취득하고 싶다면 그렇게 해야 한다는 것이었어요. 어떤가요? 이렇게 하나의 사실을 놓고 보더라도, 법적인 관점에 따라서는 전혀 다른 방향으로 결과가 나올 수 있답니다.

우리 법령이 정하는 국적취득의 방법에는 여러 가지가 있습니다. 우선 가장 많이 이용되는 방법으로는 '귀화'가 있답니다. 귀화의 방법을 선택하여 우리나라의 국적을 취득한 경우, 국적법 제10조에 따라서 '대한민국 국적을 취득한 날로부터 1년 이내'에 외국 국적을 포기해야만 해요. 국적 포기가 싫다면 대한민국에서 외국국적을 주장하지 않겠다는 서약을 작성해서 법무부장관에게 서약을 해야 합니다.

국적을 포기하지 않고 유지할 수 있는, 사실상 이중국적국적을 두 가지 이상 가지는 일을 인정하는 조항을 남겨둔 것이죠. 이러한 이중국적이 가능한 대상으로는 대한민국 사람과 결혼을 이유로 들어온 외국인, 특별한 능력을 가지고 있거나 대한민국에 공을 세운 외국인, 성인이 되기 전에 외국으로 보내졌던 입양아동들, 65세 이후에 한국에 입국하여 국적회복을 하가 받은 사람들이랍니다.

국적법과 함께 '병역법' 역시 헌법 제2조와 관련 있는 법률이랍니다. 우리나라 남성들은 국방의 의무를 지며, 18세부터는 군대에 가야 하는 준비그룹병역준비역에 포함되게 됩니다. 이 시기 전에는 특별한 사유가 있는 경우 두 개 이상의 국적이중국적을 가질 수 있지만, 준비그룹에 속한 뒤에는 3개월 이내에 국적을 선택하도록 되어 있답니다.

사실 우리나라와 같은 징병제 국가에서는 병역문제는 굉장히 민감한 내용이에요. 병역법에서 이런 이중국적에 대한 세세한 규정을 두는 이유는, 예전에 이중국적에 허점을 이용하여 군대를 가지 않으려던 여러 종류의 시도들이 있었기 때문이랍니다. 이런 사항에 대한 법이 명령하는 내용은 명확합니다.

"국적을 바꾸든지, 군대에 가든지!"

우리 것은 우리에게, 너네 것은 너네에게

> 대한민국 영토는 한반도와 그 부속도서로 한다.
>
> _ 대한민국 헌법 제3조

우리 헌법의 세 번째 조항은 영토에 관한 내용입니다. 영토는 우리들이 살아가는 터전이랍니다. 대한민국헌법 제3조에는 우리나라의 영토를 위와 같이 규정하고 있어요. 우선 헌법에서는 우리의 터전을 '한반도'라고 명확하게 명시하고 있습니다. 한반도의 의미를 쉽게 지나치시는 분들이 많지만, 사실 이 조항도 자세히 보면 여러 가지 재미있는 점들이 있답니다.

이 조문을 보면, 어떤 생각이 드시나요? 우선 우리가 살아가는 공간이 생각날 거예요. 고개를 돌려 우리가 살아가는 곳을 보면, 영토땅, 영해바다, 영공하늘 이렇게 여러 공간들이 같이 존재한다는 것을 알 수 있어요. 하지만 가장 중요한 우리나라 헌법에는 꼭 집어서 영토라고만 되어 있답니다.

왜 그럴까요? 사실 바다와 하늘에 관한 내용은 아직도 국제적으로 논의되고 있고 또 경계가 명확하지 않고, 변화되는 부분들이 많았기 때문이랍니다. 한 예로 바다의 범위에 대하여 세계의 나라들이 공간적 개념을 합의한 것은 1982년 '유엔해양법협약'이 체결되고 나서였습니다. 이렇듯 그 범위와 구분이 명확하지 않은 상황에서 헌법에 이러한 내용을 반영한다는 것 자체가 어려움이 있었답니다.

두 번째로 '한반도와 부속 도서라는'라는 영토범위를 주목해주었으면 해요. 여러분들이나 부모님 세대는 태어날 때부터 반쪽으로 잘린 분단국에서 생활을 하고 있답니다. 지도를 보면 항상 휴전선을 중심으로 남쪽과 북쪽이 서로 갈라져 있는 모습을 볼 수 있어요대부분 휴전선 위쪽은 빨간색, 아래쪽은 파란색을 칠해놓곤 하죠. 하지만 우리나라 헌법에서 명확하게 우리의 영토를 '한반도와 그 부속도서'라고 표시하였습니다. 우리 헌법은 비록 지금은 실제로 지배하지는 못하지만, 한반도 전체가 우리의 생존을 위한 영역임을 언급하고 있답니다.

세 번째로 다시 북한이라는 나라에 대한 의미입니다. 1991년 우리나라에서는 조금은 기념적인 이벤트가 있었답니다. UN 국제연합에 남한과 북한이 동시에 가입한 사건이 있었어요. 지금은 우리가 활발히 평화유지군도 보내고 여러 가지 활동하지만, 예전에만 해도 대한민국은 북한과 함께 UN회원국이 아니었답니다. 가장 큰 문제는 대한민국과 북한을 서로 지지하는 나라들이 편이 갈려 있었기 때문이에요. 대한민국이 가입하려고 하면 구소련 러시아, 중국 등의 나라가 반대하였고, 북한이 가입하려고 하면 미국, 프랑스, 영국 등의 나라가 반대하였답니다.

하지만 1991년 드디어 두 존재가 나라가 아닌 존재입니다 나란히 UN에 가입하게 됩니다. 앞의 북한국적인의 밀입국 사건에서 우리나라 법원이 바라보는 북한에 대한 의미를 알아보았답니다. 이런 입장에 대하여 더욱 명확하게 정의를 내려준 판결이 있었습니다. 북녘 동포들에 대하여 우리 정부가 법적으로 어떤 접근법을 가지고 있는지를 생각해볼 수 있을 거에요.

북한이 남·북한의 유엔 동시가입, 소위 남북합의서의 채택·발효 및 남북교류협력에 관한 법률 등의 시행 후에도 적화통일의 목표를 버리지 않고 각종 도발을 자행하고 있으며 남·

북한의 정치, 군사적 대결이나 긴장관계가 조금도 해소되고 있지 않음이 현실인 이상, 국가의 존립·안전과 국민의 생존 및 자유를 수호하기 위하여 신·구 국가보안법의 해석·적용상 북한을 반국가단체로 보고 이에 동조하는 반국가활동을 규제하는 것 자체가 헌법이 규정하는 국제평화주의나 평화통일의 원칙에 위반된다고 할 수 없다.

_ 헌법재판소 1997.1.16.선고 92헌바34,35,36병합 전원재판부 판결

헌법재판소는 제정된 법령이 헌법에 위배가 되는지, 공직자 탄핵심판, 정당의 해산 등과 같은 사건을 전담하는 사법기관이랍니다. 참, 뒤에 보이는 '전원재판부'라는 단어가 보이나요? 헌법재판소는 9명으로 구성되어 있답니다. 이 중에서 이분들 모두가 출석하여 재판하는 '전원재판부'와 3명만 출석하는 '지정재판부'가 있답니다. 전원재판부는 9명 전체 출석대상에서 2/3이상인 7명 이상이 출석이면 재판이 이루어집니다.

이 사건은 점점 좋아지던 남북한의 분위기를 보면서, 오래전 북한을 대상으로 제정되었던 '국가보안법'이라는 법령이 문제가 있다고 헌법재판소 판단을 요청한 사건이었답니다. 이유는 UN에 남북한이 동시에 가입했으니, 이제 대한민국도 북한을 하나의 나라로 인정한 것이 아닌지에 대한 의문을 제기한 거예요. 더해서 지금까지는 북한을 우리의 영토를 점거한 불법적인 범죄단체로 보았다면, 이제 서로가 손잡고 UN에도 가입했으니,

북한을 적으로 보았던 지금까지의 국가보안법이 필요가 없지 않느냐는 논리였어요. 국가보안법은 북한을 찬양, 고무하거나 동조하는 사람들에 대한 강력한 처벌규정을 두고 있답니다.

그런 질문에 대한 사법부의 대답은 아래와 같습니다.

먼저 법원은 남과 북이 공동으로 국제기구에 가입하는 평화적인 이벤트가 일어나긴 했지만, 북한이 아직 남한을 무력으로 통일하려는 시도를 버리지 않고 있으며, 그로 인한 긴장상태 역시 계속되고 있는 상황이란 점을 고려하였습니다. 더해서 북한은 여전히 반국가적인 단체이고 한반도의 북쪽 역시 그들에게 통치 받고 있는 대한민국 정부의 수복되지 않은 영토라는 점도 다시 확인하였어요.

이 조항은 대한민국 헌법이 처음 만들어진 이후로 계속해서 유지되어 왔답니다. 처음 해방이라는 사건을 맞이할 때부터, 우리가 살아왔던 터전이 절반이 잘린 아쉬움과 통일에 대한 염원을 짧은 조문 속에 담아내었다는 뜻일 거예요. 이렇듯 짧아 보이는 헌법 조문 하나도 많은 의미를 담고 있답니다.

그런데 대부분의 나라들은 헌법에 국가의 영토에 대한 개념을 넣어놓지 않는다고 합니다. 하지만 대한민국은 특이하게도 몇 안 되는 헌법에 영토개념을 넣은 나라입니다. 우리 헌법에서 이런 국가의 영토라는 의미를 굳이 담은 이유가 무엇일까요? 혹시 이런 생각을 하시는 분은 없으신가요?

'광개토대왕이 완성하였던 대고구려의 옛땅, 언젠가는 우리가 저 드넓은 만주를 다시 수복해야 할 것인데, 헌법에서 이렇게 영토의 범위를 제한해놓다니, 이게 무슨 말이야!'

그런데 말이에요, 이 부분을 연구하는 분들은 이렇게 이야기하고 있습니다.

우선 오랜 세월 강대국들의 침략에 시달려온 우리의 역사가 있기에, 한반도는 우리 대한민국 사람들이 오래전부터 생활한 터전임을 세상에 명확하게 알리는 목적이 있다고 해요. 지금도 주변국들이 우리의 영토에 대한 역사를 꺼내며 영유권 문제를 꺼내는 것을 보면, 국토를 빼앗기고 헌법 초안을 만들어야 했던 당시에 우리 조상님들의 마음이 이해되기도 합니다.

헌법에 우리나라의 영토의 한계를 '한반도와 부속도서'로 정확히 넣었다는 것도 의미가 있답니다. 고구려의 영광을 꿈꾸는 국민들에게는 아쉬운 일이겠지만, 반대로 생각해보면, '이 영토 이상은 우리가 넘어가지 않겠다.' 라는 평화적인 선언을 한 것이랍니다. 이를 통해 주변 국가들을 침략하지 않고, 국제평화를 지키는 나라가 되겠다는 의미도 우리 헌법은 담고 있어요.

어떤가요? 간단한 헌법 조문 한 줄이 가지고 있는 의미가요. 마음에 와 닿으시나요? 언젠가 독도, 마라도 그리고 언젠가 하나가 될 북한의 땅인 신의주 같은 우리나라 끝단의 영토를 드디어 육로로 가볼 기회가 있다면, 우리 헌법 제3조가 더욱 가슴에 와닿을 거라 생각해요.

우리의 소원은 통일

2023년에 우리나라 공영방송사 KBS에서 실시한 통일에 관한 의식조사가 있답니다. '2023년 국민통일 의식조사'가 바로 그것이에요. 조사결과는 아쉽게도 계속 동일한 추세를 보여주고 있답니다. 이제 우리나라 국민들 사이에서 북한이라는 나라를 우호적으로 생각하는 사람들이 점점 작아지고 있어요.

남북관계에 대한 인식현황 (KBS조사 의거)

위 그림에서 보이듯, 북한정권이 적대적인 존재라는 응답은 계속 늘어나고 있고, 반대로 협력대상이라고 말하는 사람들은 계속해서 줄어들고 있답니다. 그렇다면 통일에 대한 우리나라 사람들의 생각은 어떨까요?

옆 그림에서 보면, 반드시 통일이 필요하다는 의견은 조금 감소한 반면, 전체적으로 통일은 좋은 것이라는 의견은 51.3%로 조금 늘은것을 볼 수 있어요. 새로운 세대가 등장하면서, 사회

남북통일에 대한 인식현황 (KBS조사 의거)

전반에서 '통일은 해야 하지만, 큰 부담을 지면서 할 정도까지의 문제는 아니다.'라는 인식이 점점 커지는 것 같답니다. 그런데 말이죠. 이런 통일에 관해서도, 우리나라의 헌법에는 답을 정해 놓고 있답니다. 관련 조문을 살펴볼까요?

대한민국은 통일을 지향하며, 자유민주적 기본질서에 입각한 평화적 통일정책을 수립하고 이를 추진한다.

_ 헌법 제4조

지향志向이라는 말은 의지를 가지고 그 방향으로 나아간다는 뜻이랍니다. 대한민국 정부는 건국할 때부터 통일을 이 국가의 존재의 목적으로 정해놓았다는 말이에요. 여기에 더해서 다른 조문에서도 이런 내용을 찾아볼 수 있어요.

> 대통령은 조국의 평화적 통일을 위한 성실한 의무를 진다.
>
> _ 헌법 제66조 제3항

대한민국의 수장, 대통령이 된다면 헌법을 수호할 의무를 가지게 됩니다. 헌법 제 66조 역시 수호해야 할 의무가 생기는 것이 되는 것이죠. 결론적으로 대한민국의 대통령은 평화적인 방법으로의 통일을 추구해야 하는 의무를 가지게 됩니다. 그것도 잠깐이 아니라 꾸준하게 지는 의무에요.

혹시 역사는 반복된다라는 말을 들어본 적이 있나요?

제2차 세계대전 이후, 동쪽 아시아 대륙에서는 한반도, 서쪽 유럽대륙에서는 독일이 반쪽으로 분단이 되어버렸답니다. 미국과 서유럽 민주국가들이 관리하는 서독일과 구소련 및 동유럽 공산국가들이 관리하는 동독일은 서로 자신만의 체제를 만들었죠. 역사의 아쉬운 부분이라면, 독일은 전쟁을 일으킨 원죄가 있기에 분단이 되었다면, 대한민국은 피해 받은 식민지국가였음에도 분단이 되어버린 것이 문제입니다.

지금은 하나가 된 독일의 사례를 보면, 여러 부분에서 우리가 참고할 것들이 있답니다. 전쟁과 분단 후, 동쪽 독일구 동독은 '2개의 국가 2개의 민족'이라는 논리를 제기합니다. 예전에 독일제국은 하나였지만, 이제 세상이 바뀌었으니 공산주의 동독은 서쪽 독일서독과는 '서로 다른 나라, 서로 다른 민족으로 분리해서 살아야 한다.'라고 주장했던 것이었죠.

이 이야기를 들으면 혹시 떠오르는 것이 있지 않나요?

동독 지도자들의 말은 2023년 12월에 대한민국 국민들이 북한의 지도자에게 들었던 말과 비슷하답니다. 어제까지 하나였던 나라에서 두 개의 다른 국가가 되겠다고 말하는 동독 정치가들의 이야기는 서독 사람들에겐 받아들일 수 없었죠. 전쟁 후, 서로 헤어진 가족들과 친구들이 아직도 장벽 너머에 있었으니까 말이에요. 심지어 이런 분단은 우리가 원한 것도 아니었는데 말이죠.

이런 동독 사람들의 삐딱한 태도에 대응하기 위해 서독 사람들은 법령을 제정합니다. 서독일은 기본법에 '전체독일 Gesamt-deutschland'의 존재를 나타내는 조항들 법에 마련해놓았어요. 동독의 분리독립의 시도에 대해서 서독은 통일의 근거를 법으로 마련해놓았던 것이랍니다. '우린 너희랑 달라.'라고 말하는 상대에게, '너희도 언젠가 합쳐져야 할 우리다!'라는 명확한 메시지를 법에 명시해놓음으로써, '우린 너희를 포기하지 않을 거야'라는 메시지를 강하게 전하였고, 결국 그 목적을 이루었답니다. 우리나라 헌법 제3조 및 제4조는 통일된 대한민국을 전제로 하여 법적인 근거를 마련해놓았다는 점에서 서독의 사람들의 그것과 비슷한 의미가 준답니다.

우리 남북관계에 대한 여러 정황들이 점점 혼란스러운 방향으로 진행되고 있는 것 같아요. 하지만 이런 때일수록 우리 헌법 조항에 흘러가고 있는 생각들 하나하나를 돌아보게 됩니다. 바다가 어두워질수록, 옛날의 뱃사람들은 밝은 북극성을 찾아서 항해를 계속했다고 합니다. 남북관계의 해법이 필요할 때, 우리에게 헌법은 그런 하늘 위에 움직이지 않고 방향을 알려주는 별과 같은 존재가 될 것이라고 생각합니다.

국내법과 국제법

> 헌법에 의하여 체결·공포된 조약과 일반적으로 승인된 국제 법규는 국내법과 같은 효력을 가진다.
>
> _ 헌법 제6조

우리나라 헌법 제6조는 조금 특이한 조문이랍니다.

지금껏 우리나라의 성격이나 국민의 조건, 영토의 범위와 같은 이야기가 나오다가 갑자기 지구적인 규모의 이야기가 나온답니다. 헌법에 외국과 체결된 국제조약, 국제법규는 우리나라 국내법과 같은 효력을 가진다고 규정한 내용입니다. 우리는 미디어를 통해서 우리나라의 대표단들이 외국에 나가 회의장에서 국제회의를 하는 내용들을 자주 보곤 합니다. 이 자리에서 결정된 내용들은 바로 우리나라의 법국내법과 동일한 효력을 가지게 된다는 내용입니다.

그런데 이런 우리나라의 헌법 제6조와 같은 내용이 외국에도 많이 있을까요? 가령 국제사회에 나가서 어떤 조약이나 법규를 승인하였는데, 우리나라와는 달리 국내법으로 적용하지 않는 나라가 있을까요? 정답은 '있다.'입니다.

멀리 바다 건너 유럽대륙의 영국에서는 우리나라와는 조금은 다른 법체계를 가지고 있어요. 국제적인 조약이나 법규를 체결할 경우, 영국에서는 우리나라처럼 바로 국내에서 법의 지위를 가지지는 않아요. 그럼 어떻게 하냐고요? 일단 외국과 맺은 조약 등의 내용들은 다시 영국 안으로 가져와서 국내법으로 적용할지 여부를 결정한답니다.

> 대한민국과 일본 사이에 2002. 4. 8. 체결하여 2002. 6. 21. 발효된 '대한민국과 일본국 간의 범죄인 인도조약' 이하 '인도조약'이라 한다은 국회의 비준을 거친 조약으로서 법률과 동일한 효력을 가지므로…
>
> _ 서울고법 2013.1.3.선고 2012토1 결정

이 사건은 2011년 12월 26일 새벽에 일본 도쿄에서 일어났었던 사건이에요. 평소에 일본 정부에 역사인식을 좋지 않게 생각하던 우리나라 청년이 준비를 단단히 하고 일본 도쿄의 야스쿠니 신사에 도착합니다. 야스쿠니 신사는 제2차 세계대전 당시에 죽어간 일본군인 및 부역자들을 위해서 만들어 놓은 사당이에요. 이 전쟁으로 식민지 조선에서도 많은 젊은이들이 끌려가서 죽임을 당했고, 또 국내의 많은 사람들이 전쟁물자를 바치느라 고통받았습니다.

우리 집을 침입해서 물건을 빼앗고 나쁜 짓을 했던 사람들의 죽음을 기억하기 위해 누군가가 멋진 집을 지어놓고, 매년 제사를 지낸다면 주변 이웃들은 어떤 기분이 들까요? 심지어 그 당시에 우리집을 도둑질한 행동이 멋진 일이었다고 찬양하고 기념까지 한다면 정말 화가 날거예요. 현재 일본정부는 이런 야스쿠니 신사에서 매년 정기적으로 제2차 세계대전 당시 죽어간 전쟁범죄자들을 위해 추모의식을 지내고 있어요. 아직도 그 시대를 추억하고 있는 것이죠. 그리고 당연히 일본의 침략으로 피해를 보았던 우리나라를 비롯한 아시아의 나라들은 일본의 조치에 대하여 강한 비난을 하고 있는 상황이에요.

오늘 사건의 주인공 역시 이런 부류의 사람이었나 봐요. 일본에 대한 적개심이 강한 주인공은 범행을 위해 일본에 도착하여, 저녁 어두워질 때까지 기다리다가 야스쿠니 신사에 도착합니다. 그리고 준비한 휘발유를 신사의 출입문에 붓고 불을 붙였답니다. 사건현장을 유유히 빠져나와 한국으로 돌아온 주인공은 결국 한국에서 검거됩니다. 마음속으로 만세를 부르던 일본정부는 즉각 대한민국 정부에게 범인을 일본으로 인도할 것을 요청하였어요. 그런데 여기서 의문이 듭니다. 각 나라들은 모두가 '관할권'이란 것을 가지고 있다고 했는데, 한국에서 잡힌 범인을 왜 일본에서 보내달라고 하는 걸까요?

일본이 대한민국 정부에게 범인을 일본으로 넘기라고 요청하는 이유는 한국과 일본 사이에는 범죄인들을 서로 보내줄 수 있는 '범죄인 인도조약'이 맺어져 있기 때문이었어요. 바로 그 사건의 판결문은 이 부분을 언급하고 있어요, 판결문을 보면 '국회의 비준을 거친 조약은 법률과 동일한 효력을 가진다.'라는 내용이 나옵니다. 비록 범인은 우리가 잡았지만, 일본과 맺은 국제협약이 있고, 그 협약은 헌법 제6조에 따라 국내법의 효력을 가지기 때문에 범죄인 인도를 해야 하는 의무가 발생하였습니다.

이런 헌법의 내용들을 보면, 우리 조상들은 우리나라의 헌법을 만들 당시부터 지구상의 다른 나라들과 어떻게 조화를 이룰 것인지를 고민한 것처럼 보여요. 마치 오늘날 국제사회에서 무시하지 못할 존재감을 내뿜는 대한민국의 모습을 미리 준비한 것처럼 말이에요.

이상으로 헌법의 '총강'에 해당하는 부분을 짧게나마 살펴보았답니다. 총강에서 살펴보았듯, 헌법은 전체적인 뼈대를 만드는 작업과도 비슷해요. 대한민국과 국민의 정의, 그리고 헌법의 성격 등을 규정하면서 앞으로 법률들이 만들어져야 할 구체적인 정신과 방법에 대하여 규정을 해주고 있답니다. 재미있으셨나요? 자, 다음은 꽤 긴 여정이 될 거예요. 다음 장에서는 헌법이 각 나라별로 어떻게 발전되어 왔는지를 살펴보도록 하겠습니다.

영국, 헌법의 탄생

1908년 오스만 제국은 위기에 처해 있었습니다. 러시아와 영국에 군대는 계속 패배하고 있었고, 무능한 정부는 이제 더 이상 상황을 통제할 수 없는 단계가 되었습니다. 일부의 제국군대는 반란을 일으켰고, 이제 방법이 없어진 제국의 장교들은 무릎을 꿇고 술탄에게 이야기합니다.

"모든 나라에 헌법이 있습니다. 오직 오스만오늘날의 튀르키예 만이 그것을 폐지하는 바람에 국민이 만족하지 못하고 있습니다. 군인들의 생각이 바뀌었습니다."

군대를 통한 반란이 일어난 것이었죠. 개혁파 장교들이 요구한 것 새로운 전함도 성능 좋은 대포도 아닌 '헌법'이었습니다. 마치 이것만 있으면 병든 나라가 다시 살아날 것처럼 말이에요. 그리고 이런 혼란한 상황을 옆에서 지켜보고 있던 사람이 있었답니다. 바로 청나라 관리였던 캉유웨이었어요, 얼마 전 청나라의 젊은 황제인 광서제와 조국을 바꾸려 했다가 보수파들에게 밀려 멀리 오스만 제국까지 도망왔던 인물이었습니다.린다 콜리 지음, 김홍옥 옮김,《총, 선. 펜》에코리브르, 2023

지구 반대편에서 왔던 그는 자신이 청나라에서 이루고자 했던 모습을 이곳에서 보고 있었답니다. 근대화를 열망하는 청년 엘리트들이 말합니다. 헌법이란 것이 없으면 근대화된 국가는 없다고 말이죠. 그렇다면 과연 헌법이란 무엇이기에 이렇게 서로 도입하려 했던 걸까요? 그리고 그 헌법을 도입하는 것이 왜 개혁의 조건이라고 생각했던 걸까요? 아니, 정확하게는 헌법이란 도대체 무엇인걸까요?

이 물음들의 답을 찾기 위한 첫 여정은 영국에서 시작됩니다.

1215년 6월 15일, 러니미드 평야의 한 막사에는 심각한 얼굴을 한 사내들이 가득 있었습니다. 사람들에게 둘러싸인 한 남자가, 펜을 들고 불쾌한 표정으로 서명하고 있답니다. 펜을 든 남자의 이름은 '존 1세'. 그가 서명한 문서가 낭독되자 사람들은 환호합니다. 자리를 나온 존1세는 왜 상황이 이렇게 되었는지 천천히 생각해봅니다.

먼저 1209년 보기 드물게 강한 존 캐릭터인 교황 인노켄티우스 3세의 말을 듣지 않았던 자신의 모습이 생각납니다. 다음으로는 1214년, 프랑스와 오랜 전투 끝에 잃어버린 프랑스 안에 있던 광대한 영국령 영토도 생각이 났답니다이 잃어버린 땅으로 인해, 영국에서 그의 인기는 바닥으로 떨어졌고, '땅 잃은 왕'이라는 불명예스런 별명까지 생겼답니다. 그리고 이 끝없는 전쟁으로 인해 말라버린 잉글랜드 제국의 금고도 생각이 났습니다.

자, 어찌되었든 그놈의 전쟁, 전쟁이 문제였습니다. 그리고 오래전부터 자신의 뒤통수를 노리던 귀족들의 눈동자가 떠올랐죠. 이 실패만 반복하는 왕의 군대를 먹이고 유지하는 비용을 모두 귀족들이 부담해야 했기에, 왕과 귀족들은 전쟁이 길어지는 한 결코 친할 수 없었습니다. 사실 귀족들의 눈에는 저렇게 사고를 치고도 왕이 아직까지 자리를 유지한다는 것은 정말 운이 좋다고 할 수밖에 없었어요. 진즉에 바꿔야 할 눈엣가시 같은 왕이지만, 불행하게도 1215년 귀족들은 존 1세를 대체할 고귀한 혈통을 찾지 못했답니다.

대체자를 찾다가 포기한 귀족들은 차라리 왕을 굴복시켜 그들의 요구사항을 받아들이게 하겠다는 생각을 하게 되죠. 이렇게 긴 사건들이 사이에 있던 인기 없던 존 1세는 자신의 의도와는 다르게 역사에 이름을 남기게 됩니다. 바로 그들의 갈등으로 인해 역사적인 문서인 〈마그나카르타Magna Carta, 대헌장〉가 탄생하였기 때문이랍니다. 총 몇 부가 만들어졌는지는 정확하지는 않지만, 1215년 10월 6일에 정식으로 문서화 된 대헌장은 여러 지역으로 필사되어 전달되었답니다. 현대에는 이렇게 전달된 문서들 중 4부만 남아 있다고 해요. 고작 양피지 문서 하나에 관리도 잘 안 되어 거의 남아 있지도 않은 이것이 무슨 대단한 의미가 있을까 생각할 수 있지만, 이 작은 문서는 전통적으로 인정되었던 국왕의 권위에 대해 근본적인 질문을 바뀌게 만들었습니다.

항상 지시를 내리던 왕이 드디어 법이란 것의 통제를 받게 되었기 때문입니다. 하지만 이런 〈마그나카르타〉도 그 효과는 제한적이었답니다. 우선 일반 영국 사람들이 읽기 힘든 '라틴어'로 문장이 만들어졌답니다. 이미 사람들에게 영어가 사용되고 있던 시절인데도 말이에요조선시대로 치면 양반들만 읽을 수 있는 한자로 글을 쓴 것과 같을까요?. 그리고 문서의 주요 내용들도 귀족들의 요구사항이 주로 있었다고 해요.

사실 이 당시에 영국 역시 조금은 복잡한 사정이 있었답니다. 왕을 비롯한 귀족들은 바이킹의 후예인 노르만족이었던 반면, 지배를 당하는 사람들은 앵글로색슨족이라는 토착민들이었어요. 이런 상황에서 지배층이었던 귀족들이 일반 백성들을 신경 써서 돌보아줄 이유는 없었습니다. 자, 아무튼 이제 1라운드에서 왕은 귀족들에게 크게 망신을 당했습니다. 왕의 권위가 한 번 약해진 거예요.

그리고 시간이 흘러 1628년, 또다시 영국에서는 사건이 일어납니다. 400년 전 조상님이 남긴 교훈을 잊고 지내던 영국왕 '찰스1세'의 왕실은 다시 엄청난 빚을 안고 있었답니다. 그리고 이 빚들을 해결하기 위해서는 더 많은 세금이 필요했죠. 하지만 세금을 걷기 위해서는 오래전 문서에 서명한대로, 왕은 의회의 허락이 필요했어요. 결국은 다시 세금이 문제였답니다. 사실 이 싸움은 1625년부터 시작되었는데, 3년이 지나자 귀족들의 생각은 완고해졌답니다. 다시 왕에게 누가 더 강력한 존재인지 알려줘야겠다고 생각한 귀족들은 새로운 문서에 서명해 달라고 요청합니다. 이 문서가 〈권리청원Petition of Rights〉이에요. 〈권리청원〉은 이전의 〈마그나카르타〉와 같이 문서로 다시 왕의 힘을 제한하였다는 점에서 의미가 있답니다. 국가를 움직이는 힘이 의회를 통해 법으로 제한받아야 한다는 것을 확인하는 문서였답니다. 제2라운드에서 이제 왕의 권위는 또 한 번 크게 떨어집니다. 심지어 인기 없던 찰스 왕은 귀족들에게 처형당하게 됩니다.

영국은 이후 내전기를 거쳐 새로운 왕을 찾게 됩니다. 도저히 고귀한 혈통을 찾을 수 없었던 귀족들은 네덜란드의 총독이던 오렌지 공 윌리엄과 아내를 부릅니다. 그들은 함께 돌아왔고 왕위에 오르게 됩니다. 영국의 국민과 의회는 필요해서 그를 불러들였지만, 엄연한 외국인인 새로운 국왕에게 모든 힘을 주면 안된다고 생각하게 됩니다. 이 지긋지긋한 영국인들은 새로운 국왕을 불러놓고는 왕이 되는 조건으로 문서에 다시 서명할 것을 요청했답니다.

그 문서가 〈권리장전Bill of Right〉이에요. 1689년 12월 16일, 이 문서가 국왕 앞에 전달됩니다. 문서의 주요 내용은 아래와 같았답니다.

① 의회의 권위와 독자성을 인정한다.
② 의회의 동의 없이 군대를 둘 수 없다.
③ 의회의 동의 없이 의회 효력을 정지시킬 수 없다.
④ 과다한 벌금, 보석보증금이나 잔인하고 특별한 형벌은 금지한다.
⑤ 배심원 재판을 보장한다.
⑥ 국왕은 국가의 기본적인 법을 지켜야 한다.
⑦ 모든 예산은 의회의 의결을 거쳐야 한다.

〈권리장전〉의 정신은 간략히 말하면 '국왕은 군림하되 통치하지 않는다.'입니다. 그리고 이 원칙은 시간을 지나 지금도 지켜지고 있어요. 왕의 말이라면 묻지도 않고 따라야 하고 언제든지 자기 재산을 빼앗길지 모른다고 생각하던 백성들에게, 그들의 왕이 순순히 의회 안으로 걸어 들어가 권력을 이양하는 문서에 서명하고 사람들과 인사를 나누는 모습은 신선하게 다가왔을 거예요.

그래서 역사는 이 사건을 '명예혁명Glorious Revolution' 이라고 기록합니다. 혁명적인 사건이지만 아무도 피를 흘리지 않고 평화적으로 이룬 혁명이라는 뜻이었어요. 아일랜드 출신의 영국 철학자이자 정치가 '에드먼드 버크'는 이웃 프랑스에서 일어난 급격한 혁명과 비교하며 명예혁명을 이렇게 평가했다고 해요.

"이 혁명은 일어난 혁명이 아니라, 프랑스와 같은 혁명을 예방한 혁명이었다."

역사상 처음으로 지배자의 권력을 제한하였다고 평가받는 영국의 헌법은 이렇게 왕과 귀족들의 타협의 결과로 만들어지게 되었습니다, 다행히도 영국은 다른 국가들에 비하면, 내전은 있었지만 비교적 왕과 귀족들의 타협 속에서 평화롭게 헌법이라는 것을 만들었습니다. 반면 바다 건너 새로운 땅에서는 전혀 다른 방식으로 이런 움직임이 일어나게 되었습니다. 다음 이야기는 바다 건너 대륙과 그들의 헌법의 이야기입니다.

미국, 자유가 아니면 죽음을

지구상에서 가장 강한 나라는 어디일까요?

현재를 사는 사람들 모두가 주저 없이 미국이라고 말할 거예요. 하지만 이 이야기를 시작할 당시만 해도 그런 미국은 영국 사람들이 만든 그저 그런 식민지에 불과했습니다. 고작해야 커다란 미국대륙의 동쪽 해변의 마을들이 옹기종기 모여 있는 모습이었고, 농산품이나 팔던 그냥 가능성이 있는 땅이었습니다.

당시 유럽에서는 항상 사이가 좋지 않던 영국과 프랑스가 식민지를 놓고 싸우고 있었는데, 신대륙에서는 미국과 캐나다의 국경지대에서 싸움이 일어났습니다. 하지만 여기 북미의 식민지들은 혼란스런 유럽에 비해 평화로운 나날을 지내고 있었답니다. 이런 생활이 가능했던 건 적은 세금 덕분이었다고 해요, 당시 식민지의 세금은 고작 영국의 50분의1 정도였다고 합니다. 유럽에 비하면 거의 무료나 다름없는 상황이었죠.

그런데 프랑스와의 오랜 전쟁이 끝나고 나서 영국은 곤란한 상황을 맞이합니다. 전쟁 비용을 너무 많이 써버린 것이었어요. 그래서 영국 정치인들은 이렇게 부족한 세금을 식민지인 미국에서 걷을 생각을 하게 됩니다. 모든 문제의 시작이었죠. 1764년 영국은 식민지 운영비용 마련을 위해 '사탕법'을 개정합니다. 이제 식민지가 필요한 모든 물품들이 수입될 때마다 세금이 부담되었죠. 이렇게 시작된 영국의회의 세금 요청은 이후에도 계속 늘어납니다.

1765년에는 '인지세'가 만들어지면서 모든 문서에 세금이 부과됩니다. 심지어 집에서 놀때 사용되던 놀이용 카드에까지 세금이 붙었다고 해요. 1767년에는 영국은 식민지에서 들어오는 상품들에 대해 관세를 부과하겠다고 발표합니다. 이제 미국이 영국으로 수출하던 종이, 차, 농산물 등에 높은 관세가 부과되게 됩니다. 불과 3년 사이에 보지도 듣지도 못한 세금들이 늘어난 것이었죠. 그리고 당연히 많은 세금을 내보지 않았던 식민지 미국의 사람들은 반발하기 시작했습니다. 본인들이 영국의회에 대표를 파견해서 세금을 정한 것도 아니고, 바다 건너에 있는 평생 얼굴을 볼 수 있을지도 모르는 영국 정치가들의 결정으로 세금을 내야 한다는 사실을 받아들일 수 없었답니다.

"영국의회에 보낸 대표 없이 과세 없다."

미국 시민들은 거리에서 구호를 외치며 시위하고 있었고, 상황은 더욱 뒤숭숭해 졌어요. 1770년 3월 5일, 미국 보스턴에 주둔하던 영국군에게 아이들이 말똥과 눈덩이를 던지며 장난을 치고 있었습니다. 그런데 아이들 장난이 어른들 싸움이 된다는 말 아시나요? 실제 보스턴에서 그런 사건이 벌어집니다.

평소에 영국의 조치에 불만이 많던 부두의 노동자, 선원들이 달려오더니 아이들 옆에서 같이 돌을 집어던지기 시작하였습니다. 놀란 영국군들이 총을 발포하기 시작하였고, 이 난리통에 6명이 다치고 5명이 사망하게 됩니다. '보스턴 대학살Boston Masscre'이라는 이름으로 역사에 기록된 사건이에요. 이렇게 피를 보는 사태가 발생하였습니다. 분위기가 험악해지자 영국정부는 관세법을 폐지하고, 사람들의 원성을 들었던 영국군대를 조금은 본국으로 철수시켰다고 해요.

하지만 위험한 불씨는 계속 남아 있었죠. 결정적인 사건은 미국에서 벌어지던 수입 홍차 불매운동으로 영국 동인도회사의 적자가 크게 불어나 있던 것이었답니다. 영국이 인도에서 수입해서 미국으로 팔던 인도산 홍차는 영국정부의 중요한 수입원이였거든요. 그런데 홍차를 마시던 미국 사람들이 갑자기 영국산 홍차를 마시지 않기로 한 거예요. 거기에 암암리에 미국업자들을 통해서 영국으로 수입되던 밀수홍차들은 골칫거리였어요.

영국정부는 안정적인 홍차판매를 위해서 1773년 4월 〈차법안〉을 통과시킵니다. 이제 동인도회사는 직접 싼 가격의 홍차를 미국에서 팔 수 있는 유일한 독점권한을 가지게 됩니다. 영국은 이 법을 통해서 미국을 통해 몰래몰래 영국으로 들어오던 차들을 동인도회사 제품들로 거쳐서 바꾸려고 했죠. 그리고 이 소식은 수출을 위해 온건하게 영국편을 들던 미국의 상인들차를 밀수해 돈을 벌던의 마음마저 돌아서게 만듭니다.

이런 분위기에서 멀리 인도를 출발한 영국 동인도회사 소속의 세 척의 배가 시험적으로 홍차 잎들을 가득 싣고 보스턴 항구로 들어옵니다. 동인도회사에서 들어온 이번 상품들은 거의 세금 없이 미국의 시장에 넘겨질 예정이었죠. 이제 홍차를 몰래몰래 수입하던 미국업자들도 위기를 느끼게 됩니다. 이 영국산 홍차들이 미국 시장에 풀린다면 당연히 미국 상인들의 상품보다 값도 싸고, 심지어 영국정부가 보증까지 해주니 소비자들도 품질이 좋다고 생각할 것이었어요.

'존 핸콕'을 중심으로 한 미국상인들은 3년 전 보스턴에서 발생하였던 보스턴 학살사건으로 결성된 독립단체, '자유의 아들들Sons of Liberty'과 접촉을 합니다. 그리고 1773년 12월 16일 저녁에 인디언으로 분장한 행동대원들이 세 척의 영국 배 위로 올라가 갑판 위의 상자들을 바다에 던져버리기 시작합니다. 총 342개의 차 상자들이 바다로 던져졌고 이 양은 10톤이 넘었다고 해요. 이제 엄청난 손해를 본 영국정부는 화가 머리끝까지 나게 됩니다. 보스턴의 이 사건은 금방 미 대륙 전역으로 퍼져나가고, 항구를 통해 도착하는 영국군들을 보면서 식민지 정부는 전쟁이 다가온다는 사실을 받아들이게 됩니다.

1774년 9월 5일, 조지아 주를 제외한 총 12개 주의 대표들이 필라델피아 카펜터스 홀에 모입니다. 그리고 '제1차 대륙회의'가 열립니다. 이 중에서 버지니아 주에서 온 '패트릭 헨리'가 독립을 요청하는 명연설을 남깁니다다만 연설의 내용에 대한 논쟁은 아직도 있답니다.

전쟁은 사실상 시작되었습니다!
다음에 북쪽에서 불어올 강풍은 무기가 맞부딪치는 소리를 우리 귀에 들려줄 것입니다! 우리의 형제들은 이미 싸움터에 나가 있습니다!
그런데 왜 우리는 여기서 이렇게 빈둥거리고 있는 것입니까?
여러분이 원하는 것이 무엇입니까? 여러분이 가지게 될 것이 무엇입니까? 쇠사슬과 노예화란 대가를 치르고 사야 할 만큼 우리의 목숨이 그렇게도 소중하고 평화가 그렇게도 달콤한 것입니까?
전능하신 하느님, 그런 일은 절대로 없게 해주십시오!
다른 사람들은 어떤 길을 택할지 모르지만, 나에게는 자유가 아니면 죽음을 달라!

_'패트릭 헨리'의 연설 중에서

대륙회의가 끝나고 얼마 지나지 않은 1775년 4월 19일, 미국의 렉싱턴과 콩코드에서 영국군대와 미국민병대 사이에 충돌이 벌어집니다. 전쟁이 일어난 것이에요. 이제 양측 사이에는 평화로운 해결이 불가능해졌답니다.

이런 급박한 상황 속에서 다시 '제2차 대륙회의'가 개최됩니다. 제1차 대륙회의에 불참하였던 조지아 주가 참여하면서 총 13개 주가 독립을 위한 회의에 참여하게 됩니다. 그리고 독립군의 총사령관으로는 조지 워싱턴이 결정되었어요. 사실 이때만 하더라도 미국 각주의 대표들은 화해와 독립이라는 두 가지 선택지를 놓고 고민하고 있었답니다. 그만큼 바다 건너 영국은 세계제일의 강대국이었고, 독립이 실패하면 건국의 아버지들은 모두 사로잡혀 교수형을 당할 수 있었으니까요. 이렇게 모두가 결심을 망설이고 있을 때, 의외의 인물이 나타나 이 어정쩡한 상황을 종결지었습니다.

바로 '토머스 페인'이라는 인물이 등장하였기 때문이에요. 작가였던 그의 책 《상식Common Sense》은 신대륙에서 금방 베스트셀러가 되었습니다. 미국에서만 총 75,000부의 책이 팔려나갔죠. 그의 책을 살펴보면, 혁명적인 생각들로 가득했어요. 우선 그는 미국 사람들이 더 이상 영국이란 나라의 식민지로 살아가면 안 된다고 설득합니다. 영국왕실에 복종하는 관계를 끊고, 왕이 없는 공화국으로 변경을 주장하죠. 또한 헌법을 모두가 알아볼 수 있도록 '성문법'으로 만들어야 한다는 주장도 합니다.

페인의 구상이 대단한 점은, 13개의 식민지에서 2명씩 대표를 뽑아, 총 26명의 의회를 만들고 새로운 정부헌장을 만들어야 한다는 구체적인 방법까지 제시했다는 점이에요. 어차피 미국에서는 왕이 없으니, 미국인들은 그들에게 맞는 정부형태와 규칙을 만들면 된다고 주장하였죠. 독립의 아버지 토머스 제퍼슨이 미국 독립선언서의 초안을 작성하였고, 벤저민 프랭클린과 존 애덤스가 수정안을 받아 다듬었답니다. 그리고 1776년 7월 4일에 56명의 미국 대표들이 서명한 〈독립선언문〉이 발표되게 됩니다.

이후 길고 오랜 전쟁이 지속되었고, 1783년 9월 3일 요크타운 전투를 끝으로 드디어 영국군은 미국 땅을 떠나게 됩니다. 그리고 1787년 5월에 필라델피아에서 각 주의 대표들이 모여, 전쟁 후의 나라에 대하여 논의하게 되었답니다. 전쟁이 끝나고 다시 모인 것은 늘어난 전쟁비용을 해결하고 새로운 세상에 맞는 규칙이 필요했기 때문이었죠. 필라델피아 회의에서 미국의 헌법을 제정하는 작업이 드디어 시작됩니다. 그리고 매디슨이 마련해온 '버지니아 플랜Virginia Plan'이 최종적으로 선택됩니다. 오늘날 매디슨은 이 공로로 '미국헌법의 아버지'라고 불리고 있어요.

역사와는 별개로 이 '버지나이 플랜'을 살펴보면, 우리가 이해하고자 하는 미국이라는 나라에 대해 조금 이해할 수 있을 거예요. 버지니아 플랜의 주요 특징은 아래와 같답니다.

① 삼권분립

② 양원제

③ 입법부가 선출하는 행정부 수반과 판사

④ 주의 인구와 세금 부담액에 따른 의석수 결정

영국을 몰아내고 독립을 이룬 미국 건국의 아버지들의 머리를 아프게 했던 것은 무얼까요?

사실 미국처럼 커다란 나라를 통일시키기는 쉽지 않답니다. 영국이란 공동의 적을 몰아내고 나서 각 주들은 다시 생각해 보게 됩니다. 크기가 작은 주들은 연방의 형태로 하나의 정부를 만들면 결국에는 커다란 주들 밑에 자신들이 포함되는 것이 아닌가 걱정을 했어요. 반대로 커다란 주들은 작은 주들에게 독자권을 준다면, 자신들의 결정에 대해서 불만이 있을 때마다 작은 주들이 연방을 탈퇴해 버리지 않을지를 걱정했다고 해요.

동쪽에 있던 주들은 이미 그 크기가 딱 정해져 있었지만, 아직 개발되지 않은 땅들이 많이 있던 서쪽의 주들도 있었죠. 만약 서쪽에 주들이 계속 영토를 넓히면, 동쪽 주들의 발언권이 약해지지 않을지도 걱정이었다고 합니다. 게다가, 아직도 노예제도를 유지하는 남쪽 주들 입장에서는 북쪽에서 일어나고 있는 노예제도 폐지 주장이 좋을 리가 없었죠.

어떤가요? 지금처럼 하나가 되어 있는 미국을 보고 있는 우리로서는 건국의 아버지들이 이런 고민을 했다는 사실이 쉽게 상상이 되진 않지만, 이런 복잡한 사정과 자신들의 생각을 가진 다양한 사람들을 하나로 묶기 위해서 미국에서는 모두를 통일시킬 '헌법'의 존재가 필요했답니다.

자, 여기서 영국과 미국의 헌법제정 과정의 차이를 생각해 주었으면 해요. 영국은 왕을 쫓아내지 않고 평화로운 방식으로 헌법이 생겼답니다. 물론 힘 있는 귀족들이 왕과 힘으로 싸워 도장을 찍지 않을 수 없게 만들었지만 말이에요. 하지만 왕이 없었던 미국은 영국과는 다른 모습의 길을 걷습니다. 바다 건너에 영국 왕이라는 어떤 존재가 있는데, 우리를 못살게 굴었어요. 결국 우리 권리는 우리가 찾아야 한다는 마음으로 총까지 들고 저항했는데, 정말 불가능할 것 같던 독립이라는 열매까지 얻게 됩니다. 이렇듯 서로 다른 두 나라의 시작을 상징적으로 나타내는 미국 헌법의 문구가 있답니다.

자유로운 국가의 안보에 필요한 규율이 잘 잡힌 민병대를 위해 개인이 무기를 보유하거나 휴대할 권리를 침해해서는 안 된다.

A well regulated militia, being necessary to the security of a free state, the right of the people to keep and bear arms shall not be infringed.

_ **미국 수정헌법 제2조**

미국 건국의 아버지 '토마스 제퍼슨Thomas Jefferson, 1743~1826'은 정부의 독재정치에 맞서기 위해서, 시민들이 자신을 지킬 최소한의 권리가 바로 '수정헌법 제2조'의 이 조항이라고 말했답니다.

미국이란 나라가 식민지배를 받던 사람들이 총을 들고 전쟁을 통해 세워진 나라라는 점을 생각해본다면, 이러한 내용을 헌법에 넣은 것은 이해가 되실 거라 생각해요. 국가권력 자체가 시민들을 억압할 때, 스스로를 무장하고 저항할 수 있는 권리를 헌법이 보장해야 한다는 내용이랍니다. 하지만 이런 건국의 아버지들이 만들어 놓은 후손들을 위한 배려는 이제는 엉뚱한 방향으로 미국인들의 머리를 아프게 하고 있답니다.

2023년 12월 20일 캘리포니아 센트럴 연방지방법원에서 이와 관련한 판결이 나옵니다. 캘리포니아 주가 집행하고 있는 '총기단속법'이 바로 '수정헌법 제2조'와 맞지 않다고 결정을 내려 총기휴대의 자유가 보장되어야 한다고 결정을 내렸답니다. 판결에서는 수정헌법 제2조를 존중해서 모든 사람들이 총기휴대의 자유가 있다고 보았어요.

하지만 이 판결은 12월 30일에 다시 바뀌게 됩니다. 제9연방순회항소법원에서는 "수천만 명의 시민들이 총기폭력의 위험에 노출될 수 있다."는 캘리포니아 주정부의 요청을 받아들여 판결집행정지를 명령했답니다. 다시 공공장소에서 위험한 총기의 휴대가 금지된 것이에요. 이렇듯 미국의 판사님들 사이에서도 총기소지와 같은 문제는 여러 갈래로 생각이 엇갈리는 주제랍니다. 그리고 그 중심에는 수정헌법 제2조가 있어요. 더 깊이 들어가면, 미국의 역사적인 배경으로 인해 특별하게 강조되는 저항권이라는 하나의 주제가 다른 국가들보다 더욱 강하게 작용하고 있음을 알 수 있답니다.

프랑스, 혁명 속에 태어난 헌법

다음은 혁명의 나라 프랑스 이야기입니다. 신대륙에 생겨난 새로운 국가, 미국. 자신들을 억압하던 사람들을 물리치고 생겨난 새로운 나라를 보면서, 유럽의 사회는 술렁입니다. 그 당시, 유럽에는 이미 '계몽주의'라고 하는 지적 분위기가 유행하고 있었답니다. 이제 유럽의 시민들은 로마시대 이후로 당연하게 받아들여지던 '국가의 국민, 토지와 모든 것들은 국왕의 소유물이다.'라는 생각에 의문을 가지게 되었어요. 그런 생각들이 사람들에게 펴져나가고 있던 중에, 바다 건너 신대륙에서 왕이 없는 자유로운 나라가 만들어졌다는 소식이 들려옵니다.

자, 머릿속으로 만약 우리가 중세 유럽에 살았다면 어떤 삶을 살았을지 눈을 감고 잠깐 상상해보시겠어요? 물론 우리 모두는 왕실의 귀족이나 멋진 기사일 것이라 상상하지만, 당시 대부분의 사람들이 그러했듯이 우리는 커다란 농장에서 밭을 가꾸는 일반 평민이 될 가능성이 높답니다. 네, 인구구성을 보면 그럴 확률이 굉장히 높다는 이야기에요.

우리 앞에 새로운 하루가 시작되었습니다. 어제는 국왕이 보낸 세금징수관이 왕의 명령이라며 내가 키워낸 곡물을 마차에 실어 떠났답니다. 그런데 옆 나라와 전쟁이 났다는 소문도 들려옵니다. 이제 국왕이 보낸 기사들이 마을에서 싸울 사람들을 선발하러 올 거란 소문이 돌고 있답니다. 이제 내 친구들과 아들 또는 나도 끌려갈 수도 있을 거란 생각이 머릿속에 듭니다. 집 옆 칸에 식량창고를 보니 가슴이 답답해옵니다. 올해는 수확이 잘 되었는데 세금을 내고 나니 남은 것은 감자밖에 없어요. 슬픈 마음을 덜어볼 생각으로 일요일에 교회를 나갔는데, 교황이 임명한 신부들은 이 모든 것이 신의 뜻이라고 합니다. 신이 국왕을 인정하여 나라를 다스릴 권리를 주었으니, 국왕이 하는 행동은 신이 하는 행동이라는 것이에요. 그러기에 아무런 의문을 가지지 말고 신의 말을 하고 있는 왕의 목소리를 따르라고 나에게 이야기합니다.

고해성사를 마치고 일어서는 우리에게 신부가 이야기한답니다. 소득의 10분의 1은 교회를 위해서 꼭 내야 한다고 말이죠. 이 모든 것들이 지금은 고달프지만 죽어서 천국행 티켓을 보장해줄 거라고 합니다. 이 출구 없어 보이는 답답한 세상에서 방황하고 있는 나를 보면서, 옆의 큰 도시에서 소식을 듣고 온 마을 사람 한스가 이야기 합니다. 도시에서는 자유롭고 새로운 사상이 퍼지고 있다고 말이에요. 항상 의심 없이 따르기만 하던 교회와 국왕의 명령에 대해서, '다시 한 번 생각해 봐야 한다.'라고 사람들이 이야기하고 있다고 말이죠.

감히 어떻게 그런 생각을? 이렇게 생각하다가 여러 이야기들이 떠오릅니다. 교회에서 말하던 우리를 중심으로 돈다던 해와 별들은 알고 보니 거짓말이었고, 우리가 사는 세상이 열심히 태양 주변을 돌고 있다는 것이 밝혀졌다고 합니다. 교회도 실수할 수 있지 않을까요? 복잡한 마음으로 남은 감자를 팔기 위해서 시장을 가보니, 사람들 앞에서 젊은이들이 자신의 생각을 큰 목소리로 말하고 있답니다.

"스스로 생각해야 합니다. 지금까지 알고 있던 것들을 모두 의심해보세요!"

이렇게 처음에는 설명이 안 되던 과학적 현상들을 연구대상으로 하던 계몽주의가, 자연스럽게 주제를 신앙과 국가체제로 옮겨가게 되었답니다. 프랑스에서 이런 움직임이 특히 도드라졌던 이유는 너무나도 견고했던 '구체제 앙시앙 레짐, Ancien Régime' 때문이었어요. 더욱 정확하게 말하면, 체제가 바뀌어야 할 시기에 예전의 고리타분한 시스템이 변화의 발목을 잡아버렸기 때문이에요. 당시 프랑스는 앙시앙 레짐이라 불리는 오래된 체제 아래서 세 계급이 나라를 지탱하고 있었답니다.

① 제1계급인 성직자
② 제2계급인 귀족
③ 제3계급인 농민 등 나머지 신분의 사람들

게임용어로 하자면, 힐러, 전사 그리고 농부 계급이라고 할까요? 이런 사회계급은 중세시대를 나타내는 주요한 모습이기도 했답니다. 그렇다면 프랑스의 구체제가 얼마나 불균형한 모습이었는지 한 번 살펴보도록 해요.

우선 제1계급, 성직자들은 전체 인구의 0.5프로 정도인 12만

명이었다고 해요. 전체 인구로는 얼마 되지 않는 사람들이지만, 프랑스 전역의 수도원과 그 수도원 소속의 농지들, 사람들이 바치는 십일조 등을 자신들이 소유하고 있었답니다. 이처럼 많은 재산들이 제1계급인 성직자들의 소속이었습니다.

제2계급인 귀족은 약 35만 명 정도, 전체인구의 1~2프로 정도였다고 해요. 우리가 흔히 들어본 백작, 남작, 자작, 기사 등의 이름을 가진 사람들이랍니다. 과거에 이 사람들은 국가에 문제가 생기면 칼을 들고 왕을 따라 전쟁에 참여하면서, 군대를 지휘하던 사람들이었답니다. 하지만 평화의 시대가 들어오면서 점차 나라를 다스리는 데 도움을 주는 관료의 형태가 됩니다. 약 4천 명 정도 되는 중앙귀족들은 이렇게 왕의 주변에서 나라를 다스리는 역할을 하였답니다.

제2계급에서 또 하나 눈여겨볼 집단은 '법복귀족Aristocracy of robe'들이랍니다. 우리는 흔히 중세시대에 국가를 통치하는 방식으로 멋진 갑옷을 입은 기사들이 칼을 들고 영지를 달리며 치안을 유지하는 모습을 상상하곤 하지만, 실제로 국가들은 '종교'와 '법률'을 통하여 국가를 지배하고 있었답니다. 법복귀족들은 이러한 행정과 법원을 장악한 특권계층들을 말합니다. 이러한 법복귀족들은 프랑스 왕가에 봉사하기 위해서 전문지식들을 배워서 대대손손 전수해주게 됩니다. 그리고 이러한 교육을 위해 고등교육기관들이 세워집니다.

프랑스의 파리대학Université de Paris은 1200년에 세워진 세계 3번째로 오래된 서구식 대학이었답니다. 유럽의 대학들의 주요 과목들이 '신학'과 '법학'이었던 것을 보면 군주들이 원하던 것들을 알 수 있습니다. 공부를 마친 제국의 법복귀족들은 군주들의 옆을 지킵니다. 이러한 법복귀족이 되려면 본인의 토지를 소유해야 했는데, 이러한 법관의 자리는 사고 팔수도 있었고, 집안에서 대를 거쳐서 물려줄 수도 있었습니다. 18세기에 들어오면 프랑스에서 왕이 법을 만드는 데 개입하는 사건이 빈번해지면서 문제가 일어납니다.

이렇게 법복귀족들과 왕권이 서로 타협하면서, 프랑스는 영국과는 달리 왕과 귀족이 같은 운명체가 되어갑니다. 이들은 왕의 권한을 보호하는 방향으로 발전하면서, 사회의 변화를 가로막은 세력 중 하나가 되었습니다. 간혹 개혁적인 성향의 국왕이 새로운 법을 만들어와도, 법관들이 자신의 이익을 잃어버릴 것 같으면 법의 적용을 거부하였던 것이죠. 이렇게 귀족과 법관들이 사회의 개혁을 막는 현상을 보면서, 프랑스 대혁명 당시에 몽테스키외는 삼권분립을 통해 법관들의 권한을 제한해야 한다고 주장하게 되는데, 이런 사상들이 점점 사회에 퍼져나가고 있었죠.

프랑스의 여러 도시들은 상·공업이 발달하면서 점점 부유하게 변해갔고, 이제 부유한 사람들이 도시를 중심으로 늘어나게 됩니다. 그리고 평민출신의 상인들과 의사, 교수, 법관이나 변호사들이 점점 부유해지면서 제3신분 중에서도 제1, 2신분 못지 않은 실력자들이 등장하게 됩니다. 도시의 성벽 안에서 살던 그들을 사람들은 '부르주아Bourgeois, 성벽 안 사람들'라고 칭하게 됩니다.

그런데 루이 16세 시절, 이런 부르주아들의 상황도 안 좋기는 마찬가지였답니다. 나라에서는 거듭된 전쟁과 귀족들의 낭비로 세금수입이 줄어들고 있었고, 1760년부터 본격화된 영국의 산업혁명은 프랑스의 산업에 타격을 주기 시작합니다. 증기기관을 이용해 생산되기 시작한 값싸고 품질 좋은 영국 상품들이 대량으로 프랑스 시장에 수입되면서, 프랑스의 제조업자들과 상인들은 본격적으로 타격을 받게 되었죠. 그리고 피해를 받은 대부분이 제3신분인 부르주아들이었답니다.

이런 상황에서 미국독립전쟁으로 국가의 금고가 텅 빌 위험에 처하자, 루이 16세는 법안을 개정하여 기존에 세금부담이 적던 제1, 2신분에게도 세금부담을 지우고자 합니다. 하지만 프랑스의 성직자들과 귀족들은 극렬하게 반발하였고, 그 세금 부담을 제3계급에게 지우라고 합니다. 세금을 늘리지 않으면 더 이상의 나라를 유지할 수 없었던 국왕 루이 16세는 오랫동안 봉인되어 있던 카드 하나를 만지작거립니다. 1308년 필리프 4세 이후로 한 번도 소집된 적이 없었던 '삼부회의'를 소집하는 것이었죠. 삼부회의는 국왕이 분쟁이 있는 문제가 있을 경우, 국가를 구성하는 세 신분의 지지를 얻어 본인의 의도대로 일을 처리하겠다는 일종의 협의체였어요.

삼부회가 소집되면 수도에 거주하는 사람들 외에도 약 250개의 도시의 대표자들이 참석을 해야 합니다. 프랑스 전체의 대표들이 소집되는 것이죠. 삼부회는 계급별 구분이 명확했으며, 보통은 큰 토론 없이 국왕의 연설만 듣고 끝이 났다고 합니다. 혹여 누군가가 제안을 많이 하거나, 국왕이 듣기 불편한 말을 하는 경우 국왕은 언제든지 회의장을 폐쇄할 수 있는 권한도 가지고 있었죠. 이런 삼부회는 여론의 악화를 방지할 목적으로 소집했으며, 오직 국왕의 이익을 위해 존재하는 제도였다고 해요. 이런 삼부회를 간단하게 요약하면 이렇게 말할 수 있을 것 같아요.

'결정은 내 마음대로 하겠지만, 너희들의 이야기는 한번 들어주마.'

그런데 이 삼부회에는 또 다른 문제가 있었습니다. 각 계급이 한 표씩 가지게 되는 방식이 되는 것이죠. 프랑스의 제1,2신분들은 전체 프랑스 인구의 3프로 정도밖에 되지 않아요. 그런데 그 두 계급이 전체 삼부회의 3표 중에서 무려 2표를 가져가는 거랍니다. 이런 기울어진 운동장 위에서 이전에도 여러 번 프랑스의 개혁을 위한 제도들이 제안되었지만, 삼부회 투표방식 때문에 성공하지 못했다고 합니다.

언제나 선거결과는 2대 1이 되었던 거죠. 이번 삼부회에서도 제3신분 대표들은 그 투표방식 때문에 결국에는 패배할 수밖에 없어 보였어요. 루이 16세 역시 너무나 이런 상황을 잘 알기에 삼부회를 열지 않았나 해요. 일단 투표장에 들어가면 '제3신분의 세금을 올리자.'고 발의하고 표결해 버리면 그만이었을 테니깐 말이에요. 하지만 제3신분의 사람들은 이번만큼은 국왕의 들러리를 설 생각이 없었어요. 바보가 아니었던 이들은 기존의 방식대로라면 다시 세금만 낼 것이 뻔하다는 것을 잘 알고 있었답니다. 그래서 이러한 상황을 근본적으로 고치고 싶어 했죠.

프랑스가 그 당시 미국독립전쟁에 사용해 갚지 못하고 있던 전쟁 비용은 총 13억 리브르에 달했다고 해요. 이 금액은 영국 통화로 1억 파운드, 현재가치로 따진다면 1,900억 파운드한국 돈으로 약 3,600억 원가 됩니다. 이제 전쟁이 끝나고 갚지 못했던 국가 부채는 이자를 더해서 총 33억 리브르까지 증가하게 됩니다. 이런 부채수준을 계산해본 프랑스의 관료들은 머리를 흔듭니다. 이제 세금을 크게 높이지 않으면 더 이상의 방법이 없다는 것은 명확했어요. 그리고 그러기 위해서는 제3신분의 도움이 필요했죠.

이런 절박한 상황에서 1788년 7월 21일, 그르노블의 비지유 성에서는 각 신분을 대표하는 이들이 모였답니다. 그리고 이 모임에서 몇 가지 합의가 이루어집니다. 우선 제3신분 대표의 수를 두 배로 늘리고 더하여, 투표는 이제 신분별이 아니라 참여자 모두의 숫자로 결정한다고 합의하였답니다. 이런 방식이라면 이제, 제3신분 대표들은 싸워볼 만하다 생각했을 거예요. 삼부회의는 다음해인 1789년 5월 5일에 개최하기로 하였습니다.

제1신분 : 291명

제2신분 : 270명

제3신분 : 578명

이제 숫자상으로는 제3신분이 두 배 넘는 의석을 확보하게 됩니다. 그리고 분위기가 심상찮음을 느낀 국왕은 귀족들에게도 세금을 내도록 해보려고 하지만, 발 빠른 귀족들은 이제 고등법원을 매수하여 자신들에게 유리한 판결이 나오도록 상황을 조작합니다. 그리고 논의하였던 투표방식에 대해서도 바꾸지 않기로 하죠. 아무런 변화 없이 회의가 끝날 예정이 되자 다급해진 제3신분 사람들은 삼부회가 시작된 다음 날인 5월 6일, 신분별 투표방식에 반대할 것임을 결정합니다. 이제 좋든 싫든 계급들의 충돌은 시작되었습니다.

그리고 자신들의 요청에도 국왕의 태도에 아무런 변화가 없음을 확인한 제3신분 사람들은 이제 삼부회라는 공식적인 기구가 소용이 없다고 생각하기에 이르러요. 이제 그들은 에마뉘엘 조제프 시에예스의 의견으로 '국민의회'라는 이름의 새로운 기구를 만들 것을 결정합니다. 6월 17일에는 정식으로 본인들이 프랑스의 의사결정기구임을 사람들에게 알리죠.

이 소식은 즉각 별도로 회의하던 귀족들에게 들어가고 국왕 루이 16세는 분노합니다. 왕이 있는 파리에서 감히 국왕의 권위에 도전하는 일이 발생하고 있었습니다. 이틀 뒤인 6월 19일, 제3신분의 대표들이 국민의회장으로 행진하였고 국왕의 근위병들이 그들 앞을 가로막습니다. 이제 싸움은 점점 커져갑니다.

"테니스 코트가 비었다, 거기로 가자!"

군인들과 대치하던 국민의회 대표단 사이에서 목소리가 터져 나왔습니다. 국회가 군대에 의해 막혀버린 상황에서 이제 제3신분 대표들은 주 드 폼Jeu de Paume이라 불리는 테니스코트로 몰려갑니다. 파리의 시장이자 국민의회 첫 의장으로 선출되어 혁명의 가운데에 서게 된 장 실뱅 바이가 테니스코트 한가운데에서 일어나 하늘을 가리키며 서약문을 낭독하였습니다.

"모든 구성원은 헌법이 제정되고 굳건한 토대 위에 세워질 때까지 절대로 해산하지 않을 것이며, 필요할 때면 언제든지 모일 것임을 엄숙히 선서하며, 이 선서를 맹세함에 있어서 모든 구성원이 서약을 통하여 우리의 결의가 변함없음을 확인한다. 우리는 헌법이 제정되기 전까지는 절대로 해산하지 않을 것이며,

필요할 때면 언제든지 모일 것임을 맹세한다."

여기서 생각해보아요. 결국 테니스코트에 몰려간 사람들이 주장한 것은 '헌법'이 필요하다는 것이었답니다. 우리는 영국, 미국에서 작용하였던 헌법의 의미를 보았답니다. 헌법이 원하는 것 중 하나는 막강한 힘을 이용해 사람들을 억압하던 국왕의 힘을 제한하는 것에 있었습니다. 국민의회는 7월 1일에 각 위원회원을 헌법위원회를 구성하고, 7월 9일에는 국민회의가 스스로를 '제헌국회'라고 칭합니다. 제헌이란 말은 헌법을 제정한다는 말이에요. 이제 프랑스는 영국과 같은 길을 걷게 될 것이라 사람들은 생각하였답니다. 국회가 헌법을 만들어내고, 국왕이 서명하면 지난 몇 달 동안의 소란은 끝나고, 이제 프랑스는 영국과 같은 입헌군주국의 길을 걸을 거라 사람들은 생각했어요.

하지만 루이 16세는 마지막으로 최악의 선택을 하게 됩니다. 시민들에게 인기가 높았던 재무총감 자크 네케르를 해임시켜버린 것이었습니다. 네케르의 그동안 삼부회를 중재하면서 제3신분들의 의견을 많이 반영해주었기에 사람들은 그를 자신들의 편이라고 생각하였어요. 국왕이 그런 사람을 해임하고 자신들의 이야기를 반영해주지 않는 후임을 임명하자, 프랑스 민중들은 폭발하기 시작합니다.

이즈음에 프랑스 육군 병기창고에서 250통의 화약이 파리 동쪽 외곽의 바스티유 요새로 옮겨집니다. 그리고 이 사실은 국민의회 대표들의 귀에 들어갑니다. 국민의회의 민병대들은 소총과 대포가 있었지만 탄약이 필요했어요. 그리고 그 탄약이 지금 바스티유 요새에 있다는 소문을 들은 것이었죠. 국민의회의 민병대와 민병대 대표단, 파리의 시위 군중들이 요새로 몰려가 전날 옮겨온 화약들을 인도할 것을 요청합니다. 그리고 이를 거부하던 요새 수비대와 시위대 사이에 무력충돌이 발생합니다.

결국 요새는 함락되고 시민들이 무기로 무장하자 이제 더 이상 루이 16세가 버틸 수 없는 상황에 이릅니다. 사회 곳곳에서 시위가 일어났죠. 이런 상황에서 국민의회는 빨리 상황을 진정시키기 위해, 사람들을 만족시킬 필요가 생겼어요. 이 모든 것의 시작은 헌법을 제정하는 것이었죠. 8월 26일에 의회는 '인간과 시민의 권리 인권선언' 초안문을 넣어 공포하게 됩니다. 아래는 프랑스 인권선언에 대한 간략한 내용들이랍니다.

제1조, 인간은 권리에 있어서 자유롭고 평등하게 태어나 생존한다. 사회적 차별은 공동 이익을 근거로 해서만 있을 수 있다.

제3조, 모든 주권의 원리는 본질적으로 국민에게 있다. 어떠한 단체나 어떠한 개인도 국민으로부터 명시적으로 유래하지 않는 권리를 행사할 수 없다.

제4조, 자유는 타인에게 해롭지 않은 모든 것을 행할 수 있음이다. 그 제약은 법에 의해서만 규정될 수 있다.

제7조, 누구도 법에 의해 규정된 경우, 그리고 법이 정하는 형식에 의하지 아니하고는 소추, 체포 또는 구금될 수 없다.

제9조, 모든 사람은 범죄자로 선고되기까지는 무죄로 추정되는 것이므로, 체포할 수밖에 없다고 판정되더라도 신병을 확보하는 데 불가결하지 않은 모든 강제 조치는 법에 의해 준엄하게 제압된다.

제15조, 사회는 모든 공직자로부터 그 행정에 관한 보고를 요구 할 수 있는 권리를 가진다.

현대의 우리의 관점에서 보면, '이런 이야기들이 뭐가 대단하지?'라고 할 내용들이 대부분일 거예요. 하지만 당시에 혁명을 설계하고 움직였던 사람들에게 이 문구들을 발표해야 할지를 고민해야 할 정도로 이런 내용은 새롭고 혁명적이었답니다. 그리고 이러한 생각들을 발표하면 사람들에게 더 혼란만을 주지 않을지 고민하며 반대하던 사람들도 있었다고 해요.

길고 긴 프랑스 대혁명의 물결은 인권선언이 발표된 이후에도 계속 진행됩니다. 명확한 것은 프랑스의 헌법제정 과정은 영국의 경우처럼 단기간에 빨리 끝난 것도 아니었고, 미국의 경우처럼 외부의 지배자라는 명확한 적과 싸운 것도 아니었다는 점이에요. 국왕과 귀족들, 성직자들과 일반 백성들의 싸움이었고 그렇기에 많은 사람들이 죽거나 쫓겨 다녔습니다.

바다 건너 미국의 경우에는 기본적으로 의회는 양원제 **상원과 하원**, 두 체계를 유지하면서 입법부, 행정부, 사법부라는 세 권력으로 나누고 있었어요. 이미 프랑스의 몽테스키외가 주장한 삼권분립의 정치체제입니다. 하나의 기구로의 권력몰림 현상을 방지하되 영국의 방식을 받아들인 것이었죠. 하지만 프랑스인들은 의회를 상원과 하원으로 나누는 방식을 거부합니다. 기껏 귀족계급과 싸워서 얻은 권력인데, 상원의 존재를 인정할 경우, 귀족이나 성직자들이 상원을 차지하고 거부권을 행사할 것을 걱정하였기 때문이에요.

그러기에 우리나라와 같은 단원제 의회를 가지게 됩니다. 더해서 프랑스 사람들은 행정부의 권한을 약화시키고 의회의 권한을 강화합니다. 그만큼 국왕의 이름으로 자신들을 괴롭히던 귀족들과 성직자들에 대한 반감이 컸기 때문이에요. 대신 모든 권한을 자신들의 대표인 국민의회에게 주어, 그들이 만든 법을 통해 기존에 자신들을 괴롭혔던 사람들을 타도하겠다는 마음이 컸답니다.

이런 연유로 프랑스에서 일어난 혁명은 시간이 지날수록 억압받는 현재의 사회구조를 개혁하고, 국가는 개인의 재산을 지켜주어야 한다는 '국가의 의무'를 강력하게 주장하게 된답니다. 영국이나 미국에서 보았던 국가권력이란 견제받아야 한다는 생각과는 결이 다른 것이었어요. 영국의 법률가인 헨리 메인 경은 이런 프랑스 혁명을 지켜보면서 아래의 한 마디로 이 사건을 정의합니다.

"신분사회에서 계약사회으로."

기존에 귀족과 성직자, 평민으로 이루어져 있던 오래된 신분제 사회는 이제, '사람 사는 관계에서는 개인들의 계약과 합의가 중요하며, 힘 있는 계급 사람들이 함부로 개인들의 재산과 생명을 빼앗아 갈 수 없다.'는 생각으로 발전하였습니다.'

이런 생각들은 다른 나라들도 공통적으로 가지고 있던 생각이었지만, 프랑스 대혁명에는 '봉건제도의 타파'라는 시민들의 요구가 하나 더 얹어졌던 것이죠. 그러기에 미국의 독립전쟁보다 프랑스의 대혁명이 더욱 격렬하고 많은 희생자들이 나올 수밖에 없었답니다.

미국 독립을 지지했던 사람들은 나를 압제하는 외부의 적인 영국인들을 몰아내기 위해 총을 들었다면, 프랑스 대혁명은 자기 것을 지키려고 버티는 귀족과 성직자들과 그것을 빼앗으려는 시민들이 프랑스 안에서 벌인 일이었기 때문이에요. 그런 프랑스이지만, 혁명 초기에 헌법의 내용들을 보면 프랑스는 영국과 같이 '입헌군주제'를 따르려고 하였답니다. 비록 비난받는 왕이지만 감히 왕의 존재를 부정할 정도로 급진적인 생각을 하지는 못했던 것이었죠.

하지만 1791년 6월 20일, 결정적인 사건이 일어납니다. 루이 16세가 일가족을 데리고 프랑스를 탈출하다가 체포된 것이었어요. 국왕이 오스트리아로 나라를 버리고 도망가려 했다는 사실이 알려지자 프랑스 전역은 들끓게 됩니다. 처음에는 신이 선택한 신성한 존재로 여겼던 국왕에게 도주의 책임을 물어 재판할 수 있는가 하는 논쟁이 시작되었어요, 그리고 마지막에는 '국왕이란 정말 필요한 존재인가?'라는 근본적인 질문까지 제기되었답니다.

여기에 더욱 상황을 악화시키는 일이 일어납니다. 도주하던 사로잡힌 루이 16세 가족들을 구하겠다는 명목으로 주변 나라들이 프랑스로 진군을 시작한 것이었습니다. 특히 왕비 마리 앙트와네트의 고향이었던 오스트리아는 프로이센과 군사동맹을 맺고, 불온한 움직임이 가득한 프랑스를 손봐주기로 결정합니다. 7만 7천 명의 오스트리아 연합군이 프랑스 국경을 넘어왔고, 이로 인해 프랑스 시민들의 적개심을 더욱 높이게 됩니다.

이젠 프랑스의 민중이 국왕을 버릴 차례였습니다. 1792년 8월 10일, 다시 프랑스 사람들은 사방에서 들고 일어납니다. 더 이상 국왕을 자신들의 편이라 여기지 않는 사람들은 새로운 프랑스를 원하게 됩니다. 왕이 지배하는 프랑스가 아닌 국민의 프랑스, '공화국'을 원한다는 것이었죠. 9월 20일 프랑스 정부군이 드디어 아르덴의 발미에서 오스트리아군을 격퇴하였습니다. 다시 국민공회가 소집되고 만장일치로 왕정의 폐지가 선언됩니다. 그리고 혁명의 끝을 장식하는 마지막 이벤트가 있었답니다. 바로 루이 16세 일가의 처형이었어요.

1793년 1월 21일, 사람들의 욕설과 비난 속에서 커다란 단두대 앞으로 국왕이 끌려나옵니다. 순식간에 번쩍이는 칼날이 움직이고 곧 루이 16세의 목이 굴러 떨어집니다. 이제 외국의 위협이 없어진 상황에서 왕비 마리 앙트와네트 역시 10월에 단두대로 끌려나왔습니다. 이 사건 이후의 프랑스 혁명의 상황은 앞선 시대와는 확실히 다른 모습을 보였답니다. 국왕에 대한 희망을 안고 나름의 이용가치를 따져보며, 왕족이나 귀족들과의 공존을 연구하던 사람들에게 1793년의 사건들은 모든 것을 간단하게 정리해 주었어요.

프랑스의 혁명은 살펴본것 처럼 조그만 모닥불이 모여 갑자기 큰 화약통에 옮겨 붙은 것처럼 모든 것들을 태워버렸답니다. 커다란 충돌은 피하고 왕의 권력을 제한한 영국이나 지배자들을 몰아낸 후, 처음부터 새로운 체제를 만들어야 했던 미국과는 다르게 프랑스는 기존의 체제를 부수고 새로운 세상을 만들어야 했고 결과적으로 많은 피를 흘려야 했답니다. 그리고 대혁명이 프랑스에 미친 영향에 대해서는 아직도 많은 이들이 논란이 있답니다. 이렇게 프랑스 대혁명이라는 특별한 환경 속에서 '프랑스의 헌법'이 탄생하게 됩니다. 앞의 세 나라의 특징은 세금과 그로인한 시민들의 불만이 헌법을 만들게 된 계기가 되었다는 것이에요.

독일, 쫓아가는 자들의 몸부림

야만족들은 성문법에 따라 생활할 능력이 없다. 그들의 풍습은 생소한데, 나쁘게 말하면 예측할 수 없고 위험한 것이며, 좋게 말하자면 훌륭한 악습이다.

_ 페터 아렌스 지음, 이재원 옮김
《유럽의 폭풍, 게르만족의 대이동》들녘, 2006 중에서 그렇다면 모든 나라들이 세금 때문에 헌법이란 것을 만들게 되었을까요? 이번 나라는 프랑스와는 조금 다른 이야기를 가지고 있답니다. 이야기의 주인공은 라인 강 건너 동쪽에 위치한 나라, 어둠의 숲으로 가려져 있던 땅 게르마니아 독일 이야기입니다.

독일은 유럽에서도 특이한 위치에 있는 나라랍니다. 로마시대에는 '게르마니아'라는 이름으로 로마제국에 정복되지 않고 독자적인 문화를 이루었고, 유럽 전체를 상대로 두 번이나 전쟁을 일으킨 역사가 있는 나라입니다. 그런 독일이 예전에는 수많은 나라로 쪼개져 있었다는 사실은 모르시는 분들이 많을 거예요. 과거 신성로마제국이었던 독일이 30년 전쟁 이후에 베스트팔랜 조약을 통해서 약 300여 개의 공국으로 쪼개어집니다.

이후 독일은 22개의 영방領邦,신성로마제국의 제후국가 국과 3개의 자유시가 되어 있었습니다. 비스마르크가 재상으로 있던 프로이센이라는 나라가 중심이 되어 이 연방을 유지하고 있었죠. 그런데 프로이센이라는 나라가 점점 힘을 키워가더니, 보불전쟁 이후 프랑스를 이겨버립니다. 프로이센은 독일을 통일할 기회를 잡게 됩니다.

1871년 1월 1일 프랑스와 전쟁에서 승리한 독일은 프랑스 베르사이유 궁전에서 독일제국 수립을 선언하였습니다. 그리고 1871년 4월 14일, 독일제국 의회에서는 독일헌법을 채택하게 되죠. '비스마르크 헌법'이라 불린 이 체계는 사실 헌법이라 하기에는 너무나 간단하고 또 모자란 점도 많았다고 해요. 우선 새로운 시대의 헌법 치고는 중세시대의 낡은 생각들이 많이 담겨 있었다고 해요. 하지만 이렇게 답답하던 독일 안에도 사실 오래 전 변화의 바람이 불고 있었답니다. 프랑스에서 시작된 대혁명의 흐름을 젊은이들이 유심히 보고 있었기 때문이었죠.

1848년 2월에 옆 나라 프랑스에서는 다시 프랑스를 지배하던 루이 필리프 1세가 국외로 쫓겨납니다. 다시 왕이 없는 나라, 공화국이 생긴 것이었어요. 이러한 사건들을 보던 독일의 활동가들은 용기를 얻게 됩니다. 그리고 3월에는 하이델베르크에 모여 독일도 근대화된 헌법이란 걸 만들어야 한다고 서로 뜻을 모으게 된답니다. 1848년 5월 18일, 600여 명의 대표들이 모여서 처음으로 법제정에 대한 논의를 하게 됩니다.

하지만 이들에게 이런 방식은 모두가 생소하기만 했답니다. 모이기는 했지만 앞으로 어떻게 해야 하는지? 우리가 헌법이란 걸 만들 수 있을지? 심지어는 이 법이 독일의 어디까지 적용할 수 있을지? 아무도 모르는 상황이었던 거였죠. 어쨌든 모였으니 독일의회는 다른 것 보다, '독일 국민의 기본권리'에 대하여 우선 법률을 선포하게 됩니다.

그런데 이런 자발적인 움직임에 찬물을 끼얹은 사건이 일어납니다. 바로 독일 역사에 가장 강력하고 힘 있는 재상인 '오토 폰 비스마르크'가 등장하였기 때문이었답니다. 당시 프로이센의 황제 빌헬름 1세는 곤란을 겪고 있었어요. 프로이센의 강력한 군사력을 유지하기 위해서는 군사비의 지출이 필요한데, 의회를 지키고 있는 자유주의자들은 이러한 황제의 의견에 사사건건 반대하고 있었기 때문이었답니다. 황제는 새로운 총리대신으로 비스마르크를 임명하면서, 이런 자유주의자들의 입을 닫게 만드는 방법을 강구해보라고 주문합니다. 그리고 비스마르크는 이 임무를 완벽하게 수행하였습니다. 1862년 9월 29일, 총리대신이 된 비스마르크는 의회의 취임연설에서 이렇게 이야기합니다.

"우리의 땅에서의 프로이센의 지위는 자유주의가 아닌 권력에 의해 결정될 것입니다. … 오늘날의 문제들에 대한 결단 역시, 과거에 범하였던 중요한 실수인 연설과 다수결이 아닌 철과 피Eisen und Blut로서 해결되어야 합니다!"

한 마디로 정리하면, "우리는 다른 나라보다 발전이 뒤떨어진 상태이니 강대국이 되기 전까지 모두 입 다물고 따라와!"라는 것이었답니다. 프로이센의 이러한 강압적인 정책은 사회 전반에 불고 있던 자유의 바람을 지우게 됩니다. 이제 군대를 만들기 위한 예산을 허락해주지 않던 의회는 문을 닫게 되고, 모든 권력은 총리와 국왕에게 집중되게 됩니다. 이런 정책은 거대한 군대를 통한 국가발전을 이루어내었지만, 조금씩 싹을 틔우던 프로이센 내부의 민주적인 분위기를 밟아버린 것도 사실이었답니다. 비스마르크는 이러한 '철과 피의 정책'을 통하여, 자신이 통제할 수 있는 의회와 헌법을 만듭니다.

1871년 4월 14일, 이제 비스마르크가 장악한 제국의회에서 헌법이 제정됩니다. 그리고 그의 헌법은 프로이센 사람들이 정부의 말을 듣게 만드는 권위주의적인 법이었답니다. 비스마르크가 말하는 '철과 피'라는 말은 결국, 나라의 힘을 과시하게 만들 '무기와 군인들'이라는 말과 동일했답니다. 이렇게 프로이센에서의 헌법 발전은 다른 나라들의 그것과는 사뭇 다른 길을 걸어가게 됩니다.

"헌법이란 사실 나에게는 이차적인 것이다. 그것은 집이 완성된 후 마련하는 가구와 같은 사치품이다."

이런 지도자들이 통치하는 시대를 산 독일 사람들은 어떤 모습이었을까요? 아마도 다른 유럽국가들보다도 가장 딱딱한 모습이 아니었을까 해요. 사실 국가의 발전을 위해 본인들의 모든 기본권이 제한당하는 사회에 살아야 했으니 말이죠. 그리고 이런 답답한 분위기 속에서 또 다른 사회활동이 일어나게 합니다. 바로 급진적 변화를 추구하는 '공산주의' 운동이었답니다. 1869년에는 '독일사회민주주의노동당'이 결성되었고, 1890년에는 '독일사회민주당'이 탄생하였어요.

국가를 위해 개인의 기본권이 희생당하던 현실에서 모두가 평등하게 잘 살수 있다는 공산주의는 사람들에게 매력적이었습니다. 독일의 사회민주당은 지금까지도 그 명맥을 유지하면서 남아 있고, 세상에서 가장 오래된 좌파 정당이기도 하답니다. 당연히 비스마르크의 독일제국은 공산주의를 불법으로 규정하였어요.

이런 상황에서 제1차 세계대전이 일어나고 독일제국은 패전하게 됩니다. 자유주의자들은 독일이 전쟁으로 갈 수밖에 없었던 이유를 경직된 사회분위기도 문제가 있었다고 생각했어요. 그러기에 서구 국가들처럼 국민이 선거하는 공화정을 갖추고 가장 좋은 법을 만든다면, 이러한 혼란은 사라지리라 생각했답니다. 1919년 7월 31일, 국민의회는 헌법을 통과시킵니다. 그리고 8월 11일에는 대통령에 의해 공표됩니다. 독일 민주주의의 시작이었죠. 이 헌법은 새로운 정부 바이마르공화국 의 이름을 따서 '바이마르 헌법' 이라고 부른답니다.

> 독일은 공화국이다.
> 국가권력은 국민으로부터 나온다.
>
> _바이마르 헌법 제1조
>
> 대한민국은 민주공화국이다.
> 대한민국의 주권은 국민에게 있고, 모든 권력은 국민으로부터 나온다.
>
> _대한민국 헌법 제1조

우리나라 헌법 제1조와 바이마르 헌법 제1조의 내용입니다. 어떤가요? 제2차 세계대전 이후, 우리나라만 아니라 많은 신생국가에서 참고했을 만큼 바이마르 헌법은 상당히 선진적인 법이었답니다. 하지만 이렇게 좋은 헌법을 가지고 있던 독일에 얼마 있지 않아 히틀러의 나치당에게 장악 당하게 됩니다. 그리고 역사가 이야기하듯 나치정권에 문제를 제기하는 사람들을 조직적으로 가두고 심지어 죽이기까지 합니다.

어떻게 이런 일들이 가능했던 걸까요? 전쟁이란 무시무시한 일을 겪었고, 당시 가장 선진적인 법을 갖추었다고 평가받던 독일에서 말이에요. 여러 가지의 분석이 있지만 그 당시 가장 설득력 있는 이야기 중 하나는 경제대공황으로 인해 독일 국민들의 삶이 극도로 힘들어졌다는 설입니다. 그리고 열심히 살아도 나아지지 않는 삶에 대한 분노와 불안감이 시민들을 혼란스럽게 만들었습니다. 폭풍우를 만나 요동치는 배에서는 모두가 선장만을 바라보듯, 당시 독일 사람들에게는 강력한 지도자와 나의 분노를 풀어낼 대상이 필요했답니다. 그런 그들에게 '위대한 독일의 귀환'과 '유대인 원죄론'을 외치는 히틀러의 나치 정권은 매력적인 사람들로 다가왔답니다.

〈몰락DerUntergang〉이라는 영화가 있답니다. 제2차 세계대전을 시작했던 독일의 패전이 가까워지던 시기에 베를린에 남아 있던 사람들의 이야기를 다룬 영화에요. 베를린으로 소련군과 연합군이 점점 가까워지고 있을 때, 거리에서 죽어가는 사람들을 보며, 나치 완장을 찬 괴벨스히틀러의 선전부 장관는 격양된 목소리로 이야기합니다.

"나는 저들을 동정하지 않아!
이건 저들이 선택한 일이야!
우리는 국민들에게 강요하지 않았어.
그들이 우리에게 권력을 맡겼지,
그리고 저들은 지금 그 대가를 치르고 있는 거야!"

유럽에서 가장 선진적인 법령을 가지고 있고, 합리적이라 평가받던 독일의 모습이 우리에게 주는 교훈은 간단하지만 무겁습니다. 오래전 사람들은 단순히 헌법이라는 것을 만들면 세상이 좋아질 거라 생각했어요. 좋은 법이 만들어지면 자연스럽게 좋은 세상이 온다고 생각했죠. 예전에 우리가 살았던 세상은 그런 것조차 갖추기 힘들었던 세상이었으니까요.

하지만 선거를 통해 정당하게 선출된 대표가 어느 날, 마음대로 그 권력을 행사하게 된다면 우리는 모두의 뜻이라 생각하고 바라보아야만 할까요? 독일의 사례는 아무리 좋은 법 아래에 정당한 절차를 통해 선출된 권력도, 견제받지 못한다면, 그 결과는 무서울 수 있음을 알려줍니다. 결국 아무리 좋은 법도, 그 법을 운영하는 사람들이 제대로 되지 않으면 문제가 될 수 있음을 알려주는 것이에요.

우리나라, 준비된 이들의 헌법

그렇다면 우리나라는 어떠했을까요?

1945년에 아시아 동쪽 끝의 작은 나라 대한민국은 오랜 식민지배를 벗어나게 됩니다. 그리고 1948년 7월 17일에 우리나라 고유의 헌법이 제정되게 됩니다. 해방된 후, 3년이라는 짧은 시간에 지금까지도 사용이 되고 있는 완성도 높은 헌법을 제정하였다는 여러모로 생각해볼 의미가 있답니다.

1948년 8월 18일 대한민국 정부수립 선포라는 사건을 일부 사람들이 주장하듯이, '과거와의 단절, 완벽한 새 나라의 건국' 이라기보다는 건국 이전 '오래전부터 준비되어 온 국가수립 작업의 결실'이라고 보는 것이 더 알맞다고 할 거예요. 대한민국역사박물관의 공식 홈페이지에서는 우리 헌법제정과 관련하여 이렇게 설명하고 있답니다.

대한민국 헌법이 걸어온 길

대한민국 최초의 헌법인 제헌헌법은 우리나라가 해방된 지 3년 밖에 되지 않은, 1948년 7월에 제정됐다. 당시 우리나라는 헌법으로 통치해본 경험이 전혀 없었다. 따라서 헌법의 핵심 개념인 국민주권, 국민기본권, 권력분립, 대통령제 혹은 내각책임제와 같은 정부 형태는 국민들에게 생소한 단어였다.
그런데 어떻게 3년이라는 짧은 기간에 헌법을 준비하여 제정할 수 있었을까.
사실 많은 사람들은 제헌헌법이 해방 후부터 준비되고 제정됐다고 생각했다. 하지만 우리의 헌정사를 돌아보면 해방 전부터 입헌주의 도입, 즉 헌법을 제정하려는 노력이 끊임없이 진행돼 왔다는 것을 알 수 있다.

_ 문체부 대한민국역사박물관

어떤가요? 근대화에 진심이었던 여러 나라들의 예를 살펴보면, 헌법이란 그 당시에 여러 국가들에게 하나의 근대화 상징처럼 받아들여지고 있었음을 알 수 있어요. 그리고 우리나라 역시 그 흐름에 빠지지 않았습니다.

1881년 근대화를 갈망하던 조선은 일본의 선진화를 배우기 위해 사절단을 파견합니다. 1883년에는 최초의 미국 견문단이던 보빙사가 파견되게 되죠. 이들을 통해 바다 건너의 나라들의 입헌군주국, 공화국과 같은 제도들이 소개되었어요. 아직 조선 왕조가 존재하던 시절에 사람들에게는 영국이나 일본 같은 입헌군주국이 대한민국 당시는 대한제국이었답니다 이 나아갈 방향이라고 생각하였답니다. 1905년에 이런 염원을 담아 '헌정연구회'가 설립됩니다. 그리고 입헌군주제를 통한 근대화된 개혁국가를 연구하기 시작합니다.

그런데 이렇게 생존을 위해 몸부림치던 대한제국의 엘리트들이 입헌군주제에 대한 마음을 바꾸는 중요한 사건이 발생합니다. 1907년,'헤이그 사건'을 빌미로 일본이 고종황제를 폐위시킵니다. 이를 계기로 '영국과 일본의 방식을 따라갈 것인지, 미국의 방식을 따라갈 것인지'로 고민하던 독립운동가들은 미국과 프랑스의 공화국 방식을 받아들이게 됩니다. 이후 1910년에 한일병합조약이 강압적으로 체결되고 대한민국은 일본의 식민지가 됩니다.

그런 상황에서 1919년에 한반도 및 해외에서 일어난 3·1운동은 대한민국 헌법사에도 중요한 의미를 지닌 사건이었어요. 망해버렸다고 생각한 조국의 일반 백성들의 독립의지를 눈으로 확인하게 되었으니까요. 민족운동가들의 머릿속에는 이제, 식민지 조선의 백성들에게도 미국인들이 보여주었던 독립에 대한 열망과 저항정신이 있다는 것을 확인하게 되었죠. 독립운동가들은 4월 13일에 중국 상하이에 집결해 '대한민국임시정부'를 수립을 선포합니다. 한반도를 불법적으로 점령하고, 평화적인 백성들의 저항을 무력으로 진압하는 일본정권을 인정하지 않겠다는 의미였어요. 여기서 우리나라 헌법의 전문을 살펴보도록 하겠습니다.

> 유구한 역사와 전통에 빛나는 우리 대한국민은 3.1운동으로 건립된 대한민국임시정부의 법통과 불의에 항거한 4.19민주이념을 계승하고, 조국의 민주개혁과 평화적 통일의 사명에 입각하여 정의·인도와 동포애로써 민족의 단결을 공고히 하고 ….
>
> **_ 대한민국 헌법 전문**

'전문' 이란 대한민국 헌법이 추구하는 정신이 무엇이고, 왜 이 법을 만들었는지 설명하여 놓은 부분이에요. 그중 가장 처음에 나오는 내용이 '3·1 운동으로 건립된 대한민국 임시정부의 법통을 계승한다.'는 내용입니다. 당시의 여러 자료를 살펴보면, 많은 독립운동가들이 1907년부터 기존의 왕들만이 누려오던 권력을 이제 일반 백성들이 가지는 공화국의 시대가 되었고, 주인공이 된 백성들이 불법으로 나라를 점령하고 우리를 억압하는 지배자들에게 저항한 혁명적 사건으로 3·1 운동을 보았음을 알 수 있답니다. 더해서 헌법 전문에는'대한민국 임시정부의 법통을 잇는다.'는 내용을 넣어 한반도에 합법적인 유일한 정부는 남쪽의 대한민국 정부임을 확인하였습니다.

일본제국의 식민지배는 우리의 문화 및 역사 자체가 사라질 뻔한 사건이었어요. 헌법 전문을 제정하였던 헌법의 아버지들 역시 이런 고민이 있었던 것으로 보입니다. 헌법을 개정하기에 앞서 여러 위원회를 통한 사전회의를 시작합니다. 1987년에는 〈제136회 헌법개정특별위원회의 보고서〉에서는 아래와 같은 내용이 발견됩니다.

> 먼저 전문에서 민족자주정신과 민주주의 이념의 결정체이자 우리나라 근대적 정부 건립의 정신적 초석이라고 할 수 있는 "3·1운동으로 건립된 대한민국임시정부의 법통"의 계승을 명시함으로써 일제지배로 인한 민족사의 단절을 연결시켜 국가의 정통성을 회복하도록 하였다.
>
> **_ 이영록, <헌법에서 본 3.1운동과 임시정부의 법통>** 법학논총, 2017 **중에서**

다시 앞으로 돌아가겠습니다. 1919년 4월 11일에 선포된 대한민국 임시정부 헌법은 이후, 1944년까지 총 다섯 차례의 개정을 거듭하게 됩니다. 그리고 이 체계의 대부분이 이어져 대한민국 헌법의 기초가 됩니다. 1945년 12월부터는 임시정부 출신의 신익희 선생을 중심으로 헌법제정 연구가 시작됩니다. 이후에 1946년 3월에 '한국헌법'이 발표되었죠. 그리고 2년 뒤인 1948년 5월 10일에는 남쪽 대한민국 정부 단독의 국회의원 선거가 실시됩니다.

그해 7월 17일에 헌법이 제정되고, 8월 15일에 남한 단독의 대한민국 정부수립이 선포되었어요. 제1차 국회에서 대한민국 헌법안을 만든 '헌법기초위원회'의 서상일 위원장은 헌법 초안을 제출하고 설명하는 자리에서, 다시 한 번 대한민국 헌법의 기초가 어디에서 왔는지를 이야기 확인합니다.

> 이 헌법안은 우리나라에 있어서 대한민국임시정부 헌법, 민주의원에서 제정된 임시헌법, 과도입법의원에서 제정한 약헌 등을 종합하고, 그 외에 구미 각국에 현재에 있는 모든 헌법을 종합해서 이 원안이 기초된 것이다.
>
> **_ 국회 제1회 제17차 속기록 중, 대한민국역사박물관**

앞에서 이야기하였지만, 우리나라의 헌법의 아버지들은 기회가 있을 때마다 대한민국의 헌법의 뿌리는 임시정부에 있음을 언급하고 있었답니다. 그리고 헌법에 대한 고민을 통해 해방 후의 대한민국은 어떤 모습이어야 하는지를 머릿속으로 계속해서 그려왔어요. 우리 헌법은 임시정부 시기부터 지금까지 총 9번에 걸쳐 개정되어왔답니다.

현재 우리가 지키고 있는 헌법은 1987년 10월에 개정한 헌법이에요. 이후에 몇 번의 헌법개정에 대한 논의가 있었지만, 현재까지 실현된 적은 없었답니다. 이처럼 대한민국의 헌법제정 사례는 긴 시간 동안 노력해왔고, 지금도 계속 진행 중이랍니다. 그러기에 그 과정은 우리가 오랜 시간 어두운 터널을 통과하듯 긴 시간을 빛을 보면서 걸어온 여정과도 같아요.

어떤가요? 우리가 흔히 태극기를 다는 날이라고만 교육받았던 3·1 운동이 조금은 달라 보이시나요? 우리 헌법이 지키려는 가치들인 3·1 운동과 4·19의 정신, 그리고 대한민국 임시정부의 정통성을 꼭 기억해주셨으면 해요. 우리가 대한민국의 건국과 헌법 제정의 관점에서 생각해 본다면, 광복절과 3·1절에 의미는 분명히 다른 느낌이 들 것입니다.

자, 이제 긴 역사 이야기는 마무리하려 합니다. 긴 역사 이야기를 하면서 다른 나라들의 다른 헌법들을 보았어요, 이 과정에서 한 가지 동일하게 반복되는 것이 있답니다. 바로 헌법이란 그 시절 빼앗겼던 우리들의 권리를 권력자들로부터 다시 찾아오는 긴 과정이었다는 거예요. 자, 그렇다면 구체적으로 어떤 권리들을 우리가 오랫동안 빼앗겼었고 다시 찾아오려고 그렇게 싸워왔던 것일까요? 우리 헌법 제10조에서 제37조까지는 특별한 그러한 우리의 권리들이 힌트가 될 수 있답니다. 한번 살펴볼까요?

인권, 하늘이 내려준 권리

인권은 자유와 권리라는 이름으로 대표될 수 있어요.

역사 속의 나란 존재는 '어느 지방의 영주의 백성인 아무개 농노 A'로서 누군가의 재산이나 물건취급을 받았다면, 인권이란 것을 가지게 된 현재의 나는 이제 그런 지배자의 불합리하고 비인간적인 지시를 따르지 않을 고귀한 존재로 대우받아야 합니다. 앞에서 미국이나 유럽 국가들이 이야기한 내용에 대하여

기억나는 것이 있을까요? 미국이나 프랑스의 대규모 혁명이 가능하였던 이유는 계몽주의 학자들이 이야기하던 '천부인권'의 개념이 널리 퍼져 있었기 때문이에요.

그렇다면 천부인권이란 무슨 뜻일까요? '천부'란 누군가가 정해서 주는 권리가 아닌 당연히 하늘에서 주어진 권리라는 뜻입니다. 음, 무슨 뜻이냐고요? 'A국의 국민인 나는 인권을 보장하도록 헌법에 정해져 있는데, B국에 헌법에는 인권을 보호한다는 내용이 없으니 B나라 사람들은 인권을 보호받을 필요가 없다.'라는 말을 할 수 없다는 의미랍니다. 이렇게 인권이란 인간으로 태어났기에 고유하게 누려야 할 권리가 됩니다.

이 인권이라는 것은 사람들마다 차별해서 보호해도 안 됩니다. 대도시에 사는 A는 작은 도시에 사는 B보다 소득도 더 많고, 앞으로 만날 사람들도 많을 것이니 A의 인권이 더욱 보호받아야 한다는 논리 역시 통하지 않는다는 뜻이랍니다. 19살까지는 어리다고 보고 인권을 보호하겠지만, 나이가 든 사람들은 사리 판단이 가능하니 인권을 보장하지 않겠다는 논리를 펴는 사람이 있다면, 이것도 안 된다는 내용이에요. 이렇게 인권은 영구히 보장되기에 이런 성질을 '항구성'이라고 한답니다.

마지막으로 어떤 권력도 나의 인권을 침해할 수 없어요. 내가 교통사고를 내고 경찰서에서 조사받고 있습니다. 이런 상황에서 경찰관이 나에게 '범죄혐의가 의심되는 사람이니 당신은 인권을 보호받을 가치가 없어.'라고 한다면 이러한 태도는 받아들일 수 없을 거랍니다. 이렇게 어느 권력도 나의 인권을 침해할 수 없다는 점에서 이런 성격을 '불가침성'이라고 말한답니다.

기본권은 굉장히 범위가 넓기도 하고, 또 시대적으로 그 범위가 변하기도 해요. 가령 피부색이 다르거나 성별이 다른 사람들도 인권이란걸 보호해야 한다는 생각이 없었던 시대도 있었답니다. 여기서 한 가지의 의문점이 들 수 있답니다. 우리 헌법 제10조부터 제37조까지의 조문이 모든 이들의 '보호해야 할 자유와 권리'의 내용을 담을 수 있을까요? 가령 누군가가 '헌법에 관련 내용이 없으니 너희는 사람으로서의 자유와 권리를 보호받을 헌법상의 자격이 없어.'라고 이야기한다면 어떻게 해야 할까요? 이야기를 듣고 무서워진 내가 정말 법전을 찾아봤더니 나를 보호해준다는 내용이 없는 것 같다면 말이에요.

국민의 자유와 권리는 헌법에 열거되지 아니한 이유로 경시되지 아니한다.

_ 헌법 제37조 제1항

이런 경우를 대비해서 우리나라 헌법에는 관련 조항을 넣어놓았답니다. 조문을 보면, '헌법에 나와 있는 자유와 권리는 당연히 보호하고, 헌법에 나와 있지 않은 내용이라도 보호하기 위해 노력해야 한다.'는 내용이랍니다. 그렇다면 기본권을 가지는 사람은 누구일까요? 일단 우리가 생각하는 대한민국 국민은 기본권의 대상이 될 거예요. 그런데 말이에요, 우리는 이런 경우를 보기도 한답니다.

비자라는 것은 어느 나라에 입국할 수 있게 허가를 해주는 허가증이랍니다. 어느 나라에 외국인이 들어가기 위해서 비자 면제 협정이 되어 있지 않은 한 대부분의 사람들은 비자라는 것을 받아야 해요. 이 비자란 것이 효과가 있는 기간도 정해져 있고, 이 나라에서 무엇을 할 수 있는지에 대해서도 정해놓았답니다. 그런데 2023년 대구에서 우리나라에 들어온 일부 외국인들이 우리나라 비자에 허가된 기간이 넘어갔는데도, 자기 나라로 돌아가지 않고 한국에서 일하고 있다가 경찰서에게 신고가 들어갔고, 9명의 노동자가 출입국사무소로 넘겨졌답니다.

우리나라 경찰관들은 정당한 사유로 경찰이라는 공적기관이 나서 공권력을 행사하였답니다. 이 과정에서 일부 단체들이 '기본권침해'라는 주장을 하였다고 해요. 출입국사무소가 아닌 경찰서가 불법체류자를 단속을 하는 것도 문제이며, 단속과정에서 기본권의 침해가 우려된다는 이야기에요.[9] 경찰을 비롯한 국가기관이 법률출입국관리법에 따라 법을 집행했더라도, 사람들의 '기본권'이란 것에 문제가 생긴다면 문제가 된다고 보았어요.

청구인들은 각 체류기간 만료 후에도 출국하지 않고 계속해서 대한민국에 체류하다가…중략… 서울출입국관리사무소장은 청구인들에 대한 강제퇴거명령의 집행을 개시하여 청구인들을 인천국제공항으로 이송하였는데, 청구인들의 변호인은 서울출입국관리사무소 직원에게 위와 같은 국가인권위원회의 권고 결정이 있는 사실 및 청구인들이 제기한 행정소송 및 집행정지신청 사건이 계속 중인 사실을 들어 강제퇴거의 집행을 정지해줄 것을 요구하였으나, 서울출입국관리사무소장은 21:30경 방콕행 비행기편을 이용하여 청구인들을 강제출국시킴으로써 강제퇴거의 집행을 완료하였다.…중략…

이에 청구인들은 그 변호인을 통하여 청구인들에 대한 긴급보호 및 보호명령의 집행행위가 헌법상 영장주의원칙과 적법절차원칙에 위배 되어 신체의 자유, 주거의 자유, 노동3권을 침해하였고, 강제퇴거명령의 집행행위는 재판청구권, 변호인의 조력을 받을 권리, 노동3권, 평등권 등을 침해하였다.'고 주장하며 이 사건 헌법소원심판을 청구하였다.

_ 헌재 2012.8.23. 2008헌마430

위의 사건에서는 비자기간이 지난 두 명의 외국인이 본국으로 보내진 것부터 시작이 됩니다. 그런데 추방당한 이들이 한국을 떠나게 된 상황이 문제가 있다고 주장했답니다. 비자기간을 어긴 건 위법행위가 있었지만, 그들이 추방당할 당시에 관공서가 절차를 지키지 않아 인간으로서의 기본적인 권리를 보장받지 못하였다고 주장합니다. 변호인을 통해서 자신들의 의사를 전달할 권리나 신체의 자유권이나 노동에 관한 권리 등을 침해당했다는 주장을 한 것이죠.

우리 헌법재판소는 이들의 의견을 받아들여서 우리나라 정부의 행동이 외국 노동자들의 기본권을 침해하였다고 보았답니다. 문제가 되었던 것은 이들을 돌려보낼 당시에 최소한 지켜져야 할 절차 없이 급하게 보내었다는 점과 변호 받을 권리 등을 보장받지 못하였다는 점이었어요. 여기서 공무원들은 억울할 수도 있을 거예요. 기껏 노력해서 국내에서 불법적인 행위를 했던 이들에 대한 정당한 법집행을 하였는데, 이 행위가 헌법에 위반될 소지가 있다고 했으니 말이에요. 하지만 앞서 말씀드렸듯 법률은 헌법의 범위 안에서 이루어져야 합니다. 헌법 위에 만들어진 국가가 보호하려는 가치를 넘어서는 행동은 받아들여질 수 없기 때문이에요.

그렇다면 아직 태어나지 않은 아이태아는 어떨까요? 태아도 기본권이라는 것을 가지고 있을까요? 아래의 내용을 보도록 하겠습니다.

청구인은 산부인과 의사면허를 취득한 사람으로, 69회에 걸쳐 부녀의 촉탁 또는 승낙을 받아 낙태하게 하였다는 공소사실업무상 승낙낙태등으로 기소되었다. …중략… 청구인의 주위적 청구는 형법 제269조 제1항, 제270조 제1항이 헌법에 위반된다는 것이고, 예비적 청구는 위 조항들의 낙태 객체를 임신 3개월 이내의 태아까지 포함하여 해석하는 것은 헌법에 위반된다는 것이다.

_ 헌재 2019.4.11. 2017헌바127

2019년에 결정된 헌법재판소의 사건입니다. 산부인과 의사인 피고는 여성들의 낙태를 도와주었습니다. 그런데 이런 의료행위가 문제가 되었고 법정에 서게 되었답니다. 낙태를 도왔던 의사는 "임신 초기의 3개월도 되지 않은 아이를 사람으로 보아 기본권을 보장하는 것은 헌법을 너무 넓게 확대했다."고 주장했습니다. 이런 결정은 여성들이 스스로 임신을 결정할 수 있는 자기결정권에도 문제를 미친다고 보았습니다.

그렇다면 재판부는 어떤 결론을 내렸을까요?

우리 재판부는 엄마들의 권리에 조금 더 무게를 두었답니다. 대신 비록 완벽한 사람의 모습을 갖추지 못한 초기의 태아이지만, 아직 완벽하게 아기가 되지 못한 존재의 생명보호와 완전한 사람과 근본적인 차이는 없다고 보았어요. 다만 현행의 낙태죄에 관련해서는 문제가 있다고 보았답니다. 여성의 자기결정권이 있지만, 초기 태아의 존재까지 성인 어른과 동일하다고 보아 높은 형량을 부여하는 것은 과하다고 판결하였습니다.

사람이 아닌 것에도 권리가 있다고?

다음으로는 법인입니다. 사람인지 아닌지 조금 의심스러운 아이들입니다. 우리나라 민법 제34조에는 '법인은 법률의 규정에 좇아 정관으로 정한 목적의 범위 내에서 권리와 의무의 주체가 된다.'라고 되어 있어요. 갑자기 민법은 뭐고 법인은 또 뭐냐고요? 민법은 개인들의 사이에 일어난 일을 규정하는 법률이에요. 긴 내용이니 뒤에서 설명하도록 할게요.

법인이란 권리능력이 되는 단체나 재산을 의미합니다. 우리 주변에서 흔히 볼 수 있는 것은 '회사'가 있을 거예요. 이런 법인들은 사실 사람들은 아니랍니다. 목적을 위해 모인 사람과 비슷하게 보는 무엇인가 인거죠. 이런 법인은 헌법적인 기본권을 보장받을 수 있을까요? 법인은 기본적인 한계가 있어요. 바로 사람이 아니라는 점이랍니다.

누군가 삼성전자, 현대자동차 같은 회사의 생명을 보장해야 한다고 이야기하면, "무슨 소리야?" 할 거예요. 이런 상황에서는 법인의 기본권은 기본적으로 제한적일 수밖에 없어요. 그러기에, 법인에게 생명으로서 누려야 하는 권리는 사실 생각해보아야 한답니다고문 받지 않을 권리, 선거에 참여할 권리 등이 그러하죠. 하지만 재산을 보호받을 권리, 재판을 받을 권리처럼 시민과 같이 인정받을 권리는 인정받는답니다.

그럼 동물은 어떨까요? 동물도 사람처럼 사는 곳을 보호받을 권리, 생명을 존중받을 권리, 더해서 국가에게 부당한 대우를 받아 손해가 발생했을 때, 바로잡아 달라고 청구할 수 있는 권리가 있을까요? 사실 동물이 재판의 주체나 객체가 된다는 상상은 쉽게 상상하긴 어려워요. 하지만 역사를 살펴보면 재미있는 여러 이야기들이 전해져 온답니다.

중세시대 프랑스의 오툉Autun 이라는 동네에서 누군가가 생쥐들을 고발했답니다. 이유는 허락도 없이 이 생쥐들이 마을 사람들의 재산인 농작물을 먹어치웠다는 것이죠. 하나님의 신도들을 괴롭힌 생쥐들은 처벌받아야 한다는 것이 사람들의 논리였어요. 이 재미있지만 이상한 사건은 실제로 법정에서 받아들여져서 심리가 됩니다. 원고는 농부들심지어 고양이를 가지고 있는, 피고는 농장 어딘가에 숨어서 살고 있는 쥐들이었죠.

재판정을 구성한 사람들은 나름 고발당한 생쥐들을 위해서 이름 있는 법학자를 변호인으로도 임명하고, 재판에 나오지 못하는 쥐들을 위해서 재판이 열리니 참여하라는 소환장까지 돌렸답니다물론 쥐들이 프랑스어를 알지는 아무도 모르지만 말이에요. 역사에 남아 있는 이 재판의 결론은 이렇게 마무리됩니다. 쥐들은 당연히 법정에 오지 않았고, 화가 난 판사님에게 생쥐들의 변호인이 이야기합니다.

"고양이가 있어서 피고생쥐들이 법정에 오기 너무나 위험합니다!"

원고들이 키우는 고양이들로 인해, 법정에 오는 피고생쥐들의 안전이 보장되지 않으니 법원에서는 마땅히 생쥐들을 보호해줘야 한다는 것이었어요. 동네에 사는 고양이들을 모두 가둬야 하는 상황이 된 원고농부들은 이 기괴한 변호인들의 주장에 당연히 반대했고 재판정에서는 더 이상 재판이 진행될 수 없

었다고 보아 재판을 중지시켰답니다.[10]

동물인 생쥐가 사람처럼 고발도 당하고, 재판도 받고 심지어 피고의 권리를 주장해서 받아들여졌습니다. 이 정도라면 동물에겐 기본권이 있다고 할 수 있지 않을까요? 그런데 우리나라 법원에서도 이와 비슷한 사건이 있었답니다.

> 한국고속철도건설공단은 경부고속철도건설 사업을 위하여, 대구·부산 구간 중 울산 울주군 두동면에서 양산시 동면에 이르는 제13공구 내에 위치하여 천성산을 관통하도록 설계된 총 길이 13.27km의 터널을 공사 중이었다…중략…신청인 '도롱뇽'은 천성산에 서식하는 도롱뇽 또는 위 도롱뇽을 포함한 자연 그 자체로서, 이 사건 터널 공사로 인한 도롱뇽의 생존환경 및 천성산의 자연환경 파괴를 막기 위하여 "자연 내지 자연물의 고유의 가치의 대변자"인 환경단체 '도롱뇽의 친구들'을 그 사법적 활동의 담당자로 삼아 이 사건 신청에 이르게 되었다는 것이다.
>
> **_ 울산지방법원 2004. 4. 8. 2003카합982 결정**

우리가 자주 이용하는 고속철도는 강한 속력을 견디기 위해서 단단한 철로가 필요해요. 그리고 굴곡이 심한 경사를 최대한 평탄하게 해야 하기 때문에 공사에 많은 손이 들어가게 됩니다. 그 중 대구~부산 사이에 철로를 놓는 가운데 울산의 '천성산'이라는 곳이 공사구간에 들어가게 되었답니다. 그런데 이대로 공사가 진행된다면 자연서식지가 파괴될 우려가 다분히 있었답니다.

이런 상황에서 '도롱뇽의 친구들'이라는 이름의 환경단체가 법원에 소를 제기하게 됩니다. 천성산에 많이 서식하고 있던 희귀동물인 도롱뇽 및 다른 동물들의 생존 및 거주의 권리를 보장하기 위해 이들을 대리해서 공사를 중지하도록 해야 한다는 것이었죠. 소를 제기한 원고는 천성산의 '도롱뇽'과 이들을 대리하는 '도롱뇽의 친구들'이었습니다.

자, 법원은 이 사건을 어떻게 평가하였을까요?

우리 법원에서는 도롱뇽과 같은 동물은 환경권과 같은 기본권의 주체가 되지 못한다고 보았어요. 그러기에 지금의 대한민국의 법률에서는 그 기본권을 인정해줄 근거를 찾을 수 없다고 보았습니다. 천성산 도롱뇽 소송사건은 법원에 의해 원고가 패소한 건이에요. 환경은 우리 사회에 있어 너무나 중요한 주제랍니다. 그렇기에 비록 천성산과 도롱뇽의 동물들은 기본권의 보장을 받지는 못했지만, 이와는 별개로 동물권을 보장해주어야 한다는 생각이 강해지고 있어요. 우리나라에서는 별도로 '동물보호법'을 제정해서 동물들이 안전한 생활을 누릴 권리를 규정하고 있답니다.

앞으로 또 이런 사건이 일어난다면 어떨까요? 천성산의 도롱뇽을 대신해서 싸워줄 누군가가 또 필요하지 않을까요?

인공지능, 너는 누구니?

마지막으로 영화나 소설 등에서 인공지능AI이라는 존재에 대해서 이야기해보겠습니다. AI는 우리사회에서 이제 빠질 수 없는 주제가 되고 있답니다. 스스로 생각하는 프로그램이나 로봇이 사람을 돕거나 또는 반대로 문제를 일으키는 내용들은 많은 생각할 거리를 만들어주죠. 우리가 좋든 싫든 있습니다. 이제 인공지능과 함께하는 삶이 다가오고 있다는 말이에요.

자, 그렇다면 이런 인공지능은 어떤 존재일까요? 정말 감정이라는 것이 있는 녀석일까요? 아니면, 그 감정이라는 것이 그저 우리의 마음이 만들어내는 것일까요? 법학에서도 이러한 인공지능에 대한 논의는 활발하게 이루어지고 있답니다.

아래 사건은 기계라는 것에 대해 생각해볼 만한 사건이랍니다.

2023년 11월에 경상남도의 한 농산물유통센터에서 산업로봇이 프로그램을 점검하던 40대 노동자를 박스로 생각하고 숨지게 하는 사고가 발생했습니다. 사람을 편하게 만들기 위해 준비된 인공지능 기계가 오작동으로 사람의 목숨을 앗아갔어요. 그런데 이미 이런 사건들이 다수 발생하고 있다고 합니다. 3월에는 전북의 한 자동차부품 제조공장에서, 2022년에는 경기 평택에서도 로봇의 오작동으로 사람이 죽는 사고가 발생합니다.[11]

자, 여기서 한 가지 생각해볼 내용은 사건을 일으킨 기계에 인공지능이 장착되었다는 점입니다. 이 기계가 사람의 목숨을 빼앗아갔다면 기계에게 책임을 물어야 할까요? 그런데 기계는 정말 자신의 생각대로 움직인 걸까요? 혹시 기계에 프로그램을 입력한 회사나 프로그래머의 책임은 아닐까요? 과연 누구의 책임일까요?

앞으로의 세상에서는 이제 스스로 학습하는 기계들을 나오고 있고 또 나오게 될 예정입니다. 그리고 결국에는 이런 인공지능이 추구하는 사람이 전혀 필요 없이 혼자서 생각하고 창작하는 기계가 나올 거예요. 그렇다면 스스로 생각하는 인공지능이 일으킨 문제에 대해서 인공지능 자체를 법적인 주체로 보고 책임을 물을 수 있을까요? 사실 생각해보면 굉장히 어려운 문제일 거예요. 어떤 사람들은 인공지능이 처음 생각을 하도록 명령어를 입력한 프로그래머의 문제라고 주장할 거예요. 그리고 어떤 사람들은 이런 인공지능을 설계하고 기계에 장착한 제조회사의 문제라고 주장할 수도 있겠죠.

그런데 프로그래머는 "나는 프로그램을 잘 입력했는데, 인공지능이 학습하는 과정에서 스스로 생각해서 이상한 행동을 했다."고 주장하면서 인공지능 기계를 체포해야 한다고 주장할 수도 있답니다. 가장 현실적인 방안은 각 상황이 발생했을 때마다 관계자들이 모여서 누구 책임인지 입력된 프로그램 명령어와 상황을 하나하나 따져 보아야 할 겁니다. 그런데 말이에요. 만약 기계 자체에 이런 법적인 책임을 물을 수 있다고 한다면, 자연스럽게 따라올 질문이 있을 거예요. 인공지능은 기본권의 주체가 될 수 있을까요? 가령, 우리는 몰랐지만 기계가 정말로 자기 생각과 판단으로 사람의 목숨을 상하게 했다면, 당연히 법적 책임의 대상이 될 거예요. 이 문제는 아직도 논쟁이 되고 있답니다.

아직까지는 인공지능의 기본권 부여에 관한 필요성은 크게 떠오르지 않은 상황이랍니다. 하지만 명백한 것은 앞으로 빠른 시일 내에 이런 문제를 고민해야 할 시간이 올 거라는 거예요. 아니 이미 우리는 그런 시대에 살고 있을 지도 모른답니다. 천성산 도롱뇽이 이야기하는 환경문제만큼이나, AI 인공지능의 발전 역시 하루가 다르게 빨리 진행되고 있으니까요.

사형제도는 어떤 것인가요?

우리가 살펴보았던 헌법의 역사는 이야기합니다. 소수의 사람들에게 지배당하는 삶이 당연하다고 생각하던 사람들이 '우리에게도 기본적인 권리가 있구나.'라는 사실을 깨닫게 되면서, 오늘의 기본권을 쟁취하였음을 알 수 있었죠. 조금은 재미있거나 무서운 상상이긴 하지만, 가까운 미래에 우리만큼 똑똑해진 인공지능이 본인들의 기본권리를 주장하기 위해, 인간들과 철학적인 논쟁을 하거나 거리에서 시위하는 상황이 발생하는 것도 가능하진 않을까요? 그런 공상과학영화 같은 상상이 일어난다면 어떻게 해야 할지, 오늘도 여러 가능성에 대하여 공학자들만큼이나 법학자들 역시 열심히 연구하고 있답니다.

헌법에서 이야기하는 생명권은 가장 절대적이고 고귀한 권리입니다. 법에서 이야기하는 가장 극악한 죄는 누구나 동의하겠지만 생명을 앗아가는 죄일 거예요. 그러기에 범죄에서도 생명을 해하는 죄에 대해서는 가장 높은 사형으로 죄를 묻고 있답니다. 이처럼 '생명'이란 절대적이고 하늘이 내려준천부적 권리라고 할 수 있어요. 그러기에 국제사회에서는 '유엔인권선언'이나 기타 국제협약을 통해서 생명과 신체를 훼손당하지 않을 권리, 사형을 당하지 않을 권리 등을 규정하고 있어요. 더해서 생명권은 모든 생명을 지닌 존재에게 가치가 있다고 본답니다. 다시 말해 '생존할 가치가 없는 생명, 사회적인 가치가 없는 생명'이란 존재할 수 없다는 것이에요.

세 번째 심판대 오른 사형제…7대2→5대4→?

한국은 1997년 12월 이후 사형을 집행하지 않아 '실질적 사형폐지국'으로 분류된다.
국제적으로도 사형제 폐지는 전반적인 추세다. 하지만 70%에 가까운 국민이 사형제의 존치를 바란다는 여론조사 결과가 나오는 등 사형제 폐지가 이르다는 의견도 많다. 현재 사형제는 세 번째로 위헌 심사대에 올라와 있다. 법조계에서는 헌법재판소가 새해 상반기에 세 번째 결론을 낼 것으로 보고 있다
…중략…사형제도는 그간 두 번의 헌법재판소 판단을 받았고 모두 합헌으로 결론났다. 헌법소원에서 위헌 결정이 나려면

재판관 9명 중 6명 이상이 위헌으로 판단해야 한다. 1996년 선고에서는 재판관 7대 2의 의견으로 합헌 의견이 우세했으나, 2010년에는 5대 4의 의견으로 합헌이 나와 팽팽했다. …중략… 지난 2019년 2월 헌재에 다시 사형제 관련 헌법소원이 접수됐다. 지난 2018년 자기 부모를 살해한 혐의를 받는 윤 씨는 1심에서 검찰이 사형을 구형하자 위헌법률심판 제청을 신청했지만, 법원은 기각했다. 이후 윤 씨는 한국천주교주교회의 정의평화위원회 사형제도폐지소위원회를 통해 헌재에 사형제도를 규정한 형법 제41조 제1호 등을 대상으로 헌법소원심판을 청구했다.

- 뉴스1, 2023년 12월 31일 기사

우리나라는 사형제도를 유지하고 있는 국가입니다. 그런데 지금까지도 여러 번 이 제도가 정말 범죄예방에 도움이 되는지에 대하여 논의가 있어왔어요. 위 기사처럼 두 번의 논의를 통해서 '사형제도는 헌법에 위반되지 않는다.'라고 판단하였고, 세 번째의 대답을 기다리고 있는 상황이랍니다. 우리나라는 1998년 이후, 실제로 사형이 집행된 경우는 없었다고 해요. 2007년도에는 국제엠네스티에서는 대한민국을 '실질적인 사형폐지국'으로 분류하기도 하였답니다. 하지만 현재까지도 사형제도를 유지하고 있는 국가미국,일본,중국 로 분류되고 있는 것도 사실입니다.

2024년 1월 매일경제의 기사에 따르면, 현재 우리나라에는 59명의 사형수가 형집행을 기다리고 있다고 해요. 이들을 살려두고 감옥에 가둬두는 데만 연간 17억 7천 만 원의 비용이 평균적으로 들어간다고 해요. 한 명당 연간 3천만 원 이상의 유지비가 집행되고 있다는 것이에요. 이들은 사형수이기 때문에 노역도 하지 않고, 독방에서 혼자 생활을 하고 있다고 합니다. 다시 말해 이들을 먹이고 재우기 위해서는 59개의 각 방이 필요하다는 이야기랍니다.

자, 이런 수치라면 경제적으로 당연히 부담스러운 비용이라 할 만합니다. 게다가 누군가의 생명을 빼앗는 범죄를 행한 범죄자들에게 편안한 수감생활은 어울리지 않는다는 의견들 역시 존재해요. 법의 형평성이 맞지 않는다는 것이죠. 더해서 강력한 사형제도의 존재는 범죄인들의 범죄행위를 예방하는 효과도 있다고 주장하는 사람들도 있답니다. 이런 분위기 때문일까요? 국제앰네스티에 따르면, 해외의 다른 국가들 역시 사형을 집행하는 국가들은 늘어나는 추세라고 해요. 2021년 18개국에서 579건 집행되었던 사형건수가 2022년에는 20개국에 883건으로 크게 늘었다고 합니다.

하지만 범죄인이 누군가의 생명을 빼앗았다고 해서 똑같은 벌을 주어야 하는지에 대하여 논쟁이 계속되고 있답니다. 우리 헌법만이 아니라, 대부분 나라의 법률은 '생명권'의 보장을 중요한 법적 가치로 정하고 있어요. 생명을 지켜야 하는 가치를 법률로 정해놓은 사회가 살인을 저지른 범죄자에게 똑같이 사형을 집행한다는 것이 과연 옳은 것일까? 라는 질문 역시 존재한답니다. 혹시 이런 사형제도는 극악한 범죄를 저지른 범인을 '사회에서 필요 없는 생명, 살아갈 가치가 없는 생명'이라고 간주하는 건 아닐까요? 만일 이런 차별적인 의도를 포함하고 있다면 문제가 있다는 주장이 있답니다.

게다가 사형을 집행하는 사람의 입장은 어떨까요? 벌을 주기 위해서 누군가를 죽여야 하는 버튼을 누른다거나 방아쇠를 당기는 일은 썩 내키는 일은 아닐 거예요. 더해서 이런 생각도 해보게 된답니다. 혹시 사형을 집행하고 나서 그 사람이 죄가 없었다는 것이 밝혀지기라도 하면…. 형의 집행이 무고한 사람의 생명을 앗아가는 최악의 상황이 벌어질 수도 있지 않을까요? 어떤 사건들에서는 진범이라 생각했던 사람이 시간이 지난 후, 잘못된 수사로 무죄임이 밝혀지기도 한답니다. 이런 상황에서 사형이 집행된 이후에는 아무도 그 상황을 되돌릴 수 없어요.

이런 여러 가지 점들을 생각해보면 사형이란 쉽게 논할 성질의 것은 아니라는 생각이 들어요. 하지만 우리나라의 현행 법령은 아직 사형제도는 필요하다고 보고 있답니다. 근거 조항은 아래와 같아요.

> 국민의 모든 자유와 권리는 국가안전보장, 질서유지 또는 공공복리를 위하여 필요한 경우에 한하여 법률로써 제한할 수 있으며, 제한하는 경우에도 자유와 권리의 본질적인 내용을 침해할 수 없다.
>
> **_ 헌법 제37조 제2항**

그러기에 오늘도 사형제도가 문명화된 국가에서 맞는 형벌인지에 대한 의문이 계속해서 제기되고 있답니다. 우리 헌법재판소의 태도는 일관됩니다. 국민의 자유는 국가의 안전, 질서 및 공공복리를 위해서 필요한 경우 제한이 가능하다는 조항에 따라, 사형제도를 헌법 제37조 제2항에 따라 헌법에 위반되지 않다라고 보았습니다 헌재 2010. 2. 25, 2008헌가 23 . 여러분들의 생각은 어떤가요? 사형이란 우리의 사회 질서를 유지하는 데 꼭 필요한 형벌인가요? 아니면 이제는 시대의 흐름에 맞지 않는 너무나 비인도적인 형벌인가요?

낙태법과 기본권

낙태는 태아를 임신 전에 중절시키는 행위를 말해요. 대부분의 문화권에서 보호의 대상은 아이들과 노약자들은 이랍니다. 그런데 왜 그런지 혹시 생각해보셨나요? 딱히 말할 수는 없지만, 생물학적으로 설명을 하시는 학자들은 여성과 아이들의 미래가치에 대해 주목합니다. 사회를 유지해야 한다는 우리네 본성이 후대를 살아가야 할 아이들과 어머니들에 대한 존중으로 나타난다는 거예요. 타당해보이는 논리라고 생각합니다. 하지만 그런 논리라면 노약자들은 설명이 되지 않지 않을까요? 나이 들고 근력이 떨어지는 어른들의 가치 역시 소중하게 생각한다는 것을 보면, 우리네 사회가 많은 발전을 이룬 증거가 아닐까라고 조심스럽게 생각해봐요.

현대 사회가 발전하면서 활발하게 주장되고 있는 흐름 중에서, 출산을 담당하는 여성들의 권리를 보존하자고 하는 주장이 있답니다. 어떤가요? 임신과 출산은 현대에도 많은 사람들에게 축복을 받는 이벤트랍니다. 하지만 가장 오래된 베스트셀러 중 하나인 성경이 이야기하듯, 출산은 과거에 여성들에게는 고통스럽기도 하고, 때로는 목숨을 내놓아야 하는 위험한 일이기도 했어요. 이렇게 축복받지만 또한 부담스럽기도 한 임신과 출산이 내가 원하지 않는 경우에 이루어진다면 어떨까요? 단순히 축복이라는 이름으로 나의 몸에 일어날 부작용을 다 부담해야 하는 것일까요? 아래의 내용을 한번 보도록 하겠습니다.

2022년은 미국 사회를 반으로 갈라놓은 유명한 판결이 나왔답니다. 미시시피 주에서 여성들이 15주가 지나면 낙태를 할 수 없도록 만들어진 현행 법이 미국 헌법에 맞는지를 판단해 달라는 소송에서 헌법에 비추어 문제가 없다는 판결이 나왔어요. 그리고 49년 동안 미국에서 지켜지던 '로 대 웨이드Roe v. Wade' 판결이 뒤집힐 상황이 발생한 거였어요. 그렇다면 도대체 '로 대 웨이드 판결'은 무엇일까요?

1973년에 텍사스의 '노마 매코비'라는 여성이 심각한 표정으로 법원을 찾습니다. 자신이 성폭행을 당해 아이를 임신하였는데, 당시의 법률로는 원치 않는 출산을 피할 길이 없다는 것이었습니다. 당시 미국에서는 여성이 출산과정에서 목숨이 위험한 경우가 아니면 낙태를 금지하고 있었어요. 노마의 눈에는 이러한 법이 출산과 양육의 부담을 고스란히 안아야 하는 여성들의 권리를 억압하는 법이라고 보았어요. 이런 노마의 주장은 법원에서 받아들여져, 임신 후 6개월 동안은 원치 않는 출산을 피할 수 있는 권리낙태권가 판결로 보장되게 되었답니다. 다만 임신 첫 3개월에 한해서만 자유로운 낙태가 보장되었고, 다음 3개월은 산모의 건강과 여러 사정을 고려하여 제한적인 낙태가, 마지막 3개월은 낙태를 금지하는 제한적인 낙태권을 인정했어요.

그런데 이 판결이 49년 만에 뒤집히게 된 것이랍니다. 낙태권을 반대하는 미시시피 주 법원의 논리는 미국의 헌법상 어디를 봐도 '낙태권'을 보장한다는 조항은 존재하지 않으며 태아의 생명은 이유를 불문하고 지켜야 할 절대적 권리라고 주장합니다. 반면 낙태권을 찬성하는 쪽에서는 오래 전 제정되었던 헌법에서 말하는 여성의 지위는 현재와 같지 않았다는 점, 정작 아이를 가지지 않기 위해 피임약이나 도구를 산다거나, 아이를 가지지 못하는 동성의 결혼은 보장해주면서 정작 낙태권에 대해서만 엄격한 시선을 들이댄다고 주장하였답니다.[12] 낙태에 관한 논쟁은 아직까지도 이어지고 있어요. 그리고 미국 대선에서도 후보들과 다수당의 신념에 따라서 결과가 바뀌곤 하는 문제랍니다. 한 쪽에서는 절대적인 태아의 생명권이, 반대쪽에는 그 아이를 잉태하고 출산하는 어머니의 기본권신체결정권이 서로 충돌하고 있답니다.

그렇다면 우리나라는 이 문제를 어떻게 보고 있을지 궁금하지 않으세요? 판결이 난 사건전원재판부 2017헌바127, 2019.4.11. 헌법불합치에 힌트가 있답니다. 이 사건은 임신 3개월이 되지 않은 태아를 산모의 부탁을 받고 낙태수술을 해준 의사가 자신의 처벌은 부당하다며, 헌법재판소에 호소한 사건이었답니다. 이 사건에 대하여 헌법재판소는 의사와 산모의 손을 들어주었답니다. 예전에는 법률에 의해 처벌받던 상황들이, 이제는 헌법이 보장하는 여성의 자기결정권을 제한한다고 보았던 거예요.

이 사안에 대한 헌법재판소에서 낸 결정은 '헌법불합치 결정'이었습니다. '헌법불합치 결정'은 현재 발생한 상황이 우리 헌법의 정신과는 맞지 않으니 새로운 방안을 강구하라는 뜻이랍니다. 하지만 바로 문제가 되는 법률을 취소해 버린다면 사회적 혼란이 따를 것이기 때문에 '입법부에서는 언제까지 결정을 내려야 한다.'라고 하는 기한을 주게 된답니다.

우리 법원은 2019년에 판결을 내리면서 2020년 12월 31일까지를 그 기한으로 정해주었어요. 하지만 결국 입법부에서는 이 시기까지 새로운 법을 만들지 못했답니다. 결국 판결에서 말한 시간이 지나 기존의 낙태법은 폐지가 되고, 우리나라에서는 현재 낙태에 대한 처벌조항이 공식적으로는 없는 상태입니다.

그럼 어떻게 되는지 궁금하실 분들이 있을 거예요. 앞에서 보았던 법의 원칙 중 하나를 떠올려 보도록 해요. 구체적인 법률조항이 없다면 죄를 물을 수가 없다는 문구가 기억나시나요? 누군가가 죄가 있다고 처벌하기 위해서는 근거가 되는 법률 조항이 필요합니다. 이 사안에 대하여 사법부에서는 '현재의 상황과 맞지 않으니 새로운 법이 필요하다.'라고 이야기하고 있고, 입법부에서는 새로운 법을 만들지 않고 있는 조금은 이상한 상황이 계속되고 있어요,

모두가 눈치를 보는 상황에서 대한민국에서는 현재 낙태에 대한 죄를 물을 근거조항이 없는데도 실질적으로 낙태는 처벌

받지 않는 상황이 지속되고 있답니다. 이 사안은 이렇게나 민감한 사안이에요. 태아나지 않은 아이들을 위한 생명권과 그 아이들을 잉태하는 어머니의 자기선택권. 두 권리 사이에 어느 지점이 중간일까요? 아니 중간이란 것은 애초에 존재할까요? 어쩌면 그만큼 어려운 주제이기에 아직도 이 판단은 서랍 속에서 존재하는 것은 아닐까요? 지금도 눈치게임은 계속 중이랍니다.

나의 삶의 스위치를 끌 권리

지금까지 우리는 생명권에 대해서 살아 있을 권리만을 생각했답니다. 이번에 살펴볼 권리는 조금은 특이해요. 바로 잘 죽을 권리, 의연하게 죽음을 맞을 권리에 대한 내용이기 때문입니다.

> 그는 크리스마스 직전에 한 남매로부터 전화를 받았다. 남매는 방금 요양병원에서 쫓겨났다. 그 병원에는 5년 전에 뇌출혈로 식물인간이 된 어머니가 누워 있다. 어머니는 왼쪽 팔을 절단했고, 배에 낸 구멍으로 호스를 집어넣어 위에 직접 음식물을 주입해야 한다. 76세, 체중 40킬로그램. 호전될 가능성은 전혀 없다. 어머니는 뇌출혈로 쓰러지기 전, 딸에게 연명치료를 하지 말라고 했다. 때가 되면 더는 호스를 통해 먹고 숨 쉬고 싶지 않다고.

그러나 요양병원은 호스 제거를 거부했다. 그래서 딸이 몰래 호스를 땠다. 하지만 금세 들켜서 다시 관이 연결되었고 남매는 병원에 출입금지 명령을 받았다. 이때 남매가 요양병원 앞에서 변호사에게 전화를 한 것이다. 변호사는 호스를 당장 잘라버리라고 조언했다. 남매는 다시 병실로 몰래 들어갔고 딸이 변호사의 말대로 했다. 병원 원장이 경찰에 신고해 어머니는 다시 '구조'되었다. 어머니는 나중에 자연사했다. 딸은 무죄선고를 받았다. 변호사의 조언을 따랐기 때문이다. 이 사건을 조종한 사람이 변호사였고 그래서 살인미수의 책임은 변호사가 져야 했다.

_ 폴커 키츠 지음, 배명자 옮김, 《법은 얼마나 정의로운가》한스미디어, 2023 **중에서**

이 웃지 못할 소설 같은 이야기는 실제로 독일에서 발생한 사건이었어요. 뇌출혈로 쓰러진 어머니를 요양병원에 맡겼던 남매가 자신의 어머니를 사망하게 만들기 위해 병원으로 숨어들었다가 발각되었습니다. 한 번도 아니고 두 번을 말이죠. 그런데 그 행동이 무려 자신들의 변호사의 조언을 따른 행동이었어요. 이게 무슨 소리인가 하실 분들이 있을 거예요. 다행히 두 번의 시도는 모두 병원에 발각되었고 살인시도는 무산되었어요. 이 황당하지만 한편으로는 무서운 사건을 2010년도에 독일연방법원에서 심리하게 되었어요.

이 코미디 같기도 하고 호러물 같기도 한 사건의 판결은 어떻게 되었을까요? 남매가 당연히 목숨이 붙어 있는 자신들의 어머니를 해하려 했다니 강력한 벌을 받을 거라 예상되지 않나요? 하지만 놀랍게도 독일 법원은 다른 판단을 하게 됩니다. 기존에 환자가 이런 경우에는 자신은 목숨을 늘리는 치료보다는 죽음을 택하겠다는 입장을 계속 말해왔으니 그 뜻을 존중하겠다는 것이었어요. 어머니를 살해하려 했던 딸은 결론적으로 무죄선고를 받았답니다. 조언을 듣고 아무 문제가 없을 거라고 생각한 점이 고려되었던 것이죠. 하지만 뒤에서 어머니를 죽일 것을 종용한 변호사는 처벌을 피할 수 없었답니다. 2020년에는 독일 헌법재판소에서는 의료진이 환자들의 죽음을 도와주는 '조력자살'을 금지하는 법이 독일 헌법에 위배된다고 판결하였답니다. 과거에는 본인의 의지로 죽음을 택하는 것에만 한계를 두었다면, 이제는 죽음을 옆에서 도와주는 행위 역시 법에 문제가 되지 않는다고 판단한 것이에요.

어떤 이들은 생명의 소중함을 법에서 찾고, 어떤 이들은 삶의 끝을 스스로 선택할 수 있는 권리를 법에서 찾으려 한답니다. 이런 것들을 볼 때, 모든 상황을 법이란 테두리에 담아내기가 쉽지 않다는 것을 느끼곤 해요. 내가 타인에게 살아 있어 존중받을 권리, 스스로의 삶을 선택할 권리, 그리고 사람답게 삶을 마무리할 권리. 단 몇 줄의 법조항에 이런 모든 생각들을 담기는 너무나 어려운 일일 거예요.

우리나라는 이런 죽음을 선택할 권리를 대하여 어떻게 보고 있을까요? 우리나라에 법원은 2009년 판결에서 연명치료 목숨을 연장하는 장치 등을 이용하는 치료 를 중단하기 위해서는 ①환자가 회복이 불가능한 단계에 의학적으로 진입하였고, ②환자가 살아있을 때 치료 중단에 대한 환자의 의사를 추정할 수 있어야 하며, ③ 사회의 여러 관습 등에 비추어 문제가 없으면 이러한 종류의 죽음이 가능하다고 보았어요. 특히 ④환자의 상태에 대해서는 주치의뿐만 아니라 다른 전문의도 같이 판단을 하여 환자의 상태를 오판하는 것을 막고자 하였습니다.[13]

어려운 이야기인가요? 만약 우리가 평소에 '내가 죽으면 계속 치료하지 말고 그냥 보내다오.'라고 확고하게 유언을 하였고, 의사선생님이 아무리 봐도 다시 살아날 방법이 보이지 않을 경우, 다른 의사선생님 한 명이 더 상태를 살핀 후 가망이 없는 상태라고 하면 치료를 중단할 수 있다고 보았답니다.

대법 "장애인 등에 강제 불임수술, 국가가 배상"

일본 대법원 최고재판소 이 3일 장애인 등에게 강제 불임수술을 시행한 일본 정부에 대해 배상을 명령하는 최종 판결을 내렸다. 일본 대법원은 이날 옛 우생보호법에 대해 "개인 존엄과 인격존중 정신에 현저히 어긋난다."며 위헌 및 피해자 배상을 판결했다. 일본 정부는 당시에는 합법이었고 제척기간 권리가 존속하는 기간 20년이 지나 배상 청구권이 소멸했다고 주장했지만, 법원은 "신의성실 원칙에 반하는 직권 남용"이라며 받아들이지 않았다.

일본 우생보호법은 나치 독일의 '단종법斷種法'을 모델로 1948년 제정돼 1996년까지 시행됐다. '불량한 자손'을 낳지 않게 한다는 명분으로 지적 장애인, 정신 질환자, 유전성 질환자 등을 대상으로 강제로 인공 중절 수술이나 불임 수술을 실시하는 내용을 담았다. 이 법으로 일본에서는 5만 1,276건의 임신 중절 수술과 2만 4,993건의 불임 수술이 이뤄졌다. 일본 국회가 지난해 발표한 보고서에 따르면 피해자 가운데 1만 6,475명이 강제로 수술을 받았다. 10대 이하 젊은이 피해도 2,714건에 달했다. 심지어 9세 어린이도 강제 수술을 당했다.

_ 동아일보, 2024년 7월 4일 기사

2024년 7월에는 일본에서 상징적인 판결이 났어요. 오래전 국가가 사람들을 상대로 실시한 유전자보호법인 '우생보호법'에 대하여, 국가의 잘못을 인정하여 국가가 배상해라는 판결이 났던 것이었죠. '우생보호법이라니, 생물학 시간인가?' 라고 생각하시는 분들이 있겠지만, 이 법의 내용을 안다면 우리가 법을 통해 보호하려는 것이 무엇일지 다시 생각해볼 수 있을 거예요. 한때 우리 인류는 사람들을 살아갈 가치가 있는 부류와 그렇지 않은 부류로 나누던 때가 있었어요.

제2차 세계대전 시기에 나치독일에서는 장애인들을 아이를 가질 수 없도록 만드는 수술을 강제로 시행하였답니다. 우수한 종족을 보존하는데 이들의 존재가 방해된다는 것이었어요.

일본에서는 세계대전이 끝나던 시기에 이 법을 가져와서 실제로 사회에 집행하였다고 해요. 태어날 때부터 장애를 가진 사람들, 지적능력에 문제가 있는 사람들, 유전병 환자들을 가려내어 강제 불임수술을 통해 다음으로 대를 잇지 못하게 하는 행위들을 국가가 벌였답니다. 마치 동물농장에서 가축들을 다루는 것처럼 말이에요. 그리고 이런 정책이 무려 1990년대까지 이어져 왔다고 합니다. 그 기간 동안 일본에서 총 51,276건의 임신중절 수술과 24,993건의 불임 수술이 이뤄졌다고 해요. 일본 국회가 2023년에 발표한 보고서에 따르면, 피해자 가운데 16,475명이 본인의 의사와는 관계없이 강제로 불임수술을 받았다고 해요.

우리 헌법 제10조 제1문의 내용은 다음과 같이 말하고 있어요.

'모든 국민은 인간으로서 존엄과 가치를 가진다.'

여기에는 '모두를 인격적으로 대우하여야 하며, 다른 사람에게 나의 인격적 가치가 침해당하면 안 된다.'는 믿음이 바탕이 되어있답니다. 누구든 사람이기에 그 자체로 존엄Human Dignity할 가치가 있다는 것. 오늘날 여러 나라의 헌법에 핵심적인 가치로 자리 잡고 있답니다.

행복해질 권리에 대하여

다음으로 행복할 권리에 대해 이야기해보고자 합니다.

일상생활에서 '행복해야 해!'라는 말을 자주 쓰시나요? 누군가에게 들은 마음을 담은 "행복하세요!"라는 말은 긴 여운을 남긴답니다. 그런데 그런 생각해보셨나요? 과연 '행복'이란 무얼 뜻할까요? 이런 감정을 정의할 순 있는 걸까요?

조금 삭막해보이기는 하지만 법학에서는 이러한 단어를 정의해야 될 때가 오곤 합니다. 우리 헌법에 '행복해야 할 권리행복추구권'이 당연히 존재하기 때문이에요. 헌법 제10조는 이런 측면에서 중요하답니다. 원래 행복추구권이라는 말은 1980년대 제5공화국 헌법 전까지는 존재하지 않았어요. 행복이란 그만큼 뭔가 모호하고 정의하기 어려웠기 때문이었겠죠.

2005년에 우리 헌법재판소는 행복추구권에 대한 설명을 아래와 같이 내어 놓았어요.

> 행동의 자유, 개성을 자유롭게 표현할 자유, 계약의 자유 등이 이 행복추구권에 포함된다.
>
> **_ 헌재 2005.4.28.선고 2004헌바65 전원재판부**

자, 여기서 한 가지 궁금증이 생길 수 있어요.

'나는 지금 행복하지 않는데, 그럼 국가가 헌법상의 의무를 다하지 않는 건가?'

이렇게 행복추구권을 정의한다면 너무나 많은 일들이 행복의 범위에 들어가게 될 거예요. 또한 사람마다 다른 기준의 행복을 주장한다면, 이것 역시 증명하는 것도 쉬운 일은 아닐 거예요. 그러기에 이 권리는 포괄적이며 보충적인 성질을 가진다고 합니다. 무슨 이야기냐고요?

일단 이 행복이란 것이 너무나 범위가 넓고 크기에 헌법에 다 적을 수 없다는 것을 전제로 한답니다. 그러기에 포괄적이라는 말로 정의되어 있답니다. 그리고 행복이란 것은 내가 그렇다고 느낄 계기가 필요하답니다. 내가 자유롭게 행동하고, 나의 모습을 자유롭게 표현하고, 누군가와 함께 모일 수 있고, 때로는 잘못된 것을 잘못되었다고 말할 수 있기에 사람은 행복한 존재라는 것이에요. 이러한 것은 어떤 행위에 더해진다고 해서 보충적 성격이라고 이야기해요.

2014년 4월 16일, 인천을 출발해서 제주도로 향하던 여객선 세월호가 진도 앞바다에서 침몰합니다. 총 304명의 사망자가 발생한 '세월호 사건'이 일어난 것이었어요. 이 사건 이후 정부는 '세월호 피해지원에 대한 시행령'을 마련하고 지원책을 마련하게 됩니다. 그런데 이 방법이 문제가 되었습니다. 국가가 피해를 입은 유족들에게 피해보상금을 지급하면서, 지원금을 받으면 앞으로 이 문제에 대해서 앞으로 어떠한 이의도 국가에 제기하지 않을 것을 강제로 서약하라고 요청합니다. 당연히 이 부분에 대해서 유족들이 반발하였답니다.

우리나라 헌법재판소는 이러한 국가의 대응을 헌법에 맞지 않다고 보았답니다. 국가가 법령에도 없는 내용을 사람들에게 강요하면서 개인들의 행동과 표현의 자유를 제한하려 했습니다. 이런 모든 행위들은 결국 국민들의 행복할 권리를 침해하였다고 보았어요.[14]

행복이란 모두가 자신만의 기준을 가지고 있는 객관적인 내용이고, 그러기에 똑 부러지게 "이것이 행복이야!"라고 말할 순 없을 거예요. 그래서 '너는 행복하니?' 라는 질문보다는 어떤 사안이 나에게 영향을 미쳐서 결국에는 나의 행복에도 영향을 주었는지를 평가해 보아야 합니다. 판결의 내용은 이러한 행복권을 평가하는 방법을 잘 보여주고 있어요. 어떤 가요? 지금 행복하신가요? 글을 쓰고 있는 저는 행복합니다.

우리 모두가 평등할 권리

'자유'만큼이나 현대의 사회에서 중요하게 고려되는 것이 '평등'이라는 가치일 거예요. 그런데 우리가 말하는 '평등'이란 과연 무엇일까요? '아니, 평등이라면 평등이지, 거기도 의미가 있어, 이 답답한 사람아?'라고 말할 분들이 많을 거예요. 죄송하지만 법의 가장 첫 단계는 용어에 대한 정의랍니다 제가 공부를 시작하고 자주 들었던 말 중 하나에요.

평등권의 평등의 의미는 현대사회로 들어오면서 많은 보완을 거치게 되었답니다. 그렇다면 과거에 평등은 어떤 의미였을까요? 여기서 과거라고 한다면, 아주 오래 전, 그러니깐 지금과는 다른 제도가 존재하였던 조선시대를 생각해보도록 하죠. 이 시대는 계급이 있던 시대였습니다.

귀족과 평민, 남성과 여성, 노예와 주인…. 이 모든 사람들이 자신의 계급에 따라 서로 다른 사회적 · 법적 대우를 받던 사회였답니다. 우리가 이런 시대에 살고 있다면 우리 머릿속에 평등은 어떤 의미일까요? 아마도 같은 계급 안에서 누군가에게 차별당하지 않고 살아가는 그런 모습이 아닐까요? 귀족은 귀족답게, 농노는 농노답게. 나의 계급에 맞는 이들이 그 위치에서 받아들이는 대우가 차이가 나지 않도록 대하는 것이 평등이었을 거예요.

이런 시대에 우리가 떨어져 잘못하면 주인에게 매 맞는 노예라든지 여자라서 투표를 하지 못하던 모습을 보게 된다면, 이제 우리가 말하는 평등이란 아마도 하느님 아래의 '동일한 사람으로 누려야하는 무엇인가라고 생각하게 될 거랍니다. 이러한 시대는 영국과 프랑스를 시작으로 유럽의 많은 나라에서 혁명 등을 통해 사회구조가 바뀌게 되었답니다. 아마 우리가 이때 태어났다면 평등이란 의미는 "너도 사람, 나도 같은 똑같은 사람이잖아, 왜 같은 하나님의 아이들을 차별해?" 라는 정도였을 거예요. 그런데 어느 순간, 세상에는 겉으로 보기에 귀족이나 노예라는 이름은 사라졌습니다. 갑자기 바뀐 사회가 급하게 바뀌었다고 해서 기울어진 세상이 평평해졌을까요?

1913년 영국 런던에서 비극적인 사건이 발생합니다. 경기장 안에서 달리던 말에게 한 여성이 뛰어들었고, 말에 치인 여성은 얼마 있지 않아 사망하였어요. 사망한 여성은 여성선거운동가인 '에밀리 데이비슨'으로 그 당시 아직 여성에겐 주어지지 않았던 '투표할 권리'를 주장하며 경기장으로 뛰어든 것이였어요.[15] 사실 인간의 평등권이 주장되었음에도 불구하고, 근대 법률에서의 평등권은 아직도 개선할 여지가 많았답니다.

예전에는 사람들 사이에 태어날 때부터 구분이 있었다면, 이제는 이 사회에서 내가 가지는 권리가 동등한지, 똑같은 법으로 다르게 처벌받고 있지는 않는지가 중요하게 된 것이죠. 대표적인 권리로는 투표할 권리, 투표 받을 권리 정치에 참여할 권리 , 신분이나 신앙에 차별받지 않고 평등하게 법을 적용받을 권리 등이 있어요. 실제로 여성들과 노예들을 중심으로, 권리를 보장받기 위해 많은 투쟁들이 일어났답니다.

우리가 이 시대에 태어났다면 평등이란, "너가 뭐 길래 내가 사회에 참여하는 것을 막는 거야?"가 될 것 같아요. 그런데 현대의 평등권은 여러 가지로 많은 변화가 있었어요. 아래의 기사를 한번 볼까요?

선거 때마다 등장하는
'여자도 군대 가라'

한국 사회에서 군 복무를 둘러싼 논란은 1999년 헌법재판소의 군가산점제 위헌 결정으로 본격화됐다. 헌재는 제대 군인에게 채용 시 5% 이내 가산점을 부여하도록 한 '제대군인 지원에 관한 법률' 제대군인법 8조 1·3항과 시행령이 여성과 장애인의 평등권, 공무담임권 공직에서 일할 권리 을 침해하고 있다고 판단했다. 헌재는 "전체 여성 가운데 극히 일부만 제대 군인에 해당하는 반면, 남자 대부분은 제대 군인에 해당하므로 군가산점 제도는 실질적 성차별"이라고 봤고, "신체 건장한 남자와 그렇지 않은 남자를 차별한다."고 밝혔다.

> 군가산점 폐지의 후폭풍은 병역법으로 불어 닥쳤다. '남성은 병역 의무를 수행하고 여성은 지원한 경우만 군인으로 복무' 하도록 한 병역법 조항은 2011년, 2014년, 2020년, 2023년 등 네 차례에 걸쳐 위헌 심판대에 올랐다. 헌재는 그때마다 합헌 결정을 내렸다.
>
> _ 한겨레, 2024년 2월 4일 기사

평등권 이야기가 반복될 때마다 항상 논의되는 이야기 중 하나입니다. 대한민국은 한국전쟁 이후로 나라가 반으로 나뉘어 있고 오랜 휴전상태를 지속하고 있어요. 휴전이란 전쟁이 끝난 것이 아닌, 언제든지 전쟁이 다시 시작될 수 있는 휴식의 상태를 말해요. 이런 상황이기에 우리나라는 아직도 징병제 일정 나이가 되면 국가에 군인으로 징집되는 제도를 택하고 있답니다. 아직 우리는 전쟁이 끝나지 않은 상태이기에 항상 군인들이 필요하다는 의미예요. 예전이라면 정치에도 참여할 수 없고, 군대에 간다는 것은 고려 대상도 되지 않던 여성이 사회적 주체가 되면서 생긴 현상이라고 볼 수 있습니다.

문제는 대한민국은 징병제를 유지하는 국가입니다. 그리고 휴전선 넘어 적을 대치하고 있는 휴전국가이기도 하죠. 징병제도에 따라 논쟁이 되는 대표적인 두 가지 문제는 '군가산점제도'와 '여성징병' 입니다. 여러분들의 의견은 어떤 가요? 1999년 이전에는 군대에 다녀온 남자들에게는 국가공무원 시험을 치면 일정 부분의 가산점이 부여되었습니다. 이 가산점은 자신 삶의 2년을 국가를 위해 군대를 다녀와 봉사해준 사람들에 대한 배려의 의미였어요.

그런데 이 가산점이 평등권을 침해하였다는 소송이 제기됩니다. 군대에 다녀올 것이 법률상의 의무로 되어 있는 징병제 국가에서, 스스로 의지가 아닌 국가의 필요로 의무를 이행한 사람들에게 가산점을 부여하는 것이 당연한 제도인지가 논쟁의 핵심이었어요. 헌법재판소까지 올라갔던 이 사건은 결국 헌법에 맞지 않는다는 판결이 났답니다. 우선 이렇게 군대를 다녀온 남성들에게만 가산점을 줄 경우, 헌법이 지키려 하는 가치 중 하나인 '남성과 여성을 평등하게 대하여야 한다.'는 것에 위반이 된다는 것이었어요. 이제 군대를 다녀오던 사람들이 받던 가산점은 사라지게 되었습니다.

이 판결에 대해 어떤 생각이 드시나요? 대다수 대한민국의 남자들은 군대란 곳에서 2년을 갇혀 지내며 힘든 군사훈련을 받아야 합니다, 이 판결 이후 이런 시간을 보상받지 못함에 섭섭함을 느낄 수 있을 것 같아요. 그런데 이런 경우는 어떨까요? 어떤 이들은 정말 군대를 가고 싶지만, 신체가 건강하지 않아 군복무를 할 수 없는 상황 말이에요. 이런 사람들의 경우, 군대를 가고 싶어도 가지 못했는데 이런 것을 이유로 가산점을 주지 않는 것은 정당한 조치인지에 대한 반대도 존재합니다.

군가산 점수를 주는 기본적인 취지가 군복무를 통해 나라에 봉사한 이들에게 점수를 주는 것인데, 내가 원하지 않지만 가야 하는 군생활을 국가에 대한 봉사로 보아야 하느냐는 논쟁도 있었답니다. 단순한 의무라는 것이죠. 하지만 그럼에도 많은 남성들이 인생의 가장 소중한 2년의 시간을 자유롭지 못한 상태에서 의무적으로 군복무를 해야 하는 대한민국의 상황에서 불만을 가질 수밖에 없을 거예요.

그래서 이야기가 나오는 것이, '여성징병제'에 대한 이야기입니다. 힘든 군복무를 남자들만 하는 것은 평등한 처사가 아니라는 것이에요. 거기다가 인구도 줄어 군인들이 될 사람들도 줄어들고 있으니 이제는 이스라엘이나 일부 유럽 국가들처럼 여성들도 의무적으로 징집해서 남성들과 동일한 병역의무를 부과하자는 주장입니다.

이런 마음에 동의하는 남자들이 얼마나 억울했던지, 무려 이런 논의가 4번이나 헌법재판소에서 다루어집니다. 그리고 그때마다 남자들만 군대에 가는 것이 헌법에 위반되지 않는다는 결정이 나옵니다. 현대의 전쟁에서는 여성들도 남성들처럼 전장에서 활약이 가능하지만, 여군들이 들어올 경우, 현재 남자들 중심으로 갖추어진 군대의 조직이나 시설들을 어떻게 바꾸어야 할지 가늠하기 어렵다는 현실적 문제가 존재한다는 것이에요. 하지만 인구가 줄어들면서 나라를 지킬 병사들이 줄어든다는 현실적인 문제도 점점 커지고 있답니다. 언젠가 우리나라도 외국처럼 여성 병사들이 전장을 누비는 날이 올까요? 앞으로의 군대는 어떤 모습으로 바뀔까요? 다소 늦은 감이 있지만, 아직도 의무복무 제도를 실시하고 있는 우리나라에서는 고민에 고민을 거듭해야 할 문제랍니다.

산업사회가 만든 권리, 사회권

'사회권'은 조금 재미있는 권리랍니다.

사실 우리가 지금까지 보았던 헌법의 다른 기본권과는 조금은 다른 방식의 문제 접근법을 가져요. 잠깐 앞에서 보았던 각 국가의 헌법의 발전역사를 다시 생각해볼까요? 대부분 나라들에서 헌법의 시작은 국가의 개입에서 개인의 권리를 보호하는 것을 목적으로 하였어요. 그러기에 개인의 자유를 국가로부터 보호한다는 것이 헌법의 주요 목적이었답니다.

그런데 개인의 자유를 무한히 보장해주자 여러 문제가 발생하기 시작했다면 어떨까요? 공장에서 노동자들이 쉬지도 못하고 일하기를 강요받고, 아직 어린아이들도 이런 돈벌이에 동원되었죠. 그리고 마음에 들지 않는 노동자들은 쉽게 회사 밖으로 쫓겨나기까지 했답니다. 공장 굴뚝에선 검은 연기들이 뿜어져 나오고, 이런 먼지와 공해물질들을 사람들이 들이마시지만 국가는 이런 회사들을 돈벌이 활동에 관여할 수 없었답니다. 이런 문제들을 그대로 놔두어야 할 것인가? 관리가 필요하다면 누가 관리해야 할 것인가? 이런 고민의 결과물로 나타난 것이 바로 '사회권'이에요.

이제 세상은 돈과 권력을 가진 자본가와 다수의 노동자라는 새로운 계급이 생겨나게 됩니다. 그리고 일이 필요했던 노동자들은 새로운 사회에서는 약자일 수밖에 없었어요. 마치 과거에 귀족과 농노들의 관계처럼 사회에서는 기울어진 균형을 다시 평등하게 맞추어야 한다는 목소리가 커지게 됩니다. 그리고 과거보다 힘이 약해진 국가의 역할을 다시 생각해보자는 움직임들이 생겨나요. 더 이상 직업을 가지지 못하고 가난한 이들이 발생하지 않도록 국가가 이들을 도와줘야 한다는 것이었죠. 노동자들을 중심으로 사람들의 연대가 시작되면서 이 문제를 해결하지 않으면 나라가 무너질 수도 있다는 생각에 미치게 됩니다멀리 황제가 다스리던 러시아는 이런 모순을 관리하지 못하고 공산주의 혁명으로 무너져 내려버렸죠.

자, 그렇다면 누가 이런 문제를 관리해야 할까요?

> 모든 국민은 인간다운 생활을 할 권리를 가진다.
>
> _ 헌법 제34조 제1항

이제, 사람들 모두가 '국가'를 쳐다보게 됩니다. 이런 커다란 일은 국가의 움직임이 필요하다는 것이었어요. 이러한 사상은 더욱 발전하여, 국민이 인간으로의 기본적인 삶을 누릴 수 있도록 하는 것이 국가의 기본 임무라는 생각까지 이르게 되었습니다.

우리나라 헌법 제34조 제1항은 이런 사회권적인 성격을 나타내는 조항이에요. 우리 헌법에서는 모든 국민들이 인간다운 생활권을 영유할 수 있는 권리를 보장하는 것이 국가의 의무라는 조항을 반영해놓았어요. 그런데 조금 막연하기도 합니다. 인간답게 살기 위해서는 어떤 권리가 필요할까요?

우선 사회권에서 먼저 이야기하는 것이 '교육받을 권리'였답니다. 국가는 국민들의 교육받을 권리를 방해하지 말아야 하며,

적극적으로 교육 시켜야 할 의무가 있다는 주장이 그 내용이었죠. 우리나라 헌법 제31조에서는 '모든 국민이 능력에 따라 균등하게 교육을 받을 권리'를 규정하고 있답니다. 이 권리는 근대사회에서 각 국가들에게 광범위하게 실시됩니다. 기본 교육받은 국민들이 실제로 산업화나 국방력 강화에 도움이 된다는 사실이 받아들여졌기 때문이에요.

나는 일하고 싶어요, 근로권

우리 헌법 중에 '일할 권리근로권'라는 게 있어요. 그런데 조금 이상하지 않나요? 일자리를 찾아서 서로 고용계약을 하는 것은 단순하게 노동자인 나와 사장님, 두 명의 관계에서 일어나는 일인데 국가가 이런 사이에 끼어들다니 말이에요? 우선 저기 휴전선 북쪽의 북한 땅을 생각해보아요. 사회의 구성원들이 일정 나이가 되면, 이들이 살 집과 일자리를 국가가 배정해준다고 자랑합니다. 항상 스스로가 자신의 일자리를 찾아야 하는 남한에 비해서 일자리를 주는 북한이 지상천국이라고 선전하는 거예요. 그렇다면 국가가 근로의 권리를 보호해준다는 건 북한과 같은 모델을 뜻하는 걸까요?

우리 헌법에서 보장하는 근로의 권리는 사회주의 국가들의 근로권과는 차이가 존재한답니다. 우리나라의 헌법이 보호하려는 근로권은 개인 간의 고용계약을 최대한 존중하되, 개인들의 일할 권리를 국가가 빼앗아 가면 안 된다라는 생각이 바탕에 있어요. 가령 북한식으로 국가가 일방적으로 '인민을 위해 여기서 일하시오.'라고 명령한다면 역시 문제가 될 수 있다는 말이랍니다. 나를 고용해주는 사람들과 부당한 고용계약을 맺지 않을 권리, 계약을 맺은 후에는 마음대로 해고당하지 않을 권리 등을 통해 자유롭게 일자리에서 일할 수 있는 기회를 보장해주어야 한답니다.

아직 공부해야 하는 여러분 같은 학생들을 함부로 일터로 동원하는지 관리감독 하는 것도 국가의 의무가 됩니다. 조금 더 확장해서 생각해본다면, 공부를 해야 할 나이에 학생들이 돈을 벌어야 할 상황에 내몰렸을 때, 공부할 권리를 국가가 보장해주지 못하는 것 역시 국가가 지원해줄 책임을 다하지 못하는 것이 됩니다. 여자라고 또는 장애가 있다고 일할 기회를 빼앗는 것 역시 관리감독의 대상이 됩니다.

너무 권리의 범위가 넓은가요? 내친 김에 조금 더 살펴보도록 할게요. 우리 헌법 제33조 제1항에서는 근로자는 근로조건의 향상을 위해서 3가지의 주요한 권리를 보장받는다고 규정하고 있어요. '근로삼권' 이라고 불리는 권리랍니다.

① 노동자들이 서로 단결할 수 있는 권리 단결권

② 단결한 조직체를 통해서 원하는 바를 요청하고 조정할 할 수 있는 권리 교섭권

③ 이런 조정이 이루어지지 않을 경우 단체행동을 할 수 있는 권리 단체행동권

자, ①번과 ②번은 조금 쉽게 이해가 될 거예요. 내가 회사에 입사를 하게 되어서 노동계약이란 걸 하게 되었답니다. 그런데 회사에서 부당한 처우를 당했을 경우에, 공식적인 창구인 노동조합 또는 노사협의체 를 통하여 나의 불만이나 개선사항을 회사에 전달할 수 있고, 더해서 만약 내가 들어간 회사에 이런 조직체가 없다면 사람들의 뜻을 모아서 이런 단체도 만들 수 있다는 것을 의미합니다. ③번의 권리는 조금은 어려운 권리입니다. 우선 단체행동이란 어떤 것인지 살펴보겠습니다. 단체행동권은 노동현장에서 의견의 충돌이 발생하였을 경우, 특히 서로 간에 협의가 되지 않으면 '쟁의행위'라는 것을 할 수 있게 보장해주는 것을 말합니다.

음, 어떤가요? 법률에서 말하는 '서로 대화가 통하지 않으면 행동을 할 수 있는 권리'라니 언뜻 보면 무슨 뜻인지 알기가 어렵습니다. 우리가 미디어에서 보는 시위행동 역시 허용이 되는 걸까요? 쟁의행위라는 것은 조금만 정도가 강해져도 문제가 생기기에 구체적으로 규정이 되어 있어요. 쟁의행위로 구분되는 것은 피켓을 들고 구호를 외치는 행위부터 파업 strike , 태업 의도적으로 일을 느리게 하는 행위, sabotage , 보이콧 집단적 거부 행위, boycott , 준법투쟁, 직장점거 및 직장폐쇄와 같은 강력한 행위까지를 포함합니다.

우리는 항상 회사에 속한 노동자들인 띠를 두르고 강렬한 구호를 외치며 공장을 장악하고 업무를 방해하는 행위를, 뉴스로 보면서 노동쟁의에 대한 부정적인 이야기를 들어왔어요. 그리고 이러한 행위들은 노동조합이라는 단체를 통해 일어나기에,

일부 미디어에서는 이런 노동조합의 쟁의행위가 경제생산력을 떨어뜨리는 부정적인 행위로 보도되는 것을 종종 보곤 합니다. 하지만 우리 '헌법 제33조 제1항'에서는 단체행동권을 보장하고 있답니다. 한 쪽에서는 이러한 단체행동이 문제가 있다고 하고, 한 쪽에서는 이런 행위가 헌법상 보장된 권리라고 하는 상황. 누구의 말이 맞을까요?

음, 이런 주제는 관심이 없다고요? 당장 여러분들이 시간이 지나 회사에 들어가면 가장 먼저 마주치게 될 문제랍니다. 단체행동권을 어디까지 허용해줄 것이냐는 항상 논쟁의 대상입니다. 관련법령노조법에 의한다면, 정당한 쟁의행위는 문제가 되지 않지만, 위법하게 쟁위행위는 문제가 됨을 이야기하고 있답니다. 자, 그렇다면 정당한 쟁의행위는 무엇일까요? 어디까지가 법률이 허용하는 기준일까요? 이와 관련하여 명확한 법률적 정의는 없어요. 그러기에 각 판례를 중심으로 판단이 가능합니다. 그중 우리에게 미디어들을 통해서 가장 크게 다루어지는 뉴스인 '직장점거'와 '직장폐쇄'를 살짝 살펴보려 해요.

'직장점거'는 우리가 뉴스에서 가끔 보이는 붉은 띠를 두른 사람들이 공장을 점거하고 생산하지 못하게 하는 행위를 말합니다. 관련법령에 따르면, 생산시설이나 주요 업무시설에 대한 점거는 금지를 하고 있어요. 단체행동을 위한 직장점거를 하더라도, 생산이 이루어지도록 주요업무시설은 점거를 하면 안 된다는 내용입니다. 그런데 사실 현장에서 이런 기준이 지켜지기에는 어려운 부분이 있어요. 이 때문에 직장점거는 자칫하면 합법적인 범위를 넘어서는 방향으로 나갈 수도 있답니다.

반대로 '직장폐쇄'는 노동자들의 단체행위를 막기 위해서 회사측이 직장의 문을 닫아버리는 행위를 말합니다. 직장폐쇄가 이루어지면, 실제 영업이 정지되는 상황이기 때문에 생산활동이 정지되고 고용된 인원들에게 임금을 줄 의무가 사라지게 돼요. 이런 상황이 길어지면, 단체행동을 하는 노동자들의 생활이 곤란해지는 점을 노린 회사측이 사용하는 행동이랍니다. 그러기에 관련법령에서는 반대로 노동자들의 단체행동권을 보호하기 위해, 이런 직장폐쇄가 가능한 기준도 두고 있답니다.

'노조법' 제46조에 따르면, 직장폐쇄라는 행위는 노동자들의 쟁위행위가 시작되었을 경우에만 가능하도록 정해놓았어요. 게다가 직장폐쇄를 하려면 회사측은 관할 관청이나 노동위원회에 신고가 필요하다고 정해놓았답니다. 노사분쟁에서는 회사측이 노동자측보다는 힘을 가진 강자라는 점과 직장폐쇄는 그만큼이나 노동자들에게 커다란 영향을 줄 수 있다는 점을 고려한 사항입니다.

노사분쟁은 결국 생산행동에 차질을 주고, 결국 회사와 노동자 모두에게 피해를 주는 행위라는 점에서는 되도록 피해야 할 상황일 거예요. 그럼에도 헌법에서 노동자들의 단체행동권을 정해놓은 이유는 무엇일까요? 여러 이유들이 있겠지만, 역사적으로 노동자들은 회사측에 비해서는 항상 약자일 수밖에 없기에 국가가 힘의 균형을 맞추어 주어야 한다는 현실적인 사정이 반영되어서이지 않을까요? 사회와 사람들의 의식이 너무나 빨리 변하기에. 우리들은 새로운 세상에 맞는 법률을 찾기 위해 항상 고민하고 연구해야 한답니다. 연구하지 않아서 발생할 수 있는 다른 피해들을 막기 위해서라도 말이에요.

아래의 기사를 마지막으로 헌법에 대한 설명은 마무리하도록 하겠습니다.

비상계엄 선포가 뭐 길래
… 1987년 이후 초유 사태

헌법 77조 1항은 '대통령은 전시·사변 또는 이에 준하는 국가비상사태에 있어서 병력으로써 군사상의 필요에 응하거나 공공의 안녕질서를 유지할 필요가 있을 때에는 법률이 정하는 바에 의하여 계엄을 선포할 수 있다'고 규정하고 있다. 비상계엄을 대통령의 권한으로 명시한 것이다. …중략… 특히 77조 3항에 따르면 비상계엄이 선포된 때에는 '법률이 정하는 바에 따라 영장제도, 언론·출판·집회·결사의 자유, 정부나 법원의 권한에 대해 특별한 조치'를 할 수 있다. 다만 국회가 재적의원 과반수의 찬성으로 계엄의 해제를 요구하면 대통령은 계엄령을 해제하게 돼 있다. 22대 국회는 야당인 더불어민주당이 과반을 점하고 있다. 이재명 대표 등 민주당 의원들은 대통령의 계엄 선포 직후 국회로 신속하게 집결하며 계엄 해제 절차에 착수했다.…중략… 헌법 제77조 5항은 '국회가 재적의원 과반수의 찬성으로 계엄의 해제를 요구한 때에는 대통령은 이를 해제하여야 한다'고 규정하고 있다.

이번 계엄 선포는 1987년 민주화 이후 처음이었다. 1948년 정부 수립 이후 총 10번의 계엄령이 선포된 바 있다. 이승만 정권에서 4번, 박정희 정권에서 4번, 전두환 정권에서 1번 등이다. 최초의 계엄령은 1948년 10월 이승만 전 대통령이 '여수·순천 사건'으로 비상계엄을 선포됐다. 당시 계엄령은 105일간 유지됐다. 두 번째 계엄령은 같은 해 11월 4·3 사건 당시 제주 지역에 선포됐다. 이승만 전 대통령은 4·19 혁명을 막기 위해 계엄령을 선포하기도 했다. 과거 대부분의 계엄은 정권 유지를 위해 선포됐고, 이 과정에서 다수의 민간인 피해자가 발생하기도 했다. 박정희 전 대통령은 1960년 5·16 군사정변을 통해 권력을 잡은 후, 1972년 집권 연장을 위한 헌법개정과 함께 계엄을 선포한 바 있다.

_ BBC뉴스 코리아, 2024년 12월 4일 기사

작년 12월 3일, 대한민국 국민들은 잠 못 드는 저녁을 보냈을 것 같아요. 심각한 표정으로 계엄 포고문을 읊던 대통령의 모습과 이후, 국회 안으로 진입하던 군인들의 모습들이 실시간으로 중계되고 마지막으로 국회에 모인 국회의원들이 계엄령을 해제하는 순간까지 모든 것들이 SNS를 통해 중계가 되었습니다. 현재 이 사건 이후에 대통령에 대한 탄핵절차가 이루어졌으며, 기타 가담자들에 대한 법적인 절차가 진행되고 있는 상황입니다.

① 대통령은 전시·사변 또는 이에 준하는 국가비상사태에 있어서 병력으로써 군사상의 필요에 응하거나 공공의 안녕질서를 유지할 필요가 있을 때에는 법률이 정하는 바에 의하여 계엄을 선포할 수 있다.

② 계엄은 비상계엄과 경비계엄으로 한다.

③ 비상계엄이 선포된 때에는 법률이 정하는 바에 의하여 영장제도, 언론·출판·집회·결사의 자유, 정부나 법원의 권한에 관하여 특별한 조치를 할 수 있다.

④ 계엄을 선포한 때에는 대통령은 지체없이 국회에 통고하여야 한다.

⑤ 국회가 재적의원 과반수의 찬성으로 계엄의 해제를 요구한 때에는 대통령은 이를 해제하여야 한다."

_ 헌법 제77조

헌법 제77조는 대통령이 계엄을 선포할 수 있는 요건에 대해서 나와 있답니다. 계엄령이란 국가가 일반적인 공권력으로 유지할 수 없을 정도로 혼란한 비상사태를 타개하기 위해 대통령이 선포하는 권한입니다. 제2항을 보면 계엄에는 비상계엄과 경비계엄이라는 두 종류가 있다고 합니다. 경비계엄은 단시일 내에 사법, 행정기관의 힘으로 사회질서 유지가 가능하다고 판단되는 경우 선포되는 것이고, 비상계엄은 이보다 더 엄중한 경우 선포되는 경우를 말합니다. 앞의 기사에서 보니 우리나라에서는 1948년 정부수립 이후, 이번 계엄까지 합쳐 총 10번의 계엄령이 선포되었다고 해요. 이승만 정권에서 4번, 박정희 정권에서 4번, 전두환 정권에서 1번이 있었다고 합니다.

제77조 제3항의 조문을 보면 비상계엄으로 인해 제한되는 국민들의 기본권이 나열되어 있답니다. 언론, 출판, 집회, 결사의 자유가 제한된다는 것은 개인 및 집단의 표현의 자유가 제한됨을 의미합니다. 더해서 영장제도에 대한 특별조치라는 뜻은 언제든지 필요에 의해 때로는 영장 없이도 시민들을 체포하고 재산의 수색 및 압수가 가능하다는 뜻입니다. 비상계엄의 경우 군사법원을 통한 재판 역시 가능하게 됩니다. 계엄령이 말하는 주요 의미는 '헌법에서 보장하고 있는 개인들의 기본권을 질서유지를 위해 규제하겠다.'라는 의미입니다.

이번 사건은 헌법의 의미에 대하여 많은 부분을 생각하게 합니다. 우리가 살펴본 헌법제정의 역사는 절대적인 권력자들로부터 빼앗긴 자유와 권리를 다시 가져오는 긴 여정이었어요. 그리고 광범위한 자유를 허용해주었을 때는 다시 국가가 이를 제한해야 한다는 주장도 나왔답니다.

12월 3일의 사건과 예전의 계엄령 선포의 역사를 돌아본다면, 우리 헌법이 수호하려는 가치에 대해 다시 한 번 많은 생각을 하게 되어요. 자유와 질서, 이 사이의 어디 즈음을 우리는 균형을 맞추기 위해 애쓰며 걷고 있답니다. 마치 외줄타기를 하는 곡예사들처럼 말이에요. 그리고 그런 우리들의 노력을 흔들 수 있는 바람은 언제든 불어올 수 있기에 긴장해야 한다는 것을 지나간 사건이 이야기해주고 있답니다.

자, 이 긴박했던 이야기의 결말은 어떻게 났을까요?

2025년 4월 4일, 대한민국의 헌법재판소에서는 윤석열 대통령의 탄핵과 관련한 판결 헌재 2025. 4. 4. 2024헌나8, 결정문 이 있었습니다. 총 114페이지에 달하는 방대한 분량이었어요. 헌법재판소는 이 사안에 대하여 대통령이 자신의 권한을 법률의 허용 범위를 넘어 사용하였으며, 이를 통해서 헌법을 수호해야 하는 대통령의 임무를 져버렸다고 판단했답니다. 긴 주문이 낭독되고 재판관 8명 선고당시 헌법재판소에는 1명의 재판관이 공석인 상태였습니다 전원 의견으로 윤석열 대통령의 탄핵이 선고됩니다.

헌법재판소가 판결한 내용을 간략하게 살펴보면, 첫째, 이 사건이 헌법재판소에서 다룰 수 있는 사건인가 구성요건 을 판단하였습니다. 둘째, 이 사건의 원인이 되었던 탄핵소추안이 국회에서 의결되는 과정에서 문제가 없었는지를 살펴보았어요. 셋째, 국회에서 대통령을 탄핵하였던 사유들에 대하여 사안별로 검토하였습니다. 넷째, 계엄령 선포 당일 군대를 동원해 이루어졌던 대통령의 조치들이 헌법을 위반하였는지 여부를 검토하였어요. 마지막으로 계엄령을 선포했던 대통령의 행동이 법이 정하는 절차에 따라 이루어졌는지 따져보았습니다.

헌법재판소는 대통령의 계엄선언이 법률이 정하는 절차를 지키지도 않았고, 그 목적도 법률과 맞지 않았다고 보았답니다. 특히 군대를 동원하여 의회와 재판소의 인원들을 체포하려 한 점, 중앙선거관리위원회에 침입하여 위해를 가한 점은 대통령의 권한의 범위를 넘어서 사용하여 우리 헌법의 기본정신을 훼손하였다고 보았어요. 우리는 앞의 장들에서 짧은 시간 압축적인 성장을 위해 시민들의 권리를 제한하였던 프로이센의 사례를 보았어요. 그리고 자신들의 권리를 지키기 위해 스스로 총을 든 미국과 프랑스의 사례도 보았답니다. 귀족들이 중심이 되어 절대자의 권리를 빼앗아온 영국의 사례도 보았죠.

4월 4일의 판결이 우리에게 특별한 의미가 있는 것은 프로이센과 같이 압축된 성장을 하며 한때 시민들의 기본권리를 제한당했던 우리나라가, 폭주하는 절대자의 권력을 영국의 사례처럼 평화롭게 제한하였는데, 그 변화를 이끌어낸 중심에는 귀족이나 특권층이 아닌 미국과 프랑스 사례와 같이 일반 시민들이 있었다는 것이에요. 많은 사람들이 힘으로 시민들의 권력을 빼앗으려는 시도가 가득한 세계역사를 공부하다 보면, 민주공화국이 맞을 수밖에 없는 슬픈 운명을 이야기하곤 합니다. 하지만, 우리의 권리를 지키려는 깨어 있는 시민들이 항상 감시하고 매를 들고 있다면, 우리가 지키려는 민주공화국의 모습이 슬프게만은 끝나지는 않을 거라 생각합니다. 그리고 그 가운데에는 법의 정신과 그것을 지키려는 우리 같은 공화국의 시민들이 자리할 거예요.

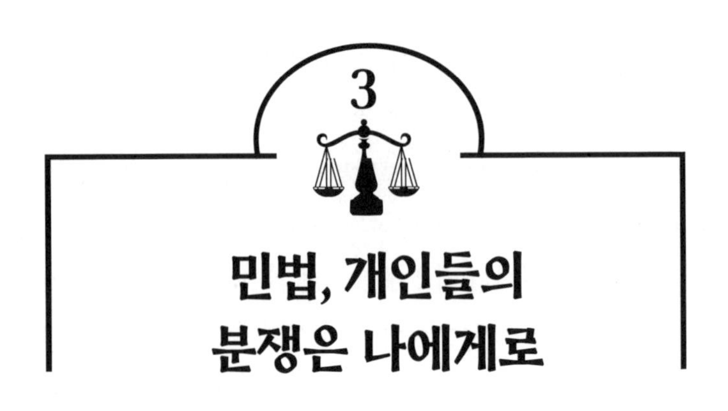

3 민법, 개인들의 분쟁은 나에게로

이번에 살펴볼 법은 민법民法입니다. 이 법이 무엇인지 살펴보기 위해서 우선 글자의 뜻을 살펴볼까요? 민民이라는 한자는 '사람'을 뜻해요. 법法이란 말 그대로 법을 말해요. 그럼 글자에서 한번 유추해볼까요? 맞아요, 민법이란 글자 그대로 사람들 사이에서 일어나는 일들을 담고 있는 법이랍니다. 그럼 이런 생각이 들 거예요.

"아니, 우리들 세상에서 사람들 사이에서 일어나지 않는 일이 있어요?"

음, 사실 사람들이 개입하지 않는 법은 없답니다.

먼 훗날, 사람들이 아니라 AI 같은 사람이 아닌 존재들이 서로 소송을 하고 변호를 하는 날이 올지도 모르지만, 아직까지는 법률의 대상은 사람들이 깊게 개입되어 있답니다. 그렇다면 민법이 이야기하는 사람이란 어떤 뜻일까요? 위에서 우리는 법을 구분할 때, 국가가 개입하거나 또는 국가 사이에 법률문제를 규율하는 법을 '공법'이라고 부른다고 했어요. 그와 반대로 일반적인 사람들 사이에 발생하는 법률문제를 규율하는 법은 '사법'이라고 한다고 말하였어요. 이 사법 중에 대표가 바로 민법이랍니다. 다시 말해 개인과 개인 간의 일이 기본이라는 것이에요.

우리나라의 민법은 총 1118개의 조문으로 되어 있답니다. 엄청나게 많죠? 단일 조문으로는 민법이 가장 방대하답니다. 그만큼 많은 경우의 판결할 것을 담고 있다고 볼 수 있어요. 그럼 우리 민법이 어떻게 구성되어 있는지 한번 살펴볼까요? 민법은 고대 로마시대부터 중요하게 다루어져 왔답니다. 사실 오랜 역사 속에서 '국가'라는 개념 보다는 '가족' '부족'이라는 관념이 더욱 강했답니다. 그렇다 보니 사람들 사이에서 발생되는 여러 가지 문제들이 일어났답니다.

현대에도 가족들 사이에 일어나는 문제, 연인과 일어나는 문제, 더해서 사람은 아니지만 법적으로 사람인 존재법인 등와 일어나는 문제까지 정말 다양한 영역에 문제가 발생하고 있어요. 이 모든 것들에 대하여 기준이 되는 것이 바로 민법이랍니다. 이런 민법은 어떻게 이루어져 있을지 우리 한번 살펴보도록 하겠습니다. 우리 민법전을 살펴보면 총 5가지의 부분으로 이루어져 있습니다. 세부적으로 살펴보면 아래와 같아요.

① 총칙 제1조~제184조

② 물권편 제185조~제372조

③ 채권편 제373조~제766조

④ 친족편 제767조~제996조

⑤ 상속편 제997조~제1118조

어떤가요? 먼저 총칙은 민법이란 어떤 원리로 이루어지는지를 적어 놓은 내용이에요. 기본적인 법률체계에 따라 설명되는 법전들은 이 법이 어떻게 이루어져 있는지를 설명하는 '총칙'이 우선 나와 있답니다. 그리고 앞의 제185조부터 제766조까지의 '물권법'과 '채권법'을 합쳐서 '재산법'이라는 이름으로 부른답니다. 재산법? 네, 상상하시는 그대로랍니다. 바로 여러분이 생각하는 재산에 대한 법이랍니다. 그렇다면 제767조부터 제1118조까지의 조문 역시 공통점이 보이지 않나요? 네, '친족편'과 '상속편'을 합쳐서 민법에서는 '가족법'이라고 분류해요. 재산과 가족. 우리 민법에서 이렇게 우리의 삶과 밀접한 관련이 있는 일들을 법률로 규정한답니다.

그렇다면 민법은 어떤 원칙에 따라 움직일까요? 우선 민법에 중요하게 여기는 세가지 원칙이 있어요. 그 원칙은 아래와 같아요. 하나씩 찬찬히 살펴보겠습니다.

첫째, 사적자치의 원칙 계약자유의 원칙

둘째, 소유권 존중의 원칙 소유권절대의 원칙

셋째, 자기책임의 원칙 과실책임의 원칙

사적자치 계약자유 의 원칙

먼저, 사적자치의 원칙입니다. 이 원칙의 다른 명칭은 '계약자유의 원칙'이에요. '계약'이란 민법에서 중요한 의미를 지닌답니다. 그렇다면 계약이란 무엇일까요? 우리가 흔히 말하는 계약이란 '둘 이상의 당사자들이 의사표시를 일치할 때 성립한다.'라고 되어 있어요. 그렇다면 계약자유의 원칙에서 말하는 '자유'의 의미는 무엇일까요?

법률에서 말하는 자유의 의미란 다음과 같답니다.

① 계약할 상대를 선택할 자유
② 그 상대방과 계약을 체결할 자유
③ 계약할 내용을 결정할 자유
④ 계약할 방식을 결정할 자유

그렇다면 계약이란 꼭 종이에 무언가를 써서 도장을 찍어야 하는 것일까요? **요즘에는 인터넷 사이트에서 클릭 몇 번으로 도장이 찍힌 계약서가 만들어지는데 말이에요.**

매일 아침 타는 버스 기사님에게 교통카드로 결제하겠으니 버스에 탈 때마다 계약서에 도장을 찍어달라고 한다면, 아마 버스에서 내리라고 하지 않을까요? 이렇듯 계약은 여러 가지 방식을 선택할 수 있어요. 우리가 버스를 타면서 교통카드를 기계에 마주칠 때, 마음에 드는 채팅 애플리케이션의 이모티콘을 핸드폰으로 결제할 때, 이 모든 것들은 크게 보아 계약으로 볼 수 있답니다.

'둘 이상의 당사자들이 의사표시를 일치할 때' 성립되는 것이 계약이라고 되어 있으니까요. 이렇게 서로가 허용된 어떤 방식으로든 계약하겠다고 하는 의사가 일치되었을 때 성립하는 계약을 '낙성계약'이라고 해요. 그럼에도 계약서를 쓰는 이유는 간단합니다. 건물이나 자동차, 전자기기 등 금액이 큰 물건의 경우, 금방 가격을 지불한 물건이 갑자기 고장이 나거나, 물건을 주기로 한 상대방이 돈을 받곤 갑자기 아무 소식이 없다든지 할 때, '계약서'가 없다면 분쟁의 소지가 발생하기 때문이에요. 계약서는 이렇게 법적분쟁이 발생하였을 경우, 누구에게 책임이 있는지를 확인하기 위해서는 꼭 필요하답니다.

소유권존중의 원칙

다음으로 중요한 원칙은 '소유권 존중의 원칙'입니다. 나의 것은 아무나 가져갈 수 없다는 원칙입니다. 그런데 이상하죠? 이런 당연한 원리가 민법의 기본원칙이라고 하니 말이에요. 심지어 우리나라 민법 제211조에는 이러한 조항까지 마련해놓았답니다. 조항을 한번 볼까요?

> 소유자는 법률의 범위 내에서 그 소유물을 사용, 수익, 처분할 권리가 있다.
>
> _ 민법 제211조, 소유권의 내용

이 당연한 원칙이 민법의 기본원칙이라는 사실은 반대로 생각하면 우리네 역사에서 이러한 원칙이 존중되지 않았던 적이 많았다고 볼 수 있을 거랍니다. 권력을 가진 왕이나 영주들이 함부로 내 재산을 빼앗던 상황들이 과거에는 자주 일어났다고 생각해 볼 수 있어요.

영국의 철학자 존 로크는 이러한 소유권을 얼마나 중요하게 생각하였는지, "인간이 만물 중 무엇에게 자신의 노동을 가하는 순간, 그 무엇은 비로소 자기의 소유물이 되며, 인간이 사회라는 울타리에 들어가는 이유는 자기 소유물을 보전하기 위해서이다."라고 주장했답니다. 다시 말해 사회와 국가를 만드는 이유는 바로 나의 것, 내가 소유하고 있는 무엇인가를 지키기 위해서라고 말했던 것이었죠. 프랑스 대혁명 시기에 〈인권선언〉 제17조 역시, '소유권은 불가침이고 신성한 권리이다.'라고 선언하였답니다. 이렇듯 나의 것, '소유권은 존중해야 한다.'라는 개념은 민법의 중요한 원리 중 하나가 됩니다.

자기책임 과실책임 의 원칙

'자기책임 과실책임 의 원칙'은 내가 한 일이 다른 사람에게 피해를 줄 경우 책임을 져야 한다는 원칙을 말합니다. 다르게 말하면 나의 책임 귀책사유 이 없으면 책임을 지지 않는다는 뜻이 됩니다. 음? 너무나 당연한 이야기 아닌가요?

"아니, 내가 하지도 않은 일을 책임지는 경우가 있어?"

당연히 이렇게 물어볼 수 있을 거예요.

그런데 위험성이 높은 공사장 같은 현장에서 작업 중에 사고가 발생했을 경우 과실 행동에 대한 결과를 예상할 수 있었지만, 부주의하게 행동하여 그 결과를 초래한 경우 여부가 인정되면 피해 끼친 사람들뿐만 아니라, 직접 관리감독을 한 사람과 현장에 없었던 그 기업의 대표님들도 1년 이상의 징역형을 받게 되는 〈중대재해처벌법〉이라는 법률이 우리나라에는 시행되고 있답니다.[16]

이와 관련해서 4월 1일, 중소기업중앙회는 이 법이 헌법에 위반사유가 있다는 청구를 제출하였답니다. 사고가 발생한 회사의 대표님들은 "사고 당시에 나는 자리에도 있지 않았는데 왜 벌을 받아야 하느냐?"라고 이야기하고 있어요. 그러면서 꺼내든 논리가 민법의 '자기책임의 원칙'이에요. 그렇다면 누구의 논리가 맞는 걸까요? 사실 이러한 문제는 현실에서 우리가 많이 보고 경험하면서도 정확한 답을 말하기에는 애매한 부분이 많답니다.

이 부분은 산업사회로 들어오면서 일어난 민법의 변화 움직임과도 관련이 있어요. 개인들의 자유를 보장하고 소유권을 무한정 보장해주던 민법에서도 여러 가지 생각의 변화가 있었답니다. 다음은 현대 민법에서 추가로 고려되는 원칙들을 정리한 내용입니다.

첫째, 계약자유제한의 원칙
둘째, 소유권 존중의 제한 원칙
셋째, 자기책임의 수정 원칙

계약자유제한의 원칙

헌법의 시간에서도 보았지만, 과거에 우리 조상님들의 가장 큰 문제는 바로 힘 있는 사람들로부터 어떻게 '나의 재산, 나의 권리'를 지킬 것인가였어요. 헌법에서는 국가나 힘 있는 사람들이 나를 함부로 대하지 못한다는 기본권리가 적혀 있었답니다. 민법의 통해 우리가 지키려 했던 권리들은 다음과 같을 거예요.

내가 마음먹은 대로 상대방과 계약하고, 내 소중한 재산을 다른 사람에게 빼앗기지 않고, 내가 행하지 않은 일로 벌 받지 않은 세상. 이러한 세상을 이루기 위한 민법의 세 가지 전통적인 원칙을 '사적자치의 원칙'이라고 부른답니다. 하지만, 이런 전통적인 내용들이 보완이 필요하다고 공격받고 있어요. 앞에서 민법은 '법률행위자유의 원칙 계약자유의 원칙'을 기본원칙으로 한다고 배웠답니다. 계약을 하는 사람들의 의사가 존중되어 자유롭게 체결되어야 한다는 원칙이었답니다. 그런데 아래 같은 경우는 어떨까요?

우리나라 근로기준법에는 회사가 너무나 많은 일을 시키지 않도록, 1주일에 한 사람이 회사에서 근무하는 시간이 52시간을 넘지 않도록 보장해놓았습니다. 근로자들을 보호하는 좋은 법률인 것 같은데, 2024년 2월 29일에 어느 사장님께서 이 법에 대해서 의문을 제기하였답니다. "내가 근로자와 더 일하겠다고 계약한다면, 계약자유의원칙에 따라 근로자를 추가로 근무시킬 수 있는 것 아냐?"라는 주장을 하였던 거죠. 이렇게 고민거리를 가진 대표님은 헌법재판소까지 찾아갔고, 이 대표님의 의견에 대하여 헌법재판소는 비록 계약자유의원칙이 있더라도, 근로자의 건강과 안전을 보호하는 목적에서라면 이러한 민법의 원칙이 제한받을 수 있다는 의견을 말하였답니다.[17]

여기서 하나의 질문을 해보려고 해요. 회사에 속한 근로자와 대표님이 동등한 힘을 가진 평등한 존재일까요? 또는 우리나라 경제를 지배하는 대기업들과 일반 소비자들이 평등한 관계일까요? 우리 민법이 이야기하는 '계약자유의원칙'은 동등한 힘을 가진 계약당사자들이 자유로운 경쟁이 있는 세상에서 서로 맺는 계약을 이야기한답니다. 그런데 경제가 발전하면서 이런 관계에서도 불균형이 발생합니다.

위의 경우처럼 회사 대표님이 "우리 회사에서는 노동법과 관계없이 주60시간 근무하는데 모두가 동의하였으니 자네도 동의하게."라고 이야기한다면, 그 앞에서 "노동법 위반입니다, 사장님."이라고 당당하게 몇이나 말할 수 있을까요? 이런 경우는 사회 여러 곳에서 발견됩니다.

집주인의 눈치를 봐야 하는 세입자, 글로벌 대기업과 결제한 물건이 어떤 문제를 가지고 있는지도 모르는 소비자 등이 그렇죠. 계약을 맺는 한 쪽은 많은 정보와 권력을 가지고 있고, 다른 한 쪽은 그렇지 않은 경우가 발생합니다. 이럴 때, 우리들이 맺은 계약이 과연 공평하다고 할 수 있을까요? 그렇지 않다고 판단될 경우, 계약에서 손해를 봐야 하는 약자를 보호하기 위해서 계약의 자유는 제한될 수 있답니다. 이를 '계약자유제한의 원칙'이라고도 부른답니다.

소유권존중의 제한 원칙

소유권은 우리 민법에서 중요한 부분이라고 이야기했답니다. 절대적인 권리로 인식되었기에, 나의 허락 없이는 소유하고 있는 것들을 가져갈 수 없다고 하였습니다. 그런데 이런 경우는 어떨까요? 사회를 이루는 여러 사람의 이익공익을 위해서 내가 가지고 있는 무언가가 꼭 필요하게 된 경우 말이에요. 아래의 경우를 보도록 하겠습니다.

대전이라는 도시에 금싸라기 비싼 알짜배기 땅 중에서, '도안지구'라는 곳이 있다고 해요. 여기는 여러 사람들의 소유권이 걸려있는 복잡한 곳이었답니다. 개발의 기본 요건 중 하나가 개인들의의 땅을 80% 이상 확보해야 하는 것이었답니다. 그런데 현재 대전시가 이런 확보절차를 이행하지 않은 업체에게 허가를 내주었답니다. 이제 강제로 자신들의 땅에서 쫓겨나야 할 처지에 있는 주민들이 굉장히 화가 났답니다. 최소 80% 이상 개인들의 동의를 받아야 하는데, 동의를 확보하지 못한 상태에서 사업이 진행되어 원래 토지를 가지고 있던 주민들이 자신의 토지를 강제로 빼앗길 상황에 처하게 되었죠.[18]

자, 여기서 여러 가지 사실을 생각해볼 수 있답니다. 우선, 국가는 공동의 이익이 되는 경우라면 여러 관련 법령에 따라서 우리들의 소유권을 제한할 수도 있다는 점입니다. 다만 이런 경우도 법률이 정한 절차에 따라서 조건을 만족시켜야 가능하답니다. 이런 소유권 존중을 제한할 수 있는 대표적인 법령으로는 '농지법' '공익사업을 위한 토지 등의 취득 및 보상에 관한 법률' 및 '국토의 계획 및 이용에 관한 법률'등이 있어요. 이를 '소유권 존중의 제한원칙'이라고 해요.

자기책임 과실책임 의 수정 원칙

만일 상대의 불법행위로 인해서 우리가 손해를 보았다면, '자기책임원칙'에 따라 우리는 상대방에게 손해배상 청구를 요청할 수 있어요. 그런데 하나의 문제가 있어요. 그 행위를 한 사람이 나에게 피해를 주었다는 사실을 입증해야 한다는 것입니다. 가령 누군가가 물을 쏟아서 나의 노트북 컴퓨터가 고장 났다면, 이런 경우는 입증하기가 비교적 쉬울 거랍니다. 상대방이 물을 쏟은 행위가 나의 노트북을 고장 나게 만든 인과관계가 명확하니까요. 그런데 아래 경우는 어떨까요?

2022년 12월에 손자를 태운 할머니의 차량이 가속하여 도로를 넘어 사고가 나면서 안타깝게도 탑승한 손자가 사망하고 할머니는 구속되었답니다. 할머니의 주장은 운전하던 자동차가 갑자기 속력이 높아지면서 브레이크가 듣지 않았다고 하였고, 자동차 회사 측은 할머니의 운전실수가 있었다고 주장하고 있답니다. 하지만 현재 우리나라에서는 자동차 결함을 증명해야 할 책임은 제조사가 아닌 소비자에게 있고, 13년 동안 766건의 사고가 있었지만, 한 건도 제조사의 문제가 된 적이 없었다고 해요.[19]

자, 여기서 질문해보겠습니다. 그렇다면 과연 자동차와 같은 첨단기술의 이해가 필요한 장비의 문제를 할머니가 찾아낼 수 있을까요? 또는 자동차 회사가 검사 도중에 이미 문제를 발견했지만, 할머니나 법정의 판사님에게는 문제가 없다고 했을 가능성은 없을까요?

우리 민법에서 이런 피해자들의 보호를 위해 활발하게 논의되었던 사항 중 하나가 바로 '무과실책임 원칙'이랍니다. 문제가 생긴 물건을 만들어 어떻게든 피해 입혔으니 이러한 물건이나 시설을 만든 주인은 고의가 없었고, 단순한 실수라고 해도 그 책임을 져야 한다는 내용이랍니다. 도로나 하천에 설치된 영조물의 하자로 인한 피해, 산업재해, 원전사고, 기타 오염물질 등으로 인한 손해배상책임 등이 이러한 원칙에 적용받는다는 주장들이 있어요. 이러한 주장을 '자기책임 과실책임 의 수정원칙'이라고 부른답니다.

과거의 민법은 권력을 가진 사람들로부터 나의 권리를 지키기 위한 싸움이었다면, 현대의 민법은 법률 자체의 문제점을 하나하나 보완해나가는 여정 중입니다. 오랜 시절 억압된 사회에서 자유를 쟁취해낸 사람들이 다시 주변을 고려하지 않고 과도한 자유를 누렸을 때 일어나는 문제들을 해결하면서, 기존의 민법의 원칙들이 수정되어왔어요. 이렇게 법학은 그 시대의 상황을 고민하면서 그 법조문 안에 새로운 가치를 담기 위해 항상 노력하고 있답니다.

민법이란 어떻게 이루어졌을까?

우리 민법전 제1조에서 제184조의 내용을 '총칙'이라고 부릅니다. 이 장에서는 이 법을 어떻게 해석할지와 법을 적용받는 대상들, 법을 적용할 때 따라야 하는 원칙들을 적어 놓았어요.

> 민사에 관하여 법률에 규정이 없으면 관습법에 의하고 관습법이 없으면 조리에 의한다.
>
> **_ 민법 제1조, 법원**

우선 민법은 제1조는 민사民事, 사람들 사이의 일 에서 따라야 할 기준에 대하여 말하고 있답니다. 사람들 사이에 다툼이 발생했을 경우, 법률을 따르고, 법률이 없으면 관습법을, 관습법이 없으면 조리를 따른다는 내용이에요. 사람들 사이의 일은 너무나 다양하고 가짓수가 많기에, 글로 적어 놓은 법률로는 정의할 수 없는 다양한 형태의 사건들이 발생할 수 있답니다. 이러한 내용들을 보조하기 위해서 적용되는 규칙들이 바로 관습법과 조리에요. 관련된 내용들은 앞에 설명하였기 때문에 넘어가도록 하겠습니다.

신의성실과 사정변경의 원칙

> ① 권리의 행사와 의무의 이행은 신의에 좇아 성실히 하여야 한다.
> ② 권리는 남용하지 못한다.
>
> _ 민법 제2조, 신의성실

우리 민법의 제2조는 '신의성실信義誠實' 원칙에 대한 것이랍니다. '신의성실'이라니, 조금 어려운 말이죠? 약속을 잘 지키는 사람을 우리는 신의가 있다고 해요. 믿을 만하다는 것이죠. 민법을 적용받는 모든 사람은 사회의 구성원으로서 상대방의 신의를 저버리지 않고 성실하게 행동할 것을 의미한답니다. 그렇다면 우리가 처음 계약했던 조건은 바뀔 수 없는 걸까요? 가령 계약할 때는 예측하지 못하였던 중대한 변경 사유가 있을 경우는 어떨까요? 아래의 경우를 살펴보겠습니다.

> 기본적으로 사정변경의 원칙의 요건인 ① 계약 당시 그 기초가 되었던 사정이 현저히 변경되었을 것, ② 그 사정변경을 당사자들이 예견하지 않았고 예견할 수 없었을 것, ③ 그 사정변경이 당사자들에게 책임 없는 사유로 발생하였을 것, ④ 당초의 계약 내용에 당사자를 구속시키는 것이 신의칙상 현저히 부당할 것 등의 요건이 충족되어야 할 것이다.…중략… 그런데 이 사건의 경우, 원고가 주장하는 전세보증금 시세의 증감 정도는 일단 요건에 해당되지만 주문 기재 부동산의 보증금 시세가 그 주장과 같이 7,000만 원 정도로 하락했다는 점을 인정할 신빙성 있는 증거가 부족하므로, 원고의 전세보증금 감액청구는 이를 받아들일 수 없다.
>
> **_ 서울지법 동부지원 1998. 12. 11. 선고 98가합19149 판결**

A씨의 집에 전세로 살고 있던 B씨는 요즘 잠이 오지 않습니다. 원래 1억 1천만 원에 전세금을 내어 살고 있었는데, 갑자기 집값이 하락하면서 주변의 전세 시세들도 덩달아 마구 떨어지기 시작한 것이었어요. 어느덧 주변에 공인중개사무소에 붙은 전세가격은 7천만 원까지 떨어져 있었답니다. 이제 내가

밖으로 나가면, 지금 규모의 전셋집을 7천만 원 정도면 쓸 수 있다는 이야기입니다. B씨는 조심스럽게 A에게 전세금을 낮춰 줄 것을 이야기합니다. 하지만 A의 입장은 단호하답니다. 계약기간이 남았으니, 그때까지는 전세금을 돌려줄 수 없다는 것이었죠. 이런 경우 B는 어떻게 했을까요? 이 이야기는 실제로 우리나라 법원에서 판결 받은 사건이랍니다. 갑자기 떨어져 버린 집값을 보면서, 집을 빌린 사람은 한숨 쉬겠지만, 집주인 입장에서는 남은 계약기간을 보장받아야 한다고 주장할 수 있을 거예요. 나는 집값이 비쌀 때 들어와 있었는데, 이제 주변 시세보다 비싼 보증금을 계약기간만큼 넣고 있어야 한다는 것이 슬슬 배가 아파진 세입자가 소를 제기한 내용입니다.

찬찬히 판결문을 살펴보면 '사정변경의 원칙'이라는 단어가 보입니다. 신의성실의 원칙에서 따라 나오는 원칙이랍니다. '사정을 변경한다.'는 단어를 살펴보면 답이 나올 것 같아요. 우리들이 취한 행동이 처음에 알고 있던 사항과 많이 달라져서 엄청난 손해를 보아야 할 경우, 상대방과 협의해서 그 내용을 바꿀 수 있다는 거예요. 그리고 그 행동은 신의에 바탕을 두어야 한다는 거죠.

재판을 진행한 판사님은 이렇게 이야기했답니다.

"그래, 원고가 말하는 것처럼 집값이 많이 떨어진 건 맞는 것 같은데, 실제로 7천만 원까지 떨어졌는지는 확실한 증거가 없지 않니?"

결론적으로 원고의 주장은 받아들여지지 않아요.

이 판결에서 우리는 몇 가지를 알 수 있답니다. 우리가 누군가와 법적 약속을 바꾸는 것은 '신의성실의 원칙'에 따라서 어려운 것이라는 점이에요. 단순히 주변의 상황이 바뀌었다고 해서 둘 사이의 약속이 계속 바뀐다면 이는 법적으로 문제가 된다는 거랍니다. 그러기에 이런 사정이 변경되기 위해서는 엄격한 조건들이 필요해요. 우리 법원이 말한 조건은 우선, 처음 계약 때와는 상황이 큰 변화가 있을 것입니다. 당시의 사정에 맞게 계약하였는데 사정이 크게 바뀌어서 현재 상황이 무효가 될 정도여야 다시 계약변경을 생각해볼 수 있다는 것이에요.

두 번째는 계약할 당시에도 미래의 상황이 지금처럼 변할 거란 사실을 예측할 수 없어야 한다는 내용이에요. '그렇게 바뀔 거야.'라고 이미 알고 있는 상황에서는 사실이 바뀌었다고 계약도 바꿔 달라고 주장하는 것이 맞지 않다는 뜻이죠.

마지막으로 변해버린 주변 사정이 계약한 당사자들의 책임에 따라 바뀌지 않아야 한다는 것이랍니다. 누군가가 고의로 사정을 유리하게 변경시켜 기존의 계약을 바꾸려 한다면, 이것 역시 문제가 있다는 뜻이에요. 마지막으론 지금 변한 이 상황들이 누가 보아도 계약을 그대로 적용하면 당사자에게 큰 손해를 발생하게 될거라 예측가능할 때만, 기존의 법률 행위를 바꿀 수 있는 근거가 생긴다는 내용이랍니다.

권리남용에 대하여

그렇다면 그다음 조문은 어떨까요? 우리민법 제2조 제2항은 이렇게 이야기하고 있답니다. "권리는 남용하지 못한다." 아니 앞에서는 신의를 지켜야 한다는 이야기가 나오다가 갑자기, 뒤에서는 '권리를 마음대로 쓰면 안 된다.'라고 말해요. 그것도 같은 조항에 있는 내용이랍니다. 권리를 함부로 쓰면 안 된다는 내용인 것 같은데, 도대체 이것과 신의성실이 무슨 연관이 있을까요? 법률에서 신의성실의 범위를 넘어 권리를 행사하는 것을 '권리의 남용'이라고 부릅니다. 허용된 범위를 넘어선 행사를 하지 말아야 한다는 이야기에요. 아래의 사건을 한번 볼까요?

> 베트남 국적의 甲이, 베트남전쟁 당시 대한민국 해병 제2여단 소속 군인들이 甲이 살고 있던 마을에서 작전 수행 중 고의로 민간인인 甲과 甲의 오빠에게 상해를 가하고, 甲의 나머지 가족들을 살해하였다고 주장하며 대한민국을 상대로 손해배상을 구한 사안이다. …중략… 대한민국이 소멸시효의 완성을 주장하며 甲에 대한 불법행위로 인한 손해배상채무의 이행을 거절하는 것은 현저히 부당하여 신의성실의 원칙에 반하는 권리남용으로서 허용되지 않는다고 봄이 타당하다.
>
> _ 서울중앙지법 2023.2.7.선고 2020가단5110659 판결

1965년에는 우리나라에서 멀리 베트남으로 군인들을 보내기 시작했어요. 예전 우리나라와 같이 베트남이란 나라는 북쪽의 공산정권과 남쪽의 민주주의 정권이 전쟁을 치르고 있었답니다. 그 과정에서 군인들과 민간인 희생자들이 발생하였습니다. 그중 한 부대가 지금은 관광지로 유명한 베트남의 도시, 다낭 근처에서 적군과 교전이 발생하였습니다. 그리고 불운하게도 현지의 민간인들이 희생당했다고 해요. 당시에 살아남았던 한 베트남 민간인이 오랜 시간이 지나서 대한민국 법원에 소를 제기하였습니다. 가족들이 대한민국의 작전으로 희생되었으니 손해배상을 해달라는 내용이었습니다.

'아니, 베트남 사람이 왜 베트남 법원이 아닌 우리나라 법원에서 소송을 해?' 라고 이야기 하는 사람들이 있을 수 있답니다, 하지만 우리나라 법원에서는 우리나라 군인들에 의해 베트남에서 일어난 행위를 대한민국의 국가행위라고 보았답니다. 그리고 피해를 본 베트남 사람은 대한민국의 국가배상법이 적용된다고 보았어요. 무엇보다도 피해자인 베트남 사람이 베트남법이 아닌 대한민국의 법을 적용해줄 것을 주장하였고. 법원 대한민국 군인들의 행위로 인한 사건이기 때문에 관할권이 성립된다고 판단했답니다.

법정 진술을 들어본 후, 우리 법원은 대한민국 정부에 베트남전쟁에서 우리 군인들로 인해 피해당한 파해자들에게 배상을 해줄 것을 명령합니다. 조문에는 "소멸시효 완성으로 손해배상의무를 행하지 않는 것은 신의성실의 원칙에 반하는 권리남용으로 허용되지 않는다."라고 말하였답니다.

당시 대한민국 정부의 변호인단은 베트남의 피해자가 어른이 되고 나서도 소송을 제기할 수 있었던 시간이 이미 40년이 넘게 지났는데, 해당 법률이 정한 불법행위 발생일로부터 피해를 받았다고 청구할 수 있는 기간5년이 이미 지났기 때문에 베트남 피해자가 대한민국을 상대로 소를 제기할 근거가 없다고 주장하였습니다. 하지만 우리 법원은 이렇게 판단하였답니다.

첫째, 1973년 대한민국군이 베트남에서 철수하였고, 1975년 남베트남 정부가 멸망하면서 우리나라와 베트남의 공식적인 외교관계가 끊어졌었고,

둘째, 피해자는 당시 8살의 어린 나이였고 기본적인 교육조차 받지 못하던 상태로 어려운 법적의사표현이 불가능했으며,

셋째, 대한민국 정부가 베트남과 수교를 한 이후에도 대한민국의 공식적인 입장은 이런 사건을 '확인할 수 없다.'고 주장하였던 점을 지적하였습니다.

더해서, 2021년에 사건의 공식적인 내용을 파악할 단서들을 피해자가 찾았다는 점에도 주목하였답니다. 비록 대한민국의 법률에 따르면 피해자에게 배상을 해줘야 하는 5년의 청구시간은 지났지만, 재판부는 피해자에게는 부당하거나 불공평한 특별한 사정이 존재한다고 보았습니다.

따라서 대한민국 정부가 손해를 배상하지 않는다면, 민법의 '신의성실 원칙'을 위반하는 '권리의 남용'으로 보았답니다. 신의성실의 원칙은 이처럼 권리남용에 대한 기준을 제시해주고 있답니다. 상대방의 사정을 고려하지 않고, 사회적으로 받아들여지는 신의성실의 한계를 넘어 상대방에게 요구하는 행위는

법적으로 권리를 남용한 행위가 된답니다. 어떤가요? 위의 판결은 하마터면 시간이 지나서 치유 받지 못할 뻔한 역사적 피해자의 아픔을 우리 법원이 '신의성실의 원칙'이라는 법의 이름으로 현명하게 어루만져 준 사례라고 할 수 있지 않을까요?

권리와 의무 앞에 주체적인 나

> 사람은 생존한 동안 권리와 의무의 주체가 된다.
>
> _ 민법 제3조, 권리능력의 존속기간

민법전 두 번째 장에 나오는 이야기는 사람에 관한 이야기입니다. 더욱 정확하게는 '인人'이라는 제목을 사용한답니다. 그리고 자연스럽게 '권리능력'이라는 이야기가 나와요. 천천히 관련 내용을 설명해보도록 하겠습니다. 권리능력이란 말을 자세히 살펴보면, '권리'와 '능력'이 들어 있다는 것을 알 수 있어요.

그럼 우선 권리란 무엇일까요? 네, '무언가를 할 수 있는 힘', 더욱 법률적인 단어로 바꿔보자면 '생활상의 어떤 이익을 누리거나 가지기 위해서 인정되는 법률상의 힘'을 뜻한다고 합니다.

그럼 능력은 뭘까요? 이 능력이란 단어를 알기 위해서는 또 하나의 알아야 할 개념이 있답니다. 바로 '권리주체'라는 개념이에요. 혹시 '리그 오브 레전드LOL,League of Legends '의 게임을 아시나요? 변호사가 되기 위해 열심히 공부하던 제 친구의 동생은 꾸준하게 아이템을 사서 캐릭터를 키우던 LOL의 마니아였답니다. 그런데 어느 날 양날도끼를 들고 적들을 학살하던 그 동생의 캐릭터가 사망해 버리는 일이 발생했다고 해요. 그리고 세상 다 잃은 듯한 그 동생의 모습을 보면서 제 친구는 생각했다고 해요.

'아, 권리주체가 사라져 버렸구나.'

허탈해하는 동생을 보면서 민법조항을 생각하던 친구 이야기를 듣고 저도 한번 생각해보았답니다. 우선 '저 녀석이 공부만 하더니 드디어….' 란 생각과 함께 친구 동생의 그 캐릭터에 대해서 생각해보았어요. 도끼라는 무적의 아이템을 구매한 친구의 동생 캐릭터주체는 게임 안의 룰법에 따라 엄청난 힘을 부여받은 존재가 됩니다. 그리고 친구 동생의 캐릭터는 게임이라는 가상의 공간에서 이름을 부여받고 탄생하는 순간부터 권리를 누리는 주체가 됩니다. 열심히 모험도 하고 돈을 벌다가 불의의 사고로 사망하게 되면 그 힘도 사라져 버리게 되죠.

그런데 친구의 동생이 잠깐 정신을 차리지 못하고, 게임 속의 캐릭터를 현실에 가져와서 주장하기 시작했다고 가정해 봅시다. 편의상 '아바타'라 불리게 될 그 캐릭터에게 사람과 똑같은 모습의 마네킹도 하나 준비해서 옷도 입히고, 가짜 도끼도 하나 사주고, 그리고 심지어 이 캐릭터가 제 친구와 같은 권리를 집에서 가져야 한다고 주장하기 시작합니다.

그렇다면 법률에서는 이 친구동생의 최애 캐릭터 '아바타'를 어떻게 보아야 할까요? 물론 현실세계에서는 형은 그 동생의 손을 잡고 나란히 병원으로 향하고, 아바타는 쓰레기장으로 직행할 가능성이 높겠지만, 이 친구가 그런 형의 방해를 뚫고 법원에 도착해서 자신의 '아바타'가 민법상의 권리를 가질 수 있다고 주장한다면 아마도, 그런 대답을 듣게 될 거예요.

"우리 민법에서는 자연인自然人과 법인만을 권리주체로 인정합니다!"

민법에서 주장하는 사람의 범위는 이렇게 명확합니다.

우선 우리와 같은 사람, 권리의 주체를 '자연인'이라고 불러요. 우리 민법 3조에는 이런 규정이 있답니다. "사람은 생존한 동안 권리와 의무의 주체가 된다." 다시 말해, 우리가 태어나서 죽는 순간까지 법률상의 권리와 의무를 가지게 된다는 말이 됩니다. 그렇다면 우리가 태어나는 시기가 굉장히 중요해 질 거예요. 태어나는 시기는 여러분들이 민법상 권리를 언제 누리게 될지를 가늠하는 중요한 기준이 됩니다.

사실 법적으로 생명이 탄생하는 시기는 여러 가지 학설들이 존재해요. 엄마의 뱃속에서 아이가 생겨나는 순간을 시작으로 볼 수도 있고, 일정 시간이 지나서 사람의 모습을 갖추었을 경우도 시작으로 볼 수가 있답니다. 그리고 아이가 세상으로 나오는 순간도 생명의 탄생으로 볼 수 있을 거예요.

그렇다면 우리 민법은 언제를 출생시기로 보는 걸까요? 우리 민법은 '출생'을 탄생의 시기로 보고 있답니다. 다시 말해 아기가 세상에 몸 전체가 나와서 사람들에게 환영받는 시기를 출생으로 본다는 거예요. 그러기에 아이가 민법상의 권리주체가 되기 위해서는 세상에 태어나서 생존해 있어야 한다는 전제가 필요합니다. 그럼 한 가지 재미있는 예시를 보도록 할게요. 우리네 세상에는 재미있는 일들이 많으니깐 말이에요.

가끔씩 우리는 현실에 있을 법한 일인가 하는 일이 일어날 때가 있답니다. 이 사건 역시 그러지 않나 해요, 그러니 뉴스에 기사도 나는 걸까요? 일본에 사는 한 남자가 홀로그램 속의 게임캐릭터와 사랑에 빠져 결혼을 선언해 버린 내용입니다. 처음에는 캐릭터의 인형을 사서 연애를 하던 남자가, 2017년에 '게이트박스' 라는 홀로그램 기계를 통해 자신이 좋아하던 캐릭터와 대화가 가능하게 됩니다. 사랑의 감정을 느낀 그는 2018년 컴퓨터 속의 가상캐릭터와 결혼을 합니다정확히는 했다고 선언했어요.[20]

그런데 법정에서 이 결혼이 받아들여질 수 있을까요? 문제는 결혼이란 민법상의 계약행위라는 거예요. 결혼이 계약이라고 한다니 조금 정 없어 보일 수도 있겠지만, 법률상으로 결혼은 상대방과 법적인 계약을 통해서 한 가족이 되는 것을 의미합니다.

자, 우리는 법적 주체는 '자연인'이라고 배웠습니다. 그렇다면, 민법에서 이러한 가상캐릭터와의 '결혼'이라는 단어는 성립할 수 없어요. 저 일본인 남자는 어머니의 뱃속을 통해 세상에 나온 사람으로 민법상의 권리를 누릴 수 있는 권리주체가 되지만, 출생의 과정을 거치지 않은 게임 속의 캐릭터는 민법상의 권리를 누릴 수 없기 때문이랍니다.

아기도 권리가 있나요?

요즘 같은 저출산 시대에 아이의 탄생은 더욱 축하받는 일이랍니다. 시간이 갈수록 줄어드는 인구 덕에 여러 지차단체들 에서는 결혼을 장려하는 홍보 활동도 열을 올리고 있어요. 그런데 사람의 출생 시기는 언제로 보아야 할지는 법적으로 굉장히 민감한 주제가 될 수도 있답니다. 바로 여러 가지 법적 문제들이 발생하기 때문이랍니다. 교과서에서도 많이 인용되는 사례인 상속의 문제가 우선 그렇습니다. 엄마의 배 안에 있는 아이가 정상적으로 출생을 하였는지 아닌지에 따라서 상속의 권리가 누구에게 가는지가 달라집니다.

무슨 이야기이냐고요? 앞에서 언급 드렸듯이, 우리 민법에서는 탄생한 사람이 권리를 가지게 되는 시점을 세상 밖으로 출산한 시점으로 봅니다. 그런데 아이가 출산 중에 사망한 경우를 생각해보아요. 물론 슬픈 상상이긴 하지만, 이런 경우가 발생할 경우 이 아이의 권리는 어떻게 보아야 할까요?

사람은 생존하는 동안이라야 권리의무의 주체가 되나니 어머니 뱃속에 있는 태아는 권리능력이 있을 수 없다. 그러나 태아를 보호할 필요가 있음을 숨길 수 없어 실정법에 있어서는 보호의 규정을 두고 있다. … 중략 … 태아가 태아 중에 얻은 권리는 태아가 불법행위로 사산될 경우는 그 권리가 상속된다고 주장하고 또 이런 경우는 그 유족은 민법상 위자료청구를 할 수 있다고 주장하나 당원이 따르기를 꺼리는 바이다.

_ 대법원 1976. 9. 14. 선고 76다1365 판결

아기가 세상의 빛을 보기 전에 불법행위로 사망한 사건이에요. 우리 법원에서는 어머니 뱃속에 있는 아기는 권리능력이 없다고 보았습니다. 더하여 출생 과정에서 이미 아기가 사망하였는데, 부모는 불법행위로 태아가 사망했기에 아기에 상속권리가 있어야 한다고 주장한 건이랍니다. 이에 관련하여, 우리 법원은 아기가 생존해서 세상에 나왔을 경우에만 민법상의 상속권을 가지게 된다고 보았습니다. 그런데 민법을 보면 다른 하나의 규정이 또 있답니다.

③ 태아는 상속순위에 관하여는 이미 출생한 것으로 본다,

_ 민법 제1000조 제3항, 상속의 순위

출산한 아기가 사망하였더라도, 엄마의 뱃속에 있었을 경우 당연히 상속권이 있었던 것이 아니냐는 논리가 가능하게 해석될 여지가 있는 문구입니다. 여기에 대해서도 법원은 출생한 아

이가 생존하였을 경우에만 해당한다라고 판단하였답니다.

아기가 만약 태어났다면 어떻게 되었을까요? 같은 조문에 역시 단서조항이 있답니다. 동일한 민법 제1000조 제1항에 대한 내용입니다. 함께 보실까요?

> 1. 피상속인의 직계비속
> 2. 피상속인의 직계존속
> 3. 피상속인의 형제자매
> 4. 피상속인의 4촌 이내의 방계혈족
>
> **_ 민법 제1000조 제1항, 상속의 순위**

> 피상속인의 배우자는 제1000조 제1항 제1호와 제2호의 규정에 의한 상속인이 있는 경우에는 그 상속인과 동순위로 공동상속인이 되고 그 상속인이 없는 때에는 단독상속인이 된다.
>
> **_ 민법 제1003조 제1항, 배우자의 상속**

'직계直系'라는 의미는 가족의 부모와 자식 사이의 관계로 이루어져 있음을 말합니다. 단순히 생각하면 위·아래의 관계라고 생각하시면 되어요. 직계와 다른 의미로 '방계傍系'라는 단어가 있답니다. 방계는 나의 형제, 자매들을 모두 포함하는 범위라고 보면 됩니다. 뭔가 넓은방대한 느낌이 들죠? 우리 민법에서는 저렇게 재산을 상속받는 순서도 정리해놓았어요. 직계가 상속순위의 우선이 됩니다. 할아버지 · 할머니가 부모님에게, 부모님이 아이들에게 이런 구조라고 생각하시면 되어요.

그런데 여기서 '비속卑屬'과 '존속尊屬' 이라는 말이 나옵니다. 비속은 나보다 낮은 항렬의 사람들을, 존속은 항렬이 높은 분들을 의미해요 외우기 힘들다고요? 높은 분들은 존경해야겠죠? 존속의 존은 그렇게 외워보시면 될 거예요. 그렇다면 '나'라는 사람을 기준으로 생각해보겠습니다. 일단 민법 제1003조 제1항을 보면 나와 결혼한 사람배우자은 직계비속아이들 또는 직계존속부모님과 함께 공동의 재산상속권을 가지게 됩니다.

자, 건강하던 '나'라는 사람이 결혼을 하였고 나의 '아이'와 함께 여행을 간 경우를 생각해보아요. 행복한 날을 기다리던 어느 날, 갑자기 '나'와 '아이'가 등산을 갔다가 사고를 당해서가령 산에 여행을 갔다가 불곰에게 불의의 습격을 당했다고 해보아요 유언도 남길 틈 없이 사망해 버리고 말았습니다. 그렇다면, 나의 재산은 어떤 운명을 맞이하게 될까요? 이제, 영혼이 된 나는 날개를 달고 슬픔의 빠져 있는 가족들과 유산 정리를 위해 같이 있는 변호사의 모습을 보고 있습니다. 울고 있는 가족들 앞에서 변호사가 관련 민법 조문을 읽어주고 있어요.

우선 민법 제1000조 제3항과 제1003조 제1항1호를 보면, '나'라는 사람의 아내배우자와 사망한 아이직계비속는 동등하게 재산상속의 제1번 순위가 된다고 합니다. 그런데 불곰의 공적에 나뿐만 아니라 아이까지 같이 사라진 거예요. 그렇다면 나의 유일한 직계비속이 사라지게 됩니다. 이런 경우에는 재산의 민법 제1000조 제1항 2호에 따라 상속은 남은 사람인 배우자와 직계존속 시아버지,시어머니 이 됩니다. 다시 말해 나의 재산은 나의 아내 배우자 와 직계존속 시아버지,시어머니 이 나란히 나누어 가지는 결말이 되게 되어요.

그런데 여기서 반전이 있었습니다. 당시 사건을 확인하던 경찰이 수사결과를 이야기해준거예요. 경찰의 말은 '나'와 나의 '아이'의 사망시간이 다르다고 합니다. 나는 곰에 물려서 멀리 끌려가다가 사망하였고, 아이는 살아남기 위해서 도망을 치다가 막다른 벼랑을 만나 굴러떨어 졌다고 해요. 내가 사망한 시점에도 아이 직계비속 가 살아 있었던 거예요. 그러다가 결국 아이가 사망한 비극적인 상황이라고 합니다.

자, 이 경우는 이야기가 조금 달라져요. 내가 사망한 시점에서 아이가 살아 있었기 때문에 아이는 상속인의 지위를 잠깐이나마 가지게 되었죠. 그러면 사망한 '나'의 재산은 우선 민법 제1000조 제1항 제1호와 제1003조에 따라 '나의 아내 배우자 와 나의 아이 직계비속 '에게 상속된 것이 됩니다. 그런 다음 슬프게도 아이마저 세상을 떠났기 때문에, 아이 몫에 해당 되는 재산은 다시 민법 제1000조 제1항의 순서에 적용을 받게 됩니다. 물론, 아이에게는 배우자나 직계비속은 없어요. 이럴 경우, 민법 제1000조 제2항에 따라 나에게서 상속받은 아이의 재산은 남은 유일한 직계존속 아이의 엄마이자 나의 배우자 에게 속하게 됩니다. 이 상황에서는 아이의 할아버지와 할머니는 나의 재산을 받을 여지가 사라지는 것이죠. 다만, 생전에 나의 유언이 다르게 작성되어 있다면 이야기가 달라집니다.

어떤가요? 어떤 사람이나 단체가 법적주체가 된다는 것은 알게 모르게 우리들의 삶에서 여러 영향을 주는 일이랍니다. 법은 이런 여러 가지 경우를 정해놓고 있어요. 그리고 아무리 작은 생명이라도 그 하나하나가 가지는 의미를 중요하게 본다고 할 거예요.

심장이 뛰고 있는 그를 어떻게 해야 할까요?

혹시 '웰 다잉Well-dying'이라는 단어를 들어본 적이 있나요? 사실 우리나라에서 많이 유행하는 말이지만, 잘 사는 것만큼이나 죽음 역시 품위 있고 잘 죽는다는 것을 의미한다고 합니다. 자연인은 위에서 보았듯 어머니의 뱃속을 떠나는 순간 법적인 권리를 가지는 것을 알 수 있습니다. 그렇다면 당연히 우리가 죽는 순간은 그 권리가 사라질 것이라 생각할 수 있답니다.

그렇다면 사람이 죽는다는 것은 어떤 상황을 말할까요? 호흡이 정지되는 상황이 찾아오고, 우리의 뇌가 기능을 못하는 경우가 찾아오고, 이후에 심장이 멈추는 단계로 죽음이 찾아온다고 해요. 그렇다면 언제가 우리가 사망의 시점일까요? 일단 우리나라의 법에서는 '심장이 정지되는 시점'을 사람이 죽은 시점으로 봅니다. 이런 의견을 '심장 정지설'이라고 한답니다.

그런데 현대에 들어서 조금의 이견이 생겨나고 있답니다. 뇌가 죽어가는데 심장은 살아 있는 경우가 문제가 되기 때문입니다. 무슨 이야기냐고요? 우리의 뇌와 몸의 기관들이 죽어가는 시간 차이가 있다고 해요. 가령 뇌의 일정 부분이 문제가 발생하여 움직일 수 없어도, 몸의 기관들은 아직까지 살아있는 경우가 있답니다. 의학적으로는 '코마 상태'라고 하는 상황이에요.

사실 사람의 뇌라는 것은 아직도 해석하기 복잡한 기관 중 하나랍니다. 이러한 뇌가 큰 충격이나 사고를 경험한 후에 의식이 없거나 몸을 가누지 못하는 상황이 발생하곤 하죠. 이러한 상황에 이르면, 환자들은 대부분 병원에서 보조기구에 의존해서 생명을 연장하곤 합니다. 흔히 '뇌사'나 '식물인간' 이라고 불리는 상태입니다.

'세르히오 리코'는 스페인에서 임대되어온 골키퍼입니다. 스페인의 축구리그인 라리가에서 골키퍼로 오랜 시간 활동했고, 2020년에 프랑스의 파리 생제르맹으로 이적하게 됩니다. 이걸 보면, 우리나라의 대표선수인 이강인 선수와 같은 경력을 가지고 있네요. 그런 그가 스페인 자택에서 승마를 즐기던 도중에 말에서 떨어져서 머리를 다쳐, 무려 19일을 의식이 없는 상태로 병원에 누워 있었답니다. 기적적으로 의식이 깨어나 회복과정을 거치던 그는 이제 재활을 거쳐 필드로 나갈 준비를 하고 있다고 합니다. 그런데 말이죠. 기사에서 나오는 축구선수는 다행히 19일만에 정신을 차렸지만,[21] 언제 다시 깨어날지 모르고 병상에 누워 깨어날 날만을 기다리는 사람들 역시 있답니다. 그런데 만약에 기사에서 나온 골키퍼가 정신을 차리지 못하고 뇌가 정지해 버렸을 경우를 죽음의 순간으로 볼 수 있을까요?

현재의 법률 아래서는 힘들 거예요. 이유는 간단하답니다. 아직 환자의 심장이 정지하지 않았기 때문이에요. 그렇다면 이런 경우는 어떨까요? 우리는 신문에서 이런 이야기들을 많이 봅니다. 죽음 직전에 자신의 몸에 있는 장기를 기증해서 많은 사람들을 목숨을 살리고 돌아가신 분들을 말이에요.

그런데 이런 경우에 문제가 있답니다. 바로 아직 심장이 뛰고 있는 상황에서 필요한 장기들을 꺼내어 보관해야 한다는 거예요. 이미 죽은 사체의 장기들은 다음 수술에서 사용할 수 없는 것이죠. 이런 경우에 장기기증을 위해 아직 심장이 뛰는 환자의 몸에서 장기를 꺼내는 수술을 진행한 의사선생님에게는 살인죄가 적용될까요?

이런 모순적인 상황이 발생하기에, 우리나라에서는 '장기이식 등에 관한 법률'이 제정되어 있답니다. 법률상의 사망에 대한 문제로부터 의료진을 구제해주기 위함이에요. 이 법률에 따르면, 뇌사판정을 받아 회복이 불가한 환자의 경우, 장기기증으로 사망하였을 경우에는 의사의 수술이 아니라 뇌사가 일어나게 된 사고나 병을 원인으로 본다는 것입니다. 자신을 희생해서 누군가를 살린다는 행위, 그 뜻을 돕기 위해서 법률이 열어놓은 조그만 문이에요. 현재 법조계에서도 꾸준히 사망의 시점을 '심장'이 아닌 '뇌'의 기능이 정지된 시점으로 해야 한다는 의견들이 조심스럽게 제시되고 있답니다.

그렇다면 이런 경우는 어떨까요? 누군가가 죽었는지 명확하지 않은 경우 말이에요. 누군가가 사망했다는 사실을 입증하기 위해서는 의사가 발급한 '사망진단서'와 '시체검안서'를 발급받아 관공서에 사망신고를 완료해야 합니다. 하지만 어떤 일로 인해서 시체를 찾지 못하는 경우가 발생합니다. 가령 전쟁이나 자연재해, 선박침몰이나 항공기추락 등 시체는 없지만 정황상 사망했을 가능성이 높을 경우를 말한답니다.

이런 경우, 민법상으로 사망이 '인정'된다라고 합니다. 인정이란 대상자가 죽었다고 추정되는 경우를 말합니다. 그렇다면 추정이란 무슨 뜻일까요? '추정'이란 '죽었다고 보이지만 다른 증거가 발견될 경우 자동으로 그 효과가 사라진다.'라는 의미랍니다. 다시 말해 '추정사망'이란 것은 지금 상태에서는 사망한 것으로 보이나, 살아 있다는 증거가 발견되는 상황이 온다면, 언제든지 사망 사실이 바뀔 수 있다는 것이죠.

이와는 다른 의미의 법률용어로 '간주'라는 단어가 있답니다. 사망으로 간주된다는 것은 법적으로 확정이 되어 다른 증거가 발견되어도 법적사실이 바뀌지 않는 것을 말한답니다. 사망으로 '간주'될 경우 그 대상자가 다시 살아 있다는 증거가 발견되면, 정식으로 법적 절차를 거쳐 실종신고가 취소되어야 그 대상이 다시 법적권한을 회복하게 됩니다. 법학에서는 이런 단어 하나의 차이도 여러 의미가 있답니다. 그러기에 용어 하나하나에 익숙하기까지는 어렵다는 감정이 들 거예요.

그렇다면, 다음의 경우는 어떨까요? 대서양 깊은 바다 아래 잠들어 있는 '타이타닉 호'에 대한 이야기는 많이 들어보았을 거예요. 영화로도 유명해졌지만, 타이타닉의 이야기는 가슴 아픈 내용들을 많이 품고 있답니다. 이 타이타닉 호가 잠들어 있는 대서양 바다를 잠수함으로 여행가는 것은 돈 많은 부자들의 상품이 되었답니다.

그런데 이 바다를 탐험하러 간 잠수정에 커다란 문제가 발생하였습니다. 잠수함 안에 탑승해 있던 여러 사람들이 다시는 돌아오지 못하게 되었답니다. 이 위험한 여행에 동행한 사람들 중에서는 아버지와 아들이 같이 있었어요.[22] 이렇게 한 장소에서 부자가 같이 사망하였다면, 이는 민법상으로는 어떻게 부를까요? 이런 상황을 '동시사망' 이라고 부른답니다. 우리 민법 제30조를 한번 보실까요?

> 2인 이상이 동일한 위난으로 사망한 경우에는 동시에 사망한 것으로 추정한다.
>
> _ 민법 제30조, 동시사망

너무나 비극적이긴 하지만, 잠수함에서 같이 사망한 아버지와 아들의 경우는 바로 이 민법 제30조가 말하는 '동시사망' 상황이 됩니다. 여기서 중요한 단어는 '추정'이예요. 언제든지 살아 있다는 증거가 발견된다면, 사망사실은 자동으로 소멸하게 됩니다. 다만 사고가 난 곳은 바다 깊은 곳으로 좁은 잠수함 안이었답니다.

이렇게 바다 아래에서 폭발이 일어났다면, 상식적으로 사람의 신체구조상 살아남을 확률은 거의 없다고 보아야겠죠. 이런 경우에 사망으로 간주한다고 이야기할 수도 있겠네요. 이와는 별개로 잠수함 안에서 모두가 사망했던 시각이 비슷했을 것이라 예상할 수 있답니다. 이런 경우는 '동시사망'으로 볼 수 있어요.

① 부재자의 생사가 5년 간 분명하지 아니한 때에는 법원은 이해관계인이나 검사의 청구에 의하여 실종선고를 하여야 한다.

② 전지에 임한 자, 침몰한 선박 중에 있던 자, 추락한 항공기 중에 있던 자, 기타 사망의 원인이 될 위난을 당한 자의 생사가 전쟁종지 후 또는 선박의 침몰, 항공기의 추락 기타 위난이 종료한 후 1년 간 분명하지 아니한 때에도 제1항과 같다.

_ 민법 제27조, 실종의 선고

마지막으론 살았는지 죽었는지 모르는 경우가 있답니다. 우리 민법 제27조에는 누군가의 생사가 5년 이상 분명하지 않은 경우에는 이해관계인이나 검사가 실종신고를 해야 한다고 정해져 있답니다. 그리고 전쟁이나 대형사고 또는 천재지변을 당한 이후 실종된 피해자가 1년 이상 생사가 분명하지 않은 경우에도 이해관계인 또는 검사가 실종신고를 법원에 내도록 되어 있어요. 이렇게 개인의 실종에 국가가 나서는 것은 실종자가 살고 있었던 주소지를 중심으로 이루어지는 법률관계의 혼란을 방지하기 위함이랍니다. 다만 이러한 실종신고가 그 사람의 법률상의 권리능력을 사라지게 하는 것은 아니에요.

누군가를 떠나보낸다는 것은 너무나 가슴 아픈 이야기랍니다. 그로인한 슬픔에 빠져 있으면서도 또 누군가는 우리의 삶의 문제를 정리를 해야 한다는 것. 법이란 그런 상황에서도 또 남아있는 사람들이 혼란스럽지 않도록 정리해야 하는 기준을 제시한다는 점에서 이성적인 학문이라는 생각이 들어요. 하지만 그런 기준을 정해 주기에 남아 있는 사람들 모두가 다툼 없이 우리의 삶을 이어갈 수 있는 것이 아닐까 하는 생각도 해본답니다. 여러분들은 어떤가요? 마음으로만 받아들이던 삶과 죽음. 다시 한 번 냉정하게 머리로 받아들일 준비가 되셨나요?

선의와 악의, 고의와 과실?

우리 민법의 주요한 원칙 중 하나는 바로 '사적자치의 원칙'이랍니다. 자유로운 개인들의 의지에 따라 계약도 하고 법률활동을 하도록 보호해준다는 것이죠. 하지만 여기에 중요한 전제가 있답니다. 자유로운 개인이 자유로운 의사표현을 할 수 있는 능력의 가져야 한다는 거랍니다. 아래의 두 기사를 보도록 하겠습니다.

환불 안 해준다던 '중학생 별풍선'…

중학생에게 받은 후원금별풍선에 대한 환불 요청을 받아들이지 않고 기부했던 BJ ○○이 최근 해당 학생의 가족에게 후원

금을 돌려줬다. 보도에 따르면 ○○은 최근 지방에 있는 중학생 가족을 찾아가 후원금 140만 원을 직접 돌려줬다. 이 중학생은 ○○ 외에도 10여 명의 BJ에게 별풍선을 보냈으나 대부분 환불을 받았다. 총금액은 700만 원 규모다. …중략… 그는 도의적 차원에서 뒤늦게 환불을 결정한 것으로 알려졌다. 현행법상 후원을 받은 별풍선을 돌려주는 건 의무사항이 아니다.

_ 중앙일보, 2021.9. 15.기사

"1억 2,000만 원 별풍선 환불해달라" 아버지의 호소…

한 아프리카TV BJ가 고액 별풍선유료 후원 아이템을 선물한 시청자의 부모로부터 환불을 요청받은 사연이 공개됐다, …중략… 쪽지에 따르면 A씨는 아들이 그동안 BJ○○에게 선물한 별풍선을 환불해줄 것을 요청했다. A씨는 "우리 아이는 군 생활에서 괴롭힘으로 조울증이 생겨 치료 중"이라며 "병이 심해지면 돈을 엄청 쓰는 증상이 있다. 심신미약으로 인해 정상적인 판단 능력을 잃게 된다."고 밝혔다. 그러면서 "20대에 직장에 취업했을 때도 무분별한 대출과 과소비 증상으로 병원에 다섯 번 정도 입원한 적이 있다"고 덧붙였다.

_ 서울경제, 2021.12. 8.기사

인터넷 방송에서는 방송을 진행하는 BJ들이 나옵니다. 인기 있는 BJ들은 방송을 하면서 많은 후원자들을 거느리게 되죠. 그리고 그러한 BJ들을 위해서 여러 가지 현금으로 바꿀 수 있는 후원 방법들이 존재한답니다.

첫 번째의 사례는 중학생에게 후원을 받았던 한 유튜버의 이야기에요. 140만 원 가량을 부모님 통장에서 자기가 좋아하는 BJ에게 보낸 학생의 행위에 대한 이야기입니다. 부모님들은 해당 BJ에게 돈을 돌려줄 것을 요청하면서, 아이가 '미성년자' 임을 강조합니다. 아이의 행동이 실수였고, 정확히 자신의 행동이 어떤 결과를 가지고 올지를 예측하지 못하였다는 주장이었습니다. 우리 민법은 의사표시를 하는 사람이 스스로 생각해서 의사를 결정할 능력을 '의사능력' 이라고 이야기 합니다. 그리고 정상적으로 판단할 수 있는 의사능력이 결여 된 사람을 '의사무능력자'라고 합니다. 이 경우 아버지가 BJ에게 송금한 금액을 돌려달라고 주장한 이유 중 하나는 아이가 어른이 아닌 '미성년자' 이기 때문에, 정상적인 의사판단 능력이 없다는 것이었어요.

그렇다면 두 번째의 경우는 어떨까요?

이번에는 처음 경우이 비해서 너무나 큰 금액이 송금되었습니다. 무려 1억 2천만 원이라는 거금이 BJ에게 송금이 되었죠. 그런데, 앞의 경우와는 다르게 송금을 한 사람은 아이가 아닌 어른이었습니다. 그렇다면 이런 경우는 어떻게 보아야 할까요? 이 사람의 부모님들 역시 금액을 돌려받기는 무리가 있다고 생각을 하였는지, 아이가 '조울증'이 있다고 주장을 하였습니다.

다시 말해 어른이지만 정상적으로 사고할 수 없는 상황에 놓여 있었다는 것이죠. 만약 부모님들의 주장이 모두 받아들여진다면 동일한 행동을 한 두 법적주체는 의사능력을 상실한 '의사무능력자'가 됩니다. 결과를 떠나서 이 둘이 '의사무능력자'라고 법적으로 인정될 경우에는 우리 법원은 이런 상황은 법적주체가 자기결정을 할 수 없는 상황으로 '법률행위는 무효'로 보고 있답니다.

'의사무능력자'를 판단하는 기준은 상대적일 수밖에 없어요. 나이가 많은 어른이라도 아이들보다 낮은 판단력으로 의사결정이 어려울 수 있고, 반대로 나이가 적은 미성년자라도 어른보다 더 뛰어난 지능으로 범행을 저지를 수 있기 때문이에요. 우리 법원은 의사능력의 기준을 판단함에 있어, 행동을 하는 주체가 자신의 행동이 어떤 의미를 가지는지 일상적으로 이해할 수 있을 뿐만 아니라, 법적으로 행동이 가지는 의미나 이후에 일어날 결과를 예측할 수 있어야 한다고 말하고 있답니다.

사건의 결론은 어떻게 되었을까요?

한동안 시끄럽던 두 사건 가운데 한 건은 다시 전액을 BJ가 해당 중학생에게 돌려주면서 마무리가 되었어요. 하지만 다른 사건에 대한 후속보도는 없는 상황이랍니다. 금액이 큰 이유도 있겠지만, 당시에는 별도로 이런 인터넷 수익금에 대하여 환불을 요청할 수 있는 규정이 없었다고 해요. 잘못 송금해도 다시 돌려받기 힘들 수 있다는 뜻이에요. 이렇듯 한 사람의 의사능력은 상황에 따라 여러 가지의 관점으로 볼 수 있답니다. 그러기에 법적으로의 의사능력을 규정하는 것은 큰 의미를 가지는 행위라고 할 수 있어요.

자, 의사와 능력이 있어야 민사상으로 책임을 물을 수 있는 사람이 된다는 것까지는 이제 이해를 하셨을 겁니다. 그렇다면 의사능력이 있는 누군가가 행위를 했을 때, 이것이 합법인지 불법인지는 어떻게 구분할까요? 여기서 등장하는 개념이 바로 '고의'와 '과실'이랍니다.

> 고의 또는 과실로 인한 위법행위로 타인에게 손해를 가한 자는 그 손해를 배상할 책임이 있다.
>
> **_ 민법 제750조, 불법행위의 내용**

행위자의 의도인 '고의'는 민법뿐 아니라 뒤에서 살펴볼 형법에서도 중요한 내용이에요. 법조문을 보면 위법행위를 했는데, '고의'나 '과실'이 전제가 되어야 손해를 배상할 책임이 있다고 되어있어요. 여기서 그럼 고의나 과실이 없다면 손해를 돌려받지 못하는 것이냐라고 물어보실 분이 있을 거예요. 아래의 조문을 보겠습니다.

> 악의의 점유자는 수취한 과실을 반환하여야 하며 소비하였거나 과실로 인하여 훼손 또는 수취하지 못한 경우에는 그 과실의 대가를 보상하여야 한다.
>
> **_ 민법 제201조 제2항, 점유자와 과실**

조항에는 '악의의 점유자'라는 말이 나옵니다. 그리고 '보상'이라는 익숙한 단어가 나온답니다. 자, 우선 악의라는 말은 무슨 뜻일까요? 흔히 우리가 쓰는 악의라는 단어는 '나쁜 의도'라는 뜻입니다. 그렇다면 법률상의 악의도 같은 뜻으로 보아야 할까요? 법률용어의 어려움은 여기에 있답니다. 법률용어에서 말하는 '악의'라는 단어는 나쁜 의도가 아니라 단순히 '상황을 알고 있지 못하는 것'을 말해요. 내가 나쁜 의도를 가지고 있든 좋은 의도를 가지고 있든, 그 것은 중요하지 않습니다. 단순히 그 상황을 몰랐다면 나는 '악의'의 주체가 됩니다. 반대로 그 상황에 대하여 알고 있었다면 나는 '선의'의 주체가 되는 것이죠.

조금 어려운가요? 제 책상 위에 바나나 우유가 놓여 있습니다. 잠이 부족한 '나'는 바나나 우유의 출처가 궁금합니다. 요즘 들어 깜빡깜빡 하는 나는 이런 생각을 할 수도 있겠죠. '내가 어제 저녁에 둔 우유인가?'아니면, 이런 생각을 할 수도 있어요. '혹시 나를 좋아하는 누가 놓아둔 건 아닐까?' 나의 머릿속은 복잡해집니다. 그렇게 나는 우유를 마셔버리고 그 우유의 주인은 오리무중에 빠집니다. 이런 경우, 선의의 소비자라고 할 수 있겠죠. 그런데 갑자기 옆에 있는 친구가 와서 저의 어깨를 잡으며 이야기합니다.

"내 우유 내놔!"

사실 이 상황에서는 두 가지의 스토리가 있을 수 있답니다. 첫 번째의 아무것도 몰랐던 순수한 나란 녀석이 있을 수 있어요. 두 번째로는 우유를 만나는 순간 '아, 이거 옆에 친구 녀석 거잖아! 지금 목이 마르니깐 먼저 마셔버리고 나중에 가져다 놓아야

겠어.'라고 즐거워하는 검은 나란 녀석이 있을 수 있답니다. 물론 현실에서는 두 번째 상황은 절대 하면 안 되는 상황입니다만, 만약 '나'라는 녀석이 이 우유가 친구의 것이라는 모르는 상황에서 마셨다면, 법률용어로 '선의'의 행위자, 친구의 것이라는 사실을 알면서도 우유를 마셔버렸다면, '악의'의 행위자가 될 거예요.

그런데 소유의 문제로 들어가면 또 이 의미가 더욱 복잡해진답니다. '선의의 점유자' 라는 말을 생각해보도록 하겠습니다. 이 상황은 내가 무언가를 가지고 있는데 잘못되었는지를 정말 모르는 상황입니다. 그런데 이 모르는 상황이란 것이 '모르기 때문에 내 것이라고 믿는 상황'이 된다면 어떨까요? 가령 저 우유를 '아! 어제 내가 저녁에 가져다 놓은 것이군!' 이라고 착각할 수도 있고 또는 오늘이 사랑하는 사람에게 우유로 고백하는 날 가상의 날인 '밀크 데이'라고 하겠습니다 이라면, '그래, 내가 이렇게 인기가 많지.'라고 하고 이 우유는 나의 것이다라고 믿어버리는 경우가 있을 거예요. 우리 법원은 이런 경우, '자신에게 점유권이 있다고 오신 오해하고 믿어버림 한 점유자가, 오신을 할 정당한 근거를 가지고 있을 경우' 역시 선의의 점유자로 추정한다고 보고 있습니다 대법원 1995.8.25.선고, 94다27069판결. 그 상황에선 그럴 만했다는 거죠.

하지만 이런 경우는 어떨까요? 우유를 보면서 '정말 이 우유 내거 맞아?' 라는 느낌이 들 경우 말이에요. 조금 슬프지만 '밀크데이지만 왜 나한테 우유를?' 이라는 객관적 의심이 든다면, 이런 상황은 나의 확신이 사라지는 경우가 됩니다. 이렇게 내가 알지는 못하지만, 이 물건이 정말 내 물건일까? 라는 의심만 들어도 나는 '악의'의 점유자가 될 수 있습니다. 그래서 항상 무언가를 가져올 때는 확인과 합리적인 근거가 필요해요. 의심이 든다면 "내 우유가 맞어?"라는 '확인'이 필요하다는 이야기입니다.

자, 다시 이야기를 정리해보겠습니다. 만약 내가 '악의의 점유자'가 되었다면, 이제 나의 옆에서 울고 있는 친구를 위해서 우유를 다시 사줘야 할 겁니다. 친구가 너무 울어서 정신적·신체적 피해가 생겼다면 더욱 많은 사과가 필요할지도 몰라요. 그런데 조문을 보면 '배상賠償'이라는 단어가 아닌 '보상報償'이라는 단어가 쓰이고 있답니다. '보상'이라는 말은 어떤 손해가 발생하였지만 합법적인 행위라는 의미를 가지고 있답니다. '내가 잘해보려고 법을 준수하면서 일을 했지만, 피해가 생긴 상황'이라고 이해하시면 될 거예요.

미성년자와 심신상실자의 차이는 무엇인가요?

> 미성년자가 타인에게 손해를 가한 경우에 그 행위의 책임을 변식할 지능이 없는 때에는 배상의 책임이 없다.
>
> **_ 민법 제753조, 미성년자의 책임능력**

법률상으로 이런 사람들의 판단능력을 '변식능력'이라고 해요. 변식능력이 상실된 사람의 대표적인 예가 '미성년자'와 '심신상실자' 입니다.

우리 민법 제4조에서는 법정 나이로 19살이 되면 누구든 성년에 이르게 됩니다. 다시 말하면 만18세까지는 모두가 '미성년자'라는 의미가 됩니다. 우리 민법 제753조에서는 미성년자에 대한 조항이 존재합니다. '책임을 변식할 지능이 없는 자', 다시 말해 내가 한 행동이 법적으로 어떤 책임을 지는지 모르고 행동을 한 사람을 의미한답니다. 다음은 제754조에 대한 내용입니다.

> 심신상실 중에 타인에게 손해를 가한 자는 배상의 책임이 없다. 그러나 고의 또는 과실로 인하여 심신상실을 초래한 때에는 그러하지 아니하다.
>
> **_ 민법 제754조, 심신상실자의 책임능력**

무언가 장황하게 조문이 적혀 있는데, 이 조문은 '심신상실자'에 대한 내용입니다. 여기서, '심신상실'이란 단어는 마음이나 신체의 장애로 사물을 제대로 판단하고 의사결정할 능력이 없는 사람들을 말해요. 심신상실에 대해서는 '형법' 역시 동일한 태도를 보이고 있기에 차후, 형법편에서 자세히 다루도록 하겠습니다.

이렇듯, 미성년자나 심신상실 상태로 인해서 자기가 한 행동에 대한 책임능력이 없다고 판단되는 경우에는 손해를 입힌 당사자가 아닌, 당사자를 관리해야 할 감독자가 책임을 지게 됩니다. 가령 미성년자의 부모님, 불법행위자의 작업감독자 등 실질적으로 그들을 관리해야 할 사람들에게 책임을 묻도록 우리 법에서는 규정하고 있는 것이에요.

'심신상실'에 대한 내용은 고대 로마시대부터 그 법리가 있었을 정도로 오래된 개념이랍니다. 그런데 우리가 위에서 본 '의사능력'이 있는지 없는지를 사실 판단하기는 쉽지가 않아요. 위에서 언급한 BJ의 예를 들어볼까요? 부모님은 '나의 아들이 성인이지만 병이 있다.'라는 주장을 하지만, 그 사실을 법정에서 입증하는 것은 쉽지가 않아요. 그러기에 무언가 명확한 기준이 필요하다는 주장이 제기되어 왔답니다.

우리 민법은 이런 입증의 어려움을 고려해서, 객관적인 기준을 정해놓았답니다. 우선 '자신의 판단으로 법률행위를 할 수 있는 자행위능력자'와 '자신의 판단으로는 법률행위를 할 수 없는 자제한능력자'를 구분하고 있는 것이죠. 커다란 그물망제한능력자을 펼쳐놓고, 조금의 논란은 있겠지만 그물 안에 들어오는 사람들은 법적으로 보호하겠다는 입장과도 같답니다. 기본적으로 민법에서는 모든 인간을 행위능력자로 본답니다. 다만 그물망에 들어오는 인원들을 규정해놓았습니다.

첫 번째로 '미성년자'가 대표적인 제한능력자입니다.

두 번째로 가정법원으로부터 개시심판을 받은 '피성년후견인' 및 '피한정후견인' 역시 제한능력자의 범위에 넣고 있어요.

이 그물망이 보호하는 가치는 강력하다고 할 수 있답니다. 민법에서 보장하는 사적자치의 원칙을 일정부분 희생하더라도, 제한능력자를 보호하겠다는 의도가 깔려 있는 것이죠. 그럼 민법에서 보호하고자 하는 제한능력자들에 대하여 하나씩 살펴보도록 하겠습니다.

우선 '미성년자'입니다.

우리 '민법' 제4조에 따라, 19세가 된 사람을 우리는 어른이라고 합니다. 그 반대라면 아직 19세가 되지 않은 사람을 미성년자라고 해요. 그런데 우리 민법에는 재미있는 조항이 몇 있답니다. 아래를 볼까요?

> 미성년자가 혼인을 한때에는 성년자로 본다.
>
> _ 민법 제826조의2, 성년의제

그렇습니다. 여러분이 아무리 미성년자라도 결혼을하면 어른으로 본다는 내용이에요. 음… 결혼이란 어른들이 하는 행위라 생각하기 때문일까요? 이런 조항이 있는 이유는 결혼을 했는데 미성년자라고 본다면 발생하는 문제들 때문이랍니다. 가령 결혼한 사람들이 법적으로 미성년인 경우, 앞으로 가정을 유지하기 위한 어떤 결정 하나를 하더라도 보호자들의 도움을 받아야 할 거예요. 이래서는 정상적인 생활이 힘들다는 현실적인 사정이 반영되어 있답니다.

그렇다면 결혼이란 어떤 걸까요? 좋아하는 미성년의 사람들이 오늘부터 우린 부부라고 한들 당연히 세상이 알아주진 않을 거예요. 혹시 둘이 같이 살면 안 되냐고요? 이런 생각으로 사는 결혼방식을 '사실혼'이라고 한답니다. 실제로 부부와 같이 생활하지만, 법적으로 신고를 한 적이 없으니 민법상의 부부의 지위는 인정되지 않는 거예요. 민법에서 인정하는 결혼으로 어른이 되기 위해서는, 결혼한 사실을 법적으로 신고혼인신고하는 절차가 필요합니다. 사실혼과 반대로 이런 관계를 '법률혼'이라고 하죠.

자, 그렇다면 상상하기 힘들겠지만 우리가 고딩 엄빠가 되었다고 생각해보아요. 자, 여러분의 나이는 아직 어리지만, 축하드립니다. 여러분들은 민법상으로는 어른이 되셨답니다. 하지만, 이게 마냥 축하만 할 수는 없는 것이 다른 권리관계에서는 여전히 미성년자라는 사실이 중요합니다. 우선 선거를 할 수 있는 권리가 아직은 없습니다. 더해서 미성년자 근로법에 적용을 받기 때문에 여전히 취업에 많은 제한이 있답니다. 그렇다면 결혼으로 어른이 된 내가 이혼을 하게 된다면 다시 미성년자로 돌아갈 수 있을까요? 여러 학설들이 있지만 결혼을 한 미성년자가 다시 이혼을 했다고 해서 민법상으로 미성년으로 돌아갈 수는 없다고 본답니다. 한 번 인정된 성년은 성년이라는 것이죠.

우리 민법은 미성년자들에겐 항상 돌봐줄 사람을 지정하게 되어 있답니다. 주로 나의 행위를 법적으로 대신해줄 수 있는 사람을 찾게 되는데 '법정대리인'들이 바로 그들이죠. 법률상 미성년자들이 이러한 대리인을 거치지 않고 실행한 법률행위는 본인이나 법정대리인을 요구에 따라 무효처리가 될 수도 있답니다. 위에서 우리는 법정대리인이란 분들이 미성년자들의 법률행위에는 필요하다고 보았습니다. 그렇다면 미성년자들의 법정대리인은 누구일까요? 네, 다들 예상하시고 있겠지만 1차적 법정대리인은 바로 우리들의 부모님이랍니다.

그렇다면 부모님이 계시지 않은 경우는 어떻게 될까요? 이 경우, 유언으로 부모님이 지정하신 분이 아이들의 후견인이 됩니다. 이런 분들을 '지정후견인'이라고 합니다. 그런데 경우에 따라서는 이런 유언이 없을 수도 있어요. 이런 경우에는 나라가 나서줍니다. 법원이 직권으로 당사자 및 주변이해관계자, 검사 및 지방자치단체 관계자들의 요청을 받아 적합하다고 판단되는 사람을 선임하게 됩니다. 이런 경우를 '선임후견인'이라고 부릅니다.

성년후견인과 한정후견인이란 무엇인가요?

우리들 미성년자들 이 법률행위를 하기 위해서는 어른들의 도움이 필요합니다. 그리고 그 도움을 주는 사람은 '대리인'이라고 불러요. 그 대리인은 법이 정해준다고 해서, '법정대리인'이 된답니다. 법정대리인은 부모님, 지정후견인, 선임후견인 순으로 이루어진답니다. 그렇다면 후견인이란 단어는 무엇일까요? 후견인은 누군가가 삶을 살아가는 데 도움을 주는 사람을 후견인이라고 해요. 그렇다면 법적으로 후견인이란 뜻은 무엇일까요? 우선 아래의 기사를 보도록 해요.

유명 그룹사의 회장님 아래에 두 아들이 기업의 경영권을 놓고 서로 싸움을 하였습니다. 그리고 법원이 그 중간에서 판단을 내려야할 위치에 있는 회장님의 건강상태가 스스로 판단을 내리기 불가능하다고 판단하여 '후견인'을 지정해주었다는 내용입니다.[23] 다만, 무언지는 모르지만 '성년후견인成年後見人'이 필요한지를 따져보기 시작하여, '한정후견인限定後見人'을 지정해주었다고 해요. 둘의 의미는 모르지만, 기사를 보니 한정후견인이 조금 더 자유로운 것인가 하는 생각이 들 거예요.

> 가정법원은 질병, 장애, 노령, 그 밖의 사유로 인한 정신적 제약으로 사무를 처리할 능력이 지속적으로 결여된 사람에 대하여 본인, 배우자, 4촌 이내의 친족, 미성년후견인, 미성년후견감독인, 한정후견인, 한정후견감독인, 특정후견인, 특정후견감독인, 검사 또는 지방자치단체의 장의 청구에 의하여 성년후견개시의 심판을 한다.
>
> **_ 민법 제9조 제1항, 성년후견개시의 심판**

민법 제9조에서 말하듯이, 회장님의 사례처럼 질병에 걸렸다거나, 아니면 그냥 많은 나이로 인해 신체능력이 심각하게 떨어져버린 경우, 우리 법원에서는 '성년후견개시재판'이란 방식을 거쳐 회장님과 같이 정상적인 판단이 어려운 분들을 '피성년후견인被成年後見人'으로 지정하게 됩니다. 이렇게 피성년후견인이 되면 정상적인 법률행위를 할 수 없는 상태로 판단되죠.

따라서 어떠한 법률행위를 피성년후견인이 하였다면, 사후에 그 행위 자체를 취소할 수도 있답니다. 이런 경우에 법원이 직권으로 이러한 사람들을 위해 후견인을 지정해줍니다. 이 후견인을 '성년후견인'이라고 해요. 다시 정리하면, 어떤 사람이 정상적인 판단이 힘들 경우 도와주는 사람을 '성년후견인', 도움을 받는 사람은 당한다는 '피被'자를 앞에 붙여서 '피성년후견인' 이라 부른답니다.

위 사건 이야기를 조금 더 해볼까요?

회장님은 두 아들 중, 형에게 회사의 지분을 물려주었답니다. 그런데 이 결정에 반대를 한 동생이 아버지를 법정으로 모시고 갑니다. 아버지가 정상적인 판단이 불가능하기 때문에 '피성년후견인'이 되어야 한다는 것이었어요. 법원이 그렇게 결정해준다면, 이전에 아버지가 형을 지지했던 행동은 정상인 상태에서 한 행동이 아니기 때문에 무효가 됩니다. 그런데 법원은 '피성년후견인'이 아닌 '피한정후견인'이라는 결정을 내렸다고 합니다. 그렇다면, '한정후견인' 이란 또 무슨 내용일까요?

가정법원은 질병, 장애, 노령, 그밖의 사유로 인한 정신적 제약으로 사무를 처리할 능력이 부족한 사람에 대하여 본인, 배우자, 4촌 이내의 친족, 미성년후견인, 미성년후견감독인, 성년후견인, 성년후견감독인, 특정후견인, 특정후견감독인, 검사 또는 지방자치단체의 장의 청구에 의하여 한정후견개시

의 심판을 한다.

_ 민법 제12조 제1항, 한정후견개시의 심판

이 제도 역시 심신이 온전하지 않은 분들의 법적인 결정을 도와주기 위해서 만든 제도랍니다. 그러기에 '성년후견인 제도'와 크게 다르지 않답니다. 더하여, 법원이 재판을 통하여 조건을 부여해주는 것 역시 동일합니다. 그렇다면 왜 서로 용어가 다를까요?

'한정후견인' 제도는 원칙적으로 당사자의 법률행위능력을 인정하는 점이 차이가 있어요. 다만 그런 법적인 행동을 하기 위해선 주변의 도움이 있어야 한다고 본답니다. 법원이 '피한정후견인' 이라고 지정을 하게 되면, '한정후견인'도움을 주는 사람이 도움을 주어야 하는 법률행위를 법원이 정해주게 됩니다. 이렇게 법원이 정한 법률행위의 범위 안에서 '피한정후견인'도움을 받는 사람이 도움을 받지 않고 스스로 행한 행위는 취소될 수 있어요. 이렇게 본다면, '피한정후견인'은 '피성년후견인'보다는 일을 처리할 능력이 있어 보입니다. 다만 도움이 필요할 뿐이에요.

그렇다면 위에 사건으로 다시 돌아가 보겠습니다. 돈이 많은 회장님의 아들들은 아버지의 재산을 놓고 싸우고 있었답니다. 이런 상황에서 회장님의 의견이 중요하게 되었죠. 이런 상황에서 회장님의 여동생이 회장님을 '피성년후견인'으로 지정해줄 것을 요청하였답니다. 회장님의 상태가 정상적으로 법률상태를 판단할 수 없다는 거예요. 하지만 회장님은 이런 상황을 원하지 않았어요. '나는 아직 멀쩡하다.'는 것이었습니다. 법원은 이런 본인의 의견과 회장님의 의학적 상태를 고려하여, 회장님을 '피한정후견인'으로 지정하였답니다.

처음의 '피성년후견인'처럼 아무런 법적행위를 할 수 없는 상태가 아니라, 법률행위를 할 수는 있지만 도움을 주는 사람이 필요한 상태로 보았죠. 그리고 '한정후견인'을 가족들이 아닌 제3의 법률회사로 선정하였답니다.

가족 사이의 분쟁이 있을 때 가족 내의 누군가를 도와주는 사람으로 지정할 경우, 가족들 중에서 한 쪽이 유산상속에서 유리해지는 상황이 발생할 수도 있기에 그런 상황을 방지하고자 한 것이에요. 이제 회장님은 도움을 주는 사람들을 통해서 본인의 의견을 법적으로 이야기할 수 있게 되었답니다. 이후에 법원의 판결에 따를 수 없었던 회장님의 아들 중 한 명이 회장님을 '피성년후견인'으로 지정하려고 다시 법원을 찾았답니다.

하지만 법원은 최종적으로 그 의견을 받아주지 않았어요. 만약 그 의견이 받아들여졌다면, 회장님의 법률적 의견의 결정자 성년후견인는 아들이 됩니다. 그렇다면 남은 재산은 그 아들에게 돌아갈 확률이 높아지겠죠. 이렇게 단어 하나도 많은 차이가 있답니다. 특히나 상속 등의 문제에서는 이런 제도들 하나 하나가 의 큰 논쟁거리가 될 수 있답니다.

법인이 가지는 권리

그런데 기억나시나요? 우리 민법은 사람자연인이 아닌 무언가에도 권리를 부여한다고 했답니다. 바로 '법인'일 그것이죠. 우리나라 민법 제34조를 볼까요?

> 법인은 법률의 규정에 좇아 정관으로 정한 목적의 범위 내에서 권리와 의무의 주체가 된다.
>
> _ 민법 제34조, 법인의 권리능력

음… 뭔가 어려운 이야기가 나옵니다. 우선 '정관'은 무엇이고 또 '법인'은 무엇일까요? 사전적인 법인의 의미를 알아볼까요? 법인은 법률에 의해 권리능력이 되는 단체를 의미합니다. 앞에서 이 부분을 살펴보았습니다. 우리 주변에서 가장 쉽게 찾을 수 있는 법인은 바로 회사일 거예요. 사업을 하게 된다면 처음 듣게 되는 말은 바로 '개인회사인가요? 법인인가요?'라는 말이랍니다. 개인사업자인지 법인사업자인지를 묻는 거예요. 그렇다면 법인이란 왜 필요한 걸까요? 사실 법인이란 번거로운 여러 법률행위를 간편히 처리할 수 있기에 만든 목적이 크답니다. 돈을 목적으로 추구하는 영리법인, 또 다른 목적을 위해 운영하는 비영리법인 등이 그렇죠.

그런데 이상한 점이 있답니다. 분명히 앞에서 우리는 민법상의 권리주체가 되기 위해서는 탄생이 필요하다고 하였습니다. 그런데 우리가 흔히 볼 수 있는 OO법인, OO재단의 경우는 아무리 살펴보아도 태어난다는 개념을 적용할 수는 없을 거예요. 그렇다면 이 법인에 대해서 조금 더 살펴볼까요?

> **법인은 그 주된 사무소의 소재지에서 설립등기를 함으로써 성립한다.**
>
> **_ 민법 제33조, 법인설립의 등기**

법인이란 사무소 소재지에서 설립등기를 통해서 성립된다고 합니다. 그렇다면 법조문에 언급된 설립등기는 어디서 할 수 있을까요? 일반적으로 소재지에 위치한 등기소 또는 관할법원에 설립등기를 한답니다. 그렇게 본다면, 법인의 어머니는 법원이나 등기소가 되지 않을까요? 이렇게 보면 민법 제34조는 더욱 의문을 가지게 만듭니다. 민법상에서 누릴 수 있는 권리와 의무가 '정관'이라는 것의 범위 내에서 결정이 되는데, 그 정관은 또 법률에 따라 만들어져야 한다고 합니다. 정관에는 회사의 이름, 주소지, 목적 등 여러 가지기 기재되어 있답니다.

사실 법인이란 제도는 여러모로 자본주의 사회에서 경제활동의 발전을 장려하기 위해 만들어진 제도랍니다. 회사든 재단이든 규모가 커질수록 참여하는 사람들이 많아져요. 이런 모두에게 계약이나 세금 부여 같은 의무를 부담시킨다는 것은 보통

일이 아니었을 거예요. 한 명 한 명 따라 다니면서 계약을 하자고 말할 수도 없는 일이죠. 이런 상황에서 어떠한 단체에게 자연인과 같은 권리를 법적으로 보장해준다는 것은 굉장히 편리한 아이디어였답니다. 계약을 하든, 책임을 묻든 법적인 관계가 명확하게 성립되었기 때문이에요. 오늘날과 같은 법인의 개념은 19세기 독일의 법학자들에게서 등장하였다고 해요.[24] 이러한 법인은 여러모로 자본주의의 발전에 기여를 하게 됩니다.

이런 경우는 어떨까요? 법인이란 사람자연인은 아니지만, 법률이 부여하는 범위 안에서 권리주체가 된다고 하였답니다. 그렇다면 법인이 우리 같은 자연인을 고소할 수 있을까요? 가령, 자연인의 어떤 행위로 인해서 법인의 이미지에 손상을 받는다든지, 금전적인 손실을 입었다면 말이에요.

> 甲 주식회사의 기술상무인 乙이 회식 자리에서 여성 직원에게 부적절한 행위를 하여 인사위원회에 회부되어 감봉 처분을 받았는데, 乙이 甲 회사의 주주, 조합원, 직원들에게 '乙을 내쫓기 위하여 성희롱으로 뒤집어씌워 감봉 처분하였다.'는 내용의 문자메시지를 전송하거나 같은 내용의 글 등을 인터넷 커뮤니티에 게시하였고, 이에 甲 회사가 乙을 상대로 명예훼손 등을 이유로 손해배상을 구하였다. …중략…행위자가 법인을 상대로 그 법인 내부의 인사조치와 관련하여 명예훼손적 언동을 하여 그 법인의 기관이 법인을 대표하여 그 행위자에 대하여 처벌을 구하

는 고소를 하고 수사가 진행된 결과, 그 법인에 대한 명예훼손죄를 구성한다고 기소되어 유죄판결이 선고되어 확정된 경우와 같이 법인을 상대로 한 특정 언동으로 법인이 직접 피해자로서 명예나 신용이 훼손되었음이 인정된 경우에는, 법인의 사회적 평가가 침해되었다고 보아야 한다.

_ 대법원 2022.10.14.선고 2021다250735 판결

회사에 다니는 직원이 저녁 회식자리에서 옆에 있던 여직원에게 나쁜 행위를 했다가 회사 내부절차에 의해 감봉급여가 깎이는 것을 말합니다 처분을 받았답니다. 그런데 이 직원이 회사의 관계자들주주, 조합원, 직원에게 "나를 내쫓기 위해 회사가 없는 죄를 만들어서 뒤집어씌우고 있다."라고 억울함을 호소한 사건입니다. 문제는 회사의 입장에서 이런 행위가 회사에 피해를 끼칠 내용이라고 판단하였다는 것이었죠. 사건은 회사법인가 사람자연인과 같이 명예란 것을 가질 수 있는지에 대한 내용이랍니다.

사실 조금 이상하기는 해요, 명예나 신용과 같은 것을 인격권이라고 합니다. 그 전제는 사람이 가진다는 거예요. 그런데 '조직의 명예'라는 것도 인정이 될 수 있을까요? 법원은 판결에서 법인의 목적인 '사업수행'을 함에 있어 직원의 행동이 문제가 될 수 있다고 보았답니다. 다시 말해 우리 회사의 이미지가 직원의 행동으로 나빠져서, 매출에 영향을 줄 수 있다는 내용이에요. 그렇기 때문에 우리 법원은 법인의 명예훼손이 성립된다고 보았답니다.

생각하는 어떤 존재

헌법 이야기에서 언급했던 인물이 있습니다. 프랑스의 철학자 데카르트는 계몽주의운동과 프랑스혁명에 영향을 미친 인물이었죠. 그가 한 말, "나는 생각한다. 그래서 나는 존재한다."가 기억나시나요? 합리적인 지성이 있기에 나란 존재가 있다는 말이죠. 저 말의 뜻을 조금 넓혀볼까요? 주변에 있는 부모님, 친구들 모두 하나하나가 데카르트의 말에 따르면 존재하는 사람이 된답니다.

자, 앞에서 언급했던 내용들이 기억나시나요? 그럼 우리 주변에 있는 강아지 고양이와 같은 동물들은 어떨까요? 사람보다는 깊이 생각하지는 않아 보이지만, 배고프면 먹을 걸 찾고 따듯한 곳을 찾아서 잠을 자러 가는 모습을 보면, 나름대로 살기 위한 합리적인 고민을 한다고 볼 수 있을 거예요. 그렇다면, 동물들 역시 존재하는 것으로 봐야 하지 않을까요. 사실 동물들도 생김새가 다르긴 하지만, 우리와 어울려 숨 쉬고 감정을 공유하니 존재하는 생명체라고 보는 것에는 큰 무리가 없을 거라고 보입니다. 그런데 말이에요, 이런 경우는 어떨까요?

작년 한 해, 할리우드는 위의 주제로 시끄러웠습니다. 미국의 여러 방송 프로그램을 만드는 작가들이 글을 쓰는 것을 거부했기 때문이에요. 이런 시위는 미국에선 흔한 일이었답니다. 보통은 원고료의 인상을 요구하며 행동하는 것이었죠. 그런데 이번에는 시위의 내용이 조금 달랐답니다. 바로 생성형 인공지능AI라고 불리는 프로그램을 만든 회사들을 상대로 시위를 하였기 때문입니다. AI는 현대를 사는 우리들에게는 너무나 중요한 주제가 되어버렸답니다. 이제 우리가 크게 고민할 필요도 없이 인터넷에 접속해서, AI창을 연 후에 'OO 좀 만들어줘'라고 부탁하면, 순식간에 학교숙제도 만들고, 그림도 그려주고, 음악까지 작곡해주니 말이에요.

미국의 작가님들은 이 부분에서 굉장한 위기를 느꼈나 봐요. AI라는 눈에 보이지는 않지만, 이런 것을 만들어낸 회사들은 책임을 져야 한다는 것이었답니다. 왜냐고요? AI라는 것이 무언가를 만들어내는데, 이런 만들어낸 작품들이 혼자서 생각하는 것이 아닌 작가들이 만들어낸 작품들을 가져다가 새로 만들었으니 문제가 있다는 내용이었습니다.[25]

여기서 생각해볼까요? 우리가 흔히 말하는 '생각'이란 어떤 것일까요? 사실 음악이나 글을 쓰는 작가들도 새로운 것을 만들기 위해서는 원래 있었던 다른 사람들의 작품이나 아이디어를 많이 참고한답니다. 똑같은 일의 방식을 따르게 프로그램이 된 AI는 어떤 존재일까요? 혹시 우리는 그렇지 않다고 말하지만, AI라는 것이 어느 컴퓨터 서버 공간에 틀어박혀서 혼자 '생각'이라는 것을 하고 있는 건 아닐까요?

인공지능에 대한 이야기는 앞으로의 법을 연구하는 사람들에게는 재미있는 연구과제랍니다. 이미 선진국의 여러 업체들은 앞으로의 인공지능 세상은 지금과는 전혀 다른 시대가 올 것이라고 오래 전부터 이야기하고 있어요. 이제 인공지능을 개발하는 사람들은 스스로 생각하고 판단하는 무언가를 만들려고 하고 있습니다이미 만들어져 있다는 이야기도 많아요. 그리고 이미 더 높은 차원의 인공지능이 현실에 가까워지고 있다고 합니다. 인공지능이 인공지능을 창조하는 세상이 온다는 것이에요.

자, 이제 생명을 가진 존재만이 '생각'을 한다는 가정이 무너지려 하고 있답니다.[26] 그런데 AI란 정말 생각을 하고 있을까요? 아니면 단순히 우리가 만들어놓은 프로그램이 생각을 하는 것처럼 우리에게 보여주는 걸까요? 혹시 AI가 생각을 한다면 존재하는 무엇이라고 보아야 할까요?

사실 이런 종류의 물음은 지금도 계속해서 이루어지고 있답니다. 영화 〈에어리언 커버넌트〉의 한 장면은 이런 우려를 잘 보여주고 있어요. 너무나 뛰어난 나머지 스스로의 존재를 묻게 되고는 자신을 창조한 사람들보다 우월하다고 믿게 된 AI로봇 데이빗이 사람들을 위해 봉사하도록 설계된 다른 AI로봇을 설득하는 장면이 나온답니다. 처음부터 로봇 데이빗을 만든 사람은 이렇게 변해버릴 AI의 모습을 상상하진 못했을 거예요. 개발자가 AI가 처음부터 나쁜 마음을 먹을 의도가 보인다고 판단했다면 바로 파괴하지 않았을까요?

그렇다면 이 프로그램을 만든 부모 같은 존재는 착한 의도로 프로그램을 만들었지만, 의도와는 다르게 삐뚤어져버린 AI의 행동을 그 제작자에게 책임을 져야 할지는 생각해보아야 할 문제입니다. AI가 충분한 '변식능력'이 있는지, 아니면 단순한 어린아이의 수준일지는 자세히 살펴보아야 할 내용이겠죠. AI를 법적으로 어떻게 정의해야 할 것인지에 대하여는 여러 연구들이 이루어지고 있답니다. 그리고 이렇게 기술의 발전과 함께 알맞은 제도를 만드는 것은 법학의 중요한 과제 중 하나랍니다.

법률행위가 성립될 때

우리는 위에서 법적인 행동을 하려면, 어떤 사람이 되어야 하는지를 알아보았답니다. 우리 민법은 '법률행위'를 할 수 있는 사람들과 또 그 행동을 하지 못하는 사람들을 위해서 여러 가지 제도적인 장치를 만들어 놓은 것을 알 수 있었답니다.

자, 그렇다면 이제 법률 행동을 할 수 있는 우리 법적주체가 하는 모든 행동이 법적인 의미를 가지게 될까요? 아쉽게도 모두 그렇지는 않답니다. 법적인 의미를 가지게 하는 행동을 '법률행위'라고 합니다. 이런 법률행위가 되기 위해서는 우선 법률행위가 '성립'되어야 하고 그 행위에 따른 '효과'가 있어야 한답니다.

어렵다고요? 네, 정상적인 반응이에요, 교과서에 나오는 이런 단어들은 항상 이해하기 어려운 면이 있답니다. 우리는 앞의 사례들에서 이미 이러한 내용들을 한 번 학습하였답니다. 다시 간단히 풀어서 제가 설명해볼게요.

먼저 법률행위가 성립되려면, ①법률행위의 당사자, ②목적, ③의사표시라는 조건들이 있어야 한다고 해요.[27] 별풍선을 BJ에게 팡팡 쏘았던 학생을 생각해볼까요? 여기서 당사자는 당연히 '학생'이랍니다. 그렇다면 목적은 무엇일까요? 별풍선을 구매하기 위해 돈을 지불하겠다는 것이랍니다. 바로 인터넷 사이트를 통한 '거래'가 되는 거죠. 그럼 의사표시는 어떻게 한 걸까요? 보통의 매매거래는 '청약과 승낙'이라는 의사표시가 필요하답니다.

인터넷 팝업창에 '별풍선 OO개를 구매하시겠습니까?' 라는 결제창이 생겼다면, 판매자측에서 청약을 한 것이에요. 그리고 구매자였던 학생은 '확인' 버튼을 누름으로써 승낙이라는 의사를 표시하게 된 것이죠. 이렇게, 법률행위는 이 세 가지가 명확하게 정의가 되어야 합니다. 이러한 행위는 일반적인 거래에서 볼 수 있어요. 물건을 사는 거래계약, 집을 사는 임대차 계약 모두가 이러한 행위에 기반이 된다고 할 수 있죠. 그런데 이런 행동 외에도 우리 민법에서 '법률행위'라고 규정하는 것이 있답니다. 아래의 법령을 보실까요?

> 유언은 본법의 정한 방식에 의하지 아니하면 효력이 생하지 아니한다.
>
> **_ 민법 제1060조, 유언의 요식성**
>
> 유언의 방식은 자필증서, 녹음, 공정증서, 비밀증서와 구수증서의 5종으로 한다.
>
> **_ 민법 제1065조, 유언의 보통방식**

호랑이가 죽으면 가죽 남긴다고 해요. 그렇다면 사람이 죽으면 이름이? 제 생각엔 이름보다는 '유언'을 남기는 것 같아요. 요즘 세상에 이름만 남기기에는 뭔가 복잡한 일들이 많으니 말이에요. 우리나라 민법에서는 저렇게 죽을 때 남기는 마지막 말에 대해 법으로 정해놓았답니다. 유언이란 5가지의 방식으로 정한 것 말고는 인정하지 않겠다는 거예요. 그런데 조금 이상하지 않나요? 이 유언이라는 것은 사실 '나의 일방적인 의사표시'랍니다. 상대방의 승낙이 필요 없는 것이죠. 하지만 엄연히 유언도 법률로 효력을 가진다고 정해놓았습니다. 다음 이건 어떨까요?

> ① 혼인은 '가족관계의 등록 등에 관한 법률'에 정한 바에 의하여 신고함으로써 그 효력이 생긴다.
>
> ② 전항의 신고는 당사자 쌍방과 성년자인 증인 2인의 연서한 서면으로 하여야 한다.
>
> **_ 민법 제812조, 혼인의 성립**
>
> 혼인의 신고는 그 혼인이 제807조 내지 제810조 및 제812조 제2항의 규정 기타 법령에 위반함이 없는 때에는 이를 수리하여야 한다.
>
> **_ 민법 제813조, 혼인신고의 심사**

혼인에 대한 법률 이야기입니다. 앞에서 결혼이란 계약이라고 말씀드린 것 기억나시나요? 우리 민법에서는 결혼의 요건 역시 세세하게 법률로 정해놓고 있답니다. 부부가 된 사람들이 손을 잡고 '우리 오늘부터 부부 1일차'라고 카톡 프로필에 올린다고 해서 결혼이 성립되는 것이 아니라, 당사자들이 손을 잡고 관공서로 가서, 나란히 혼인신고서에 서명을 하고 신고를 해야 한다는 것이에요. 신고 후에는 국가가 심사를 해야 한다는 내용도 나온답니다.

무언가 이 결혼에 위법한 사항이 있는지를 심사하고 문제가 없을 경우에는 이 결혼은 법적으로 효력이 있다라는 것을 인정하게 되죠. 여기서도 신고라는 법에서 정한 행동을 통해서 법률적인 효력이 발생합니다.

행위만 했다고 효과가 나타나는 건 아니죠?

이렇듯 법률로 정해놓은 행동을 행하는 것만으로도 법률행위는 성립하기도 한답니다. 그런데 행위가 성립되었다고 모든 법률효과가 생기는 것이냐는 또 아니랍니다. 법률행위가 그 효과를 가지기 위해서는

① 목적 내용 이 확실해야 하고 확정성,
② 실현가능해야 하고 실현가능성,
③ 법을 위반하지 않아야 하고 적법성,
④ 사회적으로 받아들여져야 타당성 한답니다.

어려운 이야기죠?

다시 BJ 별풍선 사건을 소환해보려 합니다. 이 사건에서 별풍선이란 것은 돈으로 살 수 있는 물건과 같아요. 그리고 그 금액은 정확하게 정해져 있는 것이죠. 그리고 BJ와 플랫폼 회사, 그리고 학생의 거래도 명확해보입니다. 플랫폼 회사는 BJ를 통해서 별풍선이란 것을 학생에게 판 것이에요. 그리고 그 별풍선이란 것도 명확하게 금액으로 계산할 수 있는 것이었답니다. '확정성'이 보장된 물건이 되는 것이죠.

그런데 가령 이런 경우는 어떨까요? 평소에 BJ를 좋아하던 다른 팬이 한 명이 있었습니다. 이 사람은 BJ에게 받고 싶은 것이 있었어요. 그녀가 타고 다니던 자동차가 가지고 싶은 것이었죠. 그래서 둘 사이에는 자동차를 주기로 한 계약을 체결했답

니다. 그런데 알고 보니 이 자동차… 이미 한 달 전에 누군가에게 팔아버린 상태였어요. 무슨 생각인지 모르지만, BJ는 이런 상황에서도 자동차를 넘기겠다는 계약을 했던 것입니다. 이렇게 계약을 이행하지 못하는 상태를 '불능'이라고 합니다. 그리고 계약이 체결되기 전에 이미 그 계약이 행하여질 수 없는 경우를 '원시적불능'이라고 해요. 이런 원시적불능 상태의 계약은 원칙적으로 무효가 됩니다. 법률적인 효력이 무효가 되는 거예요.

두 번째, 이런 경우도 있을 수 있답니다. 계약을 하고나서, 자동차를 깨끗하게 청소하고 보관했던 BJ가 아침에 일어나보니 차가 사라져 버렸습니다. 누군가가 차를 훔쳐간 것이었죠. 계약 당시에는 이행이 가능했는데, 계약 후에 이행이 불가능한 상태가 된 경우를 '후발적불능'이라고 합니다. 이런 후발적불능 상태에는 둘 사이의 계약은 계속 유효합니다. 법적으로 효력이 남아 있는 것이죠. 그렇기에 현재 계약이 '불능'인 상태의 책임이 누구인지를 따져서 그 책임을 지게 된답니다. 이렇게 '불능' 상태에 빠진 계약을 실현가능성이 없는 계약이라고 합니다. 그리고 원칙적으로는 '원시적불능' 상태만을 계약의 효력이 없는 상태로 본답니다.

세 번째, '적법성'은 법률행위가 법적으로 받아들여 질 수 있는지를 의미해요. 아무리 계약의 자유가 보장이 된다고 해도, 그 자체가 '선량한 풍속이나 법규'에 위반이 되면 안 된다는 거랍니다. 가령 별풍선을 받기 위해 BJ에게 시내에서 200km가 넘는 위험한 속도로 운전하는 모습을 유튜브에 찍어서 공개하는 미션을 수행하게 한다든지, 아무것도 모르는 미성년자 시청자

100명을 속여서 별풍선을 가져오는 행위들은 모두가 위법행위를 통하였기에 성공한다고 해도 법률적인 효력을 가질 수 없답니다.

마지막으로 계약이 법적인 효력이 있고, 계약이행 행위가 법에 위반되지 않더라도 사회적으로 타당하게 받아들여져야 한답니다. 이와 관련된 우리 민법 제103조와 제104조는 특별한 규정이에요. 앞에서 언급한 민법의 중요한 원리 중 하나인 '사적자치의 원칙' 중에서 '이것들은 안 돼'라고 이야기하고 있는 법률조항이기 때문입니다. 무슨 이야기인지 볼까요?

> 선량한 풍속 기타 사회질서에 위반한 사항을 내용으로 하는 법률행위는 무효로 한다.
>
> **_ 민법 제103조, 반사회질서의 법률행위**
>
> 당사자의 궁박, 경솔 또는 무경험으로 인하여 현저하게 공정을 잃은 법률행위는 무효로 한다.
>
> **_ 민법 제104조, 불공정한 법률행위**

사회질서에 위반이 되고, 궁박 또는 경솔, 무경험이라는 단어가 등장합니다. 질서라는 말은 이해가 쉬울 것 같은데, '궁박窮迫'이라는 말은 무엇일까요? 궁박이란 벗어날 길이 없는 어려운 상태를 의미합니다. 이런 상태는 여러 가지 의미가 있어요. 경제적으로 곤궁한 경우도 있지만, 그 원인이 정신적·심리적인 경우일 수도 있어요. 급하고 어쩔 수 없는 상황을 이용하여 무언가를 강요하는 것을 말한답니다.

한 사건의 재판을 받던 의뢰인은 재판에서 질 것 같은 느낌이 강하게 들었습니다. 이런 분위기에서 그의 변호사가 갑자기 검찰과의 친분이 있다고 하며, 자신에게 돈을 주면 재판에서 이기게 해주겠다고 이야기합니다. 판결을 잘 받기 위해서는 로비자금이 필요하니 고액의 수임료를 달라고 이야기했죠.[28]

이 로비자금이라고 받아간 돈이 문제가 되어 변호인이 재판정에 서게 됩니다. 재판에서 판사님들은 의뢰인이 변호인의 말을 들어 해결할 수밖에 없는 '궁박한 상황에 처해 있었다.'고 보았습니다. 궁박한 상황의 사람들은 방법이 없으니 지푸라기라도 잡고 싶은 심정이 되어, 결국 변호인의 공정하지 못한 거래조건에도 고개를 끄덕이게 되었다는 것이죠. 그리고 변호인 같은 사람이 그 틈을 노리고 이용하였다고 보았어요. 우리 법에서는 이렇게 사람의 약점을 잡아 이익을 취하는 행위를 허용하지 않는답니다.

'경솔輕率'은 내가 한 행위에 대한 장래의 결과를 일반적인 사람이 생각하는 것처럼 하지 않고 행동을 하는 것을 말합니다. 가령 어떤 물건을 팔러온 사람이 나에게 정신차릴 틈도 주지 않고 물건을 팔았습니다. 그 사람의 말만 믿은 나는 '이 물건은 꼭 사야 해!'라고 하면서 물건을 사고 말았죠. 그런데 집에 와서 보니 그 물건을 다른 곳에서는 반값에 파는 것을 알게 되었습니다. 나의 경솔한 행동을 계속 후회하고 있지만 돌릴 수는 없는 상황이 되었습니다. 자, 이제 어떻게 해야 할까요?

우리 민법에서는 이런 경우에는 법률행위로서의 효력이 없다고 한답니다. 계약을 취소시킬 수 있어요. 하지만 한 가지 단서가 붙습니다. 내가 터무니없는 가격으로 물건을 샀다는 것을 밝혀야 할 책임은 나에게 있답니다. 이것을 '증명책임'이라고 해요.

너의 마음을 표현해봐

SF소설이 원작인 넷플릭스의 드라마 〈삼체〉를 보면 재미있는 설정이 있어요. 세 개의 태양이 머리 위에 있는 행성에서 사는 외계인들 사이에는 거짓말이라는 것을 할 수 없다는 설정이 있습니다. 소설 속의 세상은 재미있답니다. 이 세계에서는 누군가 한 명이 생각을 하면 모두가 생각을 나누게 되어 있어요. 한 명이 생각을 하면 그 생각을 모두가 공유하기에 거짓말을 할 수도, 또는 내 생각을 소리 내어 주장할 필요도 없답니다.

이런 모두의 의도가 오픈된 세상에 산다면 우리에게 '법'이란 것이 필요가 있을까요? 서로의 생각을 잘 알고 있으니 싸움이 날 일이 없겠지만, 또 너무 서로의 생각을 잘 알아서 불필요한 싸움이 더 많이 날 수도 있겠다는 생각도 들어요. 다행히 지구상에 사는 우리는 서로의 마음을 알 길이 없답니다가끔 그런 능력이 있다고 주장하는 사람들이 있기는 하지만 말이에요. 그러기에 법률효과가 발생하는 법적행위가 성립되기 위해서는 우리는 '의사표시'란 것을 해야 합니다. 그런데 법률이 말하는 의사표시란 무엇일까요?

우선 우리들 머릿속에서 무언가가 떠오르는 일이 있을 거예요. 어떤 행위를 하고 싶다는 가슴 깊은 곳에서 드는 생각의 시작을 우리는 '동기'라고 합니다. 하지만 동기가 있다고 해서 주변사람들이 알지는 못해요. 아직 우리는 가슴 속에 저마다 각자의 생각을 간직하고 있을 뿐이에요. 그러다 문득, '아, 이건 정말 괜찮은데.'라는 생각이 드는 주제가 있을 거예요. 이런 무언가를 말하고 싶은 '나만의 욕구'를 '내면의 효과의사'라고 부릅니다.

그런데 생각해보니 나의 아이디어는 나만 알고 있기에는 너무나 아쉬움이 있습니다. 이제 빨리 주변사람들에게 나의 이 좋은 생각을 알리고 싶은 마음이 들어요. 이러한 나의 마음을 '표시의사'라고 해요. 표시의사부터는 나의 생각을 외부에 알리고자 하는 방향성이 생기게 됩니다.

그리고 마지막으로 우리는 서면이나 구술 등을 통해서 '표시행위'를 하게 됩니다. 이렇듯 현실적으로 우리의 행동들이 법적인 효과를 가지게 하기 위해서는, '의사표시'라는 행동은 중요한 의미를 가지고 있답니다.

그런데 말이죠, 우리 민법에서도 이렇게 의사표시에 대하여 여러 가지의 상황을 규정해 놓았답니다. 그만큼 의사표시는 다양하게 해석이 가능하기에 명확한 기준이 필요하다는 이야기일 거예요. 먼저 아래의 조문을 볼까요?

① 의사표시는 표의자가 진의아님을 알고 한 것이라도 그 효력이 있다. 그러나 상대방이 표의자의 진의아님을 알았거나 이를 알 수 있었을 경우에는 무효로 한다.
② 전항의 의사표시의 무효는 선의의 제삼자에게 대항하지 못한다.

_ 민법 제107조, 진의가 아닌 의사표시

① 상대방과 통정한 허위의 의사표시는 무효로 한다.
② 전항의 의사표시의 무효는 선의의 제삼자에게 대항하지 못한다.

_ 민법 제108조, 통정한 허위의 의사표시

① 의사표시는 법률행위의 내용의 중요부분에 착오가 있는 때에는 취소할 수 있다. 그러나 그 착오가 표의자의 중대한 과실로 인한 때에는 취소하지 못한다.
② 전항의 의사표시의 무효는 선의의 제삼자에게 대항하지 못한다.

_ 민법 제109조, 착오로 인한 의사표시

우리 민법 제107~109조에서 말하는 법적으로 의사표시가 아닌 경우의 상황들입니다. 세 가지를 묶어서 이야기 하려는 것은 비교가 편하기 때문이에요. 제107조에서 '진의'라는 단어가 나옵니다. 제108조에는 '통정'이라는 어려운 말이 나와요. 그리고 제109조에는 '착오'라는 말이 나옵니다. 진의, 통정, 착오? 사실 법학이 어려운 이유는 이런 다양한 단어들의 향연들 때문이랍니다. 그럼 이 세 단어의 차이를 알아보도록 할께요.

우선 '진의'란 내 마음속의 의도를 말해요. 진짜 의도라고 이해해도 될 거에요. 그렇다면 진의가 아닌 의사표시의 뜻은 '행동하는 나'와 '실제 마음속의 나'가 다른 경우를 말합니다. 우리 모두 한 번씩은 겪어보지 않았을까요? 관심 있는 친구에게 실제로는 차갑게 대하는 그런 모습 말이에요. 하지만 법적 의미의 '진의가 아닌 의사표시'는 조금은 그 내용이 딱딱합니다.

근로자가 공원으로 입사하였다가 사직원을 제출하고 퇴직금까지 수령한 후 퇴사, 재입사의 형식을 취하였으나, 그 사직원 제출이나 퇴직금 수령에 사직의 의사표시가 담겨져 있었다 하더라도, 이는 진의 아닌 의사표시로서 회사도 이를 알고 있어서 무효이다. 또한 회사가 퇴직의 의사표시를 수리하는 형식을 취하였다고 하여 회사와의 근로계약이 해지되어 종료되고 소멸되었다고 할 수 없으며, 근로자가 퇴직금을 수령하였다 하여도 마찬가지라고 판결하였다.

_ 대법원 1992. 9. 22. 선고 91다40931 판결

이 회사에서는 정기적으로 직원들에게 사직원 회사를 나오겠다는 의사를 표현한 서류을 받아서, 퇴직금을 지급하였습니다. 하지만 사실 회사가 이렇게 직원들에게 한 이유가 있답니다. 이 퇴직금이란 것이 시간이 지날수록 쌓이거든요. 그러기에 회사에서는 이렇게 직원들이 계속 근무하면 지급해야 할 퇴직금이 너무나 커지니 정기적으로 직원들을 사전에 퇴직시켜 퇴직금을 지급한 다음 다시 회사에 재입사를 시켰답니다. 그런데 회사가 갑자기 퇴직서류에 사인한 몇몇 직원에게 나가라고 이야기를 합니다. 여기에 화가 난 직원들이 "회사 너희도 우리가 진짜 퇴사하려고 한 건 아니라는 것진의을 알잖아!"라고 이야기 하며 법원에 고발한 내용이랍니다.

결과만 이야기하면 이 사건에서는 결론적으로 직원들이 승소했답니다. 우리 법원에서는 이 사항에 대하여, 회사의 악의가 있었고 이로 인한 직원들의 의사표시는 민법 제107조에 따라 무효라고 보았던 것이죠.

그 아래 조문을 보면 '통정'이라는 이야기가 나와요. 벌써부터 머리가 아파온다고요? 통정이라는 말은 다시 말하면, 서로가 짜고 무언가일을 벌이는 것을 의미합니다. 음, 간단하게 예를 들어보겠습니다. 나에게는 최근 엄청난 고민이 있습니다. 바로 빌린 돈을 갚지 못해 모든 재산이 경매에 넘어갈 처지가 된 것이죠. 그 목록에는 내가 아끼는 차도 들어갈 것 같습니다. 급해진 나는 사람들이 찾아오기 전에, 옆집에 사는 친구에게 찾아가 서로 합의 하에 가짜 계약서를 만들기로 합니다. 어쨌든 돈을 받으러 온 사람들이 도착했을 때 즈음에는 내 차의 명의는 친구의 것이 되어 건드릴 수 없을 테니깐 말이에요.

그런데 처음에는 의리로 시작했던 이 계약서를 가지고 친구가 급발진합니다. 가짜 계약서를 만든 후에, 이제 자동차의 주인은 자기로 되어 있으니, 진짜로 자기가 자동차를 쓰게 하지 않으면 나를 고소해 버리겠다고 으름장을 놓기 시작해요. 이 경우, 나는 자동차를 고스란히 빼앗겨야 할까요? 다행히 내가 친구와 계약서를 쓸 때의 대화를 들은 다른 친구가 당시의 상황을 모두 증명해주었어요.

나와 친구의 이런 비밀스런 합의통정로 가짜 계약서가 탄생한 것이 증명되었다면, 이 계약은 민법 제108조에 따라 무효가 된다는 거예요. 실제 나의 의사와는 다른 결과를 가져오니깐 말이에요. 다시 말해, 친구는 계약서가 있음에도 불구하고 내 차의 주인공이 될 수 없습니다다만, 친구와 서로 통정한 내용이 다른 누군가를 속여 법적인 권리를 침해하였다면 또다른 법적인 문제가 발생하게 됩니다 .

그런데 여기서 복잡한 일이 발생합니다. 나와 작성한 계약서를 가지고, 친구가 인터넷을 통해 듣도 보도 못한 사람에게 자동차를 절반가격으로 팔아버린 것이었습니다. 이미 돈을 지불한 처음 보는 사람이 나에게 와, 친구와의 계약서를 들이밀며 자기가 새로운 자동차의 주인이 되었음을 주장합니다.

이런 경우에는 말이죠, 우리 민법에서는 득템한 옆집 구매자의 편을 들어줍니다. 일단 통정을 하여 나와 친구가 진짜가 아닌 계약서를 만들었더라도, 거래 사이트에서 광고를 보고 거래를 한 처음 보는 구매자는 이 상황에 대해서 아무것도 모르고 있었다고 할 수 있고, 그러기에 충분히 이 상황을 '그렇구나!'라고 생각할 만한 이유가 있다고 본답니다.

이렇듯 이런 법률상황에 대하여 아무것도 모르는 상황을 앞에서 언급하였듯이 법률용어로 '선의'라고 합니다. 그 차를 산 사람은 '선의의 구매자'가 되는 것이죠. 자동차의 이야기로 말을 했지만, 실제 부동산 시장에서는 이런 상황들이 빈번하게 일어나고 있어요. 흔히 말하는 '명의양도소송'이 그런 것이랍니다. 부동산의 명의양도는 기본적으로 위법행위로 전제하고 있답니다. 그리고 이름을 빌려주는 것은 자칫 타인이 위법한 행위에 엮일 위험이 존재하죠. 우리 법률의 메시지는 명확합니다. 너희들끼리 통정해서 만든 이 상황에 빠져든 '아무것도 모르는 피해자'를 보호하겠다라는 것이에요.

마지막으로 '착오'라는 녀석입니다. 간단히 말하면, 내가 맞다고 생각하고 한 행위가 사실은 아닌 것을 말하죠. 그런데 사실 '착오'라는 것이 인정되기 위해서는 많은 단계가 필요합니다. 사람들 사이에서도 뭔가 불리할 때 가장 많이 말하는 변명 중 하나가, "내가 잘못 알았던 거야, 나는 그래도 되는 줄 알았어!"이기 때문에 정말 착오인지를 판단하기는 쉽지 않죠. 우리 법원에서 착오를 판단하는 기준은 세 가지를 본답니다.

우선 객관적인 의사표시의 내용을 법률행위를 통해 확정해야 합니다. 가령 내가 한 행동이 법적으로 효과가 있는 행동인지를 판단해야 하는 것이죠.

다음으론 정말로 내가 그런 의도가 있었는지를 판단합니다. 마지막으로 의도와 나의 행동의 차이가 '착오'였는지를 판단하게 됩니다. 음, 무슨 말인지 모르겠다고요? 아래의 경우를 볼까요?

부동산의 매매계약에 있어 쌍방 당사자가 모두 특정의 갑 토지를 계약의 목적물로 삼았으나, 그 목적물의 지번 등에 관하여 착오를 일으켜 계약을 체결함에 있어서는 계약서상 그 목적물을 갑 토지와는 별개인 을 토지로 표시하였다 하여도, 갑 토지에 관하여 이를 매매의 목적물로 한다는 쌍방 당사자의 의사합치가 있은 이상 그 매매계약은 갑 토지에 관하여 성립한 것으로 보아야 한다.

_ 대법원 1996. 8. 20. 선고 96다19581, 19589 판결

위의 사건은 1996년 대법원에 선고된 사건입니다. 이 사건에서는 땅을 사고 파는 계약을 하던 두 명의 사람이 등장합니다. 그런데 한 명이 그만 계약서에 지번 땅에 부여된 번호 을 잘못 적었어요. 100번을 적어야 하는데 100-1번을 적은 것이죠. 자, 계약서상으로는 분명한 잘못이 있답니다. 이 계약은 그렇다면 무효일까요? 우선 법적으로는 땅의 주소를 잘못 적은 것 행동 을 했으니 법적효과가 발생하였답니다. 그렇다면 이 사람의 의도를 보아야 한답니다. 정말로 누군가를 속이려고 잘못 적은 것인지, 아니면 단순한 잘못 착오 였는지 말이에요.

우리 법원에서는 이 계약에 대하여 비록 잘못된 지번을 사용했지만, 둘이 사이좋게 계약을 받아들였다는 점을 주목했답니다. 두 사람의 의사가 동일했기 때문에 이 계약은 단순한 착오로 인한 계약이라고 보았던 것이에요. 이 경우, 사는 쪽과 파는

쪽 모두가 원하는 의도가 명확히 일치하기에 큰 문제가 되지않는 '단순착오'라고 보아 계약이 유효하다고 보았답니다.

물론 둘의 의사가 합치되지 않을 경우에는 계약 자체가 무효가 될 수 있답니다. 사실 계약에서 착오는 자칫 나쁜 의도로 사용하면 나의 과실이나 위법행위를 덮는 좋은 회피방안이 될 수 있어요. 그래서 '착오'가 정확히 무엇인지를 판단하는 기준은 많은 연구가 이루어져 왔답니다. 이와 관련된 내용을 살펴보겠습니다.

우선, 내가 표현을 잘못한 경우가 있을 거예요.

카톡으로 여자친구가 "오빠, 나 살쪘지?"라고 말했을 때, "응?" 이라고 해야 할 대답을 실수로 물음표를 빼버리고 보내는 아찔한 경우를 생각해보죠. 이럴 경우에 나는 "무슨 소리야?" 라는 의도를 가지고 있었지만, 단순한 부주의로 "응, 맞아"라는 의미가 됩니다. 그후 나는 아마 무시무시한 결과를 맞이하게 될 거예요. 이렇듯 나의 의도와 결과가 다르게 표현되는 것을 '표시상의 착오'라고 합니다.

비행기 엔진,
모두 꺼지면 어쩌지?

1983년 7월 23일, 비행 중이던 '에어캐나다143편' 보잉 767 비행기에서 다급한 소리가 들려옵니다. 갑자기 공중에서 비행기의 연료가 바닥이 나버린 것이었죠. 비행기의 전원이 다 꺼지고 비행을 도와주는 모든 전자장치가 나가버린 상황, 다행한 것은 베테랑 조종사였던 기장이 무동력 비행기인 글라이더를 많이 몰아본 경험이 있었다는 거예요. 천신만고 끝에 비행기는 60km 떨어진 군사공항에 가까스로 착륙하게 됩니다. 하늘에서 비행기 연료가 바닥난 상황으로, 땅으로 치면 고속도로를 달리던 차가 갑자기 기름이 떨어져 멈춰버린 것과 같은 상황이었죠. 다만, 땅위에서는 차가 그냥 멈추겠지만, 하늘에서는… 더 이상 말하지 않겠습니다. 이 아찔하고 대규모 인명피해가 날 수도 있었던 사고의 원인을 찾던 사람들은 결국 이 사고가 일어난 황당한 이유를 발견하게 됩니다.

당시 캐나다의 공항들이 기존에 사용하던 '파운드Pound' 단위를 버리고 국제규격인 '킬로그램kg'를 단위로 도입하는 상황이었다고 해요. 그런데 기존의 단위에 익숙하던 지상직원들이 연료를 넣으면서 기존에 익숙하던 파운드 단위대로 연료를 넣었다고 합니다. 연료 1파운드는 0.45kg 밖에 되지 않았어요. 결과적으로는 실제 필요한 연료의 절반도 싣지 못하고 비행기가 이륙한 것이었죠.

_트래비매거진, 2019년 12월 3일 기사

그렇다면 이 경우는 어떨까요? 이 내용은 '김리의 글라이더 Gimli Glider 사건'으로 불리는 에어캐나다 143편 불시착 사건입니다. 황당하지만 실제로 일어난 사건입니다. 이 사건에서 보면, 내가 한 행위 비행기에 기름을 넣는 행동 가 무엇인지 명확하게 알고 있지만, 행동을 하는 과정에서 사용단위를 착각한다든지, 용어를 착각한다든지 하는 상황이 벌어질 수도 있습니다. 이런 경우를 우리 민법은 '내용의 착오'라고 부르고 있어요.

마지막으로 이런 착오도 존재합니다. 약 30년 전에 경상북도 김천이란 지방의 땅속에서 따듯한 온천물이 발견이 됩니다. 곧 이곳이 온천이 나오는 엄청난 관광지가 될 거라는 소문이 퍼지면서 사람들의 투기열풍이 불어왔죠. 누구나 땅을 사놓으면 따듯한 온천물이 나온다고 하니, 관광지로 개발되면 큰돈을 벌 거라는 생각을 했답니다. 정부가 이곳을 '온천지구'로 지정하였지만, 이내 이런 열풍도 시들해지고 30년째 땅을 산 사람들은 아무것도 하지 못하고 있다는 이야기입니다. 사람들은 이제 온천지구 지정을 풀어달라고 청원을 하고 있다고 합니다.[29] 이렇게 무언가 이루어질 것을 기대하고 실행을 했지만, 뜻대로 이루어지지 않은 경우도 착오에 해당합니다. 이러한 착오를 '동기의 착오'라고 불러요.

그럼 어느 계약이 맞다는 건가요?

자, 그렇다면 이런 착오를 통해서 손해를 본 나의 계약이 무효가 될 수 있는 것일까요?

대답은 경우에 따라 다르답니다. 내가 정말 주의를 다해서 상황을 체크하였더라면 이러한 손해가 일어날 것을 확인할 수 있었는데, 이런 행동을 하지 않은 경우에는 이를 '중대한 과실'로 봅니다. 사전에 확인을 하지 않았다면, 나의 책임도 있기 때문에 손해를 받아들여야 한다는 것이에요.

이렇게 위의 세 가지 진의, 통정, 착오를 통해 계약 등이 제대로 성사되지 않을 수도 있다는 것을 보았답니다. 그런데 언뜻 보았을 때, 이 세 가지 행위를 세세하게 구분하는 것이 쉽지않아 보여요. 그럼 어떻게 이 행동들을 구분할 수 있을까요?

먼저 나 혼자서 하는 일인가, 아니면 누군가와 같이 하는 일인가를 구분해야 합니다.

내가 누군가와 같이 속이는 행위를 한다면 그것은 '통정'이라고 합니다. 반의 친구들과 짜고 선생님을 속이려는 마음으로 오늘 숙제가 없었다라고 잡아뗀다면, 그것은 선생님에 대한 반 아이들의 '통정'행위가 됩니다.

그렇다면 혼자서 하는 단독행위라면 어떨까요?

이 경우에는 진의 또는 착오가 됩니다. 이 둘을 구분하는 방법은 간단해요. 여기서는 '내가 알았는지 몰랐는지'가 문제가 됩니다. 내가 이 모든 상황을 알고 있었으면서도 진심과 다른 행위를 했다면 '부진의 진의가 아닌' 행동이 됩니다. 반대로 내가 이 행동이 어떤 의미를 가지는지를 모르거나, 지식의 부족 등이나 상황의 오해 등으로 잘못된 실행을 하였다면 나의 행동은 '착오'가 됩니다. 그리고 이런 일정한 요건이 법원을 통하여 받아들여진다면, 나의 법률행위는 무효가 될 수 있답니다.

---

① 사기나 강박에 의한 의사표시는 취소할 수 있다.

② 상대방 있는 의사표시에 관하여 제삼자가 사기나 강박을 행한 경우에는 상대방이 그 사실을 알았거나 알 수 있었을 경우에 한하여 그 의사표시를 취소할 수 있다.

③ 전2항의 의사표시의 취소는 선의의 제삼자에게 대항하지 못한다.

_ 민법 제110조, 사기, 강박에 의한 의사표시

그런데 이런 경우는 어떨까요?

우리 민법 제110조에서는 '사기나 강박에 의한 의사표시는 취소할 수 있다.'라는 조항이 존재합니다. 음, 사기라는 단어는 왠지 익숙합니다. 여러 사건에서 들어봤던 단어이니깐 말이죠. 법률에서 말하는 사기의 의미는 다음과 같답니다.

사람을 기망하여 재물의 교부를 받거나 재산상의 이익을 취득한 자.

_ 형법 제347조, 사기

사기의 의미를 법률적으로는 생각해보면 점점 어려워집니다. 우선 민법과 형법 모두에서 사기죄는 고려의 대상이에요. 개인 사이의 거래를 관장하는 민법의 경우, '사기행위'로 인한 의사표시는 취소의 사유가 되지만, 국가가 범죄자에게 벌을 주는 형법에서 정의하는 사기범은 처벌의 대상이 됩니다. 사기는 중한 범죄행위이기에 엄정한 판단기준이 필요한 거죠. 자, 우리 모두가 판사님이 된 심정으로 사기죄로 끌려온 누군가가 '사기'가 맞는지를 판단해보도록 하죠. 조문 속에서 '기망'이라는 단어가 눈에 보입니다. 기망이란 뭘까요? 교과서의 내용을 찾아보도록 하겠습니다.

> 사기죄의 요건으로서 기망은 널리 재산상의 거래관계에 서로 지켜야할 신의와 성실의 의무를 저버리는 모든 적극적 또는 소극적 행위를 말하는 것이고, 이러한 소극적 행위로서의 부작위에 의한 기망은 법률상 고지의무가 있는 자가 일정한 사실에 관하여 상대방이 착오에 빠져 있음을 알면서도 이를 고지하지 아니함을 말한다.
>
> **_ 대법원 1998.12.8.선고 98도3263판결**

역시 어려운 단어입니다. 가만히 보면 '누군가로 하여금, 잘못된 것을 믿게 하거나 또는 잘못된 것을 알면서도 아무것도 하지 않아 누군가에게 재산상 손해를 미치는 것'을 말하고 있답니다. 영화 〈범죄도시〉에 나온 중고차 판매인 초롱이가 나에게 차를 사도록 이야기합니다.

"이차 새 차 같은 중고차에요."

하지만 사실 알고 보니 이 차는 비가 올 때 물에 한 번 들어갔다가 나온 '침수차'입니다. 멀쩡한 차가 물에 한 번 들어갔다가 나왔으니, 언제든지 기능에 고장이 날 수 있는 차라는 의미랍니다. 초롱이가 이런 사실을 알고 있으면서도 아무것도 모르는 고객들에게 중고차를 팔기 위해서 '이 차는 멀쩡한 중고차'라고 소개했어요. 그리고 고객들이 이 말을 믿고 샀다면, 초롱이의 이런 행위는 '기망'행위가 됩니다.

그렇다면 이런 경우는 어떨까요? 중고차 매장에서 나의 눈에 이 침수차가 눈에 들어옵니다. 너무나 마음에 들어 하는 나에게, 초롱이는 아무 말도 하지 않습니다. 사실 초롱이 이 차가 물에 들어갔다가 나온 것을 알고 있었는데 말이죠. 그런데도 초롱이는 씨익 웃기만 합니다. 그런데 나중에 이 차가 침수차임을 알게 된 나는 화가 나서 초롱이에게 따집니다. 그런 나에게 초롱이가 이야기하죠.

"나는 아무 말도 안 했어요. 아저씨가 이 차가 좋다고 샀잖아요!"

이 경우에 조용히 있던 초롱이는 아무 잘못이 없는 걸까요? 우리 민법에서는 정식으로 등록된 매매회사나 딜러에게는 '고지의 의무'라는 것이 있습니다하지만 개인 사이의 거래에서는 보호를 받지 못할 수 있답니다. 침수와 같이 중대한 사항이 있을 경우에는 꼭 자동차를 사는 사람에게 사전 설명을 해주어야 한다는 것입니다. 이런 경우에도 기망행위는 성립됩니다. 고지의 의무를 다하지 못하였기 때문이에요.

다만 앞에서 언급했듯이 개인 사이의 거래는 이 행위가 위법할지는 따져보아야 합니다. 이렇게 우리 주변에 누군가를 속이겠다는 의도를 가지고, 기망행위를 하는 사람이 있다면 자신 있게 그 사람을 사기꾼이라 불러도 되어요. 물론 그 의도를 파악하고 행동을 알기 위해서는 나만의 힘으론 부족할 수 있기 때문에 주변 사람들의 도움이 필요할 수도 있답니다.

다음으로 강박이란 '내가 너를 해칠 거야!'라고 위협하거나, 그런 의도를 보여줘서 위협하는 행동을 말해요. 글로벌하게 유행하였던 넷플릭스 드라마 〈오징어 게임 시즌1〉을 보면 처음 장면에서 주인공이 경마장에서 빚을 진 깡패들에게 쫓기는 모습이 나옵니다. 화장실에 주인공 기훈을 몰아놓은 깡패들은 계약서를 앞에 들이밉니다. 돈을 갚지 못하면 나의 신체 일부를 떼서 갚을 것을 적어놓은 계약서였답니다. 확인을 하듯 강제로 손도장까지 찍게 하죠.

여기서 문제 하나를 내보겠습니다. 주인공 기훈은 아무리 빚을 졌다고 해도, 신체의 일부를 떼는 것은 아니라고 생각하고 있었습니다. 심지어 이런 계약은 우리 법률에서는 허용하지 않는 것도 알고 있답니다**우리 민법 제103조에는 "선량한 풍속 및 사회질서를 위반한 사항을 내용으로 하는 법률행위는 무효로 한다."라고 정해져 있답니다**. 하지만 기훈의 머릿속에는 그 사채업자들 앞에서 "이 계약은 무효야!"라고 하면서 손도장을 찍지 않으면 혹독하게 두들겨 맞을 것을 상상해서 알고 있었죠. 게다가 화장실에서 갇혀서 사람들에게 둘러싸여 협박받는 당시의 상황이 무섭기도 했을 거랍니다.

그렇다면 이러한 상황에서 주인공이 맺은 신체포기 계약은 효력이 있는 걸까요? 정답은 주인공이 처한 이런 상황은 전형적인 강박에 해당합니다. 우선 주인공에게 돈을 받기위해 찾아왔던 사채업자들은 쉽게 돈을 받아내기 위해 '주인공이 겁을 먹게 하도록 만들겠다.'라는 의도가 있습니다. 그런데 단순히 주인공이 겁을 먹게만 만드는 게 아니에요. 강박이 형성되기 위해서는 하나가 더 필요합니다. 바로 '주인공이 공포심을 느끼게 해서 나에게 돈을 갚도록 만들겠다.'라는 또 하나의 의도가 필요해요. 이렇게 '2단계의 고의'가 있어야 비로소 '강박'이라는 상황이 만들어 지는 거예요.

드라마에서 보았듯, 강제로 힘을 행사해서 나의 공포감을 부추기는 행위 외에도 침묵을 하면서 나를 노려보며 겁을 주어 원하는 것을 받아내는 행위 역시 '강박'의 원인이 됩니다. 이렇게 경우에 따라선 침묵하는 상대방의 행동도 강박의 원인이 될 수 있답니다. 이렇듯 강박의 행위가 발생할 경우, 당연하겠지만 그 행동으로 인해 체결된 계약이나 의사표시는 원칙적으로 무효가 된답니다. 물론 강박이 없더라도 신체를 담보로 하는 계약 자체는 헌법의 정신에 위배되어 원천적으로 무효이지만 말이에요.

무효냐 취소냐 그것이 문제로다

혹시 지금까지 글을 보셨다면, 법학자들이 중요하게 생각하는 것이 무엇이라고 생각하시나요? 법학을 하는 사람들은 언어학자들만큼이나 단어의 의미를 중요하게 생각한답니다. 네, 그래요. 단어 하나 때문에 이기고 질 수도 있는 사건들을 다루다 보면, 법학자들이 왜 단어를 중하게 생각하는지를 알 수 있습니다. '무효'와 '취소'를 구분하는 일 역시 그렇답니다. "이건 무효야!" 라는 말과 "이건 취소야!" 라는 말도 큰 차이가 있답니다.

"이건 무효야!"라는 말을 살면서 한 번 쯤은 해보았을 거예요. '무효'라는 말의 의미를 그 사람들에게 물어본다면, 대부분의 사람들은 무언가 효력을 잃은 행위를 떠올릴 거예요. 우리가 이건 무효라고 주장하는 단어 뒤에는, 처음부터 이 일은 성립되지 않는다라는 의미도 들어 있답니다.

우리는 이미 무효에 대하여 앞에서 언급했어요. '의사무능력자의 법률행위', '사회질서나 풍속을 위반한 법률행위', '비진의, 통정 및 허위에 의한 의사표시' 등은 무효의 사유가 됩니다. 또한 말이 필요 없는 '강행법규의 위반' 역시 무효의 사유가 된답니다. 자, 그렇다면 문제를 하나 내어보죠. 도박빚을 갚는다고 쓴 계약서는 갚을 의무가 있을까요?

A와 알고 지내던 사이였던 B라는 사람이 있었어요. B는 A가 말하는 "도박자금을 빌려주면 빠른 시일 내에 갚겠다."라는 말을 믿고 A에게 돈을 빌려줬어요. 그런데, 돈을 빌려간 A가 몇 달째 돈을 갚지 않습니다.[30] 문제는 우리 사회에서 '도박'이라는 행위는 법으로 금지되어 있다는 거예요. 가슴이 타 들어가던 B는 A에게 빌려준 도박자금을 다시 받을 수 있을까요? 우선 A에게 돈을 빌려준 B는 이 자금이 불법적인 일에 사용될 것을 알고 빌

려줬답니다. 우리 민법 제746조에 '불법원인급여'라는 내용이 있어요. 급여란 말은 누군가에게 줬다는 말이에요. 내가 누군가에게 나의 재산을 줬거나 서비스를 제공해줬는데, 하필 그 결과로 불법적인 일이 일어날 것을 알고 있었답니다.

이런 경우에는 불법원인급여가 성립되어 결과적으로 B는 빌려준 돈을 돌려받을 수 없게 된답니다. 우리 법률은 불법적인 행위는 권장하지도 보호하지도 않는답니다. 그러기에 도박이란 행위 역시 보호의 범위에 들어가지 않는 거에요.

그렇다면 이런 경우는 어떨까요? 이것이 맞는지 아닌지 모르는 상황이 있다면 말이에요. 법률행위에서 취소권자가 취소권을 행사해서 받아들여진다면, 그 법률행위는 효력을 잃게 됩니다. A와 B가 인터넷에서 물건을 사는 계약을 맺었어요. 물건을 사는 계약은 정상적으로 이루어졌답니다. 그런데 물건을 사고 나서 나의 구매의도와는 다른 물건이 왔어요. 물건을 산 행위에서는 별다른 법적문제가 있지는 않았습니다. 하지만 나는 반품기간 안에서 매매계약을 취소할 수 있는 권리를 가지게 됩니다. 다만 취소의 권리는 일정기간 안에 행사해야 한다는 제약은 있어요. 반품 등이 가능한 기간이 지나면 매매계약의 취소는 불가능해집니다.

또 다른 옵션으로 물건은 다를지라도 구매자가 매매계약을 취소하지 않겠다라고 이야기를 하고 계약을 받아들일 수도 있답니다. 이러한 행동을 '추인'이라고 해요. 추인을 통해서 나는 나에게 주어진 '취소권'을 포기할 수 있고, 이전에 한 행동은 법적으로 효력을 가지게 됩니다.

기한이 정해졌습니다, 시효가 완성되었습니다!

법률이 다루는 모든 사건이 한도 끝도 없이 그 시간이 지속된다면 어떤 일이 생길까요? 아마 모든 민사상의 계약은 모호한 내용들로 큰 혼란이 일어날 거예요. 그렇기 때문에 계약서에는 대부분 계약기간이라는 것이 존재한답니다. 그런데 여러분들이 생각하는 '기한'이란 어떤 형태인가요?

사람들의 MBTI에 따라 다르기도 하겠지만, 기한을 정하자고 했을 때 칼처럼 정확하게 '2025년 1월 1일부터 6월 30일까지 나랑 연애하자.'처럼 정해서 말하는 사람들이 있는가 하면, 두루뭉술하게 '지금 사귀는 친구가 없다면 사랑이 끝날 때까지 연애하자.'라고 말하는 경우도 있답니다. 처음 같이 말하는 경우는 '확정기한'이라고 해요. 당연히 두 번째 경우는 '불확정기한'이라고 부른답니다. 자, 나의 입장에서는 어떻게 말하는 친구가 더 매력이 있을지는 사람마다 다르겠지만 어쨌든 법적으로는 두 가지 모두가 기한이라 불릴 수 있답니다.

우리는 법률 드라마나 영화를 보다보면, "시효가 완성되었습니다."라는 말을 곧잘 듣게 됩니다. 시효가 지나면 더 이상 법률적인 심리를 하지 못하는 것처럼 그려지곤 하죠. 민법에서의 시효 역시 존재한답니다. 그렇다면 이런 시효는 어떤 종류와 의미를 가지고 있을까요? 우리 민법에서 이야기하는 시효란 사건이 발생한 시점부터 일정 시간이 지나면 그 상태를 인정해 주거나 반대로 사라지는 것을 말해요.

2012년 한 무리의 사람들이 일본 대마도의 한 절에 모셔져 있던 부처님 조각상불상을 훔쳐옵니다. 어찌저찌 불상을 한국에 가져온 이들은 몰래 불상을 처분하려다가 한국 경찰에 잡히게 되죠. 문제는 여기서 시작되었습니다. 알고 보니 이 불상, 사실 일본이 오래 전에 한국에서 약탈해간 불상일 확률이 높았던 것이었죠. 도난을 당한 일본에서는 불상을 돌려달라고 했고, 우리나라에서는 많은 논란이 일어나요. 따지고 보면 우리도 도둑맞은 물건이고 원래 우리 불상인데, 굳이 다시 일본에 돌려줘야 하는지에 대한 논의였답니다. 우리 법원에서는 이 불상에 대하여 판결을 내리게 됩니다. 아쉽지만 불법행위로 가져온 물건이니 돌려줘야 한다는 거예요.[31]

우리 법원이 일본측의 손을 들어준 이유 중 하나로 '취득시효'라는 단어가 나옵니다. 우리 법원에서는 이 불상이 도둑을 맞았지만, 법으로 정하는 소멸시효20년가 지났으니 일본의 소유물로 보아야 한다는 논리였어요.

---

① 채권은 10년간 행사하지 아니하면 소멸시효가 완성한다.

② 채권 및 소유권 이외의 재산권은 20년 간 행사하지 아니하면 소멸시효가 완성한다.

_ 민법 제162조, 채권,재산권의 소멸시효

이렇듯 법으로 정하는 일정 기한 안에 주인이 권리행사를 하지 않았다면, 법이 정한 기간이 지났을 경우 그 사람의 물건이라

보아야 한다는 것이에요. 바로 이렇게 일정 시간이 지나면, 주인의 소유권이 사라지는 것을 '소멸시효'라고 합니다. 반대로 시간이 지나서 누군가에게 그 소유권이 발생하게 되는 것을 '취득시효'라고 해요. 문화재에 대한 판결의 경우는 우리 입장에선 충분히 억울하고 화가 날 수 있어 보입니다. 오래 전에 우리 땅에서 약탈당한 물건이 바다를 넘어가서 찾아올 수 있는 상황도 아니었는데, 불법적인 방법이지만 다시 찾아왔더니 돌려보내야 하다니 말이에요. 이렇듯 법을 적용했을 때 현실의 여론과 다르게 판단되는 부분들이 존재한답니다.

다음의 경우를 살펴볼까요?

보통 엄마들이 말 안 듣는 아이들에게 등짝 스매싱을 날리면서 하는 고정대사들이 있습니다. 이 중에서 '이눔의 자식, 내가 지금까지 너를 먹여주고 키워준 돈이 얼만데!' 도 그 가운데 하나일 거예요. 그런데, 생각해보니 억울한 부모님들이 양육비를 받아낼 수 있을까요? 아, 물론 부모가 자녀를 상대로 양육비를 받아낸다는 건 상상하기 힘든 일이에요, 우리 민법 제913조에는 '친권자의 자녀에 대한 보호, 교양의 권리의무'가 규정되어 있어요

우리나라에서 이런 다툼이 실제로 있었답니다. 부부가 이혼한 후, 아이를 맡아 기르던 한 쪽이 아이가 어른이 된 후, 지금까지 아이를 기른 양육비를 이혼한 다른 배우자에게 내놓으라고 청구하였던 내용이었어요. 문제는 아이가 성인이 된 후, 23년이 지난 시점에서 양육비에 대한 소를 제기하였던 것이었어요. 예전에 법률상으로는 아이의 양육에 관련된 비용은 기한 없이 청구가 가능했답니다.

하지만 재판부에서는 이 점이 불공평하다고 보았어요. 비록 내가 부양의 의무를 이행하지 못하였더라도, 평생 동안 누군가에게 양육비용에 관한 청구나 소송을 당할 수 있다는 불안감을 안고 사는 것 역시 문제가 있다고 본 것이에요. 법원은 이점을 들어, 양육에 대한 비용은 일반 채권과 같이 아이가 어른이 되고 나서 10년 안의 기간에서 청구가능하다고 보았답니다.[32]

그렇다면 다시 질문할 수 있어요. '시효'라는 걸 왜 두어서 사람들을 헷갈리게 하는 것일까요? 우리 판례에서는 이렇게 설명하고 있어요.

> **시효제도의 존재 이유는 영속된 사실 상태를 존중하고 권리 위에서 잠자는 자를 보호하지 않는다는 데 있다, 특히 소멸시효에서는 후자의 의미가 강하다.**
>
> **_ 대판 1992.3.31. 91다3205**[3]

다시 말해 어떤 상태가 계속되고 있어왔기 때문에 이런 상황을 최대한 존중해서 사회 구성원들의 안정감을 보장하고, 더해서 내가 가지고 있는 권리를 제때 행사하지 않는 게으름뱅이들에겐 '빨리 권리를 행사하지 않으면 너의 권리를 무효로 해버릴 거야!'라는 압박을 주어, 당사자들이 권리를 행사하도록 만드는 효과를 주고자 하는 거랍니다.

이런 자신의 권리를 행사하지 않는 게으름뱅이를 바로 '권리 위에 잠자는 자'라는 조금은 고상한 단어로 칭합니다. 이처럼 법은 법전에 여러 가지 권리를 써놓곤, 사람들의 권리를 보장해주려 하지만, 또 그 권리를 행사하지 않는 사람에게는 냉정하게 이야기한답니다.

'이게 내가 잘 되자고 하는 거야? 사실 네 권리야, 네가 지켜야지!' 이런 걸 보면 현대를 살아가는 우리에겐 최소한의 법률적 지식이 필요하지 않을까 합니다. 나도 모르는 사이에 '권리 위에서 잠자는 자'가 되지 않기 위해서 말이에요.

시간이 멈추는 지점, 제척기간

법률상의 용어로 '제척기간'이라는 것이 있답니다. 시효와 같은 것 같지만 자세히 보면 다른 단어에요. 제척기간 역시 어떤 권리의 행사에 대한 기간을 말합니다. 그리고 기간 안에 권리를 행사하지 않으면 당연히 권리가 사라지게 됩니다. 그런데 소멸시효의 경우에는 한 가지 생각해볼 점이 있답니다. 가령 어떤 재산에 대한 권리를 20년 동안 행사하지 않으면, 소멸시효가 되어 권리가 사라진다고 해보아요.

그런데 중간에 내가 법원을 통해서 물건을 압류한다거나 하는 나의 권리행사를 하는 행동을 하면 시효는 중단이 됩니다. 하지만 제척기간이라고 정해진 경우에는 이러한 행동이 있어도 그 기간이 중단되지 않는답니다. 무슨 말이냐고요? 요즘에는 이혼이라는 단어에 대한 거부감이 많이 줄었습니다. 그렇지만 좋지 않은 이야기로 서로 이혼하는 경우 기분이 개운할 수는 없을 거예요. 자, 남편이 바람핀다는 것을 알게 된 부인이 이혼이 가능한지 내용을 확인해 보았답니다. 우리나라는 결혼 후에 이혼을 위해서는 합당한 사유가 증명되어야 해요.[33]

전조 제1호의 사유는 다른 일방이 사전 동의나 사후 용서를 한 때 또는 이를 안 날로부터 6월, 그 사유 있은 날로부터 2년을 경과한 때에는 이혼을 청구하지 못한다.

_ 민법 제841조, 부정으로 인한 이혼청구권의 소멸

부인의 입장에서는 당장 이혼하고 싶은 심정이겠지만, 한 가지의 문제가 있답니다. 바로 우리 민법 제841조에서 말하는 '부정으로 인한 이혼청구권'에 대한 내용이에요. 이혼의 사유로는 '배우자 한 쪽이 부정한 행위를 하였다고 알게 된 때로부터 2년, 혹시나 그런 행동을 용서해줬거나 동의해 주었을 경우 6개월 안에 이혼이 가능하도록' 명시가 되어 있답니다. 예전에 배우자가 한 결혼계약 위반행위를 알게 되었다면, 2년 안에 그 책임을 물어야 한다는 거예요. 따라서 이혼을 하려면 이런 제척기간을 벗어나는지의 여부도 살펴봐야 합니다. 놀랍지 않나요? 이런 개인 사이의 결혼에도 구체적인 숫자로 기간이 정해져 있고 수치로 기준이 정해져 있다는 것이 말이에요.

법적재산은 무엇인가요?

이제 재산에 대한 이야기입니다. 혹시 앞에서 말했던 민법의 원칙이 기억나시나요? 그중 하나가 '소유권 절대의 원칙'입니다. 내 것을 내 것이라고 말하는 것이 뭐 대단한가 싶기는 하지만, 앞에서도 이야기 드렸듯이 이러한 권리를 법으로 보장하게 되었다는 것은 인간의 역사에서 보면 엄청난 일이었답니다. 강한 자가 항상 모든 것을 가지기만 하던 세상에서 나의 노력으로도 무언가를 가질 수 있고 함부로 빼앗기지 않는 사회가 되면서 인간의 문명이 발전할 경제적 동력이 생긴 것이었죠.

이러한 법적인 토대를 바탕으로 이제 열심히 일한 사람들이 자신의 재산을 늘릴 수 있는 '자본주의'가 나타나게 됩니다. 그렇다면 법률이 보장하는 가질 수 있는 권리는 어떻게 구성되어 있을까요? 우선 머릿속에 생각해야 할 것이 물건과 소유의 권리입니다.

무슨 이야기냐고요? 아래의 경우를 생각해보도록 해요.

나는 편의점에 가서 포켓몬 빵 하나를 사려고 돈을 건넸답니다. 그런데 무슨 이유인지 편의점 아저씨가 포켓몬 빵을 주지 않고 있습니다. 아저씨는 돈을 돌려주면서 내일 재고가 들어오니 다시 오라는 거죠. 저는 아저씨에게 내일 들어오는 포켓몬 빵, 특히 그 안에 있는 스티커가 필요하니 먼저 돈을 내고 가겠다고 합니다. 그리고 다른 사람에게 먼저 팔아버리지 말라고 이야기를 했습니다. 단순한 상거래가 성립되었답니다.

그런데 나와 편의점 아저씨 사이에는 정확히 어떤 관계가 발생할까요? 우선 편의점 아저씨와 나의 계약이 성립되었습니다. 편의점 아저씨는 나에게 포켓몬 빵을 줘야하는 의무급부가 생기고, 나는 포켓몬 빵에 대한 대가를 지불했기 때문에 빵을 달라고 요구할 수 있는 권리재산이전청구권이 생기게 됩니다. 하지만 이런 권리를 '채권'이라고 해요. 그런데 하나 생각해볼 것이 있답니다. 비록 내일 포켓몬 빵물건이 오면 받는다는 약속을 하긴 했지만, 지금 나의 손에는 포켓몬 빵이 들려 있지 않습니다. 그렇다면 나는 정말 포켓몬 빵을 가졌다고 할 수 있을까요?

다음 날 아침 일찍 나는 편의점으로 향합니다. 당연히 포켓몬 빵과 스티커가 목표이기 때문이에요. 하지만 빵을 달라고 하는 나에게 편의점 아저씨가 이야기합니다. 새벽부터 나의 뒷자리에 앉은 친구가 편의점 문 앞에서 기다리다가, 편의점에 포켓몬 빵 차가 오자마자 모두 사가지고 갔다고 말이죠. 이런! 우리 동네 상도덕은 어디로 갔을까요? 법 없이도 살 사람인 나는 화가 나서 반으로 뛰어가 친구에게 포켓몬 빵을 내놓으라고 소리칩니다. 그런 나를 지켜보던 친구는 말합니다.

"야, 그 빵이 너 꺼야? 내가 산 건데 내 꺼지, 너가 표시해놨어?"

말문이 막힌 나는 화를 가라앉히고 곰곰이 생각해봅니다. 그러고 보니 나에게 친구가 포켓몬 빵을 줄 이유가 있을까요? 사실 빵을 나에게 먼저 주기로 한 약속은 편의점 아저씨와 나만의 약속인데 말이에요.

여기서 우리 민법의 중요한 개념이 등장해요, 우리 민법에는 '물권'과 '채권'이라는 개념이 있답니다. 이 거래를 자세히 살펴보아요. 거래의 중심에는 포켓몬 빵물건과 빵을 팔기로 한 약속권리이 있어요. 민법상으로 편의점 아저씨와 나는 어제의 계약을 통해, 일종의 채권 · 채무 관계가 형성이 되었답니다. 아저씨가 나에게 돈선금을 먼저 받고 "포켓 빵을 너에게 먼저 주겠노라!" 라고 이야기 하면서 나는 아저씨에게 '포켓몬 빵을 나에게 줄 것을 요구할 권리채권'가 생겼어요. 아저씨는 나에게 '빵을 제공할 의무채무'가 생긴 거랍니다.

그런데 자세히 생각해보니, 나는 아저씨와 어제부터 가게에는 없는 '상상 속의 포켓몬 빵'이라는 물건을 가지고 이야기를 하고 있었어요. 그 빵은 아마도 공장에서 만들어지고 있었거나, 아니면 창고에서 보관되고 있었거나, 길 위에서 배달 중이었겠죠. 엄밀하게 말하면 편의점 아저씨와 나는 실제 물건을 빼고, 서로의 권리만을 거래한 것이 됩니다. 앞에서 이야기 했듯 이렇게 소유권에 대한 약속된 권리를 '채권'이라고 해요. 하지만 이와는 별도로 포켓몬 빵 자체를 소유하는 권리를 생각할 수 있을 거예요. 이렇게 내 손 안에 포켓몬 빵을 직접 가지고 처리할 수 있는 권리는 '물권'이라고 합니다.

자 문제는 여기서 생긴답니다.

나와 편의점 아저씨는 계약 비슷한 하나의 관계가 생겼답니다. '채권'이라는 이 관계는 사람사이에서 생기는 관계이고, 다르게 말하면 '채권자나'와 '채무자편의점 아저씨' 사이에서만 생기는 권리랍니다. 이 관계는 다른 사람에 대해서는 영향을 미치진 않아요.

하지만 진짜 포켓몬 빵을 가지는 권리물권은 다른 성격을 가지게 됩니다. 물권은 사람과 물건 사이의 관계를 규정하기 때문이에요. 실제 포켓몬 빵이 나에게 전달되기 전이기 때문에, 이 물건에 대한 권리는 아직 편의점 아저씨에게 있게 됩니다. 더욱 정확히 말하면 이 문제는 물건을 만든 공장과 편의점 아저씨 사이의 계약이고, 그 상황에서 빵이 위치하고 있는 장소와 각 구간을 담당하는 사람들의 계약관계를 따져보아야 합니다.

이제 나는 고민에 빠집니다. 여기서 내가 할 수 있는 건 무얼까요?

우리 법률상으로는 '물권'은 '채권'적 권리에 앞서게 됩니다. 이 말은 제가 경찰관과 함께 친구를 찾아가 포켓몬 빵을 가져갔다고 호소해도, 친구가 가지고 있는 물건을 소유한 권리를 침해할 순 없다는 의미에요. 그래서 물권을 다른 사람에게도 주장할 수 있는 '절대적'인 권리라고 한답니다.

그렇다면 억울한 나는 어떻게 해야 할까요? 나의 머릿속에 어제 편의점 아저씨에게 준 선금이 생각납니다. 돈을 서로 교환하면서 편의점 아저씨는 나에게 물건을 주기로 약속채권을 했어요가 있답니다. 편의점 아저씨가 나에게 약속채무을 이행하지 않았기 때문에 발생한 나의 피해를 청구할 손해배상 청구권이 생깁니다. 당연히 내가 어제 아저씨에게 준 선금 역시 받아야 하구요. 더해서 포켓몬 빵 안에 있는 스티커를 많은 돈을 받고 팔 수 있다고 다른 반의 친구와 약속을 하고 물건이 들어오기만 기다리고 있었다면, 편의점 아저씨의 계약불이행으로 그 기회가 사라졌으니 그로 인한 손해배상 청구 역시 가능하답니다.

그런데 친구의 말을 들어보니 궁금합니다. 저 포켓몬 빵이 누구 것인지 어떻게 알 수 있을까요? 친구의 말처럼 표시한 것도 아닌데 말이에요.

자, 우선 거래를 통해서 움직였기 때문에 계약서가 있을 수 있답니다. 하지만 이런 계약을 당사자들 사이의 문서입니다. 포켓몬 빵 공장 사장님과 편의점 아저씨 둘의 계약을 내가 알 수는 없습니다. 이렇게 당사자들의 계약을 다른 사람이 알게 하기 위한 일정한 형식이 필요합니다.

가령 계약을 통해 채권의 방식으로 증거를 남겼다면, 변호사 사무실을 통하여 '공증'이라는 방식을 사용해 다른 사람들에게도 공식적인 확인을 해줄 수 있습니다. 그렇다면 실질적인 물권에 관한 권리인 물권은 어떻게 알 수 있을까요? 모두가 물권을 알게 하기 위해서는 부동산집과 같은 움직일 수 없는 재산은 '등기登記'를 동산움직일 수 있는 재산은 '점유占有'라는 방식이 필요합니다. 가령 등기소에 가서 '이 물건은 누구누구의 것입니다.'라고 다른 사람들도 알아볼 수 있도록 등록하는 행위가 등기입니다. 그리고 이렇게 다른 사람들에게 나의 소유를 알리는 것을 '공시公示'라고 한답니다.

공시제도

공시제도는 물권제도에서 큰 특징이에요. '이 물건은 내 물건이다'라고 세상에 공포하는 행위가 필요하다는 것입니다. 그렇다면 이 공시제도는 어디서 온 것일까요? 로마시대는 서양 사람들에겐 황금기처럼 여겨졌답니다. 사실상 처음이자 마지막으로 러시아와 독일을 제외한 대부분의 유럽이 하나로 통합된 때였으니 말이에요. 이 당시 만들어진 로마법은 유럽국가에 영향을 주었고, 지금도 많은 국가들의 법령 속에 스며들어 있답니다. 우리나라 민법도 마찬가지랍니다. 우리나라 민법은 독일 민법에서 많은 부분을 받아들였답니다.

그런데 로마법 외에도 또 독일법에 영향을 미친 법률이 있어요. 바로 게르만법이에요. 잘나가던 로마도 라인강 동쪽 지역, 지금의 독일지역을 점령하는 데는 실패하였답니다. 그리고 당시 '게르마니아'라고 불린 이 지역은 고유한 자신들만의 문화를 유지하게 되었죠. 이 지역에 대한 상황을 알 수 있는 몇 가지 자료들이 있어요. 카이사르의 '갈리아 전기'나 타키투스의 '게르마니아'라는 기록들이 그것이죠. 그런데 이 지역을 이해하고 지배하는 것은 그렇게 녹록하지 않습니다.

당시의 기록을 자세히 살펴보면, 우리가 말하는 '물권'이 이 지역에서는 조금은 터프한 형태로 발휘되었음을 알 수 있어요. 게르만 지역에서는 물권이란 개념의 단어를 '게베레Gewere'라고 불렀다고 해요. 이 게베레가 성립되기 위해서는, 내가 가지고 있는 물건을 다른 사람들에게 확인시키는 행위가 필요했다고 해요. '이것은 내가 전쟁을 통해, 또는 누군가와 결투를 통해 가지고 온 것이니 나의 것'이라는 선언이 있고, 이 선언에 대하여 불만이 있는 사람은 덤벼라는 '자력구제'의 성격이 강했다고 해요. 이렇듯 '공시성'은 게르만법의 큰 특징 중 하나입니다.

—가츠다 아리츠네 외 지음, 문준영 외 옮김,
《개설 서양법제사》, 민속원, 2020 **중에서**

물건을 가지는 방법

물권이 성립되기 위해서는, 그 물건을 내가 '직접' 지배해야 해요. 위의 포켓몬 빵의 사례를 다시 보겠습니다. 나는 빵에 대한 권리를 계속 주장하지만, 실제 그 빵이 내 손 안에 있었던 적은 없었답니다. 이렇게 물권이란 것이 성립되기 위해서는 어떤 물건이든 누군가의 지배 하에 있어야 한다는 것입니다.

이렇게 물권이 성립하기 위해서는 '절대성'이 필요하다고 합니다. '절대'라는 말은 물권을 설명할 때 필수적으로 등장하는 말이에요. 단어 그대로 물권이란 다른 모든 권리에 앞서기에 '절대적인 권리'라고 이야기 한답니다. 절대적인 권리이기 때문에 특별한 사람들이 아니라, 세상 모든 사람들에게 주장할 수 있어요. 누군가가 나의 권리를 침해하고자 한다면, 그에 대한 법적인 권리 역시 확실하게 보장되어 있습니다.

> 소유자는 그 소유에 속한 물건을 점유한 자에 대하여 반환을 청구할 수 있다. 그러나 점유자가 그 물건을 점유할 권리가 있는 때에는 반환을 거부할 수 있다.
>
> **_ 민법 제213조, 소유물반환 청구권**
>
> 소유자는 소유권을 방해하는 자에 대하여 방해의 제거를 청구할 수 있고, 소유권을 방해할 염려 있는 행위를 하는 자에 대하여 그 예방이나 손해배상의 담보를 청구할 수 있다.
>
> **_ 민법 제214조, 소유물방해제거, 방해예방청구권**

우리 민법에서 대표적으로 물권을 보장해주는 구문이랍니다. 학교를 오가다보면, 누군가에게 겁을 주면서 돈이나 물건을 빼앗아가는 아이들이 있습니다. 그리고 '나 좀 빌려간다.'라는 이야기를 붙이기도 하죠. 현실에서 크게 죄책감을 가지지 않고 행하는 이런 행위들이 우리 민법에 비추어보면 누군가의 물권을 침해한 엄중한 행위가 됩니다.

그리고 나의 물권을 침해당한 피해자들은 내 물건을 가져간 사람에게 반환청구를 할 수 있고, '빌려갈게.'라고 단순히 말하는 생각 없는 가해자에게 '민법에 따라 담보를 내놓고 가져가라.'고 요청할 수도 있어요. 더해서, 나의 물건을 스스럼없이 가져가려는 이들에게는 '법에 따라 그런 짓'을 하지 말도록 청구할 권리까지 우리 법은 보장해놓았답니다.

물권의 대상이 되는 물건은 독립된 것이어야 해요. 당연한 것이지만 물권이라는 것은 물건에 대한 권리이기 때문에 '어떤 물건에 대한 권리'라는 것이 정확해야 합니다. 가령 'OO동 OO아파트 OOO호' 같은 명확한 주소나 'OO제품' 같은 명확한 명칭이 있어야 해요. 그러기에 원칙적으로는 '하나의 물건은 하나의 권리물권'만이 존재하게 됩니다. 이러한 것을 '일물일권의 주의'라고 해요.

그런데 말이에요. 이런 의문이 가능할 수도 있답니다. '그럼 내가 사는 아파트 건물은 누가 주인인가요?' 아파트나 상가 같은 여러 권리를 가지고 있는 사람들이 모여 있는 건물들은 '집합건물'이라고 한답니다. 자, 이런 집합건물은 전체 건물에 대한 1개의 물권이 성립할 수는 없겠죠내가 사는 아파트가 누군가 한 명의 소유라고 한다면 다음날 바로 반상회가 열리고 난리가 날거에요.

이런 집합건물의 개념은 고대 게르만 사람들의 아이디어가 들어가 있다고 합니다. 게르만 사람들은 물건의 소유권이 나누어 질 수 있다고 생각했데요. 움직일 수 있는 물건동산들은 각자가 소유할 수 있는 재산이지만, 집이나 땅과 같이 움직일 수 없는 물건부동산들은 개인의 소유를 완전히 인정하지 않았다고 해요. 여기서 공동소유의 개념이 발생하였다고 합니다.[34]

마지막으로 물권은 언제든지 당사자들의 마음에 따라 자유롭게 다른 사람에게 양도할 수 있답니다. 이런 양도성을 제한하는 물권은 원칙적으로는 이루어질 수 없어요. 그렇다면 이런 생각이 들 수도 있을 거랍니다. 편의점 아저씨에게 선금을 주고 내일 빵을 받기로 약속한 나는 저녁에 집에 들어가서 불길한 생각에 빠집니다. 왠지 아저씨가 뭔가 약속을 지키지 않을 것 같은 느낌이든 나는 전형적인 나쁜 오빠가 되어 순진한 동생에게 말합니다.

'야, 내가 내일 포켓몬 빵 받기로 했으니, 내가 아저씨한테 준 선금만큼은 나한테 주고 너가 내일 그 빵을 가져가렴.'

동생이 좋다고 하고 나에게 선금을 줬다면, 둘의 동의 하에 나의 계약채권이 동생에게 양도됩니다. 그런데 이런 상황을 생각한 아저씨가 처음부터 계약에 이런 약정을 넣는 거예요. '빵을 전달할 때, 채무자편의점 아저씨의 동의가 없으면, 채권자나가 아닌 다른 사람에게 줄 수 없다.'라고 계약서를 썼을 경우 말이에요.

물론 현실에서는 이렇게 포켓몬 빵 하나에 진지할 일은 없겠지만, 아저씨와 나 사이에 그런 양도조건이 있었다고 한다면 나는 채권을 다른 사람에게 양도할 수 없답니다. 반면 손 안에 가지고 있는 포켓몬 빵은 이런 제약에 상관없이 다른 이에게 그냥 양도할 수 있어요.

물권을 구분해봅시다!

자, 이런 복잡한 성격을 가지는 물권, 포켓몬 빵 이야기를 들어도 막연하기만 합니다. 그렇다면 정확하게 물권이란 무엇이라고 정의할 수 있는 걸까요? 법전을 열어보면, 우리 민법은 무려 물권을 8가지나 규정하고 있답니다. '점유권, 소유권, 지상권, 지역권, 전세권, 유치권, 질권, 저당권'이 그것이에요. 어떤 단어들은 친숙하기도 하고, 어떤 단어들은 생소할 거예요. 하나씩 넓고 얇게 알아보도록 할게요.

첫째, 점유권이란 어떤 물건을 내가 사실상 지배하고 있는 상태를 말합니다.

그냥 내 손 안에 있는 물건이란 말입니다. 앞에서 이야기한 '금동관음보살좌상' 기억나시나요? 대마도에서 한국 사람들이 훔쳐온 '금동관음보살좌상'이 한국에 와 있어요. 원래 일본에 있던 물건이 한국으로 오게 된 것이죠. 하지만 실제 이 물건의 주인은 일본에 있다라고 판결이 나온 상황이랍니다. 자. 그렇다면 이 불상의 점유권은 한국 정부에 있습니다. 그런데 이 물건에 대한 점유권이 있더라도 모두가 이 물건의 주인이 될 수 있는 것은 아니에요. 물건의 법률적인 정당성은 '본권'이라고 한답니다. 우리 금동관음보살좌상처럼 이렇게 도난을 통해 취득한 물건은 가져간 사람에게 점유권은 있어도 본권은 없는 것이죠.

둘째, 소유권입니다. 소유권이란 실제로 내가 물건의 주인이라는 의미랍니다.

내가 주인이니 물건을 사용할 수도 있고 팔아서 수입을 남길 수도 있어요. 우리 민법의 가장 중요한 원리가 기억나시나요? '소유권 절대의 원칙' 말이에요. 그러기에 우리 민법 제211조부터 제278조까지 많은 부분이 기술되어 있답니다. 이 소유권에 대해서는 기간의 제한이 없답니다.

소유권이 인정된다면 이후에 소멸시효 역시 존재하지 않아요. 하지만 소유권을 보장해주다보니 여러 가지 문제점이 생기게 됩니다. 그래서 현대의 여러 나라들은 개인의 소유권을 존중해주되, 제한이 필요할 경우에는 특별한 법들을 제정하여 제약을 가하고 있어요.

① 어느 토지와 공로 사이에 그 토지의 용도에 필요한 통로가 없는 경우에 그 토지소유자는 주위의 토지를 통행 또는 통로로 하지 아니하면 공로에 출입할 수 없거나 과다한 비용을 요하는 때에는 그 주위의 토지를 통행할 수 있고 필요한 경우에는 통로를 개설할 수 있다. 그러나 이로 인한 손해가 가장 적은 장소와 방법을 선택하여야 한다.

② 전항의 통행권자는 통행지 소유자의 손해를 보상하여야 한다.

_ 민법 제219조, 주위토지통행권

자, 위의 내용은 소유권의 제약이 문제가 되는 대표적인 사례 중 하나입니다. 우리 생활 어딘가에서 일어날 수 있는 상황이기도 하죠. 우리 마을 앞에는 도로로 나갈 수 있는 길은 하나밖에 없어요. 그런데 그 앞의 길은 'K할아버지'라는 사람의 땅이라고 해보죠. 그런데 그 K할아버지가 어느 날 무언가 마음에 들지 않았는지 길을 막아버리곤 이야기 합니다.

"앞으로 너넨 다른 땅으로 돌아서 들어가!"

동네 사람들은 막막하기만 합니다. 그것도 그럴 것이 이 길이 없으면 택배도, 우편도 보내거나 받을 수 없어요. 그나저나 더 문제는 마을에 갇혀서 아무도 옴짝달싹 못하게 된다는 거예요. 사람들이 몰려가서 항의해보지만 할아버지는 물러나지 않습니다. 오히려 길에다 철조망을 치곤 아무도 다니지 못하게 막아버렸어요. 사람들이 뭐라고 하든 '알바 아녀, 내 땅이야!' 를 외치면서 말이죠. 자 이런 경우 어떻게 할까요?

소유권 절대의 원칙으로 보자면, 이 할아버지의 토지소유권은 무한존중해주어야 합니다. 그런데 그렇게 한다면 피해를 받아야 하는 사람이 한둘이 아닐 거예요. 우리 민법 제219조는 이런 경우에 대하여 규정하고 있어요. 당신의 소유권은 존중해주겠으나, '공익을 위해서는 그러면 안 되지 않을까요?'라는 내용도 같이 담고 있죠. 이런 경우에 필요하다고 인정이 된다면 아무리 개인 소유의 재산이라고 해도 강제로 제한할 수 있다는 내용이랍니다.

어떠신가요?

'야, 모두가 쓰는 땅을 막다니 너무한 게 아냐?'라고 생각하면서, 강제로 할아버지의 땅을 사람들에게 돌려주는 것이 맞다고 말할 수 있겠지만, 할아버지는 이렇게 이야기합니다. "여기 땅을 이전에 길로 열어주었더니, 사람들이 밤새도록 왔다갔다하면서 시끄럽게 하고, 얼마 전에는 우리 집 앞에 쓰레기도 버리고 도망간다."라고 말이죠.

음, 이런 경우에 "마을 사람 모두를 위해서 당신만 희생하면 됩니다."라고 말하는 게 과연 바람직한 일일까요? 내 땅 위에서 법을 지키며 살아온 사람들에게 당신만 희생하면 된다라고 하면서 불이익을 주는 사회는 옳은 사회일까요? 여기에 관해서는 민법 제219조의 첫 번째, 두 번째의 단락을 신경 써서 살펴볼 필요가 있답니다.

두 조항이 이야기 하는 것은 이렇답니다. '공공의 이익을 생각해서 개인의 재산을 제한할 수 있지만, 또 한편으로는 가장 개인에게 피해가 적은 쪽으로 아니면 그 피해를 다 보상해줄 수 있는 어느 지점을 찾아야 한다.'는 거예요. 이런 걸 본다면 법적 결정을 내린다는 것은 쉽지 않다는 것을 알 수 있답니다. 미세한 기구를 다루는 장인처럼 중심을 잡는 것이 중요하다는 거죠.

셋째, 지상권이란 용어에서 보이듯 토지 정확하게는 다른 사람의 땅에 건물 또는 그 위에 지어지거나 심어진 것들을 소유하기 위해 그 땅을 사용하는 권리를 말합니다. 지상권에 대한 내용은 우리 민법 제279조에 규정이 되어 있어요. 무슨 말인가 하실 거예요. 음, 우리가 흔히 보는 아파트를 볼까요? 아파트의 건물 안에는 많은 사람들이 살고 있답니다. 그런데 거의 세상 대부분의 아파트는 땅 위에 지어져 있어요. 보통 공사를 하는 곳에서는 건물을 짓기 전에 땅에 대한 권리를 사서 건물을 짓는 답니다.

그런데 이런 경우는 어떨까요?

A라는 회사가 아파트를 만들어 놓았는데, 갑자기 회사가 망해버렸답니다. 그리고 아파트가 건설된 땅이 B라는 회사로 팔렸다고 생각해보아요. 새로 들어온 땅주인은 이 커다란 아파트 건물이 영 마음에 들지가 않습니다. 그래서 B회사는 이제 아파트 사람들을 모두 쫓아내고 커다란 공장을 짓고자 합니다. 그런데 아파트 안에 사는 사람들은 너무나 많아요. 그렇다면 이 모든 사람들은 땅주인이 나가라고 한다고 방을 빼야 할까요? 아파트의 주민들이 땅주인에게 우리는 이 건물을 샀다고 계약서를 보여줍니다. 하지만 B회사의 사장님은 이야기합니다.

"그래서 건물이 세워져 있는 밑의 땅은 누구 꺼지?"

자, 이런 상황에서 토지의 주인이 바뀌었다고 건물의 주인까지 바뀐다고 규정하면 커다란 문제가 발생할 겁니다 땅주인이 바뀔 때마다 땅 위에 사는 사람들은 산불을 만난 토끼들 마냥 여기저기로 옮겨 다녀야 할 거예요. 이런 상황을 방지하기 위해서 우리 민법은 토지에 대한 권리와 그 토지 위에 있는 건축물의 소유권을 분리해놓았답니다. 땅의 주인과 그 위에서 사는 이용하는 사람은 반대의 입장에서 서로를 볼 수밖에 없답니다. 그러기에 우리 민법에서는 법으로 지상권을 행사할 수 있는 경우를 정해놓고 있답니다.

지상권에는 재미있는 권리가 하나 있답니다. 바로 '분묘기지권'이라는 개념이에요. 분묘? 조금 생소한 단어죠? 분묘란 바로 무덤을 의미한답니다. 그런데 이 무덤에도 똑같은 지상권의 개념이 적용된답니다. 무덤이 위치한 땅이 어떤 이유로 주인이 바뀌었다면 어떻게 할까요? 주인이 바뀌었고 무덤이 있는 것이 뭔가 꺼림직하니 그냥 땅주인 마음대로 없애버려도 될까요? 우리나라의 법에는 유교관습이 많이 남아 있어요. 분묘 역시 그런 전통적인 개념이 많이 적용되고 있답니다. 그러기에 분묘에 대해서도 지상권이 성립하는 경우를 법으로 정해놓았어요.

하나는 누군가가 내 땅을 묘지로 쓰게 허락해주는 경우를 말합니다. 쿨하게 땅주인이 내 땅이지만 조상님을 모셨으니 무덤으로 내 땅을 쓰세요.' 이렇게 허락한 경우를 말하죠. 또 다른 경우는 땅주인이 허락을 하진 않았지만 어느 순간, 묘지가 그 땅을 쓸 수 있는 시간시효에 다다른 경우를 말합니다.

타인 소유의 토지에 분묘를 설치한 자는 20년 간 평온공연히 분묘의 기지를 점유한 때에는 시효로 인하여 해 기지 및 벌내에 대하여 지상권에 유사한 일종의 물권을 취득하고 자기소유의 토지에 분묘를 설치한 자가 분묘기지에 대한 소유권을 보유하지 않고 또 분묘를 이장한다는 약정 없이 토지를 처분한 경우에도 처분 후 20년 간 평온공연히 분묘의 기질을 점유한 때에는 역시 전기권리를 취득하는 것이 아국의 관습이다.

_ 대법원 1955. 9. 29. 선고 4288민상210 판결

굉장히 오래전 판결이죠?

무려 1955년에 진행된 재판의 판결을 보면, 누군가가 나의 땅에 묘지를 썼는데 나는 오랜 시간이 지날 때까지 아무런 권리행사를 하지 않았습니다. 판결에서는 우리나라에서는 관습적으로 20년의 시간을 분묘라는 권리를 취득하는 시간으로 보았답니다. 타인의 묘라는 것은 함부로 파내거나 훼손해서는 안 된다는 기본적인 인식을 바탕으로 하고 있는 판결이에요. 마지막으로 나의 땅에 묘지를 쓴 후, 토지를 판 경우에도 땅은 다른 사람의 소유가 되어도 묘지는 나의 소유로 존재합니다.

피자를 시켰는데 가지고 나온 점원이 마치 "토핑은 건드리지 말고 드셔주세요."라고 하는 느낌이라고 할까요? 이렇게 분묘는 생각보다 우리네 생활에 영향을 미치곤 한답니다. 이런 분묘기지권은 현대에도 많은 논란을 일으키고 있어요. 특히 이런 사건에서는 취득시효가 문제가 됩니다. 두 번째의 경우처럼 땅의 주인은 동의하지 않았지만, 그 주인이 부지런하게 자기 땅에 들어와 있는 다른 사람의 분묘에 대해서 퇴거에 관한 권리행사를 하지 않으면, 이름도 모를 누군가의 땅이 내 토지 안에 생기는 것을 우리나라는 인정해주고 있으니까요. 과거에는 이런 경우에 땅주인은 손을 쓰지 못하였답니다.

그런데 비교적 최근인 2021년에 이런 판결이 바뀌게 되었어요. 취득시효가 완성되었더라도 다른 사람의 토지를 점유하고 있으니, 당연히 그 땅의 사용료를 내라는 판결 대법원 2021. 4. 29. 선고 2017다 228007 판결 이 나온 것이었어요. 식민지 생활과 한국전쟁 등으로 많은 사람이 가난한 상태였지만, 시신은 묫자리에 묻어야 한다는 생각이 강해서 각 집의 시신들이 다른 사람들의 땅에 허가받지 않은 상태에서 묻혔다고 해요. 그러기에 현실적으로 분묘에 소유권에 대한 단속을 하기도 어려웠던 상황이었답니다.

하지만 현대에는 화장문화가 발전하게 되었고, 예전에 비해

경제적으로도 소득의 향상이 있었기에 분묘에 대한 인식 역시 바뀌어야 한다고 본 것이었죠. 다만 법원은 내 땅에 있는 분묘의 사용료가 발생하는 시점을 땅의 주인이 '사용료를 내야지.'라고 말하는 시점으로 정해서 예전 사용료까지 무한적으로 금액을 청구할 수는 없게 장치를 마련해놓았답니다.

넷째, 지역권이란 내가 어떤 목적으로 다른 사람의 땅을 써야 할 경우 생기는 권리를 말합니다.

논농사를 짓는 나는 작물들을 키우기 위해서는 많은 물이 필요해요. 그런데 커다란 강 앞으로 내 땅이 아닌 다른 사람의 땅에 수로를 내어야 물을 가져올 수 있답니다. 어떻게 해야 할까요? 이럴 경우 나는 일단 땅을 내어줘야 하는 땅주인과 협의가 필요합니다. 그리고 설정계약을 통하여 그 땅에 수로를 내겠다는 허가도 필요하죠. 듣고 보면 '지상권과 뭐가 다르지?' 하는 의문이 있을 수 있답니다.

지역권은 지상권과는 달리 단순히, 그 땅을 사용하겠다는 권리를 말해요. 내가 '너의 땅을 잠시 사용하겠지만 소유권을 가지지는 않을 거야.'라는 점에서 지상권과는 차이가 있답니다. 과거 로마시대부터 인정되어온 다른 사람의 물건을 이용할 수 있는 권리, 다른 사람의 토지를 이용할 수 있는 권리를 각각 보전해 주었다고 합니다. 그런 흔적들이 남아 우리 민법에도 적용되고 있는 것이에요.[35]

다섯째, 전세권이란 많이 들어서 너무나 익숙한 이야기입니다. 사실 이 전세권이란 굉장히 독특한 우리나라의 제도예요. 전세금이란 돈을 일정 기간 맡기고 다른 사람의 부동산을 점유하는 권리를 얻게 되는 거죠. 그리고 전세권이 사라지면 전세금을 우선적으로 변제받을 수 있는 물권적 권리에요. 전세는 너무나 우리 삶에서 많이 사용되고 있어, 권리를 지키려는 방법들에 대한 내용이 많이 공유되었을 거라 생각됩니다.

우선 '등기'를 통해 전세권을 보호해야 합니다. 그리고 이와는 별개로 계약할 경우에 '확정일자'를 통하여 전셋집에 문제가 생길 경우 보호를 받을 수 있는 장치를 마련하고 있어요. 작년 한 해는 유달리 이런 전 · 월세 관련된 뉴스들이 많았답니다. 그러기에 전 · 월세 세입자들이 본인들의 법적권리를 보호하기 위한 공부 역시 많이 이루어진 시간이 아니었을까 해요.

여전히 기승하는 전세사기에도…
전세권 설정등기는 줄어든 이유

전세권 설정등기는 확정일자를 받는 것과 동일한 효력을 지니지만 보증금 미반환 사고가 발생했을 경우엔 달라진다. 전세권 설정등기는 임차인이 별도의 소송절차 없이 해당 집을 임의경매로 넘길 수 있다. 반면 확정일자는 세입자가 법원에 보증금반환청구소송을 제기해 승소해야 경매로 넘길 수 있다. 이 때문에 전세권 설정은 집주인의 동의를 받아야 해 집주인들이 꺼려하는 경우가 많다.

또 확정일자는 전입신고만 해도 받을 수 있지만 전세권설정은 비용이 들기 때문에 임차인도 굳이 선호하지 않는 경향이 있다. 전세권설정등기를 하려면 수수료 1만 5000원에 '전세금 ×0.24%등록세·지방교육세'를 더 내야한다. 예를 들어 전세 보증금이 10억 원일 경우 기본적으로 241만 5000원이 들어간다. 이와 함께 전문가들은 전세사기로 인해 해당 집이 경매에 넘어갔을 때 선순위로 근저당권이라 가압류가 있으면, 전세권 설정등기가 큰 힘을 발휘할 수 없는 점도 문제라고 설명한다.

_ 조선비즈, 2024년 3월 4일 기사

해당기사를 보면 전세권 설정등기와 확정일자에 대한 이야기를 하고 있답니다. 등기란 앞에서 말씀드렸듯이 등기소에 가서 나의 것이라고 등록하는 행위를 말합니다. 반면 확정일자라는 것은 이사를 왔다는 전입신고를 한 후, 간편하게 동사무소, 법원, 등기소, 공증사무소 같은 곳에서 계약서를 들고 가면 확인을 해준답니다. 이렇게 확정일자를 받으면 문제가 생겼을 경우 보증금의 배당 시에 어느 정도의 보장 장치가 됩니다.

기사에서 보셨듯이 '등기'라는 장치를 하였을 경우 전셋집에 문제가 생겨서 전세보증금을 받지 못하는 경우에도, 나의 권리가 보장이 되기에 살고 있는 집을 내가 경매에 넘길 권리가 생겨요. 하지만 '확정일자'를 받은 후에 경매를 하기 위해서는 법원에 소를 제기하여야 합니다. 이런 면에서 본다면, 나의 권리를 보호하기 위해서는 등기가 더욱 강력한 방법이라고 볼 수 있죠. 그래서 집을 빌려주는 쪽에서는 등기를 좋아하지 않는다는 기사랍니다 **하지만 여러분이 전·월세집에 들어간다면 설정등기는 꼭 필요해요**.

전세권은 현대 사회의 발전과 많은 관련이 있어요. 자본주의가 발전하고 많은 이들이 도시로 몰려들면서, 안정적인 주거지는 필수가 되었답니다. 그만큼 주거의 안정은 사회의 안정과 발전에 중요한 이야기였을 거예요. 2025년을 사는 우리에게도 주거의 안정은 역시 중요한 과제입니다. 이렇게 말씀은 드리지만 사실 법이 모든 사기의 유형에서 지켜주지는 못한답니다. 하지만 어떤 일이 일어나기 전에 우리는 가지고 있는 수단으로 최대한의 방어책을 세워놓아야 할 거예요.

새로운 집에 들어오면 가까운 행정복지센터에 가서 '확정일자'를 받고, 등기소에 가서 '등기'를 통해서 전세권을 설정하고, 또 가능하다면 주택도시보증공사에 가서 '보증보험'을 드는 것을 권하고 싶어요. 음, 글을 쓰다 보니 아직도 우리는 갈 길이 먼 시대에 살고 있구나 하는 생각이 듭니다. 하지만 우리 스스로의 권리를 보호하기 위해서라도 최소한 생활에 관련된 법률 공부는 필수입니다.

여섯 번째, 유치권은 어떤 물건으로 인해 채권이 발생할 경우, 채권이 소멸될 때까지 가치 있는 물건을 담보할 수 있는 권리를 말한답니다.

핸드폰이 고장이 나서 수리를 맡겼는데, 수리가 끝난 후에도 돈을 내지 않으려 찾으러 가지 않으면 어떻게 될까요? 보통 사람들은 내가 맡겨놓은 핸드폰이 걱정되기 때문에 감히 그런 생각하지 못할 거예요. 물건을 수리하는 동안, 나의 물건은 서비스를 제공하는 사람의 손 아래에 위치합니다. 이런 경우를 수리공 아저씨는 나의 물건에 대한 유치권을 가지게 됩니다. 간단하죠?

일곱 번째, 질권은 이해하기 쉬운 권리랍니다. 돈을 빌릴 때, 그만한 신용이 없는 경우 우리는 그만한 가치에 해당하는 물건을 담보로 맡겨놓을 경우가 있답니다. 가장 대표적인 경우가 전당포라는 곳입니다.

영화 〈아저씨〉를 보신 적 있나요? 주인공 원빈이 일하던 물건 가득한 창고 같은 곳은 사람들이 맡기는 물건을 받고 돈을 빌려주던 전당포입니다. 이런 전당포에서 담보로 맡아주는 물건이 대표적인 질권의 모습이에요. 이후에 내가 맡겨놓은 물건에 대해 물건을 맡은 사람이 '질권설정'을 하게 됩니다. 이렇게 질권을 설정해놓으면, 빚을 진 내가 모든 금액을 갚기 전까지 나의 물건은 그 사람의 손에 놓이게 됩니다. 그리고 기한 내에 빚을 갚지 못한다면 질권설정이 된 나의 물건은 경매를 통해 처분될 수도 있습니다.

무엇을 설정할까요?

그렇다면 땅에는 질권을 설정할 수 있을까요?

우리 민법에서는 질권을 설정할 수 있는 대상들을 법으로 정해놓고 있답니다. 우선 움직일 수 있는 가치 있는 물건에 대한 질권동산질권과 어떤 것을 받을 수 있는 권리권리질권를 질권의 대상으로 정하고 있어요. 그런데 질권설정의 기간 동안 전당포는 내가 맡겨놓은 물건을 마음대로 사용할 수 있을까요?

자, 일단 전당포가 점유하는 상태이니 가능할 것 같기도 합니다. 하지만 전당포의 물건에 질권설정이 되었다고 해도, 기간 내에 전당포는 나의 물건을 사용하거나 팔아버릴 권리가 없답니다. 그런 의미에서 질권은 단순히 빚을 갚을 때까지 물건을 잡아놓는 의미가 있답니다. 원래의 주인에게 허락을 받지 않고 마음대로 사용하였다가 돌려놓았다면 다면 이런 사용은 위법행위가 됩니다.

화성화재 공장, 가입 보험금 온전히 못 받는다… 4분의 1이 기업은행 '질권' 설정

대형 화재가 발생한 경기 화성시리튬배터리 공장 아리셀이 보험사에 가입한 보험금을 온전히 보상받지 못할 전망이다. 종합보험에 가입한 물건 중 약 4분의 1이 기업은행 차입금에 대한 질권으로 설정돼 있는 상태다.질권 설정은 채권자가 채권의 담보로 채무자에게 물건을 받는 것을 말한다. 이 경우 아리셀이 대출로 기계나 토지 등을 구입해 보험에 대한 권리 일부도 기업은행이 갖게 된다. …중략… 아리셀이 가입한 KB손보 종합보험 215억 원 한도 중 50억 원은 질권 설정이 돼 있어, 보험금을 수령 시 상당 부분이 기업은행에 귀속될 개연이 큰 것으로 확인된다. 질권설정금액에 대한 보험금은 질권자 동의 없이 청구나 수령이 제한되고, 보험금도 질권자에게 보상된다.

_ 전자신문, 2024년 7월 2일 기사

경기도의 배터리 제조업체인 아리셀에서 화재가 나서, 30명 이상이 사망한 끔찍한 사건이 있었답니다. 기사에서는 죽은 인명 외에도 공장 보상에 대해서도 이야기가 나와 있어요. 아리셀의 공장 화재로 총 215억 원 정도의 보험이 나올 예정인데, 이 중에서 1/4 정도의 금액은 기업은행이 가져간다는 내용이랍니다.

기사를 읽어보면 은행이 처음에 돈을 빌려주면서 일부 설비에 대하여 질권설정을 해놓았다고 해요. 자세히 보면, 보험금의 일부가 질권으로 설정이 되어 있음을 알 수 있습니다. 마치 전당포 창고 안에 맡겨져 있는 금시계처럼 말이에요. 그렇다면 이렇게 물어볼 수 있어요. "질권을 설정하는 것은 전당포 같은 곳에 설정된 물권을 보관해야 하는 것이 아닌가요?"라고 말이에요.

그런데 생각해보면 땅이나 건물들은 아리셀이라는 회사가 매출을 올리기 위해 필요한 자산이에요. 은행이 사장님에게 "성공하세요."라고 하면서 돈을 빌려주었는데, 막상 그 돈을 벌 수단인 기계를 가져가 버리면 문제가 될 거랍니다. 다시 말해 생산

활동에 들어가는 설비나 건물들은 전당포에 물건 맡기듯 어딘가에 맡겨 놓을 수는 없어요. 하지만 혹시 회사가 빚을 갚지 못할 경우를 대비해 여덟 번째, '저당권'이란 것을 설정해서 다른 사람들보다 먼저 이 물건을 처분할 수 있는 권한을 가지게 된답니다. 어른들이 흔히 '저당잡힌다.'라고 말하는 것이 그것이에요.

민법에서는 유치권, 질권, 저당권의 개념이 가장 학생들을 혼란스럽게 한답니다. 여러 가지 다른 구분점이 있지만, 간단히 살펴보면 유치권은 질권과 같이 내 손에서 빚을 갚을 때까지 가지고 있는 담보물이라는 공통점이 있어요. 하지만 경매가 이루어진다면 질권을 설정한 대상자가 가장 먼저 금액을 가져갈 권리 **우선변제권** 가 있답니다. 유치권은 그런 뒤로 순위가 밀린답니다. 저당권의 큰 특징은 물건이 나의 손에 인질처럼 잡혀있지 않다는 것입니다. 하지만 만약 경매 등을 통해 빚을 받아야 할 상황이 발생할 경우, 저당권자 역시 질권처럼 우선변제권이 있어요.

자, 그렇다면 다시 기사를 자세히 보면 의문이 들 수 있어요. 화재가 발생한 아리셀에 제조설비나 부동산에 대해선 분명 돈을 빌려준 은행에게 물건을 맡기는 행위를 하지 않았어요. 전당포에 그 큰 기계를 맡기기는 힘드니 사실 이것은 물건을 직접 잡히는 '질권'보다는 '저당권'이란 표현이 기사에 알맞지 않을까요? 그런데 은행은 해당 공장의 자산들에 '질권'을 설정해놓았습니다. 이런 이유는 사고가 났을 경우 편의성에 있다고 해요.

내가 저당권을 설정할 경우에는 보험 등을 공장에서 어떻게 들었는지를 알 방법이 없어요. 이런 경우 돈을 빌려준 나는 채무를 지고 있는 회사를 항상 감시하고 있다가 보험금이 들어오면 남들 손에 들어가지 못하게 우선 압류해야 하는 절차가 필요합니다. 혹시 이런 절차를 놓칠 경우에는 또 여러 가지를 따져야 하는 번거로움이 있어요, 질권을 설정하면 이 과정이 편해진답니다. 돈을 빌린 아리셀채무자 측이 동의한다면, 보험 등의 가입시에 질권을 설정한 은행채권자은 보험회사에 신청하여 화재가 발생했을 경우, 자신이 돈을 빌려준 한도 내의 보험금을 직접 요청해서 받을 수 있어요. 일련의 절차들이 훨씬 편리하기에 돈을 빌려주는 사람들은 실무에서 질권설정을 한다고 해요[36].

자, 이런 저당 가운데서도 우리가 뉴스나 드라마를 보다보면, '근저당'이라는 말이 심심찮게 나온답니다. 저당권은 저당권인데 앞에 '근'이라는 말이 붙어 있죠. 아니, 저당이면 저당이지, 또 근저당은 뭘까요?

근저당이란 주로 거래관계가 많은 회사들에서 사용한답니다. 나의 담보의 한도가 1억 원인데 지금은 그 정도의 빚을 지고 있지는 않아요. 그렇다면 나는 은행에 내가 회사건물을 근저당 설정을 하는 거에요. 근저당으로 1억 원까지는 인출할 수 있다고 했으니 근저당 1억의 계약을 맺습니다. 이 의미는 지금은 아니지만 언젠가 장래에 거래가 1억 원까지 빚을 지는 것이 가능하다는 뜻이에요. 이렇게 나의 최고액을 설정하고 약정한 날짜에 얼마의 빚을 지고 갚았는지, 남은 빚은 얼마인지 등을 따지는 것을 근저당이라고 합니다. 이해가 쉽게 되시죠? 기존의 저당권이 담보를 잡히고 한 번의 대출 등으로 끝이 났다면, 근저당은 그 거래가 계속적이라는 점에서 차이가 있답니다.

채권이란 무엇인가요?

자, 이제 채권에 대한 이야기를 해보려고 해요. 채권은 사람들 사이에 일어나는 권리랍니다. 음? 그럼 물권은 사람들 사이에 발생하는 권리가 아니냐고요? 앞에 포켓몬 빵 이야기 기억하시나요? 빵이 어디에 있든, 일단 사장님과 못된 친구의 계략으로 나의 빵에 대한 권리가 사라져 버렸습니다. 이렇게 물건과 별도로 사람들 사이에서 발생하는 권리, 무언가를 요청할 수 있는 권리를 채권, 그 권리를 가지는 사람은 '채권자'라고 불립니다. 반대로 무언가를 해야 하는 의무를 가지는 것을 채무, 그 의무를 진 사람을 '채무자'라고 해요.

그렇다면 계약만 하면 채권 · 채무 관계가 성립하는 것일까요? 당연히 그렇진 않답니다. 채권관계가 생겨나기 위해서는 아래의 것들이 필요하다고 합니다. 우선 채권이 성립하기 위해서는 채권의 이행시기까지 확정이 되어야 해요. 가령 언제까지 무엇을 하겠다라고 확정을 해야 하는데, 무언가를 해주기로 한 날짜까지 어떤 것을 해야 하는지급부가 결정되지 않으면 채권관계는 무효가 됩니다. 음, 너무나 당연한가요?

다음으로는 무엇을 해야 하는지가 명확해도 그것이 현실적으로 불가능한 경우가 존재합니다. 이때의 기준은 계약을 서로 할 때를 기준으로 한답니다. 계약할 때를 기준으로 현실적이지 않은 것을 조건으로 걸 경우는 문제가 됩니다.

가령 채무자에게 빚을 갚는 조건으로 와칸타 왕국에 있다는 비브라늄 100kg을 가지고 오라고 할 경우, 우리는 당연히 그 요구를 하는 사람의 얼굴을 쳐다보게 될 거에요. 당연히 이 현실 불가능한 조건으로는 채권관계가 성립되지 않습니다.

그 다음 고려사항은 바로 법에 적합한가 하는 사항이에요. 내가 채권관계를 이행하기 위해서 한 행위가 법적으로 금지가 되어 있거나, 법률에서 금지하는 물품인 경우가 이에 해당합니다. 혹시 셰익스피어가 쓴《베니스의 상인》이라는 고전을 보셨나요? 소설에서는 돈을 빌려준 상인 샤일록에게 주인공은 그 대가로 심장에 가까운 살을 도려내는 것을 계약조건으로 걸었습니다.

소설 속에서의 명쾌한 판단과는 별개로, 이런 무시무시한 조건을 거는 것은 현대 민법의 계약 형태에서는 문제가 있답니다. 가령 빚을 갚기 위해서 누군가의 신체를 훼손하는 행위, 특히 그 대가를 제공하였을 경우 사람의 목숨이 위험하게 된다면 그 계약자체를 무효라고 해야 한다는 거예요. 주인공이 샤일록에게 진 빚을 갚기 위해서 심장에 가까운 살을 도려낸다면 높은 확률로 사망할 겁니다. 그런 위법한 행위를 우리 법에서는 인정하지 않는다는 이야기에요.

다음의 고려사항으로는 채권관계에서의 대가가 사회적인 질서나 선량하게 유지되고 있는 풍속을 해치면 안 된다는 것입니다. 채권계약이 사회적인 질서를 위반하면 안 된다는 것이에요. 아래에 실제 있었던 사례를 살펴보겠습니다.

甲이 캄보디아 국적의 乙과 혼인한 후, 丙 보험회사와 피보험자를 乙로 하고 사망보험금 수익자를 甲으로 하는 생명보험계약을 체결하였는데, 甲이 고속도로를 주행하던 중 화물차를 추돌하는 사고가 발생하여 조수석에 타고 있던 乙이 사망하였고, 이에 甲이 丙 회사를 상대로 보험금 지급을 구한 사안 …중략…보험계약자가 다수의 보험계약을 통하여 보험금을 부정취득할 목적으로 보험계약을 체결한 경우, 이와 같은 보험계약은 민법 제103조 소정의 선량한 풍속 기타 사회질서에 반하여 무효이다.

이러한 보험계약에 따라 보험금을 지급하게 하는 것은 보험금을 악용하여 부정한 이득을 얻고자 하는 사행심을 조장함으로써 사회적 상당성을 일탈하게 될 뿐만 아니라, 합리적인 위험의 분산이라는 보험제도의 목적을 해치고 위험발생의 우발성을 파괴하며 다수의 선량한 보험가입자들의 희생을 초래하여 보험제도의 근간을 무너뜨리기 때문이다.

_ 서울중앙지법 2021.11.17.선고 2016가합55030판결

이 사건은 2021년에 선고가 이루어졌던 판결이에요. 캄보디아 국적의 아내가 한국 남편과 결혼했고, 남편이 아내의 이름으로 보험을 들었답니다. 그리고 자동차 사고가 나서 아내가 사망한 사건이었어요. 사망한 아내를 보면서 법원은 남편의 고의성을 의심했답니다. 특히 동일한 시기에 많은 보험을 들었던 정황

등이 문제가 되었던 사건입니다.

우리 법원은 남편의 행위가 민법 제103조의 선량한 풍속이나 사회질서를 지키지 않은 것으로 보았답니다. 판결문에서도 나오듯 남편이 여러 계약을 부정하게 받을 목적으로 맺은 것은 선량한 풍속과 사회질서를 해치는 행위라고 보았답니다. 이렇듯 무언가 법률만이 아니라, 사회적인 기준으로 보아도 받아들여지지 않는 상태에서 맺어진 채권관계는 무효라고 보았어요.

마지막으로 환산에 대한 문제가 있답니다. 포켓몬 빵이나 보험금처럼 금액이 명확하게 환산되는 경우는 문제가 되지 않지만, 금전으로 그 가치를 산정할 수 없는 경우는 어떨까요? 아래의 조문을 살펴보겠습니다.

> 금전으로 가액을 산정할 수 없는 것이라도 채권의 목적으로 할 수 있다.
>
> **_ 민법 제373조, 채권의 목적**

이 조문을 살펴보면 돈으로 환산할 수 없는 무언가도 채권이 될 수 있다고 합니다. 그렇다면 이런 경우도 채권이 될 수 있을까요? 앞의 이야기를 다시 돌려보겠습니다. 나에게 포켓몬 빵을 팔기로 한 편의점 아저씨가, 나보다 선수를 친 친구에게 먼저 팔아버렸습니다. 사실 나는 빵보다는 포켓몬 스티커가 더욱 가지고 싶습니다. 꿈에서 스티커가 나올 정도로 미련이 남은 나는 친구를 다시 찾아가 그 사건을 다시 이야기해보려고 합니다.

나의 딱한 처지를 들은 친구는 나에게 포켓몬 스티커는 줄 수 없지만, 나를 위해서 초전도체 춤을 춰주겠노라고 약속합니다. 나름 초전도체 춤으로 이름이 난 친구이니 SNS에 동영상으로 올리면 조회수가 나올 거라 예상한 나는 그것도 나쁘지 않을 것 같다며 수락을 합니다. 그런데 막상 춤을 추기로 한 친구가 기한이 지났는데도 춤을 춰준다는 약속을 지키지 않습니다. 두 번이나 친구에게 뒷통수를 맞은 나는 친구에게 법적 책임을 물을 수 있을까요?

이런 경우도 상황에 따라선 친구의 약속이 채무로 인정되어 법률적인 책임이 발생할 수도 있습니다. 사실 '초전도체 춤'이라는 것이 얼마의 가치를 지녔을지, 친구가 춤을 추지 않아 나에게 얼마나 어떤 피해가 발생할지는 불분명해요. 이론상으로는 금전으로 그 가치액을 정확하게 평가할 수 없는 경우라도, 우리들 간의 약속으로 발생한 채권적 행위이기 때문에 춤을 볼 권리가 있는 나**채권자**는 친구**채무자**에게 약속을 이행할 것을 강제로 청구할 권리를 가지게 되고, 손해가 발생했을 경우 손해배상 역시 청구할 수 있답니다. 다만 내가 받은 정신적 피해와 이행되지 않은 약속**댄스**에 따른 배상금을 얼마로 할지, 이 사건이 재판으로 갈 정도의 요건을 갖추었는지 따져봐야 할 문제이지만 말이죠.

> 노예 신분이 되는 경우는 이 밖에도 또 있었습니다.
> 바로 빚을 못 갚았다거나 하는 이유로 자유인을 로마 한복판에 흐르는 테베레 강 건너로 내다파는 경우였습니다. …중략…
> 로마 최초의 성문법인 '12표법' 시대에 심판인이 피고채무자는 30일 이내에 원고채권자에게 채무금을 지급하라는 판결을 내렸는데도 돈 갚지 못했다면, 원고는 피고를 살해하겠다는 위협까지지도 합법적으로 행사할 수 있었습니다. 로마시대에 정중한 요청은 필요 없었습니다. 채권자가 정무관 앞에서 채무자를 강제로 연행할 수도 있었으니까요. …중략…
> 정무관은 채권자가 채무자를 60일 간 쇠사슬로 묶어 감금할 수 있는 권한까지 주었습니다. 그 문제를 해결하기 위해, 3일 연속 피고인을 사람이 북적이는 시장에 세워두고 그가 곤경에 처했다는 것을 공개적으로 보여주어야 했습니다.
> 그럼에도 채무금을 받는 데 실패하면 마지막으로 채무자를 로마제국의 바깥, 즉 테베레강 건너에 있는 노예시장에 팔아서 돈을 받지 못한 채권자들이 수익금을 나누어 가졌습니다.
> 채권자들이 원하면 채무자를 살해할 수도 있었고, 몫에 따라 채무자의 시체를 자를 수도 있었답니다.
>
> **_ 한동일, 《로마법수업》**2019, 문학동네 **중에서**

위의 내용은 과거 로마인들이 채권채무 관계에 대해 생각했던 내용이랍니다.

채무관계를 지키지 않는 사람은 공개적으로 모욕을 받고, 경제적인 능력이 되지 않으면 신체적인 자유를 포기할 것을 강요당하게 됩니다. 더해서 목숨으로 그 값을 대신해야 할 경우도 있었다고 해요. 그리고 죽어서도 편안하지 못했어요. 신의라는 내용은 이처럼 유럽사회에 가장 중요한 덕목 중 하나였답니다.

민법 원칙을 보다 보면 이런 부분에서 동서양의 신뢰라는 단어에 대한 무게의 차이가 많이 느껴지곤 한답니다. 말 한마디, 계약서의 글 하나하나가 가지는 무게를 조금은 실감하시나요? 여기서 다시 민법의 중요한 원칙 중 하나를 다시 되뇌어 보고자 합니다.

"약속계약은 지켜져야 한다pacta sunt servanda."

채권의 종류도 알아봅시다

우리 민법에서는 친절하게도 채권이 될 수 있는 상황을 잘 정리해놓았답니다. 현재 우리 민법에서 채권의 종류로 인정하는 것은, 특정물채권, 종류채권, 금전채권, 이자채권, 선택채권 등 다섯 가지가 있답니다.

첫째, '특정물채권'이란 우선 이름에서 보듯이 '특정한 무엇'인가가 채권의 대상이 되는 경우랍니다. 내가 전달하거나 받아야 할 것들이 명확하고 구체적으로 지정되어 있는 경우가 여기에 속합니다. 그런데 여기서 하나 짚어야 할 것이 있어요. 채권관계에서 받기로 한 급부, 행위나 물건이 문제가 있었을 경우 누구의 문제가 될까요? 포켓몬 빵을 빼앗긴 다음 날, 편의점에 가니 포켓몬 빵을 가져온 친구가 편의점 앞에서 화를 내고 있습니다. 자세히 들어보니 포켓몬 빵 안에 있어야 할 포켓몬 스티커가 없었다는 거예요.

친구는 스티커 없는 포켓몬 빵은 아무것도 없는 거와 마찬가지라고 화를 내고 있죠. 자, 이런 경우에 편의점 아저씨와 친구, 누가 책임을 져야 할까요? 상식적으로는 편의점 아저씨가 물건을 판매한 주인이니 책임이 있지 않을까요? 그런데 들어보니 편의점 아저씨는 본인도 문제가 없다고 해요, 물건을 받을 때부터 친구에게 전달할 때까지 아무런 문제가 없었다는 거죠. 이러한 편의점 아저씨가 해야 하는 보관의 의무를 '선량한 관리자의 주의'라고 합니다 줄여서는 '선관주의'라는 의무랍니다.

포켓몬스터 스티커가 문제가 되었을 때, 중요한 것은 편의점 아저씨가 보관을 잘 했는지입니다. 편의점 아저씨는 물건을 인도해야 할 의무가 있는 채무자이고 아저씨가 해야 하는 보관의 의무는 '선관주의의 의무'입니다. 아저씨가 이 의무를 잘 지켰다면 포켓몬 스티커 사건에서 책임지지 않을 수도 있습니다. 하지만 아저씨가 이런 선관주의 의무를 다하지 못했다면 편의점 아저씨는 책임에서 자유로울 수 없어요.

둘째, 종류채권이란 여러 물건 중에서 일정 수량의 물건들을 주기로 하는 채권을 의미합니다. 말이 어렵죠? 가령 창고에 있는 망고 중에서 10상자를 배달하기로 하였습니다. 이런 경우에는 특정물처럼 A물건, B물건과 같이 정해진 물건이 아니라 비슷한 종류의 물건들을 계약된 수량에 따라 인도하는 것이 됩니다.

그렇다면 이런 경우에 어떤 물건들을 전달해주어야 문제가 없을까요? 우선 물건을 주기로 한 사람과 받기로 한 사람이 서로 합의했다면 그 합의가 우선이 됩니다. 하지만 서로의 합의가 없다면, 그 물건 중에서 평균중등 품질이 기준이 된답니다.

셋째, 금전채권은 단어 그대로 금전의 지급을 내용으로 하는 채권이에요. 금전이란 말은 흔히 우리가 생각하는 화폐를 생각할 거예요. 네, 흔히 우리가 사용하는 지폐나 동전을 이야기합니다. 이런 것을 '금종채권'이라고 한답니다. 또 다른 채권으로는 '외화채권'이 있어요. 우리나라 돈이 아닌 다른 나라의 금액으로 지정되어 있는 채권을 말합니다. 이러한 채권은 우리가 생각하는 통화돈 이외에도 금액으로 표시된 채권, 증권 등의 특정물을 말한답니다.

이런 채권은 물건과 다르게 운송과정에서 훼손 등이 일어날 일은 없어요. 물론 돈이나 증권성 문서가 부패할 일은 없을 거랍니다. 하지만 금전채권은 현대 자본주의 사회에서 많은 다툼을 가져오는 것도 사실이에요. 주로 돈에 관련된 다툼이 그것이죠. 그러기에 채권자들이 제시간에 채무를 받지 못해 일어난 손해배상을 청구하기 위해서는 몇 가지의 조건이 필요하답니다.

① 채권자 받을 권리가 있는 사람은 자신이 손해를 당했고 손해액이 얼마인지를 증명해야 합니다.

② 채무자줄 의무가 있는 사람 에게는 귀책사유책임을 물을 이유 가 있어야 해요

다음으로는 배상액은 통상손해와 특별손해의 기준에 따라 정해집니다. 손해의 기준은 따져보아야 해요. 다만 민법에는 이

런 금전채권을 제때 갚지 못할 경우에 대한 특별 규칙이 있답니다. 아래의 조문을 한번 볼까요?

> ① 금전채무불이행의 손해배상액은 법정이율에 의한다. 그러나 법령의 제한에 위반하지 아니한 약정이율이 있으면 그 이율에 의한다.
> ② 전항의 손해배상에 관하여는 채권자는 손해의 증명을 요하지 아니하고 채무자는 과실 없음을 항변하지 못한다.
>
> **_ 민법 제397조, 금전채무 불이행에 대한 특칙**

금전채무, 다시 말해 돈을 갚지 않는 행위에 대하여는 받을 권리가 있는 채권자는 별도로 손해가 입었다고 증명할 책임이 없고, 금전채권을 갚아야 할 사람 역시, 상황이 어떠하든 채무를 이행해야 합니다. 그리고 손해배상액은 위의 조항에 따라 채권관계에 얽힌 이들이 합의한 이자율이 있으면 상호 합의를 따르고, 그런 것들이 없다면 법률에서 정해주는 법정이자율에 따라 손해를 배상해야 한답니다.

자, 어떤가요? 다른 행위들에 비해서 왜 금전에 대한 채무는 엄격할까요? 심지어 받을 권리가 있다는 이유만으로 별도의 손해증명이 필요 없다고 할 정도로 말이에요. 우리가 사는 자본주의 사회, 특히 민법의 기본원리인 '소유권 절대의 원칙'을 최대한 보장하겠다는 뜻이에요. 그만큼 금전채무를 만든다는 것은 의미를 가지고 있답니다.

넷째, 이자채권은 이자에 대한 채권을 말합니다.

우리가 누군가의 돈이나 다른 물건을 빌리고, 사용한 대가를 주는 방법의 하나가 바로 '이자'입니다. 이자는 '법률에서 정하는 이자법정이자'와 '개인들끼리 정한 이자약정이자'가 존재합니다. 사실 이자는 금융시장을 성장하게 하고, 자본주의가 유지되도록 하는 기본원리랍니다. 하지만 그 부작용 또한 명확해요. 바로 '고리대금업'의 문제입니다. 고리대금업이란 상식보다 높은 이자로 이익을 취하는 행위를 말해요.

그런데 말이에요. 이 이자라는 것이 종종 문제가 되곤 한답니다. 우선 적정한 이자를 선정한다는 것은 어려운 일이랍니다. 그리고 생활에서 돈을 빌리기 어렵고 당장 필요한 사람일수록 높은 이자를 주고라도 돈을 빌리려 할 거예요. 이렇게 늘어나는 이자는 자칫하면 끝도 없이 불어날 위험이 있답니다. 바로 기사와 같은 상황이 벌어지는 거예요. 그러기에 각 나라들은 이자에 대해 상한선을 법으로 정해놓고 있답니다. 이러한 이자를 '법으로 정한법정 이자'라고 해요. 지난 2024년에 대부업을 하면서 사람들에게 법에서 정한 이자의 122배가 넘는 높은 이자를 사람들에게 부여해서 총 56억 원의 돈을 가로챈 남성이 법적 처벌을 받게 되었답니다.[37]

우리나라의 이자는 그럼 얼마로 되어 있을까요? 우리 민법 제379조에 정하고 있는 법정이자는 연 5%랍니다. 그런데 민법상의 이자라면 또 다른 법에서 정하고 있는 이자율도 존재하고 있는 걸까요? 민법과는 다른 상법에서도 규정하는 이자율도 따로 존재합니다.

우리 상법 제54조에서는 연 6%의 이자를 규정하고 있어요. 민법? 상법? 같은 법인 것 같은데 왜 서로가 다른 이자율을 가지고 있는 걸까요? 그것은 바로 상법이란 바로 '상인'들 사이의 관계를 규정하는 특수한 법이기 때문입니다. 다시 말해 사업을 하는 상인들은 일반인들과는 다른 사람이라고 보는 거예요. 이런 상인들만을 위한 법을 '특별법'이라고 해요. 그러기에 일반인들 사이의 관계를 규율하는 민법과는 다른 이자율을 가진다고 볼 수 있어요.

자, 다시 상황으로 돌아가 보겠습니다. 돈을 빌린 사람은 상인은 아니니 상법이 아닌 민법의 규제를 받을 거예요. 그런데 실형을 선고받은 사람은 무려 연2,400%의 이자율을 받았답니다. 법에 규정된 이자율이 있는데도 말이죠. 앞에서 이야기하였듯, 우리 민법의 기본 원리는 '사적자치의 원칙'입니다. 이 원칙에 따르면, 이자율을 정하는 것도 계약을 한 사람들이 자유롭게 정할 수 있어요,

하지만 우리 민법은 그 기본 원리를 무시하더라도 이자율은 어느 한도 이상으로 높게 정할 수 없다고 정해놓았습니다. 법률을 무시하는 이자한도의 상승은 허용하기 어렵답니다. 이렇듯 우리 민법은 개인의 자유를 존중하지만, 여러 사람들이 모여 사는 사회의 질서유지를 위해서, 너무나 많은 자유를 주었을 때 생기게 될 문제를 제한하기도 한답니다.

마지막으로 선택채권은 여러 가지 채권들이 뭉쳐 있는 것을 말해요.

여러 가지 채권들 중에서 채무자의 선택에 따라 하나의 채권으로 확정되게 됩니다. 가령 편의점 아저씨가 짜파구리 라면과 크림 빵을 나에게 팔겠다고 이야기했습니다. 그런데 이번에도 편의점 아저씨가 먼저 짜파구리 라면을 친구에게 팔아버렸다면, 나는 크림 빵을 선택할 수밖에 없답니다. 여기서 두 가지의 경우가 생긴답니다.

가령, 크림 빵에 만족한다면 나와 편의점 아저씨는 아무런 문제가 생기지 않을 거예요.

그런데 말이죠, 짜파구리 라면이 너무나 간절하던 나는 오늘 꼭 라면을 먹어야 한다고 생각합니다. 이 경우 그 라면을 사간 친구에게 찾아가 나는 짜파구리를 달라고 요구할 수 있을까요? 아쉽게도 이미 짜파구리를 가지고 있는 나의 친구는 물건에 대한 권리를 취득하였어요. 제가 "내, 짜파구리!"를 외치며 달려가도, 친구가 나에게 짜파구리 라면을 줄 의무는 없답니다물론 반대로 내가 그런 상황이어도 친구에게 짜파구리를 줄 일은 없을 거예요.

하지만 포캣몬 빵 이후 두 번이나 당한 나는 너무나 괘씸함을 느낀 나머지 이번에는 약속에 대한 나의 권한을 꼭 행사해야겠다고 생각합니다. 이 경우에도 짜파구리에 대한 소유권물권이 이미 친구에게 이전되었기 때문에 내가 친구의 물건을 가져올 순 없어요. 하지만 나에게는 앞의 사례처럼 약속을 지키지 않은 편의점 아저씨에게 '손해배상 청구권리'가 존재한답니다. 아저씨가 나에게 주기로 했던 최초의 약속채권이 이루어지지 않았기 때문이에요. 짜파구리 라면과 크림 빵의 관계, 이런 선택적으로 발생하는 채권을 선택채권이라고 한답니다.

채권적 권리를 돌려받는 법은 무엇인가요?

자~ 이제 엎질러진 물인 나의 채권적 권리를 돌려받는 방법을 알아보고자 해요.

드라마로도 만들어진 일본 만화 중에서 《사채꾼 우시지마》라는 작품이 있어요. 만화를 다 보고나면 '사채는 절대 쓰면 안 되겠구나!'라는 교훈이 들 정도로 무섭고 적나라하게 뒷골목 사채시장의 이야기를 보여준답니다. 하지만 우리가 살면서 채권채무 관계에서 완벽하게 자유롭기는 쉽지 않아요. 어른들이 일반적으로 사용하는 신용카드만 보아도 당장 카드사와 채권 · 채무관계를 통해 작든 크든 우리는 매달 빚을 지며 살아가고 있죠 눈에 보이지는 않지만 말이에요.

여기서는 채권채무에 대한 이야기는 나의 빼앗긴 짜파구리라면, 포캣몬 빵에 대한 이야기로 하겠습니다. 우선 두 가지의 상황을 나눠 생각해보겠습니다. 역시나 친구와 나 사이에서 줄타기를 하면서 나를 섭섭하게 만든 편의점 아저씨는 나에게 빚을 지고 있죠. 그런데 그 편의점에 똑같은 상품이 있다는 소문이 아이들에게 돕니다. 갑자기 나의 눈이 반짝입니다.

자, 그리던 정보가 들어왔으니 이제 그럼 중요한 나의 채권을 돌려받는 방법에 대해 알아보겠습니다. 우선 그 소문 속의 물건이 내가 원하는 것과 똑같은지 다른지에 따라 아저씨와 나의 관계설정은 달라집니다.

우선 나에게 무언가를 해줘야 할 사람채무자이 자신이 그 의무를 할 수 있음에도 불구하고 의무를 이행하지 않을 경우, 나는 법원으로 달려갈 수 있습니다. 가령 나의 친구에게 포켓몬빵을 줘버린 아저씨가 알고 보니, 같은 빵을 10개나 편의점 안에 가지고 있는 경우를 생각해보아요. 아저씨는 지금 나에게 약속한 빵을 줄 수 있지만, 왜 그런지 약속채무을 지킬 생각을 하지 않고 있답니다.

자, 이럴 경우에 우리는 조금 번거롭지만 법원에 가서 아저씨가 약속을 지키도록 강제할 수 있답니다실제로 그럴 의지가 있다면 말이에요. 이렇게 강제하여 약속을 이행하게 하는 것을 '강제이행'이라고 해요. 나채권자의 입장에서 강제로 약속을 지키게 행동을 집행하는 것이니 '강제집행'이 됩니다. 강제이행과는 별개로 우리는 손해를 본 상황에 대한 배상을 청구할 수 있답니다. 약속한 것과 동일한 급부를 받지 못한다면, 손해를 본 나채권자는 그로 인해 입은 손해에 대하여 배상을 청구할 수 있어요.

그런데 '손해'란 무엇일까요? 이 단어 많이 쓰지만, 실제 무엇인지 심각하게 생각해보신 적은 없을 거예요. 법적으로 다수가 지지하는 손해의 의미는 '내가 받을 거라 예상되었던 무언가를 받지 못했을 경우 나에게 발생한 이익과 그 무언가를 받았을 경우 예상되는 이익의 차이'를 손해라 한다고 해요.

어제 편의점 아저씨에게 받기로 한 포켓몬 빵을 온라인에서 3,000원으로 다시 팔기로 나는 약속해놓았습니다. 그런데 나는 편의점 아저씨가 친구에게 물건을 넘겨버린 행동으로 그 거래를 하지 못했어요. 관련해서 나는 이 예상되었던 나의 수익을 손해로 이야기할 수 있을 거예요단, 거래가 명확히 이루어질 것이었는지에 대한 논의는 필요하답니다.

그렇다면 이런 경우는 어떨까요?

당근 사이트에서 나의 계약이 사라졌는데 포켓몬 스티커를 사기로 한 사람에게 문자가 들어옵니다. 당연히 분노에 찬 문자들이죠. "너를 믿고 포켓몬 빵을 사지 않고 기다렸는데, 이 계약을 지키지 않다니 당신은 뭐하는 사람이냐!" 주로 이런 문자들이 들어옵니다.

스티커를 팔기로 올렸던 나는 비록 내 잘못 때문은 아니지만, 자존심을 내려놓고 그 사람에게 우선 사과를 해야 할 거예요. 시간 들여가며 이런저런 사정을 설명하고, 관련해서 죄송하다는 이야기도 드려야 합니다. 그런데 이런 일로 인해 인터넷에서 내 당근의 별점이 떨어진 경우는 어떨까요? 내 별점을 보고 이제 거래를 하지 않으려 할 사람들을 생각해보면 꼭 금액이나 물건으로 환산되지 않아도 손해가 될 수 있을 거랍니다.

이런 경우를 '비재산적 손해' 또는 '정신적 손해'라고 한답니다. 그리고 이런 정신적 손해에 대한 배상금을 '위자료'라고 해요. 그렇다면 편의점 아저씨가 약속이라는 계약을 지키지 않은 결과로 손해본 나는 위자료를 청구할 수 있을까요? '상황을 살펴보아서 합당하다고 판단될 경우, 작은 빵 하나도 위자료의 청구가 가능하다.'가 대답이 된답니다. 현실에서는 이런 소송이 극히 드물기는 하겠지만 말이에요.

그럼 다른 경우도 생각해보도록 하죠.

이제, 강제이행이나 손해배상을 통해 모든 손해를 나는 배상받았습니다. 그렇다면 대상이 되는 물건의 권리는 누구에게 있는 것일까요? 이런 경우를 생각해보아요. 오랫동안 해외여행을 다녀오는 나는 재산목록 1호인 '플레이스테이션 게임기'가 걱정됩니다. 인터넷으로 방법을 알아보던 나에게 한 사이트가 눈에 들어옵니다. 바로 '마음 놓고 맡기는 보관 사이트'이었죠. 사이트에 연락해서 내가 아끼는 플레이스테이션 게임기를 맡기는 계약을 하고 비용을 지불했답니다.

그런데 세상에나! 여행이 끝나고 다녀오니 내가 아끼는 게임기가 사라져 버렸답니다. 직원이 실수로 다른 손님에게 내 게임기를 주었다는 것이에요, 심지어 연락도 안 된다고 합니다. 화가 매우 난 나는 사장님에게 손해배상을 요구하였고, 사장님은 똑같은 기종의 플레이스테이션 게임기로 손해배상을 나에게 해주었습니다. 그런데 시간이 지나 전화가 왔습니다. 잃어버린 줄 알았던 게임기가 보관업체에 있었다는 소식을 듣게 되었어요. 알고 보니 그 업체의 직원이 다른 사람에게 준 줄 알았는데 실제로는 다른 물건을 주었다는 것이었죠.

자, 이런 경우 나의 앞에 보관업체 사장님이 미안하다며 보상으로 준 게임기 하나와 예전에 내가 가게에 맡긴 게임기가 있어요. 그렇다면 나의 것이었던 다시 찾은 게임기는 여전히 나의 것일까요?

우리 민법에서는 이런 경우 '손해에 대한 전부를 배상받은 경우'의 일체권리는 배상을 한 채무자에게 이전됩니다. 이러한 것을 법률적인 용어로 '대위代位'라고 해요. 우리 민법 제399조손해배상자의 대위에는 이러한 상황에 대해 규정해놓았답니다. 상식적인 이야기지만 이러한 경우를 상정하지 않으면, 나는 이미 새로운 플레이스테이션으로 손해배상을 받았는데 다시 예전에 내가 맡긴 플레이스테이션을 찾았으니, 그 찾은 물건도 내 것이라고 주장할 수 있는 상황이 발생할 수도 있답니다 물론 이런 사람을 현실에선 '진상'이라고 할 거예요 .

그런 상황을 방지하기 위해서 손해배상이 이루어진 시점에서는 예전의 문제가 되었던 채권 · 채무관계는 끝난다고 본답니다. 그렇다면 내가 배상받은 금액이 실제 물건보다 충분하지 않은 경우는 어떨까요? 업체에서 잃어버린 나의 플레이스테이션의 보상으로 20만 원을 책정했다고 해요. 실제 플레이스테이션은 80만 원을 주었는데 말이죠. 이렇게 '실제 발생한 손해에 비해 일부만을 배상받으면' 대위의 상황이 성립되지 않고 채권 · 채무 관계는 해결되지 않았다고 보게 됩니다.

다음 경우도 살펴보겠습니다.

여행을 다녀온 나는 플레이스테이션을 하고 싶은 생각이 간절합니다. 그런데 보관업체의 사장님이 플레이스테이션을 잃어버렸다고 해요. 그런데, 사장님이 죄송하다고 하면서 전화를 끊지 않습니다. 그리고 이어서 이야기하죠. 갑자기 경영난으로 회사가 문을 닫게 되어 나에게 손해를 변상하기도 힘들다고 해요. 충격을 받은 나는 도대체 무슨 소리냐고 말합니다. 그런 나에게 보관업체의 사장님이 이야기해요, 사장님이 거래하는 업체에서 신상 플레이스테이션을 받을 거래가 있는데, 잃어버린 보관품에 대한 손해배상 대신에 이 플레이스테이션을 나에게 줄테니 가져가라고 합니다. 이런 경우, 나는 사장님의 채권 받을 권리 을 대신해서 거래업체에게 행사하게 됩니다.

이러한 것을 법률용어로 '채권자대위권'이라고 해요. 어려운 이야기로 말하지만 채무자가 가지고 있는 채권을 내가 대신 행사하게 되는 것을 말합니다. 그런데 사장님이 이렇게 다른 사람들에게 받을 채권조차 없는 경우는 어떻게 할까요? 가령 게임기를 잃어버린 내가 눈 씻고 찾아봐도 채권자에게서는 잃어버린 물건을 받을 만한 건더기가 없을 경우 말이에요.

2023년에는 우리나라에 서민들의 금융상품 연체를 줄이기 위해 만든 '햇살론 15' 상품을 사용하고 금액을 갚지 못한 사람들이 역대 최고를 기록했다고 해요. 국회 정무위원회 가 금융감독원과 서민금융진흥원으로부터 제출받은 자료에 따르면, 최저 신용자를 지원하는 서민 정책금융상품인 '햇살론 15'의 작년 국가의 대위변제율이 21.3%로 역대 최고를 기록했다고 해요.[38]

그런데 '대위변제'란 무엇일까요? 위의 경우처럼 사업을 하거나 다른 사정으로 본인의 채무를 제대로 갚을 수 없는 사람이 있을 경우, 이 빚을 같이 갚아주겠다는 사람이 있는 경우를 말합니다. 돈을 받아야 할 채권자에게 빚을 갚지 못하는 나를 대신해서 돈을 갚아주고, 대신 그 돈을 돌려달라고 말할 권리 구상권 를 원채권자에게서 받아서 나에게 요청하는 것을 말합니다.

'햇살론 15'의 경우에는 나라에서 이러한 대신 갚아주는 부담을 떠안고, 각종 공기관들을 통하여 돈을 빌렸지만 갚지 못한 사람들이 기한을 가지고 천천히 일어설 수 있도록 도와주는 상품이었죠. 문제는 이런 햇살론을 이용하는 시민들의 숫자가 줄지 않고 계속 늘어나고 있다는 것이랍니다. 비율이 하는 비율이 계속해서 늘어나고 있다는 점이에요. 이렇게 돈을 제때 갚지 못하는 사람들이 늘어난다는 것은 우리 경제가 그만큼 좋지 않다는 뜻이랍니다.

가족도 서지 말라는 그것

> ① 보증인은 주채무자가 이행하지 아니하는 채무를 이행할 의무가 있다.
> ② 보증인은 주채무자가 이행하지 아니하는 채무를 이행할 의무가 있다.
>
> **_ 민법 제428조, 보증채무의 내용**

연대라는 말은 '누군가와 함께한다.'라는 뜻이랍니다. 금액이 큰 사업을 하는 경우 채무라는 것을 한 명만 지는 경우는 드물어요. 여러 명이 채무를 각자 짊어지는 경우는 우리는 '연대채무'라고 이야기합니다. 연대채무의 경우 계약에 따라 한 사람이 짊어질 수도 있고, 순차적으로 또는 동시에 모두가 지게 될 수도 있어요. 이러한 채무 중에서 주의 깊게 볼 것으로 '보증'이라는 행위랍니다. 흔히 보증이란 이야기를 꺼내면, 가족도 서지 말아야 하는 것이란 이야기가 따라옵니다. 보증이란 어떤 것이길래 사람들은 이렇게 이야기하는 걸까요?

'보증채무'란 보증계약을 체결하여 생긴 채무를 말합니다. 위의 조항을 보면 보증을 선 사람보증인 은 채무자가 채무를 이행하지 않았을 경우, 그 채무를 이행할 의무가 있다고 합니다. 그 뒤를 보면 장래에 일어날 채무에도 보증의 영향력은 있다고 합니다. 보증채무가 연대채무보다 더욱 무게가 있는 것은, 보증인이 채무를 이행하는 점을 담보하고 있다는 것입니다.

내가 지지 않은 빚이지만 보증을 섰다는 것은 빚을 같이 갚아야 할 의무를 진다는 것이에요. 그러기에 보증이란 단어가 들어가면 그 무게감은 적지 않답니다. 보증채무는 채무자가 자신의 채무를 갚지 않을 때 발생합니다. 채무자가 어떤 이유로 빚을 갚지 않는다고 하면, 보증인에게 찾아가게 됩니다. 보증의 의미는 이렇게 남이 빚을 갚지 않을 경우, 내가 그 사람을 대신해서 변제한다는 점에서 채권의 보충적 성격보충성을 가진다고 합니다. 그렇다면 나는 보증인이 되었다는 것만으로 채권자의 모든 책임을 같이해야 할까요?

가령 이런 경우는 어떨까요? 은행에서 갑자기 전화가 옵니다. 사업을 하는 친구가 빚을 갚지 않겠다고 하니, 은행은 보증인인 나에게 돈을 받아야겠다는 것이죠. 그런데 문제는 친구는 사업이 무너지기 전에 자기 재산을 돌려놓아 피해를 받지 않게 해놓았습니다. 현금과 금괴를 집에 숨겨놓고 지내는 것은 공공연한 사실이죠. 나는 친구가 그 금괴들만 팔아도 은행빚은 갚고도 남을 것이라고 생각합니다.

이런 경우, 보증인인 나는 빚을 진 나의 친구주채무자가 우선 얼마의 재산을 가지고 있고, 얼마나 보증채무를 갚을 수 있는지에 대하여 면밀하게 조사해야 합니다. 나보증인는 친구주채무자가 아직도 채권을 갚을 능력을 가지고 있고, 그 변상이란 집행절차가 어려운 것이 아님을 증명해야 합니다. 그후에 나는 나보다 먼저 친구에게 빚을 갚으라고 주장할 권리를 행사하면 됩니다. 민법 제437조에서 말하고 있는 이런 권리를 '최고 · 검색의 항변권'이라고 합니다.

채권자가 보증인에게 채무의 이행을 청구한 때에는 보증인은 주채무자의 변제자력이 있는 사실 및 그 집행이 용이할 것을 증명하여 먼저 주채무자에게 청구할 것과 그 재산에 대하여 집행할 것을 항변할 수 있다. 그러나 보증인이 주채무자와 연대하여 채무를 부담한 때에는 그러하지 아니하다.

_ 민법 제437조, 보증인의 최고, 검색의 항변

자, 이제 친구에게 먼저 찾아가도록 은행에 관련 서류도 만들어 내고, 관련 절차도 다 마련해 서류를 보내주었습니다. 그런데 은행에서 전화가 옵니다. 내가 친구를 위해 서준 보증은 '연대보증'이라고 하는데, 민법 제437조에서 말하는 '최고 · 검색의 항변권이 없다.'라고 안내해줍니다. 이건 또 무슨 말일까요?

기사 하나를 보겠습니다. 나란 사람은 남자친구와 연애를 하면서 별 생각없이 남자친구의 은행 빚채무에 대한 보증을 섰는데, 이후 남자친구와 헤어지게 되었습니다. 그런데 돈을 써버린 남자친구가 '에라, 모르겠다. 난 못 갚아!'라고 선언을 했다고 해요. 자, 은행에서 다음 보증인인 나에게 돈을 갚으라고 해요. 이

때 나는 무엇을 할 수 있을까요?[39]

이럴 경우 나에게 있는 무기가 바로 '최고·검색의 항변권'이랍니다. 나를 찾아온 은행 직원에게 "제 남자친구 지금도 잘 살아요, 우선 거기 가서 돈 받으세요."라고 말할 수 있는 권리에요.

그런데 같은 보증인데 앞에 '연대'라는 말이 붙으면 상황이 달라집니다. 민법 제437조 하단에 따라, 나의 '최고·검색의 항변권'이 사라져 버리는 거예요. 다시 말해 은행직원들이 찾아와 남자친구의 채권을 내가 대신 갚아야 하니 '강제집행'하겠다라고 이야기한다면, 나는 방법 없이 순순히 받아들일 수밖에 없다는 뜻이랍니다.

보증인의 권리 중 하나인 항변권이 부정되기에 대출해주는 여러 기관들은 일반보증보다는 '연대보증'을 더 선호한답니다. 우리나라에서 발생하는 대부분 주요 채권채무 문제는 바로 '연대보증'에서 발생해요. 이것이 어른들이 가족들 사이에도 보증은 서는 게 아니라고 하는 이유랍니다. 친구나 가족을 믿고 아무 조건 없이 응해준 나의 선한 마음이, 돌이킬 수 없는 결과가 되어 두고두고 후회할 결과를 줄 수 있어요.

가족의 의미에 대하여

여러분들에게 가족이란 어떤 의미인가요?

바깥의 위험에도 항상 안전할 수 있는 곳, 비바람을 막아주는 지붕 같은 든든한 의미, 나의 모든 비밀까지 공유하고 편안하게 기댈 수 있는 사람들. 여러분들에 따라 그 모습이 다르겠지만 아주 오래 전부터 법을 만든 사람들의 마음속에서는 가족이란 결코 침해할 수 없는, 가장 중요한 기본 단위체였답니다. 그러기에 민법에서 가족에 관한 법은 오랜 시간을 거쳐 다듬어져 왔고, 그 성격 역시 다른 민법의 법률에 비해 특별한 점이 있답니다.

우선 '가족법'의 가장 두드러진 특징은 강제적인 성격이 강하다는 것이랍니다. 다시 말해 사회질서나 미풍양속에 반하는 행동이라면, 가족을 통해 구성원인 개개인의 의사가 제한받을 수도 있다는 것을 뜻해요. 이런 의미에서 가족에 대한 일이라면, 우리 민법은 더욱 엄격하다고 말할 수 있을 거예요. 그런데 이런 엄격함을 가지고 있기 때문에, 가끔 현대의 잣대로는 이해되지 않는 판결들이 나오기도 한답니다. 따지고 들어가 보면, 그 배경에는 '가족'이라는 절대적인 가치를 지켜야 한다는 생각이 있기 때문입니다.

우리 가족법에선 우선 중요한 가족의 정의와 범위에 대해서 이야기하고 있답니다. 부모님과 그 친척들, 그리고 더하여 결혼을 통해 새로운 가족의 범위에 들어오게 되는 배우자에 대한 이야기가 바로 가족법의 범위가 됩니다.

우리 민법에서는 친족관계가 발생하는 원인을 4가지로 규정하고 있어요. 바로 ①출생, ②혼인, ③입양, ④인지입니다. 앞의 세 가지는 이해가 되는데, 마지막 하나가 어렵다고요? '인지'는 바로 오랫동안 나의 가족인지 몰랐는데 가족관계로 인정이 되었을 경우를 말한답니다. 이런 인지의 대상은 막장 아침드라마 같은 이야기지만, '오랫동안 숨겨 왔던 배다른 나의 동생' 부터 어떤 사건으로 인해 서로 생사를 모르고 지내오다가 다시 만나게 된 친척들까지 다양합니다.

반대로 그럼 가족의 관계가 종료되는 것도 있을까요? 당연히 법률에는 이런 경우도 규정되어 있답니다. 먼저 당사자가 '사망'하는 경우가 있죠, 그리고 다음으로는 '결혼이 종료'되는 경우이혼, 파혼 등입니다. '입양 역시 종료가 되는 경우'파양, 입양의 취소 등가 정해져 있어요.

가족의 탄생

우리 민법 제807조에서는 결혼을 통해 가족을 만들 수 있는 기본 나이를 '만18세'로 보고 있어요. 그 나이에 이르지 않는 사람이 결혼을 원하는 경우에는 부모님의 동의가 있어야 한다는 뜻이랍니다. 그러기에 아직 어른이 되지 않은 커플이 손을 잡고 동사무소에가서 혼인 신고를 하러 가더라도 받아들여지지 않아요.

민법 제810조에는 결혼에 대하여 '중혼결혼상태에서 또 결혼하는 것은 금지'하고 있답니다. 더하여 '근친혼'도 금지하고 있답니다. 우리 민법 제809조에서는 '8촌 이내의 혈족은 혼인할 수 없다.'라고 규정하고 있어요. 그리고 '6촌 이내의 혈족의 배우자, 배우자의 6촌 이내의 혈족, 배우자의 4촌 이내의 혈족과 배우자 인척은 결혼을 할 수 없다.'고 굉장히 자세하게 범위를 정의해 놓았어요.

그렇다면 우리 민법에서 말하는 이런 가족에 대한 정의는 어디서 왔을까요? 이를 알아보기 위해서 로마법전을 살펴보도록 하겠습니다. 로마시대의 결혼은 '일부일처제monogamia'를 원칙으로 하였다고 해요. 음, 우리나라의 민법 조항이 보이지 않으시나요? 바로 '중혼금지의 원칙'이 이와 같답니다.

로마 사람들은 또한 '부부 사이의 합의'가 중요하다고 보았답니다. 동거를 하더라도 합의가 없다면, 결혼이 성립될 수 없다고 생각했어요. 그래서 '합의가 결혼을 만든다Consensus facit nuptias'라는 원칙이 생기게 되었다고 해요. 물론 둘의 합의가 있다고 하더라도, 결혼을 위한 최소한의 조건이 필요했다고 하는데, 이런 조건을 통혼권유스 코누비이, Ius Conubii라고 불렀다고 해요. 이 흔적은 우리 민법 제815조 제1항에 있답니다.'당사자 간의 혼인에 대한 합의가 없는 때'는 혼인을 무효로 한다. 오래전 로마시대부터 결혼 자체를 엄격한 계약으로 보았던 것이에요.

마지막으로 로마 사람들은 '이족 간의 혼인'만을 인정했다고 해요. 바로 근친혼을 금지했다는 것이죠. 이 시대의 사람들은 가까운 인척들이 결혼하면 혼인이 무효가 되기도 했고, 심지어 벌을 받기도 했다고 합니다.

① 부부는 동거하며 서로 부양하고 협조하여야 한다. 그러나 정당한 이유로 일시적으로 동거하지 아니하는 경우에는 서로 인용하여야 한다.

② 부부의 동거장소는 부부의 협의에 따라 정한다. 그러나 협의가 이루어지지 아니하는 경우에는 당사자의 청구에 의하여 가정법원이 이를 정한다.

_ 민법 제826조, 부부 간의 의무

자, 우리 민법에서는 위와 같이 부부가 되면 필요한 의무에 대하여 정해놓고 있어요. 부부란 같은 장소에서 머리를 맞대고 살면서, 서로가 먹고사는 데 곤란하지 않도록 해주어야 하고, 문제가 생기면 달려가서 서로 도와주어야 하는 존재라는 거예요.

이혼이 가능한 조건에 대하여는 다소 엄격하게 정해놓고 있답니다. 서로 협의를 통해서 이혼을 할 경우 또는 법률상 정해진 이혼의 원인이 있을 경우에 한하여 이혼을 인정해주고 있답니다.

아니, 살아보니 서로 싫어지면 그냥 헤어지는 것이 아닌가? 라고 이야기 하시는 분들이 있을 거예요. 하지만 우리나라에서의 이혼은 그렇게 쉽지 않답니다. 우리 민법 제840조 재판상 이혼원인에는 6가지의 이혼이 가능한 사유를 적고 있답니다. 결혼한 두 사람이 일단 혼인신고서에 사인을 하면 두 사람 모두가 이혼하자라고 합의를 하지 않는 경우에는 이혼이 불가능해요.

부부의 일방은 다음 각 호의 사유가 있는 경우에는 가정법원에 이혼을 청구할 수 있다.

① 배우자에 부정한 행위가 있었을 때

② 배우자가 악의로 다른 일방을 유기한 때

③ 배우자 또는 그 직계존속으로부터 심히 부당한 대우를 받았을 때

④ 자기의 직계존속이 배우자로부터 심히 부당한 대우를 받았을 때

⑤ 배우자의 생사가 3년 이상 분명하지 아니한 때

⑥ 기타 혼인을 계속하기 어려운 중대한 사유가 있을 때

_ 민법 제840조, 재판상 이혼원인

다만 위의 법에서 정하는 사유가 인정되었을 경우에 한하여 이혼청구가 가능하답니다. 상대방의 책임사유가 있을 경우에만 이혼이 가능하다는 점에서 이것을 '유책주의'라고 해요. 이혼에 대하여 이렇게 사유를 적어놓고, 해당하지 않으면 헤어지기 어렵다라고 말하는 나라는 현대에는 많지 않답니다.

결혼이란 분명 축복받을 만한 제도입니다. 자, 그런데 사랑하는 사람들의 마음이 변해버렸다면 어떻게 해야 할까요? 그 마음이 식은 정도가 나중에는 정말 서로가 쳐다보기도 싫을 정도가 되었더라도, 우리 법률에서는 이런 경우에도 서로가 합의를 하지 않으면 법률상으로는 결혼한 상태로 살아야 합니다. 이는 만일 지금 다른 사람과 만나고 있더라도, 이전에 배우자가 동의해주지 않는다면 다른 사랑하는 사람과 결합하지 못한다는 것을

의미해요.

이런 상황만을 본다면 너무 가혹해보여요. 자칫 결혼이라는 한 번의 선택으로 평생의 배우자를 바꿀 수 없다는 것이니까요. 이런 점에 대하여 제도가 바뀌어야 한다고 주장하는 사람들도 여럿 있답니다.

그런데 말이에요, 결혼을 한 후 나는 아직 사랑하는 마음이 남아 있는데 상대방이 마음이 돌아섰다고 일방적으로 이혼을 인정하게 된다면, 이것 또한 정당할지는 한번 생각해봐야 해요. 분명 배우자 부양의 의무가 민법으로 정해져 있답니다. 그런데 내가 적당한 경제적인 소득이 없다면, 상대방이 이혼이라는 선택을 하는 순간 나는 경제적인 어려움이 처할 가능성이 너무나도 명확할 거예요.

그러기에 이런 가족의 결합과 해체에 대하여 각 국가들은 서로 다른 입장을 보이고 있답니다. 현대의 여러 국가들은 우리나라와는 다르게 결혼을 유지할 마음과 태도, 그 자체가 사라졌다면 이혼이 가능하다고 보고 있어요. 이러한 태도를 '파탄주의'라고 해요. 이미 이 결혼생활을 지속할 수 없다면, 같이 있을 이유가 없다는 이야기겠죠.

결혼에 대하여

사랑이란 무엇일까요? 부부의 인연이란 또 무엇일까요? 처음의 설레는 마음을 무덤까지 가져갈 것을 서약하는 많은 남녀가 서로를 보듬을 것을 맹세하지만, 막상 헤어질 결심이 섰을 때 서로의 갈라설 자유를 구속하는 것이 맞는지, 아니면 가족이란 마지막 공동체를 유지할 마지막 방법으로 이런 보수적인 법률이 남아 있어야 하는지는 아직도 논쟁 중이랍니다.

2015년에는 우리나라 대법원의 전원합의체 판결에서는 반대 7 , 허용 6으로 혼인에 대한 '파탄주의' 적용이 기각되었어요. 아직은 우리나라에서는 서로의 합의 없이 이혼을 하기 위해서는 법에서 정한 '6가지 사유' 안에 들어 있어야 한다는 이야기입니다.

로마시대의 사람들은 결혼의 목적을 '적출자녀의 생산'으로 보았다고 해요. 이후에 이어질 중세시대의 가톨릭 교회법 역시 결혼을 '대를 잇는 중요한 의식'으로 보았답니다. 중세에서의 결혼의 목적이란 '자녀의 출산과 양육'이라고 콕 집어서 말할 정도였으니 말이에요. 이렇듯 결혼이란 사랑하는 남녀가 만나 가족을 이루고, 건강한 아이를 출산한다가 전통적인 방식이었습니다. 그런데 이런 결혼에 대하여 내용을 현실에 맞게 바꾸어야 한다는 목소리들이 나타나기 시작해요.

2024년 우리나라 대법원 한 사건으로 여러 의견들이 오갔답니다. 사건의 시작은 두 사람은 남자에서 시작이 되었어요. 이들은 흔히 말하는 성소수자 동성커플입니다. 우리 민법의 기준으로 본다면, 이들의 사랑은 부부로 인정되지 않았어요. 결혼을 원하는 두 사람의 합의가 있다고 해도 이런 형태의 결혼은 사회적으로 받아들여지는 모습이 아니었죠. 여기서 하나 더 문제가 된 것은 결혼하지 않은 상태에서 이들이 같이 사는 사실혼 관계였다는 것이랍니다.

우리 현행 민법에서는 부부로 인정되지 못하는 상황에서 직장을 가진 사람이 다른 한 명을 직장 의료보험의 피부양자로 등록합니다. 피부양자로 등록이 되면 보험료를 내지 않아도 되는 이점이 있기 때문에 부양가족이라는 요건이 인정되면 많은 사람들이 피부양자 등록을 하려고 해요. 동성커플인 한 사람은 자신이 피부양자로서의 권리를 누리고 싶어 합니다. 하지만 의료보험공단에서는 이 커플을 부부로 인정하지 않았답니다. 결국 이 사건은 대법원 전원합의체까지 올라갑니다.

사실상 혼인관계 있는 사람 집단에 대하여는 피부양자 자격을 인정하면서도, 동성 동반자 집단에 대해서는 피부양자 자격을 인정하지 않음으로써 두 집단을 달리 취급하고 있다. 이러한 취급은 성적 지향을 이유로 본질적으로 동일한 집단을 차별하는 행위에 해당한다. …중략…
③이처럼 피고가 사실상 혼인관계에 있는 사람을 피부양자로 인정하는 이유는 그가 직장가입자의 동반자로서 경제적 생활공동체를 형성하였기 때문이지 이성 동반자이기 때문이 아

니다. 동성 동반자도 '동반자' 관계를 형성한 직장가입자에게 주로 생계를 의존하여 스스로 보험료를 납부할 자력이 없는 경우 사실상 혼인관계에 있는 사람과 마찬가지로 피부양자로 인정받을 필요가 있고, 그 요건도 달리 보아서는 안 된다.

_ 대법원 2024. 7. 18. 선고 2023두36800 전원합의체 판결

재판부는 건강보험상에 피부양자가 되는 것은 이성 사이의 결합이 아닌, 삶의 동반자이자 경제적 생활공동체의 의미라고 보았어요. 혼인으로 인정받지 못하는 동성 사이의 결혼이라고 할 지라도, 결혼한 커플들과 차별받을 이유가 없으며 본질적으로 동일한 집단이라고 보았답니다. 따라서 동성커플이라는 이유만으로 이들을 차별해서는 안 된다는 것이었어요. 다만 소수의견으로 배우자는 결혼을 전제로 해야 하며, 이 판결이 동성의 결혼을 혼인관계로 인정하는 것은 아니라는 의견도 있었답니다.

2024년 현재 약 37개 국가들이 동성 사이의 결혼을 합법화하였으며, 점점 늘어나는 추세라고 해요. 2001년 처음으로 네덜란드가 동성 사이의 결혼을 인정해준 이래로 약 39개의 국가에서 동성 간의 결혼을 합법화하고 있답니다. 미국, 프랑스, 독일 등 굵직한 국가들이 이 움직임에 동참하고 있어요.

여러분의 생각은 어떤가요? 결혼의 전통적인 관념은 적어도 우리나라에서는 아직도 엄격하답니다. 고대 그리스 · 로마 시대

이래로 당연하다고 여겨지던 결혼제도들에 대하여 새로운 모습의 결합이 계속 발생하면서, 이제는 결혼제도에 대한 근본적인 물음이 제기되고 있답니다. 하지만 고대와 중세시대에 아이를 낳기 위한 결혼에서 현대로 들어오면서 점점 경제적 생활공동체로의 결혼의 의미가 바뀌어가고 있다는 것을 대법원도 받아들이고 있다는 점은 긍정적이라 할 것입니다.

남겨진 이들을 위한 법

우리 민법의 마지막 부분은 상속에 대한 부분이에요. 우리가 아는 상속은 사망 후에 재산을 가족들에게 분배하는 것을 말합니다. 앞의 장들에서 우리는 물건에 관한 권리와 사람들에 관한 권리에 대해 살펴보았습니다. 그리고 다음 장에서 가족들이란 무엇인가와 그 가족들에 대한 여러 가지 사항을 살펴보았죠. 마지막으로 이 재산에 관한 권리와 가족에 대한 내용을 합친 상속에 관련된 내용이 나오게 구조랍니다. 이렇게 법전을 보면 우리네 법률이 그리고 있는 세상의 모습을 알 수 있답니다. 민법의 구성에서 한 장을 차지할 만큼 상속과 분할은 중요한 문제입니다. 우리 민법은 죽음 이후의 상속만을 인정합니다.

그렇다면 '죽음' 이라는 것은 뭘까요? 죽음에 대해서는 두 가지의 의미가 있어요. 우리가 흔히 볼 수 있는 '자연적인 사망', 그리고 법률이 정하는 '법적사망'이 그것이에요. 법률이 정하는 사망이 무언지 궁금하신 분들이 있을 거랍니다. 가령 실종이 된 사람이 법률이 정하는 기간 동안 나타나지 않는다거나, 자연재해나 화재가 발생하였을 때 상황은 끝났지만 시체를 찾을 수 없는 경우가 이런 상황에 해당합니다.

이 죽음 이후에 발생하는 '상속'에서 가장 중요한 것은 '남은 사람 중에서 누가 얼마나 먼저 재산의 남겨진 부분을 받을 수 있을 것인가?'일 거예요. 정해진 재산을 여러 가족들이 상속받는 상황에서는 당연히 먼저 받는 사람이 유리할 수밖에 없어요. 그러기에 이런 상속의 문제는 항상 많은 시끄러움을 가져온답니다. 우리 법률에서는 이런 상황을 방지하기 위해서 '상속순위'라는 것을 정해놓고 있답니다.

앞에서 우리가 배운 것을 다시 복습해볼까요? 제1순위 상속인은 바로 직계비속과 배우자입니다. 우리 민법 제1000조와 제1003조에는 해당 내용들이 정해져 있답니다. 그렇다면 우리 법에서는 나란 사람이 사망하면, 그 재산은 제일 먼저 같은 핏줄로 연결된 자식들과 배우자에게 배분을 하도록 되어 있어요. 참고로 나와 결혼한 배우자와 나는 서로가 촌수가 없는 무촌관계입니다. 누구보다 친밀한 관계라는 거예요. 그러기에 나와 유전자가 섞이지는 않았지만, 민법 제1003조에 따라 배우자는 나의 직계비속, 존속과 함께 공동상속인의 자격을 가지게 됩니다. 아직 결혼을 하지 않아 배우자가 없는 상황에서 사망을 하였다면, 그 유산은 당연히 나의 핏줄직계이자 존속인 나의 부모님이 됩니다. 그렇다면 다음 순위는 눈에 들어오기 시작할 거예요. 나랑 가까운 핏줄에서 옆과 아래를 찾아보고 없다면 옆과 위를 찾는다는 방법이랍니다.

앞에서 언급했듯이 상속법상 태어나지 않은 태아도 상속권이 인정된답니다. 우리 민법에서는 재산상속 민법 제1000조 제3항, 유언에 의한 재산분배 유증, 민법 제1064조 또는 불법행위로 인해서 뱃속의 태아도 피해를 받은 경우, 손해배상 청구권 민법 제762조 에 따라 엄마의 뱃속에 있는 태아의 권리를 인정해줍니다. 재벌집 막내아들이 아직 태어나지 않았더라도 재벌집의 구성원으로 상속받을 권리를 주장할 수 있는 것이죠. 이런 점에서 상속법은 상당히 특이하다고 할 수 있어요.

상속에서 특이하게 논의되는 부분 중 하나는 바로 '기여상속분이랍니다. 기여분라는 것은 여러 상속인 중에서, 피상속자를 부양하거나 재산을 지금처럼 만든 과정에서 특별하게 기여한 사람에게 상속에 대한 공로를 인정해줘야 한다는 것이에요. 주로 여러 사람들이 상속할 경우 발생해요. 그리고 이런 기여분이 인정되기 위해서는 상당한 기간을 동거, 간호 또는 기타 방법으로 부양이나 재산형성에 기여해야 한다는 연관성이 있어야 합니다. 근래에 이에 관련된 입법이 있었답니다.

양육 없이 자녀재산 상속 없다… '구하라법' 국회 통과

양육 의무를 저버린 부모는 상속권을 갖지 못하도록 하는 일명 '구하라법' 민법 개정안이 28일 국회 본회의를 통과했다. 개정안은 피상속인에게 부양의무를 다하지 않았거나 학대 등 범죄를 저지른 경우와 같이 상속을 받을 만한 자격이 없는 법정 상속인의 상속권을 제한하는 내용이 골자다. 2019년 사망한 가수 고故 구하라 씨의 오빠 호인 씨가 '어린 구씨를 버리고 가출한 친모가 상속재산의 절반을 받아 가려 한다'며 입법을 청원하면서 구하라법으로 불리게 됐다.

구하라법은 20, 21대 국회에서도 발의됐지만 정쟁에 밀려 임기 만료로 폐기된 바 있다. 개정안은 피상속인에 대한 부양의무를 중대하게 위반하거나 중대한 범죄 행위, 또는 그 밖에 심히 부당한 대우를 한 경우를 '상속권 상실'이 가능한 조건으로 적시했다. 실제 상속권 상실을 위해서는 피상속인의 유언 또는 공동상속인 등이 청구하고 가정법원이 이를 받아들여야 한다.

개정안은 2026년 1월부터 시행된다. 헌법재판소가 직계 존·비속 유류분 조항에 대해 헌법불합치 결정을 내린 지난 4월 25일 이후 상속이 개시된 경우에도 소급 적용될 수 있도록 했다.

_ 연합뉴스, 2024년 8월 28일 기사

2019년에는 유난히 많은 스타들이 우리 곁을 떠나갔어요. 그룹 카라의 가수 구하라 역시 그중 하나였답니다. 평소에는 큰 고민이 없어 보이던 화려하고 씩씩하던 가수의 죽음이었기에 충격이 컸어요. 그리고 그와는 별개로 그후에 유산을 가지고 일어났던 일들 역시 많은 논란을 가져왔답니다. 사망 후에 그녀의 개인사가 언론을 통해 알려졌어요. 어릴 적부터 구하라 씨의 어머니는 집을 나갔고, 할머니 아래에서 오빠와 자랐었죠. 스스로 생을 마감한 그녀에게 남겨진 가족은 친오빠밖에 없었답니다.

그런데 갑자기 이상한 일이 벌어집니다. 그녀의 사망기사가 나고 많은 사람들이 슬픔에 빠져 있을 때, 사라졌던 그녀의 어머니가 등장합니다. 그리고 사람들 앞에서 자신이 피를 나눈 가족으로서 정당한 상속의 권리가 있다고 주장했어요. 당연히 오랫동안 어머니의 존재를 잊고 살던 그녀의 친오빠는 펄쩍 뛰었지만, 현행 법률에서 그녀의 어머니를 막을 근거가 없었답니다.

우리 민법에서 보았던 상속순위가 기억나나요? 우선 구하라 씨는 결혼하지 않았기 때문에 상속 첫순위인 직계비속이나 배우자가 없답니다. 우리 민법 1000조에 따르면, 이럴 경우 다음 상속순위는 직계존속, 즉 부모님이 됩니다. 이론상으로는 오래 전 집을 나간 친어머니가 그녀의 남은 재산을 상속할 근거를 가지게 됩니다. 아쉽지만 오빠 역시 순위에서는 어머니에게 밀릴 수밖에 없어요. 대중들 앞에 딸이 사망하자마자 오랫동안 자식들을 버렸던 어머니가 나타나서 아이의 재산에 대한 본인의 권리를 주장하였답니다. 그리고 이 상황은 많은 사람들의 분노를 일으켰어요. 가족이란 이름에 어울리지 않게, 아무런 관심도 보이지 않다가, 유명인 딸이 죽자마자 갑자기 얼굴을 드러낸 어머니의 의도가 너무나 뻔했기 때문이에요.

자, 여기서 사회적 논의가 시작되었습니다. 어린 시절부터 아이들을 버려서 부양의 의무를 다하지 않은 어머니가 딸의 재산을 가질 자격이 있을까요? 입에 담기 불편한 문제입니다만, 적어도 이 문제에 대해서 입법부는 이런 경우가 다시는 일어나서는 안 된다고 생각한 것 같아요. 작년 8월 국회를 거쳐 상속에 대한 개정법안이 통과되었답니다. 내용은 '부양의 의무를 다하지 않을 경우, 심각한 범죄를 일으켰을 경우, 그리고 가족으로서 자격이 없다고 의심될 경우'에는 법으로 그 상속권을 제한할 수 있도록 하였습니다. 이제 이 새로운 법의 조항에 의해 가수 구하라 씨의 어머니는 결국 그녀의 유산을 가져갈 수 없게 되었습니다.

'우리에게 가족이란 무엇일까요, 또 법이란 무엇일까요?' 민법에 대한 조항을 찬찬히 들여다보면 볼수록, 우리 법이 지키려는 소중한 가치의 밑바탕에는 가족이란 이름이 있음을 느끼게 됩니다. 그런데 한 스타의 죽음과 그 뒤에 일어난 일들을 보면서, 우리는 그런 소중한 가족이 내 주변에서 기쁨만큼이나 슬픔과 아픔을 주는 존재도 될 수도 있음을 느끼곤 해요. 나에게 소중한 가족이 더 이상 그 역할을 하지 못하게 되었을 때, 우리가 살아가고 있는 사회는 어떻게 반응해야 할까요? 어쩌면 구하라 법률이 제정되는 과정에서 보듯, 변화하는 우리 사회의 가치를 따라가고 보호하기 위해 법이란 항상 노력해야 하는 것이 아닐까 해요. 변화가 필요한 시간에 따라오지 못하는 법으로 인해 억울한 피해자가 생기지 않도록 말이에요.

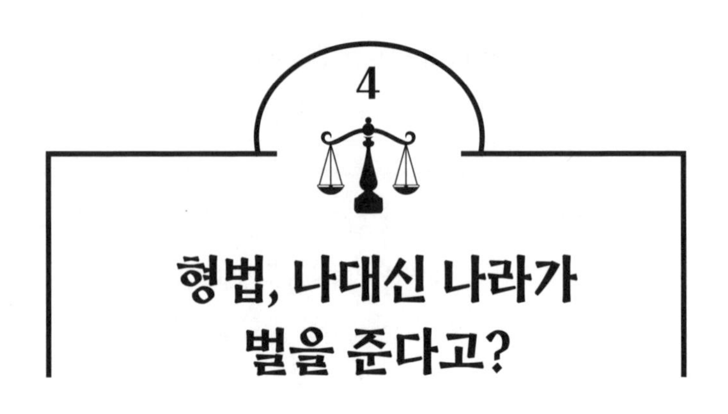

4 형법, 나대신 나라가 벌을 준다고?

국가가 주는 벌

이번에 살펴볼 것은 '형법'입니다.

형법이 다루는 분야는 범죄에 대한 법률과 이를 다루는 국가의 처분 등을 다루고 있어요. 우리 형법은 크게 총칙과 각칙 총2편으로 구분되고 있답니다.

① 총칙 제1조~제86조

- 형법의 적용범위 제1조~제8조
- 죄 제9조~제40조
- 형 제41조~제82조
- 기간 제83조~제86조

② 각칙 제87조~제372조

총칙은 형법이란 무엇이고 죄란 어떤 것인지, 형이라는 것이 무엇인지에 대해 설명하고 있어요. 각칙으로 들어가면 이제 국가에서 생각하는 죄는 무엇이 있고, 그 형량은 얼마나 되는지 등을 설명해놓았답니다. 각칙은 총 42장으로 이루어져 있어요 각칙은 너무나 광범위한 죄들을 담고 있기에 세부적 내용들은 생략하도록 하겠습니다. 이 장들에는 국가에 대한 범죄, 사회에 대한 범죄, 개인들에 대한 범죄 등으로 분류되어 우리 법에서 정하는 죄라는 것은 정확히 어떤 것들이 있고, 거기에 대한 처분은 무엇인지를 세세하게 규정해놓았답니다.

형법은 앞의 헌법, 민법과는 조금 다른 법이에요. 국가가 사회유지를 위해서 개인을 대신해서 벌을 주겠다는 것입니다. 그렇다면 질문입니다. 예전에는 죄를 저지른 사람들을 어떻게 처분했을까요? 일단 우리 머릿속 사극의 한 장면을 떠올려 보겠습니다. 포졸들이 죄를 지은 누군가를 오라에 묶어서 고을에 있는 관아로 끌고 갑니다. 그리고 사또님 앞에서 '네 이놈, 니 죄를 니가 알렸다!'하면서 곤장을 치는 원님재판의 광경이 생각날 거예요.

동·서양을 막론하고 예전에는 중앙에 위치한 황제가 믿을 만한 관리를 지방에 파견하고 자신을 대신해서 죄를 묻게 했답니다. 서양의 그리스 로마시대에도 국가가 공동체의 단합을 해치는 개인에게 제재를 가해야 한다는 개념이 있었어요. 그런데 커다란 로마의 울타리가 붕괴되고 게르만족과 같은 이민족들이 유입되면서, 조금은 화끈한 이민족들의 해결방식들이 들어오게 됩니다.

복수는 나의 권리

눈을 감고 다시 상상해보겠습니다. 아주 오래 전 검은 숲이 가득한 독일 어느 부족마을에 우리가 살고 있다고 상상해보아요. 숲은 우리에게 사냥터를 주고 많은 풍요로움을 주지만, 한편으로는 너무나 무서운 공간이기도 했답니다. 언제 어디서 어떤 동물 또는 사람이 나를 공격할지 몰랐죠. 이렇게 이불 밖은 위험한 상황에서 당연히 나를 지켜줄 울타리, 특히 가족과 공동체는 중요했답니다. 이렇게 가족 또는 같은 피를 나눈 친족들이 모여 사는 마을에서는 안으로는 서로 돕고, 밖으로는 우리 공동체에 해를 가하려는 사람은 같이 힘을 합해 대항했어요.

이런 고대 게르만 사회에는 조금 재미있는 법들이 존재했답니다. 길을 가고 있는 나에게 누군가가 돌멩이를 던져 머리에서 피가 나는 사건이 발생합니다. 아픔을 참고, 감히 나에게 돌을 던진 누군가를 찾아보니 저기 강 건너에서 배를 잡고 낄낄거리며 웃고 있는 한 녀석을 찾아내게 됩니다. 현장에서 이런 녀석이 발견된 경우, 나는 '복수'를 할 수 있는 권리가 생깁니다. 그런데 어디서 맞고 온 나를 위해서 우리 가족이 속한 부족들이 역시 두 팔을 걷어붙이고 나서게 됩니다. 이렇게 친족들을 위한 복수의 시간을 '페데Fede'라고 불렀다고 합니다. 그런데 이 페데라는 것이 조금 애매한 부분이 있어요.[40]

입은 피해만큼을 서로 확인해서 돈이든 키우든 가축들이든 이런 걸로 해결할 수 있다면 매우 간편하겠지만, 실제로는 해결과정에서 무력이 동원되는 경우가 많았기 때문이었어요. 특히 다른 이들로부터 모욕을 당해 자신의 명예가 실추되었다고 생각될 경우, 그 여파가 상당히 오래가는 경우도 많았답니다. 이렇게 무기를 들고는 당사자들과 화끈하게 싸운 뒤에 남는 것은 무엇일까요? 누가 승리할지는 모르지만 아마도 신은 모든 것을 알고 공정하시기 때문에, 우리들이 싸운 뒤의 결과 역시 신이 공정하게 심판을 내려주실 것이라고 믿었답니다.

이런 화끈한 해결방식은 오랜 기간 유럽사회를 지배하게 됩니다. 당연히 주변이 조용하지는 않았어요. 그런데 이제 부족사회가 아닌 커다란 나라의 모습을 갖추어가는 상황에서 이런 해결 방법은 많은 문제가 나타납니다. 허구한 날 싸움만 하는 사회는 내부에서는 혼란과 그로 인한 손실이 엄청났어요. 머리가 아파진 사람들은 이런 형태의 보복을 제어하고 안정을 찾아야 할 필요가 생겼답니다.

이런 배경 속에서 이제 개인과 부족들 사이의 복수와 보복할 권리를 점점 나라가 담당하게 됩니다. 14세기에 처음으로 독일에서 이런 흐름이 일어납니다. 나라에서 정한 사람들에게 범죄를 수사하고 재판을 열게 할 권한을 준 것이죠. 물론 이것이 우리가 사는 시대의 상황처럼 독립적으로 수사할 권한을 가진 완벽한 기구들은 아니었지만 말이에요.

이제 사람들은 옛날처럼 누군가가 돌도끼를 들고 우리 집 문을 열고 쳐들어올 걱정을 하지 않아도 되었어요. 나라가 이러한 형벌을 대신해주는 시스템이 시작되었기 때문이었답니다. 이런 가운데 국가의 제도는 점점 정교해집니다. 이제 국가가 누군가가 죄가 있으면 체포하고, 재판에 회부한 후, 그 증거를 조사해서 죄가 있냐 없냐를 절차에 맞추어 따져보게 되었답니다. 그런데 이것이 옛날보다 좋게 된 것이었을까요?

마녀사냥

1692년 미국 메사추세스 세일럼이라는 고장에서 한 사건은 일어납니다. 조그만 마을에서 150명 이상의 사람들이 체포되었고, 이 중 29명이 유죄판결을 받습니다. 판결의 내용은 이 사람들이 '마녀'이며 이들이 마술을 걸어서 사람들을 홀리고 사회를 혼란스럽게 만들었다는 죄목이었어요.
이들 중 19명은 유죄판결을 받고 교수형에 처해진답니다.
그런데 실제 이 과정을 보면 더욱 처참했어요. 14명의 여자와 5명의 남자들이 자신이 마녀의 일을 도왔거나 마녀라고 인정했는데, 이들 중 1명은 고문을 받다가 죽었고, 5명 이상은 감옥에서 사망했답니다. 자백하는 과정에서 고문과 신체형이 있었다는 것이 충분히 의심되는 상황이었죠.
지금은 상상이 되지 않는 이런 일이 어떻게 시작된 걸까요? 의외로 이런 마녀재판은 여러 가지 법적 절차를 거쳐서 이루어졌다고 합니다. 1484년에 만들어진 《마녀교서》라는 책이나 1487년에 만들어진 《마녀의 망치》라는 책은 이단자에 대한 심문방법과 마녀를 어떻게 재판하는지 등에 대한 내용을 다루었답니다. 이러한 책들을 만든 곳은 당시 영향력이 막강했던 가톨릭 교회였어요. 이들이 권한을 가지고 전 유럽으로 '이단심문관'들을 파견하여 재판을 진행하였습니다.

지금으로 보면 너무나 비이성적이고 말도 되지 않는 이야기지만, 유럽의 배운 사람들 사이에도 상당히 논리적이라는 확신을 가지고 논의되던 내용이었습니다. 실제로 1532년에 신성로마제국의 카를 5세가 만든 형사법의 기본이 되는 〈카롤리나 형사법전〉에서까지 마술범죄라는 내용으로 반영되었을 정도였답니다. 치안판사의 심문에도 유죄를 자백하지 않았던 사람들은 어땠을까요?

이들에게는 혹독한 고문이 가해졌답니다. 실제로 '자일스 코리'라는 여든 살의 노인이 본인의 죄를 인정하지 않자 판사는 그를 나무판에 얹은 후에, 그 몸 위로 천천히 돌을 쌓아 올리는 형벌을 진행하였답니다. 이틀 동안 이러한 형벌을 받은 노인은 가슴이 짓눌려져 죽음을 맞았습니다. 끝까지 자신의 죄를 인정하지 않은 죄였죠.

죄인들의 재산은 몰수당하고, 교회로부터 파문을 당하기 때문에 장례식도 치르지 못했다고 합니다. 교수형이 집행된 후에는 시체는 아무렇게 매장이 되었다고 해요. 이들이 사망한 기록은 서류에도 남지 않았답니다.

_ 금태섭, 《디케의 눈》 궁리, 2008 **중에서**

우리는 어떤 사건이 일어났을 때, 누군가 억울하게 몰려서 죄를 뒤집어쓰게 된 경우 '마녀사냥'이라는 이야기를 한답니다. 마녀사냥은 역사에 따르면, 12세기부터 시작되어 18세기까지 거의 600년 이상 지속되었으며, 그 범위는 세일럼의 재판에서 보듯이, 유럽뿐 아니라 신대륙에까지 그 영향력이 미쳤다고 해요. 그리고 그 희생자는 최대 6만 명에 이를 것으로 추산된답니다. 우리가 개인적인 복수나 집단의 보복이라는 것을 포기하고 공적인 기관에 이러한 기능을 맡긴 이후 발생한 무시무시한 결과였답니다.

법적으로 볼 때, 이러한 마녀재판은 어떤 문제가 있었을까요? 우선 이 사태를 보면 수사와 기소를 담당하던 인원들은 '전문적으로 법학을 교육받은 인력'들이 아니었습니다. 현대에서도 용의자가 죄가 있는지 없는지를 증명하는 것은 전문인원이 담당해야 하는 어려운 일이랍니다. 그런데 이런 작업을 전문지식 없는 사람들이 집행하였던 것이었죠. 수사를 하던 사람들은 용의자들을 우선 유죄로 추정하고 심리를 진행한 것도 문제가 되었답니다.

위의 사례를 보듯 대부분의 증거는 증인의 자백이었어요. 게다가 자백을 끌어내는 과정 역시 문제가 되었습니다. 사극에서나 볼 수 있는 고문을 통해서 사람들의 자백을 강요했고, 이 과정에서 사람들이 사망하기까지 했어요. 서구 여러 나라에서 일어났던 마녀재판이 우리에게 이야기하는 결과는 너무나 명확합니다. 국가가 공적인 기관을 통해 집행하는 공권력이 정확한 절차와 적합한 사람들에 의해 집행되지 않는다면 무수한 피해자들이 나올 수 있다는 것이에요.

형벌이 필요한 이유?

자, 우리가 살아가는 데 벌이란 왜 필요할까요? '형벌을 정하고 이러한 것을 어기면 국가가 벌을 주겠다.'라고 하는 선을 정하는 행위, 당연하지만 형법이 이렇게 법률로 이런 사항들을 정해놓은 이유는 바로 '법이 보호하려는 이익법익'이 있기 때문이에요. 가령 '사람을 때리지 마라, 다른 사람의 재산을 훔치지 마라, 누군가의 목숨을 해하면 안 된다.' 등 이 모든 것은 모세가 여호와의 석판을 산 위에서 받아 내려오기 전부터, 더 멀리 이집트에서 피라미드를 짓던 시절부터 있었습니다.

그리고 법률로 위법사항이 정해져 있다는 것은 우리가 행동할 때 어떤 것을 하면 불법이 될지 아닐지 알 수 있다는 것을 의미합니다. 법전에 '이런 행위들을 하면 안 되고 국가가 처벌할거야.'라는 것이 정해져 있다면, 사람들이 행동할 때 안정감을 줄 수 있을 거예요. 더해서 법률에 적힌 범죄를 저지르면 이런 형벌을 받을 수 있다는 것을 사전에 알 수 있기 때문에, 범죄자들이 이런 행위를 하지 못하게 하는 경고의 기능도 가지고 있답니다. 이렇게 범죄가 일어나기 전에 발생을 막아서 사회질서를 유지하게 하는 것을 학술적 용어로 '사회보호적 기능'이라고 한답니다.

얼마 전 싱가포르에서 현지 여대생을 성폭행한 일본인 남성이 체포되어 태형 신체를 규정된 곤장으로 때리는 형벌 20대를 선고받았답니다.[41] 곤장이란 것을 보신 적이 있나요? 사극이나 민속촌에 가서 보면 심심찮게 마주칠 수 있는 물건입니다. 형틀에 사람을 묶고는 힘을 주어 가격하여 고통을 느끼게 하는 형벌을 의미하죠. 그런데 저런 걸 맞으면 사람의 몸이 성할지 한 번씩은 생각해보았을 거에요.

앞의 장에서 우리가 배운 헌법이 생각나나요? 우리가 가진 기본적인 권리 중에서 모든 사람은 '고문 받지 않을 권리 헌법 제12조 2항'가 있었답니다. 그런데 싱가포르 같은 선진국이 이런 형벌을 유지하고 있다는 것은 조금 이상하기도 해요 기사에 따르면, 싱가포르 형법은 절도, 마약 범죄, 성범죄 등에 대해 태형을 허용하는데, 16~50살 남성을 대상으로만 집행할 수 있고, 최대 횟수도 24회로 정해져 있다고 해요. 우리나라에서 이런 태형을 형벌로 정하게 된다면 큰 문제가 될 건데 말이죠. 현재 우리나라에서 국가가 내릴 수 있는 형벌은 아래의 법률에 규정되어 있답니다.

> 형의 종류는 다음과 같다.
> ①사형, ②징역, ③금고, ④자격상실, ⑤자격정지, ⑥벌금, ⑦구류, ⑧과료, ⑨몰수
>
> _ 형법 제41조, 형의 종류

형법으로 규정된 9가지를 벗어난 벌은 형벌이라 할 수 없어

요. 나라가 법령과 다른 형태의 벌을 사람들에게 주었다면 이는 법적으로 문제가 됩니다. 이렇듯 형벌은 각 국가의 문화와 사회적인 배경에 따라서 다르게 적용된답니다.

근대 형법의 주요 이론

> 형의 종류는 다음과 같다.
>
> ① 범죄의 성립과 처벌은 행위 시의 법률에 따른다.
>
> ② 범죄 후 법률이 변경되어 그 행위가 범죄를 구성하지 아니하게 되거나 형이 구법舊法보다 가벼워진 경우에는 신법新法에 따른다.
>
> ③ 재판이 확정된 후 법률이 변경되어 그 행위가 범죄를 구성하지 아니하게 된 경우에는 형의 집행을 면제한다.
>
> **_ 형법 제1조, 범죄의 성립과 처벌**

그렇다면 우리의 형법을 살펴보겠습니다.

첫째, 우리 형법 제1조 제1항에는 범죄는 행위 시 법률에 따른다고 규정되어 있어요.

'범죄와 형벌은 법으로 정해야 한다는 것이랍니다.' 이러한 원칙을 '죄형법정주의'라고 해요, 이 원칙은 근대 형법에 중요한 원리입니다. 자, 그렇다면 여기서 의문이 들 거예요. 죄가 법에 정해져 있어야 한다면, 정해져야 하는 법률은 어떤 형식을 갖추어야 할까요? 여기서는 앞에서 배운 성문법, 그중에서도 국회가 제정한 법을 의미합니다.

하지만 벌칙을 제정할 때는 엄격한 제약이 있습니다. 어떤 사람을 처벌해야 한다면, 그 처벌대상이 어떤 행동을 했을 때 벌을 받을 수 있을지 명확하게 예상할 수 있어야 하고, 그 행동을 했다면 어떤 벌을 받을지도 명확하게 정해져야 합니다. 이것을 어려운 말로는 '포괄위임입법의 금지원칙'이라고 부른답니다.

둘째, 우리 형법은 관습법을 금지하고 있어요. 이를 '관습법 금지원칙 법률주의'라고 해요.

혹시 민법 제1조가 기억나시나요? 우리 민법 제1조에서는 '민사에 관하여 법률에 규정이 없으면 관습법에 의하고, 관습법이 없으면 조리에 의한다.'라는 조항이 있었어요. 관습법은 민사사건에서는 하나의 판단기준이 됩니다. 그런데 형법에서는 관습법으로 범죄를 판단하는 것은 금지하고 있습니다. 지역과 시대에 따라서 변하는 관습을 사람들을 구속하는 형벌로 사용하게 된다면 안정성을 보장하기 힘들 거예요. 우리는 앞의 '마녀사냥'의 예시를 통해 국가가 개인에게 형벌을 잘못 가할 경우 얼마나 무서운 결과가 일어나는지를 살펴보았답니다. 하지만 이 원칙에 한 가지 예외가 있어요. 바로 피고인에게 유리할 경우입니다. 그런 경우에는 예외적으로 관습법을 형벌에 적용할 수 있답니다.

셋째, 법을 만든 후에 이전에 있었던 일들을 처벌하지 못하는 원칙이 있답니다. 지금의 법이 이전 사건에 영향을 미치는 것을

'소급효'라고 해요. 이를 '소급효금지의 원칙'이라고 해요. 몇 년 전에 했었던 행위가 당시에는 불법이 아니었는데, 올해 새로 만들어진 법으로 인해서 예전에 나의 행동이 범죄가 된다고 하면, 우리는 언제나 불안한 세상을 살아야 할 겁니다. 그러기에 형법에서는 소급효는 엄격하게 금지되고 있답니다.

그런데 이런 경우는 어떨까요?

전동킥보드를 술을 먹고 운전하다가 기소된 사람이 도로교통법에 따라 2년이 넘는 징역형을 선고받게 되었습니다. 그런데 이후에 도로교통법이 개정되면서, 관련 범죄에 대한 판단기준이 달라집니다. 새로운 개정법을 적용하면, 본인이 선고받은 형벌이 줄어드는 상황이었어요. 피고는 이것을 보고 본인이 유리한 신법을 적용받아야 한다고 소송을 제기하였답니다. 이와 관련하여 우리나라 대법원에서는 심리한 후, 판결을 내놓게 됩니다.[42]

> 피고인은 도로교통법위반(음주운전)죄로 처벌받은 전력이 있음에도 2020. 1.5. 혈중알코올농도 0.209%의 술에 취한 상태로 전동킥보드를 운전하였고, 검사는 피고인의 위 범죄행위에 대하여 구 도로교통법 제148조의2 제1항(법정형: 징역 2년 이상 5년 이하 또는 벌금 1,000만 원 이상 2,000만 원 이하)으로 기소하였다. …중략… 공소사실은 구법(구 도로교통법 제148조의 2 제1항)에 따르면 2년 이상 5년 이하의 징역이나 1천만 원 이상 2천만 원 이하의 벌금으로 처벌되나, 신법(개정 도로교통법 제156조 제11호)에 따르면 20만 원 이하의 벌금이나 구류 또는 과료로 처벌된다. …중략…이 사건 법률 개정은 구성요건을 규정한 형벌법규 자체의 개정에 따라 형이 가벼워진 경우에 해당하므로, 종전 법령이 반성적 고려에 따라 변경된 것인지 여부를 따질 필요 없이 형법 제1조 제2항을 적용해야 한다.
>
> **_ 대법원 2022년 12월 22일 선고 2020도16420전원합의체 판결**

우리 대법원은 피고인에게 유리한 경우에는 재판이 이루어진 당시의 법을 따라야 한다고 판시하였습니다. 새로운 법이 만들어졌으니 피고인에게 유리하게 적용한다는 것이랍니다. 이렇게 피고에게 유리한 경우, 그 법률을 소급적용하는 우리 형법 제1조 제2항의 내용을 적용한 것이에요.

넷째, 형법의 요건들은 매우 명확해야 합니다. 형법요건이 명확하지 않다면, 사회의 구성원인 우리가 느끼는 불안감은 너무나 커질 겁니다. 그러기에 이런 '명확성의 원칙'은 중요한 형법 이론 중 하나랍니다. 그런데 이런 경우는 어떨까요? 형을 부과해야 하는데 법규정이 아무리 봐도 애매모호하게 되어있습니다. 보는 사람에 따라 그 뜻이 다르게 보일 수 있는 상황입니다. 이런 경우, 어떻게 해석을 해야 할까요?

①우선 전체적인 해석이 불가할 경우, 다른 권위 있는 기관이나 사람들에게 해석을 받는 경우가 있습니다. 이를 '유권해석'이라고 하죠. 또 다른 방법도 있답니다. ②저명한 교수님들이나 연구기관에게 '도대체 이 문구가 무슨 뜻인가요?'라고 물을 수 있는데 이것을 '학리해석'이라고 합니다.

> 형벌법규는 문언에 따라 엄격하게 해석,적용하여야 하고 피고인에게 불리한 방향으로 지나치게 확장해석하거나 유추해석 하여서는 아니 되지만, 형벌법규의 해석에서도 법률문언의 통상적인 의미를 벗어나지 않는 한, 그 법률의 입법취지와 목적,입법연혁 등을 고려한 목적론적 해석이 배제되는 것은 아니라고 할 것이다.
>
> **_ 대법원 2006.5.12.선고, 2005도 6525판결**

2005년 형사사건으로 상고하여 접수된 사건이에요. 이 사건에 사용된 법령에 대하여 여러 가지 해석의견들이 엇갈리게 됩니다. 이에 대법원 판사님들이 모여서 나름의 기준을 만듭니다.

우선 판결을 내릴 때는 법령의 문구대로 판결하도록 이야기합니다. 법에 이렇게 적혀 있는데, 판사가 네 마음대로 상상해서 뜻을 확대하지 말라는 말이에요. 이 경우 피고에게 불리한 방향으로 법령을 확대해서 해석해도 안 된다고 했어요. 다만 법해석에서 필요할 경우, '이 법이 어떤 목적으로 제정되었는지'와 '제정될 당시에 사회상황은 어땠는지'등을 참고하여 살펴볼 수도 있다고 하였답니다. 이렇듯 형법은 법의 해석이나 법령을 적용하는 것이 훨씬 엄격함을 알 수 있답니다.

마지막 원칙은 당연하지만, 지은 범죄와 형벌이 최대한 적절하도록 입법하거나 판결을 하는 사람들은 신경을 써야 한다는 겁니다.

소설《레미제라블》의 주인공, '장발장'을 소개할 때 항상 나오는 말이 '빵 하나를 훔쳐 19년을 옥살이한 주인공'이라는 말입니다. 이 말을 자세히 생각해보면 '빵 하나의 가치가 사람의 인생 19년과 같을 수 있어?'라는 생각이 들어 있다는 것을 알 수 있어요. 물론 현실에서는 그 반대의 경우도 무수히 들려옵니다.

'저런 짓을 했는데 어떻게 저런 가벼운 벌을 받는 거야?'라는 죄의 형량에 대한 의구심이 사회 전반에서 일어난다면, 그 형벌은 다시 생각해보아야 할 거예요. 이렇게 죄와 벌의 균형을 맞추는 것을 '적정성'이라고 합니다. 이 적정성 문제는 형법에서 중요한 부분일 것입니다. 원시시대부터 이어져온, 누군가에 대한 개인의 보복사적제재 권한을 사회에게 넘겨준 우리들의 억울함을, 사회가 피해자의 아픔을 감싸줄 만한 충분한 형벌을 부과하지 못한다면, 법의 역할에 부족함을 느끼는 여러 사람들은 다시 본인들의 오래 전 국가에게 넘겨준 권리인 사적제재를 생각해 볼 수밖에 없을 거예요.

'밀양 성폭행' 재조명… 솜방망이 처벌이 부른 위험한 사적제재

한 유튜브 채널 운영자가 2004년 경남 밀양에서 발생한 여자 중학생 집단 성폭행 가해자들의 신상을 잇따라 공개하며 '사적 제재' 논란이 재점화하고 있다. '정의'를 제대로 구현하지 못하고 있는 현행 형사사법체계를 비판하며 '사이다'라는 반응도 있었지만, 무차별적으로 이뤄지고 있는 사적 제재가 도리어 피해자의 고통을 가중하고, 뜻하지 않은 제3의 피해를 유발할 수도 있다는 우려도 나온다. …중략…
밀양 사건 가해자들의 신상 공개에 대한 누리꾼들이 폭발적인 반응을 보인 것은, '가해자가 죗값에 합당한 처벌을 받지 않았다'는 현실에 분노한 데 따른 것으로 풀이된다. 밀양 사건 피해자의 경우, 1년 간 이어진 집단 성폭행으로 신체적·정신적으로 큰 피해를 입었지만, 44명의 가해자들은 피해자 가족 일부와 합의를 했다는 이유 등으로 기소되지 않거나 보호관찰 처분을 받는 데 그쳐 전과 기록조차 남지 않았다.
한 누리꾼은 이 채널 커뮤니티에 올린 글에서 "대한민국 법이 정의가 있었다면 지금 이렇게 인민재판하는 세상이 되었을까."라며 "인민재판, 그게 저에겐 더 정의 같다."고 적기도 했다. 이런 반응은 '더 글로리'와 '모범택시', '비질란테' 등 사적 제재를 소재로 다룬 드라마들이 인기를 끈 것과도 맥을 같이 한다.

_ **한겨레, 2024년 6월 7일 기사**

위의 기사는 드라마 〈더 글로리〉의 열풍 이후에 인터넷을 중심으로 시작된 사적제재 콘텐츠들에 대한 내용입니다. 밀양여고생 집단성폭행 사건이 발생하고 20년 이후, 사람들이 다시 이 사건에 관심을 가지게 되면서 인터넷을 뜨겁게 달구게 됩니다. 특히 그 당시 피해자가 유튜브에 사이트를 열고 예전 가해자들에 대한 폭로성 영상을 올렸고, 여기에 일부 네티즌들이 합세했죠. 그 와중에 돈을 벌기 위해 합세했던 일부 운영자들이 잡혀가기도 했답니다.

자, 여기서 논쟁이 일어납니다. 기사에서도 나왔듯이 사회 전반에 사적제재에 대한 콘텐츠들이 쏟아지는 것은 하나의 신호일 거랍니다. 사법체계가 형량의 '적정성'을 찾지 못하고 있고, 그로 인한 경고의 시그널이 쏟아져 나오고 있는 것이겠죠.

그런데 정의의 편에서 사적제재를 시행할 것 같은 일부 네티즌들이 오히려 피해자를 협박하거나 자신들의 돈벌이만을 위해서 내용을 조작하다가 다시 피해자에게 상처를 주고, 결국 구속되는 사태까지 일어났어요. 그리고 그 가운데 국가는 사적제재의 위험성을 알리면서 콘텐츠를 제작하는 이들을 단속합니다.

단지 법에서 금지하는 사적제재를 이들이 부추긴다는 것으로 비난의 대상이 되어야 하는지는, 현대 사회를 사는 우리 모두가 다시 논의해보아야할 점이라 생각해요. 위에서도 언급했지만 결국, 사회의 시스템이 피해자들을 어루만져주지 못한다면, 국가가 개인의 울분을 해결해주겠다며 만들어 놓은 사법시스템이 오래갈 수 있을지는 의문입니다. 이러한 여러 사회현상들을 살펴보면, 이제 우리 사회의 법체계가 적정성의 부분을 다시 고민해야 할 것입니다.

관할권, 누가 내 엉덩이를 때릴까?

형법은 국내의 법이니 대한민국의 사회안전과 질서를 위해 필요한 법이라고 할 수 있어요. 그런데 여기서 하나의 문제가 제기될 수 있답니다. 위의 싱가포르의 예를 보셨죠? 일본 사람이 싱가포르 땅에서 싱가포르 국민에게 나쁜 짓을 하였다고 싱가포르 경찰들이 잡아서 엉덩이를 때리는 형벌을 주었습니다. 국적법으로 따지면, 그 사람은 엄연히 외국인이랍니다.

그런데 외국인이 우리나라에서 나쁜 짓을 했다고 우리나라 법으로 엉덩이를 때릴 권한이 있을까요? 여기서 관할권에 대한 이야기가 나오게 됩니다.

관할권이란 일반적으로 국가의 주권이나 권한이 미치는 범위를 말해요. 이런 의미에서 재판이나 여러 가지 사법활동을 위해서 관할권을 정하는 것은 중요한 작업입니다. 이는 어떤 사건이 일어났을 때 우리나라 법이 적용가능할지 알아보는 것이랍니다.

> 본법은 대한민국 영역 내에서 죄를 범한 내국인과 외국인에게 적용한다.
>
> _ 형법 제2조, 국내법

우리나라 형법 제2조의 내용입니다. 우선 우리나라 땅에서 사건이 일어났을 경우입니다. 우리나라 영역 안에서 이루어진 형사사건의 경우 특별한 사정이 존재하지 않으면 기본적으로 관할권을 가지게 됩니다. 이는 법령에서 이야기하듯 외국인에게도 적용됩니다. 이렇게 우리나라 안에서 발생하는 모든 사건은 외국인까지 포함해서 처벌하겠다는 것을 땅地,지에 속한다고 해서 '속지주의'라고 합니다.

다음으로는 우리나라 사람이 외국에서 우리나라 형법에 위반되는 행위를 할 경우에도 이런 내용이 적용될 수 있을지입니다.

> 본법은 대한민국 영역 외에서 죄를 범한 내국인에게 적용한다.
>
> _ **형법 제3조, 내국인의 국외범**

형법 제3조에 따른다면 이 경우에도 우리나라 형법으로 벌을 주는 것이 가능하다고 합니다. 이렇게 대한민국 국적의 사람이 대한민국 밖에서 범죄를 저지를 때 처벌한다는 것을 사람人, 인에 속한다고 해서 '속인주의'라고 해요. 위에서 본 '속지주의'와 '속인주의'를 보면, 우리 땅에서 일어나면 내 · 외국인 모두가 처벌이 가능하고, 우리나라 국적인 사람이 외국에서 죄를 범한 경우에도 처벌할 수가 있는 근거가 됩니다.

이 정도 되면 뭔가 혼란스럽습니다. 우리나라 땅에서 일어난 문제는 국적을 가리지 않고 모두가 적용을 받고, 외국에서도 우리나라 국적이면 형법의 적용을 받는다고 합니다. 그렇다면 형법이란 건 그 적용의 범위가 너무나 광범위한 것은 아닐까요?

> 본법은 대한민국 영역 외에 있는 대한민국의 선박 또는 항공기 내에서 죄를 범한 외국인에게 적용한다.
>
> _ **형법 제4조, 국외에 있는 내국선박 등에서 외국인이 범한 죄**

위 법전의 문구는 더욱 혼란스럽게 우리를 만듭니다. 이제는 우리나라 국적의 선박이나 항공기에 타고 있는 외국인들에게도 우리 형법이 적용된다고 해요. 이 배나 비행기라는 것은 사실 전 세계를 돌아다닐 수 있는 것인데도 말이죠. 국제협약에서는 비행기나 배가 국가영역이 아닌 공공의 영역공해, 공역 등에 들어가면 그 운송수단이 등록되어 있는 국가의 법률을 따른답니다.

무슨 말이냐고요? 외국을 운항하는 비행기나 선박들은 만들어지고 나서 출생신고를 하듯이 모두 국적을 등록하고 있어요. 배 같은 경우에는 자신이 등록된 국적을 나타내기 위해 깃발Flag을 단답니다. 이렇게 배나 비행기가 주민등록처럼 신고가 되어 있는 나라를 기국Flag State라고 해요. 공공의 영역에서는 배나 비행기에 타고 있는 사람들이 문제를 일으키면 어느 나라의 법을 적용해야 할지 관할권이 혼란스러워집니다.

이럴 경우 탑승한 사람은 그 배나 비행기의 기국의 법적용을 받게 됩니다. 그래서 이것을 '기국주의' 라고 한답니다. 가령 아시아나 비행기 안에서 미국 사람과 이란 사람이 서로 싸움이 붙는다면, 비행기의 국적인 대한민국 법령에 따라 두 사람이 구속받을 수 있다는 의미입니다. 점점 내용이 웅장해지지 않나요?

다음 이어지는 법조문을 보도록 하겠습니다.

본법은 대한민국영역 외에서 다음에 기재한 죄를 범한 외국인에게 적용한다.

① 내란의 죄

② 외환의 죄

③ 국기에 관한 죄

④ 통화에 관한 죄

⑤ 유가증권, 우표와 인지에 관한 죄

⑥ 문서에 관한 죄중 제225조 내지 제230조

⑦ 인장에 관한 죄중 제238조

_ 대한민국 형법 제5조, 외국인의 국외범

본법은 대한민국 영역 외에서 대한민국 또는 대한민국 국민에 대하여 전조에 기재한 이외의 죄를 범한 외국인에게 적용한다. 단 행위지의 법률에 의하여 범죄를 구성하지 아니하거나 소추 또는 형의 집행을 면제할 경우에는 예외로 한다.

_ 형법 제6조, 대한민국과 대한민국에 대한 국외범

형법 제5조라는 내용은 뭔가 엄청나게 긴 말을 하고 있어요. 주요 내용은 아무리 외국인이라도 저런 일들을 하면 우리나라 법으로도 규제가 가능하다고 합니다. 국가 안팎에서 대한민국이라는 나라를 위험하게 하는 시도, 또는 돈이나 그와 비슷한 것들을 찍어내어 대한민국에서 유통하는 시도하는 행위, 공적인 문서를 가짜로 만들거나 내용을 변화시키는 죄, 그 문서를 가지고 부정한 행동을 하는 죄, 공무원들의 도장이나 서명을 위조해서 사용하는 죄와 같이 위험한 행동들을 대한민국을 향해서 한다면, 비록 외국인일지라도 한국의 형법으로 엄벌하겠다는 것입니다.

형법 제6조를 보면, 더욱 범위가 더 넓어집니다.

만약 우리나라 또는 우리나라 국민이 외국인에게 피해당한 경우, 특별한 협정이 없으면 이 외국인들도 대한민국 형사법이 책임을 물을 수 있다는 내용입니다. 이를 '보호주의'라고 합니다. 대한민국국민을 보호하기 위해서 형법의 기능을 활용하겠다는 것입니다.

위의 형법 제5조와 보완적인 관계가 혹시 느껴지시나요? 형법 제5조는 외국인을 처벌할 수 있는 7가지의 죄를 명확하게 적어놓았습니다.

그런데 우리가 배운 '죄형법정주의'에 떠올려 보면, 법전에 적혀진 이 범죄들 외에는 다른 범죄자들을 처벌할 수 있는 근거 조항이 없어질 수도 있다는 단점이 있습니다. 형법 제6조는 위의 조항의 이런 문제점을 보완한답니다. 비록 직접적으로 법조문 형법 제5조 에 나와 있지 않더라도, 대한민국이나 대한민국 국민들에게 해를 끼치는 행위를 하였다면, 그 외국인은 당연히 대한민국 형법에 따라 처벌받을 수 있다는 내용이 됩니다.

잡을 수 있으면 잡아 봐, 가능하다면!

1996년 사모아 섬 근처에서 운항하던 원양어선 페스카마 호에서 잔인한 살인사건이 일어납니다. 평소에 한국인 사관관리자급 선원들에게 불만이 많았던 중국 조선족 선원들이 날짜를 잡아 선상반란을 일으킨 거예요. 이 상황에서 총 11명의 선원들이 살해당해 바다에 버려지게 됩니다. 당시 사망한 선원들은 기사와 같이 한국국적 7명, 중국국적 1명, 인도네시아 국적인이 3명 있었답니다. 이 배가 등록된 기국은 파나마였답니다법적으로는 파나마 배라는 의미가 됩니다.[43]

> 선장을 비롯한 일부 선원들을 살해하는 등의 방법으로 선박의 지배권을 장악하여 목적지까지 항해한 후 선박을 매도하거나 침몰시키려고 한 경우에 선박에 대한 불법영득의 의사가 있다고 보아 해상강도살인죄로 인정하였다페스카마 15호 선상 살인사건.
>
> _ 대법원 1997.7.25. 판결, 97도 1142판결

이 사건은 페스카마 호 사건은 법적으로는 파나마 국적의 배였지만, 우리나라 재판정에서 최종적으로 판결받게 됩니다. 당시 사건의 잔인함과 함께, 이 사건을 대한민국 사법부가 다룰 권한이 있는지가 사람들 사이에서 관심사였습니다. 이 사건에서

어떤 문제가 있었을까요?

위에서 말하였던 법령들을 근거로 찬찬히 살펴보기로 하겠습니다.

첫째, 사건이 일어난 곳은 남태평양의 사모아 섬 해상으로 대한민국의 영해가 아닙니다. 따라서 우리나라의 형법 적용을 위한 '속지주의'의 근거가 없었죠.

둘째, 사건이 발생한 배는 파나마 국적선이었습니다. 배의 국적이 대한민국이 아니어서 '기국주의' 역시 적용할 수 없었답니다.

셋째, 범인들의 국적 역시 문제가 되었습니다. 범인들 모두가 중국국적 선원들이니 '속인주의' 역시 적용하기 힘들었죠.

고심하던 재판부가 기소한 내용은 우리형법 제6조의 내용이었습니다. 당시 사건의 발생지나 선박의 국적, 기타 범죄자들의 국적에 대하여 대한민국 형법 적용의 근거는 없지만, 이 사건으로 7명에 달하는 대한민국 국적의 선원들이 살해당한 점을 주목하였습니다.

이는 우리 형법 제6조에서 말하는 '대한민국 영역 외에서 외국인이 대한민국 국민에게 죄를 지은 경우'에 해당한다고 보았습니다. 따라서 총 11명의 피해자 중에서 대한민국 정부는 7명의 대한민국 국민들에 대한 피해만을 소장에 담았습니다. 나머지 4명의 다른 국적 외국인들은 '보호주의'의 대상이 아니라고 판단했기 때문이랍니다.

결국 선상반란의 결과로 반란에 가담한 이들은 대한민국 형법에 따라 사형 및 무기징역의 중형을 선고받았습니다. 이 사건은 대한민국 사회가 지키고자 했던 개인에 대한 법익인 '생명과 신체'를 지키기 위해 보호주의 원칙에 따라 국가가 관할권을 행사한 사건이라고 할 수 있답니다.

59조 손실 '테라·루나' 권도형, 8일 미국 뉴욕서 재판 시작

'미 법무부는 2일현지시간 '400억 달러약 59조 원의 손실을 초래한 사기 혐의로 몬테네그로에서 인도된 권도형, 사기 혐의로 기소'라는 제목의 보도자료를 냈다. 미 법무부는"권 씨는 테라폼의 가상화폐가 폭락한 이후 광범위한 사기에 연루되고 범죄 수익금을 세탁했으며, 범죄를 은폐하려 했다"고 설명했다. …중략… 미 법무부는 자금세탁 공모 혐의 1건을 추가해 공소장을 변경했다. 이에 따라 권 씨는 총 9개의 혐의를 받게 됐다. …중략… 미 법무부는 "권 씨의 혐의가 모두 유죄로 인정되면 최대 130년형에 처해질 수 있다"고 밝혔다. 미국은 개별 범죄마다 형을 매겨 합산하고 있기 때문에 이를 모두 더한다면 130년형이 나온다는 설명이다.

지난해 3월 권 씨를 체포한 몬테네그로는 지난달 31일 권 씨의 신병을 미국으로 인도했다. 한국 정부도 권 씨의 신병을 확보하기 위해 범죄인인도를 청구했다. 권 씨도 미국 대신 한국에서 재판받는 것을 희망했다. 병과주의를 채택한 미국은 100년 이상의 징역형도 가능하지만, 한국은 가장 무거운 죄에 내리는 형벌의 절반까지 가중해 처벌하는 가중주의를 채택하고 있어 내려질 수 있는 최고 형량이 훨씬 낮기 때문이다. 이 때문에 권 씨가 몬테네그로 현지는 물론, 국내 최고 로펌에서 활동 중인 변호사들을 중심으로 변호인단을 꾸려 한국행을 위해 노력했고 국내 송환 뒤 필요한 법률 방어를 위해 준비한 것으로 알려졌다. …중략… 권 씨는 2일 뉴욕 남부연방법원에서 열린 기소인부 심리에 출석했다. 이 자리에서 권 씨 측은 무죄를 주장했다. 권 씨의 재판은 오는 8일 열린다. 이 사건은 뉴욕 남부연방법원의 존 크로넌 판사가 담당한다.

_ 법률신문, 2025년 1월 4일 기사

새해가 들어 또 하나의 뉴스가 들려옵니다.

트럼프 대통령 당선으로 인해 가상화폐시장이 뜨겁게 달아오르고 있던 시점에, 지구 반대편에서 한국국적을 가진 한 범죄자의 미국 송환뉴스가 들려옵니다. 바로 가상화폐 '테라-루나'를 만들어 한때 천재 투자자로 미디어에 소개되던 권도형 씨의 이야기입니다.

2022년 5월에 가상화폐시장에서 대폭락 사태가 일어납니다. 당시 가상화폐시장에서 시가총액 5위였고 코인이 개당 10만 원에 거래되던 루나코인이 무슨 이유에서인지 갑자기 폭락을 시작합니다. 그리고 순식간에 개당 1원 아래도 떨어지게 되죠. 그 시간은 1주일도 걸리지 않았어요. 이 사태로 손해를 보았다고 추정되던 금액은 총 59조 원 가량에 이르렀고, 권 대표는 외국으로 도피를 하게 됩니다.

그런데 2023년 긴 도피생활을 하던 권도형 씨가 체포되었다는 소식이 들려옵니다. 이름도 생소한 '몬테네그로'라는 나라에서였죠. 체포 다음부터 문제가 생기게 됩니다. 한국과 미국 사법당국에서 모두 권도형 씨를 잡아가고 싶어 했던 것이었어요. 여기에 더해서 권도형 씨 본인은 미국이 아닌 한국으로 오려고 합니다.

왜 그랬던 걸까요?

기사에서 보듯이 한국과 미국은 형량을 추산하는 방식이 달라서 이럴 확률이 크답니다. 일단 경제사범에 대하여는 미국이 한국보다 형량이 훨씬 무겁게 나온다고 합니다. 그리고 새해에 결국 권도형 씨는 미국으로 송환되어 재판을 받게 되었답니다. 이 사례는 앞의 페스카마 호 선상반란 사건과 다르게 외국에서 우리나라 국적의 국민을 송환해간 사례라 할 거에요. 권 씨는 한국의 국민이지만 글로벌 코인시장에서 심각한 해악을 끼쳤고, 결국 미국의 금융시스템과 국민들에게 역시 영향을 주었기 때문에 미국 역시 '보호주의'를 적용하여 권 씨를 잡아가두었답니다.

이처럼 금융거래와 범죄의 영역이 국경을 넘어 다니기 시작하면서, 관할권에 정의를 어떻게 해야 할지에 대한 논의 역시 활발해지고 있답니다. 범죄자들 역시 조금이라도 형량을 낮출 수 있는 국가에서 재판을 받기 위해 재판국가를 고르는 현상도 일어나고 있어요. 이런 현상을 '포럼쇼핑Forum shopping'이라고 합니다. 마치 백화점에서 물건 고르듯이 법정을 쇼핑한다는 뜻이에요.

범죄자는 만들어지는 것일까, 타고나는 것일까?

앞에서 우리는 형법에 영향을 받는 대상들에 대하여 알아보았답니다. 그렇다면 다시 질문을 해볼까 합니다. 앞에서는 벌을 받을 수 있는 사람들을 정의하였는데, 그렇다면 벌을 받게 되는 행위인 범죄란 무엇일까요? 어쩌면 가장 본질적인 질문일 수도 있을 거예요. 오래전 사람들은 불법행위를 통해 범죄를 행한 사람들은 본인의 의사대로 움직였다고 죄를 저지른다고 보았습니다.

일반적이고 정상적인 사람이 어떤 환경이나 다른 상황에 의해 스스로가 범죄자가 되기를 택했다는 뜻이었답니다. 그러기에 범죄를 대하는 태도는 우선, 다른 법령들과 크게 다르지 않았어요, 죄를 지은 사람은 죄의 무거움에 따라, 범죄자는 비난과 책임을 져야 했답니다.

그런데 현대 범죄론에서 새로운 분야들이 발전하면서 조금의 의견변화가 일어납니다. 바로 뇌과학, 심리학, 유전공학 같은 학문들이 기술발전에 따라 엄청난 성과들을 보여주게 되었죠.

그리고 '범죄란 자유스러운 인간이 자신의 의지에 따라 행한 결과이다'라는 오래된 정의에 대하여, '과연 그럴까?'라는 의문들이 속속 제기됩니다.

메리 플로라 벨은 영국에서 태어난 열 한 살의 소녀였습니다. 그녀가 특별했던 건 예쁘장한 외모와 대비되는 너무나도 잔혹했던 범죄방식 때문이었죠. 특히나 어린 나이에 살인을 하고도 아무런 죄책감조차 느끼지 못하던 그녀의 모습을 보면서, 사람들은 공포감을 느꼈답니다. 생소하던 '사이코패스'에 대한 내용을 대중들이 진지하게 인식하게 됩니다.[44]

그녀의 어떤 부분이 이런 상황을 만들었을까요? 어린 시절 불우한 환경에서 자란 기억이 아이를 살인마로 만들었다는 의견도 있답니다. 하지만 환경적 문제를 안고 있는 아이들이 모두가 범죄자가 되는 것은 아닙니다. 반대로 정상적인 집안에서 부유하게 자란 사람들이 범죄자가 되지 않는 것도 아니었죠.

현대의 범죄과학자들은 이런 부류의 공격성이 높은 이들을 조사해본 결과 데이터들이 축적되게 됩니다. 이러한 연구의 결과를 살펴보면, 범죄자들의 감정을 조절하는 뇌의 '전두엽'에 다른 일반인들과는 다른 모양이 존재함을 언급하고 있답니다. 그리고 현대의 범죄학 이론에서는 선천적인 범죄요인에 관한 연구도 활발하게 토론되고 있어요. 아직은 완벽히는 알 수 없는 문제로 위험성이 높은 사람들이 태어난다는 이야기가 설득력을 얻어가고 있답니다. 만약 이러한 내용이 맞다면, 국가의 범죄에 대한 태도는 달라지게 될 거예요.

이제 범죄는 뭔가 문제를 저지른 범죄자들을 잡아서 교화하는 역할에 더하여, 앞으로 문제가 있을지도 모르는 사람들을 발견하여 관리하면서 장래에 있을 문제를 예방하는 역할을 겸해야 할지도 모른답니다. 이제 범죄에 예방에 대한 부분이 사후 단속과 처벌 부분이나 상당히 중요한 문제가 되어가고 있습니다. 그 안에는 첨단기술이 동원되고 있어요.

범죄에 대한 이런 전통적인 시각과 새로운 시각은 처벌에 대한 부분도 변화를 주고 있답니다. 앞에서 이야기했듯 과거에 형벌의 개념은 벌에 대한 응당한 복수, 보복을 의미했어요. 저지른 죄가 있다면 그만한 대가를 치러야 한다는 의미가 강했습니다. 하지만 이런 범죄에 대한 관점이 변하면서 형벌에 대한 개념도 변화했답니다.[45]

현대에는 미디어를 통해서 나오는 형벌에 대한 이야기를 살펴보면 '예방'이라는 단어가 자주 나옵니다. 범죄를 저지를 잠재적인 요인이 처음부터 존재한다면, 앞으로 일어날 수 있을 범죄를 사전 예방하고, 더해서 일어난 범죄가 다시 일어나지 않도록 하는 것. 이것이 현대의 형벌이론에서 중요하게 논의되고 있는 점입니다.

범죄의 구성요건에 대하여

앞에서 우리는 죄라는 것은 법률에 정해져 있어야 한다고 배웠습니다. 법률이 정하지 않은 죄는 책임을 물을 수 없다는 것이에요. 그렇다면 우리가 범죄라는 것을 법률로 정하기만 하면 모두가 범죄가 되는 걸까요? 아무런 기준 없이 범죄라는 것이 성립된다고 한다면, 몇몇 사람들이 모여서 '내일부터 이건 범죄야!'라고 규정한 후, 적용을 해도 할 말이 없을 거예요. 그러기에 범죄에 대한 정의를 내리는 것은 많은 사람들이 오래전부터 연구해온 주제였답니다.

2024년에 한 남성이 집착하던 여성을 살해하기 위해 흥신소 사람들을 고용하여 뒷조사를 시켰습니다. 그런데 어느 순간 이상함을 느끼던 피해여성에게 흥신소 직원들의 꼬리가 잡히게 됩니다. 여성은 두려움을 느끼고 스토킹 혐의로 남성을 고소했지만, 결국 항소심에서 피고는 무죄 판결을 받았답니다.[46] 주요 내용으로는 피해를 당한 당사자가 자신이 스토킹을 당하는지 알지 못하는 상황이었고, 더하여 무언지는 모르지만 '구성요건'이란 것이 성립되지 않는다고 하였습니다.

사실 이 판결은 조금 아리송해요. 앞에서 이야기한 것처럼, 흥신소에 맡긴 사람은 나쁜 짓을 할 의도가 있었고 더해서 피해자가 모르게 몰래몰래 사생활을 정보를 훔치고 있었죠. 그래서 제1심에서는 분명 남자가 흥신소를 통해 여자의 정보수집을 하고 있었다는 점에서 문제가 있다고 보았어요. 그런데 항소심에서 이 판결이 뒤집어졌답니다. 기사를 보면, 피해자가 공포심을 느끼지 못했다고도 하고, 무엇보다도 구성요건을 갖추지 못했다는 어려운 단어도 보입니다.

너무나 명백해보이는데 도대체 범죄가 되기에는 무엇이 모자르다는 걸까요? 범죄가 되기 위해서는 사실 많은 조건이 필요하답니다. 범죄가 성립될지 유무에 따라, 용의자가 범죄자가 될 수도 있기에 과연 어떤 행위가 범죄가 되는지는 중요한 사안입니다.

범죄의 삼원론

범죄가 성립되는지를 알아보기 위해서는, 보통 세 단계에 걸쳐서 필요한 성립조건을 살펴본답니다. 범죄의 '구성요건', '위법성', '책임'이 그 세 가지입니다. 이를 따져보는 방법을 '3단계 범죄론' 또는 '범죄의 삼원론'이라고도 해요. 이런 접근방법을 보면, 형법은 다른 법들에 비하여 수학공식 같은 단계적인 접근 방법이 만들어져 있답니다. 반대로 이야기하면 그만큼 엄격하게 범죄를 바라본다는 것일 수도 있겠네요.

우선, 어떤 행위가 위에서 말한 '범죄의 구성요건을 성립하는지'를 살펴보아야 합니다. 우리 형법의 각 조문을 보았을 때, 죄가 성립되기 위해 필요한 요건들이 규정되어 있답니다. 누군가의 범죄를 주장하기 위해서는, 이 사람의 행위가 법조문에서 규정하는 상황에 해당하는지를 보아야 해요. '스토킹 범죄 처벌 등에 관한 법률' 제2조의 2를 보면, '스토킹 범죄란 지속적 또는 반복적으로 스토킹 행위를 하는 것을 말한다.'라고 정의되어 있어요.

그런데 이 사건에서 잡혀 온 사람은 단 한 차례 피해자를 몰래 촬영하고 전송한 내역만이 확인되었다고 합니다. 이 부분에서 법원은 법률에서 말하는 구성요건을 완성하지 못했다고 보았어요. 지속적이고 반복적인 행위가 아니라는 겁니다. 이렇게 구성요건이 완성되지 않으면, 행위 자체가 아무리 반사회적 행위라고 해도 범죄라고 볼 수 없다는 논리에요. 사실, 이 부분에서 모호함을 느끼는 분들도 계실 거예요. 과연 어느 정도가 지속적이고 또 반복적이라 할 수 있을까요? 법률규범은 이렇게 금지된 행위를 추상적인 문구로 기재한 경우가 많답니다.

범죄의 주체와 객체

구성요건이 성립되는지를 살펴보기 위해서는 보통 다섯 가지의 사항을 살펴본답니다.

첫째, 범죄행위를 하는 '주체'가 명확해야 해요.

당연히 범죄를 행한 사람이 있어야겠죠. 당연한 이야기를 왜 할까에 대해 하는 분들이 있을 거예요. 범죄의 주체란 당연히, 범죄행위를 할 수 있는 사람을 이야기합니다. 민법에서 보았던 자연인들을 이야기하죠. 그런데 법적주체에는 자연인 외에도 다른 주체가 있습니다. 기억나시나요? 바로 '법인'이라고 불리는 존재들이에요.

그렇다면 법인은 범죄능력이 있는지에 대한 질문이 있을 수 있어요. 회사가 불법행위의 주체가 된다? 생명도 없는 회사가 범죄를 저지르는 게 가능할까요? 우리나라 같은 대륙법계 국가에서는 법인의 범죄능력을 부정하는 의견들이 큽니다. 로마법에서부터 이어져 온 생각인 '단체는 죄를 범하지 못한다Societas delinquere non potest.' 원칙이 적용된 것이에요. 반면, 영미법계 국가에서는 법인도 범죄를 행할 수 있다고 본답니다. 경제나 환경

문제에 관련해서 법인의 책임을 확대 적용해야 한다는 견해도 꾸준히 제기되고 있어요.

둘째, 그 범죄행위에 피해자인 '객체와 행위, 그로 인한 결과'입니다.

객체란 범죄행위를 통해서 피해를 받은 사람을 말해요. 형법에서의 객체는 법전에 나와 있는 대상을 말합니다. 법전에는 주로 '사람'이라는 추상적 개체를 말하기도 하고, '외국의 원수', '선서한 증인' 등과 같이 구체적으로 규정된 경우도 있답니다.

복잡하지만 심오한 인과관계

셋째. 이 행위와 결과 사이에 '인과관계'가 존재하는지를 살펴보아야 합니다. 그런데 인과관계란 무슨 뜻일까요? 원인과 결과를 어떻게 볼 것인지는 여러 가지의 설들이 존재한답니다.

> 고등학교 교사가 제자의 잘못을 징계코자 왼쪽 뺨을 때려 뒤로 넘어지면서 사망에 이르게 한 경우 위 피해자는 두께 0.5미리밖에 안 되는 비정상적인 얇은 두개골이었고 또 뇌수송을 가진 심신허약자로서 좌측 뺨을 때리자 급성뇌성압 상승으로 넘어지게 된 것이라면 위 소위와 피해자의 사망 간에는 이른바 인과관계가 없는 경우에 해당한다.
>
> **_ 대법원 1978. 11. 28. 선고 78도1961 판결**

고등학교 선생님이 학교의 제자를 체벌하였는데, 쓰러진 제자가 머리를 부딪힌 후 사망하였습니다. 그리고 선생님은 살인죄로 고소당하였죠. 우선 위에서 배운바와 같이 천천히 상황을 분석해보겠습니다. 선생님주체이 학생객체의 뺨을 때렸습니다행위. 그리고 학생이 사망해 버렸죠결과. 가격이 있었고 사망에 이른 것을 보면, 완벽한 인과관계가 있어 보여요. 이것만 보면 형법상의 구성요건이 완성되었다고 보아도 되지 않을까요?

여기서도 여러 견해가 있답니다.

우선 내가 어떤 행위를 해서 결과가 발생한다면, 무조건 인과관계가 성립한다고 보는 경우입니다. 가령 선생님이 뺨을 때리지 않았다면, 뒤에 일어날 사망이란 결과도 없었을 거라 볼 수 있죠. 타당해보입니다. 일단 학생이 선생님에게 맞았고 사망했으니 말이에요. 이런 관점을 '조건설'이라고 해요.

그런데 말이죠, 이렇게 볼 수도 있지 않을까요? 사실 학생이 사망한 것은 뺨을 맞아 머리를 부딪쳐서 죽었지만, 쓰러진 방향이 뺨을 맞은 것이 아니라 원래부터 좋지 않았던 신체구조 때문이었다고 한다면 말이에요. 여기선 더 살펴보아야 할 사실들이 있어요. 우선 내가 선생님이고 학생이 태어날 때부터 뇌의 한쪽에 이상이 있다는 사실을 알았다면, 과연 학생을 손바닥으로 때렸을까요? 이 사건은 누군가를 죽이려고 했던 것이 아닌 아무도 예측하지 못했던 사고이지는 않을까요?

결론부터 말씀드리면, 위의 사건에 대해 선생님은 혐의 없음을 판결받았습니다. 사유는 사망한 피해자가 태어날 때부터 두개골에 일반인과는 다른 해부학적인 구조가 있었고, 비록 피해자가 뺨을 맞았지만, 직접적인 사망의 원인은 구타가 아닌 뇌의 선천적인 문제로 볼 수도 있다는 것이었어요.

다시 돌아가서 생각해보죠.

아무리 선천적으로 문제가 있는 몸이었다고는 하지만, 반대로 가격을 했다는 행위 역시 실제로 있었던 행위입니다. 선생님이 뺨을 때리지 않았다면 아픈 몸이 문제가 될 일이 없었을 테니까요. 자, 인과관계가 있을지의 여부는 명확히 하지 않으면 자칫 어느 것이 정확한 원인인지 혼동해버릴 위험이 있죠. 더해서 판단의 기준이라고 하는 경험이라는 것이 과연 얼마나 정확한 기준일지도 모호해요.

그래서 현대에는 행위와 결과 사이에 인과관계를 확인할 때 더욱 명확한 기준을 적용할 것을 요구합니다. 구체적으로 그렇다면 어떤 기준이 필요한 걸까요? 아무래도 논쟁이 많을 사안이라, 원인과 결과의 연관성을 입증하기 위해서, '당대의 최고 지식수준에서 인정되는 과학적인 조건과 증거가 필요하다'라고 보고 있답니다. 이러한 관점을 '합법칙적조건설'이라고 해요. 현재 다수의 지지를 받는 이론이랍니다. 이런 '합법칙적조건설'에 따른다면, 현대의 과학수준으로 입증하지 못할 경우는 인과관계가 성립하지 않는다고 본답니다.

한 사람을 벌을 주는 일이기에 인과관계에 대한 부분은 고의성 입증과 함께 상당히 많은 연구가 있었답니다. 예전에는 행위 자체만으로 인과관계가 성립되었기에, 불가피한 상황에서 범죄자들이 양산되는 경우도 많았지만, 이러한 조건들을 더욱 과학적으로 엄격하게 바라봐야 한다는 쪽으로 계속해서 관점들이 바뀌어왔어요. 혹시 있을지 모를 억울한 사람들이 생기지 않도록 말이에요.

객관적 귀속, 너희 둘은 정말 깊은 관계인거야?

자, 우리는 위에서 여러 가지를 살펴봤어요. 범법행위를 저지르는 주체가 있고, 그 행위를 당하는 객체가 있었습니다. 그리고 어떤 행위가 있었고 결과가 있었습니다. 다음으로는 발생된 결과 사이에 관련이 있는지가 중요하다고 하였습니다. 자, 그렇다면 인과관계만 성립된다면 모든 범죄행위가 완성되는 것일까요?

현대의 형법에서는 여기서 한발 더 나아가, 정말로 이 둘의 관계가 있는지를 따져 보아야 한다고 합니다. 누가 보더라도 이 결과가 일어난 것에 대해서 '정말 네 탓이야?'라고 물었을 때, '진짜 그래!'라고 말할 수 있어야 하는 것이죠. 이러한 것을 '객관적 귀속이론'이라고 부른답니다. 자, 그렇다면 누군가의 탓을 가리기 위해서는 어떤 것들을 보아야 할까요?

여기도 엄격한 단계별 검토과정이 있답니다.

우선 어떤 사람이 범죄를 행하였을 때, 발생한 결과가 모두가 보았을 때 예견이 가능해야 합니다. 사회에 속한 다른 사람이 보았을 때, 통상적으로 이런 행동을 하면 범죄가 될 것이다라고 예측할 수 있었는데도, 그런 행동을 해서 문제가 발생하였다면 일단 행위를 한 사람의 탓이라고 할 수 있습니다. 위에서 보았듯

따귀를 때려서 사람이 죽었지만, 피해자가 다른 사람과 달리 허약체질이었다는 사실을 몰랐다면 예측할 수 없었다면, 원인 때린 행위과 결과 사망 사이에는 인과관계가 성립하지 않습니다.

나의 앞을 지나가는 사람의 머리 위로 화분이 떨어지는 것을 보고, 급하게 밀었는데 그만 엎어져서 팔이 부러졌습니다. 이런 경우 나의 행위를 처벌할 수 있을까요? 머리에 화분이 맞았으면 사망할 수도 있었지만, 앞으로 엎어진 덕분에 팔이 부러졌다면 그 사람의 위험을 감소시킨 행위로 볼 수 있을 겁니다. 이렇게 앞날의 결과를 예측할 수 있었는지 여부를 '예견가능성'이라고 해요.

두 번째 단계는 '위험의 발생 또는 증대'가 있었는지를 살펴보는 단계입니다.

범인이 피해자를 강간할 목적으로 쫓아가고 있었는데, 당황한 피해자가 도망을 가다가 건물에서 떨어져서 사망하고 말았습니다. 이런 경우 범인이 피해자를 직접 건물에서 밀지는 않았어요. 그럼 범인에게 죄를 물을 수 있을까요?

범인의 행동은 피해자를 위험에 빠뜨리게 했었기에 직접 죽이지는 않았지만, 앞서 범인이 피해자를 계속 쫓아가면서 사망한 피해자에게는 새로운 위험이 발생하였답니다.

나와 싸우다가 도망가던 친구가 계단에서 굴러 떨어진 친구가 다리가 부러진 경우에는 친구의 상해를 나의 탓이라 할 수 있을까요? 나로 인해 친구가 위험에 맞게 된 것은 사실이지만, 내가 그 친구를 쫓아가며 다치게 만들지는 않았습니다. 그러기에 '객관적 귀속관계'가 있다고 볼 순 없어요.

킥보드를 타던 학생이 갑자기 뛰어나와 자동차에 치여 다쳤습니다. 나의 자동차가 제한속도 50킬로미터를 지키지 않고 60킬로로 달려서 다쳤다고 피해자가 주장하고 있습니다. 이런 경우에 차의 속도를 규정속도로 맞추지 않은 것이 내가 학생을 다치게 한 직접적인 원인이라고 할 수 있을까요?

질문을 바꿔서, 내가 규정을 준수해서 50킬로 속도로 자동차를 운전하다가 학생과 부딪혔다면 그 학생은 다치지 않았을까요? 50이든 60이든 그 속도에 부딪힌 학생은 다칠 수밖에 없었을 거예요. 학생이 입은 부상의 직접적인 원인이 차의 속도라고 말하기엔 어려운 점이 있습니다.

세 번째 단계는 내가 그 상황에서 '적법하게 대처하였는지'를 살펴보는 행위입니다.

네 번째로 이런 경우도 생각해보겠습니다. 내가 운전하고 가던 차가 사람을 치어서 병원으로 싣고 갔습니다. 여기서 수술해야 하는 환자가 갑자기 수혈받기를 거부합니다. 자기가 믿는 종교적 믿음과 반대가 된다는 것이었죠. 이때 원인을 제공한 건 내가 되었지만, 수혈을 거부해서 사망한 건 피해자가 됩니다. 여기서 보호해야 할 목적은 피해자의 생명이었는데, 피해자의 생명 보호의 범위 밖에 있는 행동수혈거부로 인해 발생한 일은 더 이상 나의 책임이 아니게 됩니다.

머릿속이 너무 복잡하다고요?

이렇게 어떤 일이 발생했을 때, '인과관계'뿐만 아니라 '객관적 귀속여부'까지 살펴보아야 하는 이유는 혹시 있을지 모를 억울한 피해자들을 최대한 줄이고자 함이랍니다. 어떤 일의 범죄

유무를 확인하는 방법, 다시 한 번 정리해보겠습니다.

---

① 우선 인과관계가 성립하는지를 살펴본 후
② 어떤 행동으로 인해 그 사회 구성원들 누구에게나 일어날 수 있다고 예상되는 일이 눈앞에 보임에도 불구하고 그 일을 알면서도 행하였는지를 살펴보고
③ 그 행동의 결과로 새로운 위험스러운 상황이 발생하거나, 또는 원래 있던 위험의 범위가 커졌는지를 살펴보고
④ 그 발생한 상황에서 가해자가 적합하게 대처하였는지를 살펴보아야 합니다.
⑤ 적합한 대처에 대한 피해자의 반응도 살려야 해요

이런 여부를 따져서 종합적으로 따져본 후, 아무리 봐도 이건 범죄행위라 보인다면 범죄라고 판단해야 한다는 겁니다. 형법에서 누군가의 범죄를 확정하기 위해서는 왜 이렇게 복잡한 절차가 필요할까요? 다음 사례를 통해서 한번 생각해보도록 하죠.

피고인은 자가용 운전자이다.
어느 날 그는 자가용을 운전하고 열차 건널목을 지나게 되었다. 그러나 건널목에서의 일단멈춤의 주의의무를 다하지 않

고 그대로 건너려다가 그만 열차 왼쪽 모서리와 충돌하여 20여 미터쯤 끌려가다가 옆으로 튕겨 나갔다. 그런데 마침 자전거를 타고 가던 피해자는 자전거에서 내려 열차가 지나가기를 길가 왼쪽 켠에 서서 기다리던 중이었다. 피해자의 오른쪽 길 한복판으로 달려 온 피고인이 멈추지 않고 그래도 진행하다가 위에서 본 것과 같은 충돌사고를 야기하게 되자 피해자는 놀라 뒤로 넘어져 상처를 입게 되었다.

_ 대법원 1989.9.12.선고, 89도 866판결

읽어가다 보면 뭔가 조금 우스운 사건일 수도 있어요.

열차 건널목을 지나는 자동차가 기차가 오는 데도 그냥 지나려다가 그만 기차가 충돌했어요. 그리고 그 자동차는 열차에 그대로 끌려가 옆으로 튕겨져 나갑니다. 그런데 그 광경을 옆에서 지켜보던 자전거를 탄 행인이 놀란 나머지 뒤로 넘어져선 상처를 입게 되었답니다. 이 상황에서 상처를 입은 자전거 타던 행인이 나의 부상은 자동차를 몰다가 기차와 부딪힌 사건 때문에 발생하였다고 자동차 운전자를 고소를 한 사건입니다.

결과가 어떻게 되었을까요?

재판부는 판결에서 길을 건너던 자동차로 인해 직접적으로 사고가 발생하지는 않았지만, 사건을 일어나게 만든 자동차 운전자에게도 책임이 있다고 인정하였답니다. 음… 이 판결에 수

긍하시나요?

이 사건은 여러 가지 점에서 생각할 점을 던져줘요.

형법에서 죄가 되려면 어떻게 되는지를 다시 생각해볼까요? 우선 사건의 객체, 피해자는 명확해 보여요. 바로 다친 행인이 될 거예요. 그런데 사건의 주체에 대한 설정이 모호합니다. 이 사건에서는 누가 피해자를 다치게 한 걸까요? 우선 진술만 보면 자동차를 보고 놀랐다고 했으니, 자동차의 주인이 범인이라고 할 수 있을까요? 그런데, 그렇게 따진다면 기차를 운행한 기관사님은 어떨까요? 과거에는 이렇게 인과관계만 있다면 범죄상황이 성립한다고 생각했어요. 하지만 이런 단순한 관점에서 생기는 억울한 경우들이 쌓이면서, 이런 일들을 사라지게 하기 위해 객관적 귀속 여부를 따지기 시작하게 되었답니다.

미필적 고의, 생각만 있어도 범죄가 될 수도!

범인의 행동이 범죄라고 할 수 있는 요건의 마지막은 바로 '고의'입니다. 고의라는 말을 들으면 어떤 생각이 떠오르나요? 무언가 잘 안 될 걸 알면서도 모른 척 행하는 것? 아니면 확실하지 않지만 밀어붙이는 것? 여러 가지 의미가 있지만, 확실한 건 고의라는 건 내가 알면서도 행한다는 느낌이란 것이에요. 그렇다면 우리 형법에서 말하는 고의란 무엇일까요?

죄의 성립요소인 사실을 인식하지 못한 행위는 벌하지 아니한다. 다만, 법률에 특별한 규정이 있는 경우에는 예외로 한다.

_ 형법 제13조, 고의

우리 형법이 고의를 어떻게 바라보는지에 대한 내용입니다.

위법한 행위을 한 사람이 죄라는 사실을 인식하지 못하면 벌을 줄 수 없다는 것이에요. 일단 조항을 보면 간단해요. 죄인 줄 알지 못했다면 그 사람을 벌할 수 없다는 것이에요. 그렇다면 사람들이 죄라는 것을 인식하려면 어떤 것이 필요할까요? 반대로 죄가 아닌 경우는 무엇일까요?

자, 다시 상상의 시간입니다. 오래전 어느 원시부족 마을의 한 사람이었던 나는, 옆 마을 녀석들에게 화가 나 있습니다. 내가 사냥해서 나무 위에 말린다고 걸어놓은, 심지어 나의 것이라고 표시까지 해놓은 호랑이 가죽을 옆 마을 녀석들이 훔쳐간 사실을 발견했기 때문이죠. 이 당시에 법이란 두 가지가 있었어요.

먼저 마을의 싸움을 관할하던 누군가의 이야기를 듣는 것이었죠. 정확하게는 족장님이라고 하겠습니다. 또 다른 하나는 화끈하게 돌도끼를 들고 싸우는 것이었습니다. 그런데 이런 방법은 오래 전, 공룡들이 나뭇잎 씹고 다니던 시절이라면 괜찮겠지만 이제 시대는 바뀌었습니다. 내가 화가 난다고 돌도끼로 누군가를 때리는 행위는 족장님에게 잡혀가서 크게 혼나는 행동이 돼버렸습니다. 이미 오래전부터 사람들에게 지켜지던 부족 내 법이란 것이 있기 때문이에요. 이제 나의 머릿속에는 이런 일은 하면 안 된다는 생각이 머릿속에 들어서 있죠.

그런데 말이에요, 내가 나를 화나게 한 옆 부족 마을에 가서 그 사람이 자주 지나가는 길에서 열심히 돌도끼 던지기 연습한다면 어떨까요? 물론 그녀석이 지나가다가 돌도끼에 맞을 수도 있기에 위험하다는 사실을 나는 알고는 있습니다.

그런데 위험할 수 있다고 생각을 하면서도 한 편으로는 '이렇게 돌도끼를 던지다가 그 녀석이 와서 맞으면? 뭐, 그래도 어쩔 수 없지.'라는 가벼운 생각을 가슴 한 켠으로는 하고 있었답니다. 문제는 이렇게 하고 있었는데 무슨 운명의 장난인지, 진짜 지나가던 그 녀석이 나의 도끼에 머리를 맞아 사망하고 말았습니다.

나는 이 상황이 위험하다는 것도 인식하고 있었어요. 하지만 도끼를 던지는 단계에서는 나는 적극적으로 누군가를 해치겠다는 의지가 있었는지는 현재 다른 사람들은 알 수 없습니다 사실 나만 알 뿐이죠. 만일 내가 그런 의지가 없는 상태에서 상대방이 죽는 결과가 발생했다면 이는 '과실'이 됩니다.

그런데 말이에요. 이런 경우도 있지 않을까요?

나는 마음속으로 누군가가 죽거나 다치는 것은 싫답니다. 그런데 돌도끼를 길에서 던지면서 마음 한 켠에는 '이 도끼를 누군가 맞으면 죽을 수도 있겠는데', 위험한 걸 하는 마음으로 계속 돌도끼를 던지고 있었다면 그 내용은 조금 다른 의미가 됩니다.

다시 정리하면, 나는 누구를 죽이겠다는 생각은 없었어요. 하지만 이것이 위험한 행위라는 것을 이미 알고 심지어 누군가가 죽을 수 있다는 것은 알고 있었어요. 알고 있는 상태에서 행동을 한다는 것은 나는 이미 그 행동을 용인하겠다는 거에요. 이렇게 명확한 의사는 없지만, 상대가 죽을 수 있다는 것을 알고, 또 받아들인 마음 상태가 된다면 고의성이 인정됩니다. 이것을 '미필적 고의'라고 합니다.

여기서 한 단계 더 나아가서 '너를 언젠가 죽일 거야!'는 생각으로 도끼를 던지고 있었다면 어떨까요? 이런 경우를 우리 형법에서는 '확정적 고의'라고 합니다. 완벽한 형태의 고의성이 인정되고 형량도 더욱 높을 수밖에 없어요.

대법원이 2세 아들을 사흘간 집에 홀로 방치해 사망하게 한 친모에 대해 징역 11년을 선고한 원심판결을 확정했다. 대법원은 아동학대 범죄에서 살해의 미필적 고의가 크다면 살해 혐의를 유죄로 봐야 한다는 취지로 판단했다. …중략…

A씨는 2022년 1월부터 가정불화로 배우자와 별거에 들어가 인천에서 홀로 2세 아들을 키웠다. A씨는 종종 아들을 집에 홀로 남겨두고 피시방에 가서 게임을 하기도 했다. 2022년 8월부터는 필수적인 예방접종이나 영유아 건강검진을 한 번도 받게 하지 않았다. 애인이 생긴 이후에는 1년 간 60회에 걸쳐 아들을 홀로 집에 둔 채 외박했다.

지난해 1월 아들은 62시간 동안 방치된 끝에 탈수와 영양결

핍으로 사망했다. 1심은 A씨에게 징역 15년을 선고했다. 재판부는 "생후 20개월의 피해자를 물이나 음식의 제공 없이 장시간 동안 홀로 방치할 경우 피해자의 사망이라는 결과가 발생할 위험이 있다는 것을 인식했고 그런 위험을 용인하는 내심의 의사도 있었다고 인정된다."며 "미필적으로나마 살인의 고의가 있었다고 봄이 타당하다"고 했다.

_ 경향신문, 2024년 7월 23일 기사

이 사건에서 아이를 보호해야 할 의무가 있는 어머니가 부모의 의무를 다하지 않아 발생하였습니다. 부모의 보살핌 없이는 아무것도 하지 못하는 아이를 집에 방치해놓았던 것이에요. 그리고 엄마의 보살핌을 받지 못한 아이는 결국 사망하게 됩니다.

자, 이 사건에서 어머니는 아이를 직접 죽이지 않았어요. 하지만 이렇게 아이를 놔두면 죽을 수 있다는 사실은 정상적인 사고를 가진 사람이라면 누가 봐도 알 수 있어요. 이제 우리가 배웠던 내용을 살펴봅시다. 이 사건은 형법상 죄가 될까요?

우선, 엄마주체 라는 사람이 아이객체 를 사망에 이르게 하였습니다. 그 원인은 오랜 무관심과 방치원인 로 인한 아이의 죽음결과 이었어요. 사건의 내용만 본다면 인과관계가 충분하다고 보입니다. 그렇다면 다음으로는 고의성을 따져보아야 합니다. 엄마는 아이를 방치하면서, 죽어도 된다고 생각했을까요? 우리 법원은 모든 정황을 보아 '그렇다.'라고 보았습니다. 아이를 방치하면서 충분히 사망이라는 결과가 위험이 발생할 수 있다고 알았을 것이라 보았고, 심지어 그런 위험을 만들었다고 보았습니다. 또한 마음만 먹었다면 충분히 이러한 결과를 막을 수 있었다고 보았죠.

이렇게 모든 원인이 범죄를 일으킨 어머니에게 객관적으로 귀속이 된다고 보았기에 '미필적 고의에 의한 살인죄'를 적용하였습니다. 비록 죽이려는 의도를 가지고 직접 행동을 하지는 않았지만 말이에요.

착오, 그러려고 그랬던 게 아니었는데…

우리는 형법 아래에서 죄를 벌하기 위한 요건은 무엇일지 살펴보았답니다. 음, 어떻게 보셨나요? 형법이 앞에 두 가지의 법보다도 정교한 범죄입증의 공식들을 요구하고 있다는 의견에 동의하시나요? 이러한 현상은 형법이 합리적인 사고를 중요하게 여긴 독일이라는 나라에서 발전한 것도 연관이 있을 거예요. 반대로 생각하면, 국가가 개인에게 벌을 주는 행동이 얼마나 주의 깊게 설계되어야 하는지를 잘 보여주는 것이라고도 하겠습니다.

어떤 행위가 형법상의 범죄인지를 판단하기 위해서는 그 당시 범죄인지 알았는지 인식 과 알았더라도 정말로 범죄를 행하려 했는지 의지 가 중요하다는 것을 알게 되었습니다. 그리고 그 중간, 어느 지점에서 문제가 일어나도 어쩔 수 없지 않나용인라는 생각이 있었다면, 이것 역시 문제가 될 수 있다는 것을 보았습니다.

그렇다면 이런 경우는 어떨까요?

내가 한 행동이 아무런 문제가 없다고 생각했는데 알고 보니 범죄행위였다면 말이에요. 또는 범죄행위를 알고 있었는데 결과적으로 자신의 의도와 다른 방향으로 피해가 발생한 경우라면 말이죠. 이런 경우는 죄가 될까요? 여기에도 두 가지 경우로 나누어서 생각할 수 있어요.

나는 평소에 사이가 좋지 않던 A라는 사람을 다치게 하기 위해 총을 쏘았어요. 그런데 하필 지나가던 B라는 사람을 총알을 맞았답니다. 앞에서 본 공식에 따른다면, 사건의 객체가 달라졌을 뿐A에서 B로 사건의 결과는 '상해사건'이라는 점은 동일합니다. 이런 상황을 '구체적인 사실의 착오'라고 해요.

다음으로 위와 동일한 A라는 사람을 다치게 하기 위해 총을 쏘았는데, A의 고양이가 창가에서 다친 경우에요. 이 경우 동일하게 사건의 객체가 달라지고A에서 A의 고양이로 사건의 본질살인미수에서 재산손괴로 역시 변해버립니다우리의 예쁜 고양이는 법적으로는 재산으로 보기 때문이랍니다. 이런 경우를 '추상적 사실의 착오'라고 한답니다.

자, 그런데, 구체적이든 추상적이든 이런 착오는 왜 발생한 것일까요? 두 가지 원인으로 생각할 수 있을 거예요.

우선 첫째는 내가 정말 A라는 사람을 B라고 믿어버리고 총을 쏘아버린 경우입니다. 이런 경우를 '객체의 착오'라고 합니다.

둘째는 나는 정확하게 A가 맞추기 위해 공격했는데, 그만 그

총알이 B에게 향해 버린 경우가 있을 겁니다. 이런 경우를 '방법의 착오'라고 해요.

이런 경우의 수를 정리하면 아래와 같이 두 가지의 경우가 나온답니다.

① 구체적 사실의 착오 : 객체의 착오 또는 방법의 착오
② 추상적 사실의 착오 : 객체의 착오 또는 방법의 착오

영화 〈킬복순〉에 나오는 유명한 여주인공 킬러가 살인 청부를 받습니다. 그런데 하필 의뢰인이 흐릿한 타깃 사진을 주는 바람에 복순 씨는 목표 A가 아닌 B를 살해했어요. 두 경우 사람을 죽였기 때문에 똑같은 살인죄가 될 거예요. 이 경우 결과 는 '구체적 사실의 착오'에 해당합니다.

다음으로 보아야 할 것이 단순히 내가 A를 B라고 착각한 것인지 객체의 착오, 아니면 하필 바람이 많이 부는 날에 야외에서 총을 쏘아서 총알이 비껴가는 바람에 B가 죽어버린 것인지 방법의 착오의 문제를 따져보아야 합니다.

자, '구체적 사실의 착오'의 경우는 복순 씨는 명백하게 타깃을 죽이려는 살해 의도가 있었고, 또 비록 오해하긴 했지만 결과적으로 사람이 죽이겠다는 목적이 완성되었기 때문에 고의성이 인정된다고 볼 수 있습니다. 그런데 그 방법에 대하여 한 번 더 생각해볼 수 있어요. 사실 복순 씨가 잘 쓰는 칼을 사용했다면 정확하게 A를 죽일 수 있었는데 하필 총이란 것을 써서 B가 죽

게 되었습니다.

이런 경우, 사람이 죽었지만 이 전체의 사건이 복순 씨의 의도대로 완성되었다고 볼 수 있을까요? 물론 피해자가 사망한 것은 중대한 문제지만, 어떤 의미에서는 복순 씨의 의도가 완벽히 완성되지는 않았습니다타깃이 아닌 다른 이가 죽었기 때문이죠. 더해서 총을 써서 다른 사람이 죽게 되었으니 이런 '방법의 착오'의 경우, 살인죄가 아닌 과실이나 미수로 보아야 한다는 견해가 있습니다. 의도한 타깃을 완벽히 죽이지 않았고, 익숙하지 않은 방법을 사용해서 실수가 있었다는 것이에요. 독일에서 주로 인정하고 있는 '구체적 부합설'이란 내용입니다.

그런데 말이에요, 현실에서 정말 이런 경우를 구분할 수 있을지 의문이 듭니다.

가령, 복순 씨가 나의 실제 목표는 B였는데 진짜 타깃을 죽인 후에 살인죄의 형량을 낮추기 위해서 '사실 나의 목표가 A였는데 나의 방법이 잘못되어 B가 죽었다.'라고 주장할 수 있지 않을까요? 이때 실제 B가 목표였을지, 단순한 과실로 인한 운 없는 B가 죽은 건지 입증하는 것이 쉬울까요? 현실에서는 범죄자들의 이런 속마음을 알아내기 쉽지 않답니다.

그래서 이런 사건이 일어났을 때 사건의 본질이 동일한 살인죄라고 한다면, 복순 씨가 '객체'를 잘못 알았든 '방법'을 잘못 선택하였든 어찌되었든 모든 상황을 고의라고 보는 설이 있답니다. 이를 '법정적 부합설'이라고 해요. 우리나라 재판부는 판례에서 이런 입장을 취하고 있답니다. 잘못된 타깃이 죽었든, 실수로 죽였든 살인은 살인이라는 입장이에요.

갑이 을 등 3명과 싸우다가 힘이 달리자 식칼을 가지고 이들 3명을 상대로 휘두르다가 이를 말리면서 식칼을 뺏으려던 피해자 병에게 상해를 입혔다면 갑에게 상해의 범의가 인정되며 상해를 입은 사람이 목적한 사람이 아닌 다른 사람이라 하여 과실상해죄에 해당한다고 할 수 없다.

원심이 인용한 제1심판결이 든 증거에 의하면 피고인의 판시 범죄사실을 넉넉히 인정할 수 있고, 성명 불상자 3명과 싸우다가 힘이 달리자 옆 포장마차로 달려가 길이 30센티미터의 식칼을 가지고 나와 이들 3명을 상대로 휘두르다가 이를 말리면서 식칼을 뺏으려던 피해자의 귀를 찔러 상해를 입힌 피고인에게 상해의 범의가 인정되며 상해를 입은 사람이 목적한 사람이 아닌 다른 사람이라 하여 과실상해죄에 해당한다고 할 수 없고, 싸움의 경위, 범행방법 등 제반사정에 비추어 피고인의 범행이 정당방위나 긴급피난 또는 과잉방위에 해당되는 것으로도 보이지 않으므로 여기에 소론과 같은 사실오인이나 법리오해의 위법이 있다할 수 없다.

_ 대법원 1987.10.26.선고, 87도1745 판결

이 사건은 포장마차에서 일어난 싸움에서 흉기를 휘두르던 사람이, 본인을 말리려던 사람에게 상해를 입힌 상황이에요. 칼을 휘두르던 사람은 본인과 싸우던 사람에게 상해를 입히려

하다가, 결과적으로 이를 말리려는 사람에게도 상해를 입혔습니다. 구체적인 사실의 착오가 생긴 것이죠.

그렇다면 이 사건의 가해자가 공격 대상을 잘못 알아본 것인지, 칼을 잘못 다뤄서 관련 없는 사람에게도 피해를 준 것인지를 살펴봐야 합니다. 그런데 사실 이것을 입증하는 것이 쉽지 않습니다.

칼을 휘두르던 사람주체이 싸움을 말리는 사람들을 보곤, 상대방과 같은 편이라고 생각하고 '뭐냐, 너도 같은 놈들이냐? 너도 당해봐라!'라고 의도적으로 칼을 찔렀을까요?

아니면, 단순하게 칼을 휘두르다가 '안돼, 저 사람은 피해야 하는데!' 라고 생각하면서도 칼을 휘두르는 속도를 제어하지 못해서 말리는 사람을 찔렀을까요?

어쩌면 단순히 살인이 좋아서 처음부터 말리는 사람을 목표로 칼을 찌르려 한 것은 아닐까요?

현실적으로 입증하기 너무나 어려운 부분이랍니다.

그러기에 이런 상황에선 우리 법원은 '객체의 착오'든지 '방법의 착오'든지 상관없이 고의성을 인정하고 있답니다.

다만 복순 씨의 총에 사람이 아닌 불쌍한 고양이가 죽게 되는 경우는 사건의 성격이 바뀌게 됩니다. 이 경우에는 '구체적 부합설'이든 '법정적 부합설'이든 모두 고의성을 인정하지 않고 있답니다. 사건의 죄질이 재산손괴로 바뀌었기 때문이에요.

자, 이렇듯 사건의 착오와 고의성을 입증하는 것은 형법에서 굉장히 중요한 영역입니다. 입증도 쉽지 않을 뿐만 아니라, 혹시나 문제가 생기면 억울한 피해자를 만들 수 있기 때문이에요.

그러기에 판단을 위해서는 이렇게 복잡한 공식들이 동원된답니다.

우리는 앞에서 범죄가 이루어지기 위한 요소들을 보았답니다. 조금 우아한 말로 '범죄의 구성요소'라고 불린답니다. 범행의 주체, 객체가 있어야 하고, 사건에는 원인과 결과가 있어야 합니다. 그리고 그사이에 인과관계가 존재해야 하고, 더해서 객관적인 귀속이 있어야 한다라고 배웠습니다. 자, 이렇게 따라와 보았더니 형법에서 말하는 '구성요건'이란 것이 완성되었어요. 그렇다면 구성요건이 완성되면 용의자는 바로 체포되어 형벌을 받아야 하는 걸까요?

이게 또 그렇지만은 않답니다.

이제는 다음 단계로 넘어가 볼 거예요. 앞에서 말씀드린 형법은 수학공식 같다는 말을 기억하나요? 이 사람이 진짜 죄를 지었는지는 이렇게 검증에 검증을 거친답니다.

정당방위, 위법한 일에 대항하다

2단계로 살펴볼 것은 바로 '위법성'입니다. 이 부분은 여러분들에게 귀에 익을 수도 있어요, 우리가 자주 들어본 '정당방위'와 같은 단어들이 나오기 때문이에요. 다시 말해, 구성요건에 해당되어 범죄가 성립되었다고 해도, 위법성이 해당되지 않는다면 형법상의 범죄로는 성립되지 않는다는 뜻이 됩니다. 법률용어로 이를 '위법성 조각사유'라고 해요. '조각阻却'이란 어려운 단어 같지만 간단하게 정당화라는 뜻이랍니다.

조각사유를 살펴보기 전에 우선 '위법'이란 무슨 뜻일지를 살펴보아야 합니다. 또 다른 단어인 '불법'이란 말 역시 존재하기 때문이죠. '위법'이란 '어떤 행동과 규칙이 서로 맞지 않는 모순된 관계'를 말하는 단어랍니다. 그럼 '불법'이란 무엇일까요? 불법이란 '위법하다고 평가된 실제적인 문제 행동과 결과'를 이야기하는 것이랍니다.

'위법'이란 단순히 '이 상황에 모순이 있다.'는 관계의 문제라고 본다면, '불법'은 발생된 '문제를 진행경과와 결과'를 따지기에 그 무게가 있답니다.

음, 조금 추상적이다고요?

그럼, '위법한 상황이 발생하였는데, 그 불법의 정도는 다르다.'라는 문장을 가지고 생각해볼까요? 앞의 포장마차 싸움에서 칼을 휘두른 사람이 누군가를 다치게 한 행위는 상해죄라는 죄목으로 처벌받습니다. 그런데 상대방이 죽어버렸다면 살인죄라는 전혀 다른 죄목과 형량이 적용되죠. 누가 봐도 사람이 다치는 것과 죽는 것의 정도는 다르니까요. 이 경우 '불법행위의 정도가 다르다.'는 의미는 이런 뜻입니다. 살인행위의 불법성과 상해행위의 불법성은 이렇게 차이가 있습니다. 하지만 이 두 행위는 모두 위법하다고 말할 수 있답니다.

다시 위법성 조각사유를 살펴보도록 하겠습니다.

우리 형법에서는 위법성이 조각정당화되는 사유에 대하여 형법 제20조~제24조까지의 조문을 통해서 정하고 있답니다.

우선 '정당방위'란 무엇인지에 대해서 알아보도록 하겠습니다.

> ① 현재의 부당한 침해로부터 자기 또는 타인의 법익法益을 방위하기 위하여 한 행위는 상당한 이유가 있는 경우에는 벌하지 아니한다.
>
> ② 방위행위가 그 정도를 초과한 경우에는 정황情況에 따라 그 형을 감경하거나 면제할 수 있다.
>
> ③ 제2항의 경우에 야간이나 그 밖의 불안한 상태에서 공포를 느끼거나 경악驚愕하거나 흥분하거나 당황하였기 때문에 그 행위를 하였을 때에는 벌하지 아니한다.
>
> **_ 형법 제21조, 정당방위**

현재 일어나고 있는 부당한 행위에 대하여 본인 또는 다른 사람의 법익을 지키기 위한 상당한 이유가 있을 경우에 행할 수 있는 행위를 말합니다. 누군가가 나에게 상해를 가할 목적으로 폭력을 행사할 경우, 이를 제압하는 경우가 좋은 예시가 될 거랍니다.

부부싸움 도중에 남편에게 폭행당하던 아내가 방어를 위해 남편의 팔에 상처를 낸다면 정당방위로 인정받을까요? 여기서 중요한 사항들이 있습니다. 우선 남편의 폭행행위가 일어나는 상황에서 아내의 저항행위가 있었다는 것입니다. 그리고 남편은 '폭행'이라는 위법행위로 아내의 신체에 대한 위해를 가하고

있었어요.[47]

자, 이런 상황에서 아내의 저항행위가 보호하려 했던 것은 무엇일까요? 우선 아내 스스로 몸을 보호하려 한 것을 알 수 있습니다. 다음으로 폭행이라는 남편의 위법행위에 대하여 저항하였답니다. 우리 헌법재판소는 비록 아내가 남편에게 상처를 입혔다고 해도, 남편이 저지르는 위법행위폭행가 이루어지고 있었고, 이에 저항하는 과정에서 생긴 상처이기에 이를 '정당방위'로 보아 아내에게 무죄를 선고하였습니다.

여기서 유의할 점은, 정당방위에 대한 법익의 침해는 현재 진행 중이거나 또는 위협이 목전에 왔을 때 인정된다는 점이에요. 이미 지나간 위협이나 앞으로 일어날 위협을 예측하여 행하는 정당방위는 인정되지 않는답니다.

정당방위의 기준을 제시한 대법원의 김보은 사건 판결

김보은 양과 김진관은 연인 사이였다. 자신과 데이트할 시간이 없는 것을 궁금해한 김진관이 이유를 캐물었고 김보은 양은 9살부터 12년 동안 함께 살던 의붓아버지 김영오에게 지속적으로 성폭행을 당한 사실을 털어놨다.
이후 두 사람은 김영오를 찾아가 교제를 인정해달라고 부탁했다. 그러나 김영오는 "자꾸 그러면 둘 다 죽여 버리거나 잡

아넣어 버리겠다."며 완강한 태도를 보였다. 김진관은 김보은 양에게 '차라리 경찰에 신고하고 그동안 김영오가 저지른 모든 성폭행 사실을 털어놓자'고 제안했다. 하지만 김보은 양은 "아버지는 검찰 간부라서 경찰도 손대지 못한다."며 무기력한 모습을 보였다. 김보은 양은 어린 시절 경찰에 김영오를 신고했으나, 집에 찾아와 김영오에게 꾸벅 인사만 하고 돌아가는 경찰관들을 보며 좌절한 경험을 이야기했다.

결국 두 사람은 강도로 위장해 김영오를 살해하자는 계획을 세우고 실행에 옮겼다. 김진관은 범행 당일 새벽 1시 30분쯤 김보은 양이 열어준 문으로 들어온 뒤 김보은 양과 함께 술에 취해 잠들어 있는 김영오의 양팔을 꽉 눌러 꼼짝 못 하게 한 후 흉기로 찔러 살해했다. …중략… 이후 김보은 양은 1993년 대통령 특별사면 대상자로 올라 복권됐다. 그리고 이 사건은 1994년 성폭력범죄 처벌 및 피해자 보호 등에 관한 법률을 제정하는 계기가 됐다. 이 법에는 가해자 처벌뿐만 아니라 성폭력 피해 상담소, 보호 시설의 설치 및 경비의 보조 등을 규정했고, '친족관계에 의한 강간 등'에 대한 조항이 들어가 '친족 성폭력'이 법적 개념으로 자리 잡게 됐다.

_ 조선비즈, 2023년 8월 18일 기사

이 사건은 형법교과서에 기준처럼 실리는 유명한 사건이에요. 세상에는 '김보은 사건'으로 알려져 있답니다. 기사에서 보듯이 김보은 씨는 어머니의 결혼으로 어린 시절 새아버지를 맞이하게 됩니다. 그런데 그 아버지란 사람이 인성이 글러먹은 사람이었어요. 새아버지는 어린 보은 씨를 지속적으로 성폭행하게 됩니다. 심지어 그런 행동은 어른이 되고도 계속 이어졌답니다.

이런 상황이 가능했던 것이 당시 아버지는 검찰의 높은 간부였기에, 지역경찰에 보은 씨와 어머니가 몇 번 신고해도 사건이 쉽게 처리되지 않는 상황이었습니다. 이런 절망적인 상황은 보은 씨가 대학생이 되어도 계속되었어요. 그리고 이런 사실은 당시 그녀를 사랑하여 교제하던 남자친구의 귀에까지 들어가게 됩니다. 남자친구가 의붓아버지를 찾아가 강하게 항의했지만, 오히려 의붓아버지는 그들을 협박했고 헤어질 것을 요구했다고 해요.

결국 이 둘은 의붓아버지를 죽이기로 모의하여 의붓아버지를 죽이게 됩니다. 그리고 이후에 경찰에 체포되었습니다. 이후에 아버지의 만행이 알려지면서 이런 절망적인 상황에 오랜 기간 노출되었던 보은 씨에게 일반적인 살인죄를 적용해야 하는지가 법적인 문제가 되었습니다.

사건의 구성요건을 본다면, 다른 의견이 개입할 수 없을 정도로 완벽한 살인사건이 성립되어 있었어요. 이런 사정이 알려지고 나서 법정으로 22명의 변호사들이 달려와 보은 씨를 위해 무료변론을 하겠다고 청하게 합니다. 그리고 여러 법학자들이 보은 씨의 행동에 대한 의견을 내어놓습니다. 이들이 주장하는 내용은 김보은 씨의 행동은 '정당방위'로 보아야 한다는 것이었어요.

그렇다면 우리 과연 법원은 이 사건을 어떻게 보았을까요?

법원은 범죄의 주체였던 보은 씨가 오랜 시간을 의붓아버지에 의해서 지속적으로 신체의 자유가 침해당했다고 보았습니다. 하지만 당시 살해현장이 형법 제21조에 속하는 상황인지가 논쟁거리였습니다. 범행 당시의 상황이 법조문에서 말하는 '현재의 급박한 상황'으로 당장 보은 씨가 위협이나 피해를 당하는 상황에는 속하지 않는다는 것이였죠.

재판정의 판사님들은 당시, 보은 씨가 현장에서 성폭력 위협에 노출되지는 않았다고 보았어요. 하지만 지속적인 성폭력을 당해왔고 앞으로도 그럴 위험에 항상 노출되어 있다고 보았답니다. 우리 법원은 이렇게 피해를 현장에서 직접 당하는 상황이 아니더라도, 지속적으로 일어나는 침해행위로 내가 피해를 볼 것이 예상되는 경우에는 법률상의 '현재성'이 인정된다고 보았습니다.

이런 경우, 보은 씨의 정당방위 행위가 성립할 수 있다는 것이죠. 다만 법원은 보은 씨가 살인이라는 행위를 통해 자신을 방어했다는 점에서는 문제가 있다고 보았습니다. 자신을 방어하는 행위로 과연 그 상황에서 살인이란 행동은 과했다는 것이었어요.

이 사건은 살인사건으로는 이례적으로 집행유예 형은 선고되었으나 집행을 미루어두어 기간이 경과하면 형의 집행을 하지 않는 것를 선고받게 됩니다. 이후에 대통령령에 따라 김보은 씨는 1993년에 사면되죠. 그녀가 재판정에 했던 말은 "감옥에서 보낸 7개월이 지금까지 살아온 20년보다 훨씬 편안했습니다, 더 이상 밤새도록 짐승에게 시달리지 않아도 됐기에 밤이라는 시간이 이렇게 아름답다는 것도 처음 알았습니다."였답니다.

어떤가요?

법정의 판사님들이 법률에 정해진 조문만을 엄격하게 적용한다면, 보은 씨의 정당방위는 인정될 수 없었을 거예요. 하지만 법조문 이면에 법이 보호해야 할 가치를 지키기 위해서 새로운 판단기준을 제시한 이 사건은 지금도 의미 있는 판결 중 하나로 인용되고 있답니다.

긴급피난, 위급상황 앞에선 나

① 자기 또는 타인의 법익에 대한 현재의 위난을 피하기 위한 행위는 상당한 이유가 있는 때에는 벌하지 아니한다.
② 위난을 피하지 못할 책임이 있는 자에 대하여는 전항의 규정을 적용하지 아니한다.
③ 전조 제2항과 제3항의 규정은 본조에 준용한다.

_ 형법 제22조, 긴급피난

다음으로 살펴볼 것은 '긴급피난'입니다. 우리 형법 제22조에 규정하고 있는 내용이에요.

앞의 정당방위와 다른 부분이 보이시나요? 우선 현재의 위난을 피하기 위한 상당한 이유가 있어야 합니다. 그리고 정당방위가 이루어지기 위해서는 '부당한 침해'라는 부분이 있어야 하는데, 긴급피난에서는 그러한 내용이 빠져 있답니다. 대신 '위난'이라는 용어가 들어가 있어요.

위난이란 무엇일까요? 위난이란 단어는 '법익에 대한 침해 또는 위험이 있는 상태'를 의미한다고 합니다.

가령 커다란 멧돼지 한 마리가 산에서 내려와 도로를 뛰어다니며 보는 사람들을 머리로 박아버리고 있습니다. 멧돼지가 돌진하는 것이 무서워진 나는 옆집 담장을 넘어서 대피합니다. 그런데 담장을 넘는 나를 본 집주인 아주머니가 소리치며 경찰을 부릅니다.

이럴 경우는 나에게 주거침입죄가 성립될 수 있을까요? 그렇다면 너무나 가혹한 법집행이 될 것 같습니다. 이런 경우 긴급피난의 경우로 보아 위법성이 조각된다고 볼 수 있어요.

만화를 좋아하는 저는 이 대목에서 항상 생각나는 장면이 하나 있어요. 예전에 보았던 만화 《명탐정 김전일》에서 보았던 사건 이야기입니다.

연쇄살인범 쫓던 탐정이 기록을 살펴보니, 피해자들이 모두 침몰사고를 당한 한 배에 타고 있던 승객들임이 밝혀집니다. 주인공이 수사를 계속하고 범인을 잡고 보니 침몰사고에서 희생당한 여자승객과 결혼을 약속한 사람이었음이 밝혀졌죠. 바다에서 사고를 당한 희생자들이 탄 구명정에 사람이 가득 찼고, 한 명을 더 태우면 가라앉을 수도 있는 상황이었어요. 당시 범인의 여자친구가 헤엄쳐와 구명정으로 손을 뻗었지만, 승객들이 살아남기 위해 그녀를 바다로 뿌리쳐 버렸습니다. 파도 너머로 사라져가는 그녀의 손안에 자신을 밀쳐낸 승객의 이름표가 쥐어져 있었고 시신에서 그의 이름을 발견한 그녀의 남자친구가 원한을 품고 살인을 시작했다는 스토리였어요.

만화 속에서 이 상황을 설명하며 언급된 단어가 '긴급피난'이었답니다. 사람들이 가득 찬 구명정 위에, 바다에 빠진 피해자를 건져 올리면 배가 뒤집혀 모두가 죽을지도 모릅니다. 그렇다면 피해자를 위해서 내 자리를 양보해야 할까요? 그렇게 된다면 피해자는 살지만 나는 죽을 수도 있습니다. 너무나 극단적인 상황이지만 충분히 생각해볼 만한 상황입니다.

모두를 살리기 위해서 누군가를 희생시킨다는 논리는 언뜻 타당해보이지만, 자칫 잘못 생각하면 전체를 위해 당연히 소수가 희생해야 한다는 식의 논리가 발생할 수도 있어요. 내가 살기위해 남을 죽여야 하는 상황은 정당화가 될까요? 모두가 같이 살 수 있는 더 나은 방법은 없었을까요?

긴급피난 논리를 적용하기 위해서는 우선, 위난에서 빠져나오기 위해서는 정말로 이 방법밖에 없었는지를 따져보아야 합니다. 이 방법을 통해서 보호받는 이익이 침해당할 이익보다도 큰 것인지도 따져 보아야 합니다.

자, 이렇게 생각하면서, 저 만화 속의 상황을 다시 생각해볼까요? 우선 따져야 할 것이 정말 저 한 사람을 살릴 방법이 없었을까 입니다. 가령, 한 명씩 순번을 정해 돌아가면서 바다 속에 들어가는 방법 등을 고려했을 순 없을까요? 더해서 희생시켜야 하는 법익이 사람의 '생명'이라는 점도 고려해야 한답니다. 생명이란 절대적으로 보호받아야 하는 법익이라는 것을 생각하면, 다수를 위해 한 사람의 생명을 포기하는 것을 강요하는 행위가 긴급피난에 해당하는지는 상황인지도 진지하게 생각해볼 필요가 있습니다.

"내가 대신 찔렸어야 했냐" … 칼부림 현장'서 도망친 전 경찰의 항변

2021년 '인천 흉기난동 사건 당시 흉기를 휘두르는 가해자로부터 피해자를 분리하지 않고 현장을 피해 도망가는 등 '부실 대응'으로 해임된 경찰이 법원에서 "피해자 대신 내가 흉기에 찔렸어야 했느냐"고 항변한 것으로 나타났다. 이에 2심 법원은 더 높은 형량을 선고했다. …중략… 이날 재판부는 "일반적인 상식으로는 경찰관이면 가해자를 제지하고 피해자와 분리했어야 했다"며 "A 전경위는 '구급차를 부르기 위해 빌라 밖으로 나갔다'면서 이해할 수 없는 변명을 했고, B 전순경도 '피해자 대신 흉기에 찔렸어야 했느냐'면서 변명했다. 그 사이 피해자 가족들이 맨몸으로 가해자와 싸우다가 다쳤다"고 지적했다. …중략… 이들은 당시 흉기 난동 사건으로 크게

> 다친 피해자를 현장에 방치한 채 차례로 현장을 이탈했다. 그 결과 치명상을 입은 40대 여성 피해자는 흉기에 목을 찔려 의식을 잃고 뇌수술을 받았다. 피해자 가족인 남편과 딸은 경찰관 대신 가해자와 맞서 싸우다 얼굴과 손 등 을 다쳤다.
>
> **_ 이데일리, 2024년 7월 25일 기사**

그런데 말이에요. 여기서 생각해보아야 할 부분이 있답니다. 위의 기사는 2021년 인천에서 일어난 사건의 후속 보도입니다. 다툼이 있었던 현장에 출동한 두 명의 경찰관이 가해자와 피해자를 떼놓은 상황에서 가해자가 흉기를 들고 피해자의 집으로 다시 찾아옵니다. 당시 피해자의 남편은 건물 밖에 경찰관과 있었고, 피해 현장에는 다른 경찰관과 피해자, 피해자의 딸이 같이 있는 상황이었죠. 가해자가 흉기를 들고 이들을 공격했고, 이 과정에서 피해자와 피해자의 딸이 저항하게 됩니다.

그런데 문제가 되었던 상황은 피해자 곁에 있던 경찰관이었어요. 해당 경찰관은 흉기를 들고 공격하는 가해자를 보고도 현장을 이탈해 도주하였습니다. 현장에서 가해자의 공격을 받은 피해자는 사망하였습니다. 이후 당시에 출동했던 두 경찰관은 지위를 잃게 되고, 이와 관련한 재판이 있게 됩니다. 사건이 발생한 자리에 있었던 경찰관은 피해자들과 동일하게 위험한 상황을 겪게 되었습니다. 이 상황에서 위난을 모면하기 위해 피난을 한 경찰관의 행위는 긴급피난으로 볼 수는 없을까요?

위에서 본 형법 제22조 2항을 기억하시나요? 문구를 보면 "위난을 피하지 못할 책임이 있는 자에 대하여는 전항의 규정을 적용하지 아니한다."라는 부분이 보입니다. 위난을 피하지 못할 책임이 있는 사람은 긴급피난이 적용될 수 없다는 내용입니다. 그렇다면 위난을 피하지 못할 책임이 있는 사람이란 누구일까요?

법에서 말하는 위난을 피하지 못할 책임이 있는 사람은 군인, 경찰관, 소방관, 의사 등과 같은 사람들을 말합니다. 이런 사람들은 직무수행을 위해서는 일정한 위험을 감수해야 합니다. 그들이 다른 사람들의 생명을 구하는 임무를 지고 있기 때문이에요. 그러기에 이런 직분에 있는 이들에게는 더욱 높고 특별한 기준이 필요하다는 것입니다.

물론 법이 이런 분들에게 전적으로 부담을 지우지는 않습니다. 가령 누가 봐도 이미 가망이 없어진 화재현장에 아무런 안전대책 없이 소방관들을 무작정 진입시키는 상황은 문제가 됩니다.

하지만 경찰이란 직분은 시민의 안전을 지켜야 하는 임무가 있습니다. 제복을 입고 임관을 하는 순간, 시민에게 위험에 시작되는 상황에서는 경찰관들은 그런 위험을 감수하며 그들을 구해야 할 의무가 지워집니다. 그러기에 '칼을 맞지 않기 위해 피했다.'라는 경찰관들의 주장은 성립되기 어려워 보인답니다. 적어도 '위난을 피하지 못할 책임이 있는 사람'이라는 무거운 이름 아래에서는 말이에요.

자구행위, 나의 권리를 방어하기 위한 행동

> ① 법률에서 정한 절차에 따라서는 청구권을 보전保全할 수 없는 경우에 그 청구권의 실행이 불가능해지거나 현저히 곤란해지는 상황을 피하기 위하여 한 행위는 상당한 이유가 있는 때에는 벌하지 아니한다.
>
> ② 제1항의 행위가 그 정도를 초과한 경우에는 정황에 따라 그 형을 감경하거나 면제할 수 있다.
>
> **_ 형법 제23조, 자구행위**

자구행위는 가장 옛날 고대의 형법의 모습과 닮아있다고 할 수 있어요. 흔히 우리들이 자력구제라고 말하는 행위입니다. 법률에서 말하듯, 나의 청구할 권리가 법적인 절차로는 도저히 받을 수 없는 경우, 또는 당장 어떤 행동을 취하지 않으면 앞으로 곤란한 상황이 일어날 경우에 실행가능하다고 합니다.

나는 A라는 사람에게 거액의 돈을 빌려주었답니다. 그런데 이 사람은 기한이 지나도 전혀 나에게 돈을 갚을 생각을 하지 않고 있어요. 시간이 지난 어느 날 공항에서 나는 그 채권자가 외국으로 도주하기 위해 비행기를 타려 한다는 정보가 들립니다. 경찰에 신고할 시간이 없던 나는 급하게 공항으로 달려가서 A를 제압하였습니다. 내가 한가롭게 경찰을 기다리면서 공항에서 도망가는 채무자를 지켜보고만 있었을 경우, 이미 비행기는 한국을 떠났을 가능성이 큽니다. 더해서 외국으로 채무자가 날아가 버리면 나의 돈을 돌려받을 권리 역시 행사하기 현저하게 곤란해질 거예요.

법원에서는 이런 상황을 고려하여, 해당 채권자가 현장에서 채무자를 제압하고 체포한 행위를 '자구행위'로 보았어요. 이미 상당한 이유가 성립된다고 본 것이랍니다.

그런데 이 사건을 한번 보겠습니다.

피고인 겸 피감호 청구인이하 피고인이라 한다은 피해자에게 석고상을 납품한 대금을 여러 차례의 지급요청에도 받지 못하고 있었던 중 급기야 피해자는 화방을 폐쇄하고 도주하였으므로 위 청구권의 담보로 보관할 목적으로 이 사건 행위에 이른 것이므로, 피고인의 행위는 자구행위에 해당하거나 그렇지 않다 하더라도 절도의 고의가 없다.
형법상 자구행위라 함은 법정절차에 의하여 청구권을 보전하기 불능한 경우에 그 청구권의 실행불능 또는 현저한 실행곤란을 피하기 위한 상당한 행위를 말하는 것인 바, 원심이 인정한 범죄사실과 기록에 의하면, 피고인은 피해자에게 금 16만원 상당의 석고를 납품하였으나 그 대금의 지급을 지체하여 오다가 판시 화랑을 폐쇄하고 도주한 사실이 엿보이고 피고인은 판시와 같은 야간에 폐쇄된 화랑의 베니아판 문을 미리 준비한 드라이버로 뜯어내고 판시와 같은 물건을 몰래 가지

고 나왔다.

위와 같은 피고인의 강제적 채권추심 내지 이를 목적으로 하는 물품의 취거행위는 형법 제23조 소정의 자구행위의 요건에 해당하는 경우라고 볼 수 없으며 , 피고인의 이 사건 범행의 수단 방법에 미루어보아 절도의 범의를 부정할 수 없다 할 것이므로 절도의 범의가 없다거나 자구행위의 법리를 오해한 위법이 있다는 논지는 이유 없다.

_ 대법원 1984. 12. 26.선고,84도2582 판결

이 사건은 화랑주인에게 석고상을 납품한 업자가 대금을 받지 못하자 저지른 사건입니다. 당시 석고상을 판매한 업자는 계속해서 대금을 지급해 달라고 하였지만, 화랑주인은 대금지급을 계속해서 늦추다가 결국 화랑을 폐쇄해 버렸습니다. 그러자 화랑주인이 대금을 주지 않고 도주할 준비를 하는 것으로 생각한 업자는 저녁에 폐쇄된 화랑으로 가서는 석고상을 몰래 가지고 나왔습니다. 화랑주인은 야간에 자신의 화랑에 침입한 납품업자를 고소해 버렸고, 법원의 판결을 받게 되었답니다.

언뜻 보기에는 오랫동안 대금을 받지 못하던 업자의 마음도 이해가 간답니다. 돈을 못 받고 있다가 당장, 화랑이 문을 닫을 것처럼 행동하자 불안해진 업자가 스스로 자력구제를 하였습니다. 하지만 법원은 이 사안에 대하여 다르게 보았답니다. 우선 화랑은 폐쇄는 되었지만 물건들이 아직 남아 있는 것에 주목했어요. 납품업자가 원한다면 정식으로 물건들을 압류하거나 가져올 수 있는 다른 방법이 있었다고 보았답니다. 더해서 상대방의 잠겨 있는 문을 야간에 뜯고 들어가는 행위는 강제적 추심행위에 해당하기에 자구행위로 볼 수 없다고 보았답니다.

이렇게 자구행위를 행하기 위해서는 긴급행위로서 상당한 이유가 있어야 한다고 보는 것이 우리 법원의 태도랍니다. 가령 길을 가다가 마주친 행방이 모호했던 채무자를 잡는 행위 등은 나의 청구할 권리를 보존하기 위한 행동으로 보아 허용하지만, 강제로 채무자를 찾아가 겁박한다든지 피해자의 재산을 강제로 가져오거나, 또는 그 재산을 임의로 처분하는 행위는 자구행위의 범위를 벗어난다고 본답니다.

승낙을 구한 행동도 죄가 되나요?

> 처분할 수 있는 자의 승낙에 의하여 그 법익을 훼손한 행위는 법률에 특별한 규정이 없는 한 벌하지 아니한다.
>
> _ 형법 제24조, 피해자의 승낙

그렇다면 이런 경우는 어떨까요? 상대방이 저 행위를 하면 내가 손해를 볼 것을 알면서도, 그 행위에 동의하였을 경우 말이에요. 상상하기 쉽게 병원 안을 생각해보겠습니다. 긴급한 환자가 들어왔어요, 의사인 나는 환자를 살려야 할 의무가 있습니다. 환자를 살리기 위해 강제로 조치가 취해져야 할 경우는 의사의 판단 하에 강제 치료가 가능합니다.

법에서도 이 행위가 적당하였다면, 이러한 행위의 정당성을 인정하고 있답니다. 하지만 강제치료를 하려는 순간 환자가 적절한 치료를 거부한다면 어떨까요? 가령 종교적 신념을 이유로 수혈을 거부하는 환자의 의견을 존중하고 수혈하지 않아서, 충분히 살릴 수 있는 환자를 사망에 이르게 했다면, 이 의사는 처벌받아야 할까요?

'여호와의 증인' 무수혈 요구 환자, 수술 중 사망했어도

A 씨 사망 당시 62·여는 여호와의 증인 신도로 평소 타인의 피를 수혈하는 타가수혈을 받지 않겠다는 종교적 신념을 갖고 있었다. A 씨는 오른쪽 고관절을 인공관절로 대체하는 수술을 받기 위해 3곳의 대학병원에 무수혈 수술을 받을 수 있는지 문의했다. 하지만 "출혈량이 많아 수혈이 불가피하고, 수술 방법이 어렵다"는 이유로 거부당했다. 하지만 A 씨를 진료한 J대학교 정형외과 의사 이 씨는 같은 병원 혈액종양내과에 무

수혈 수술이 가능한지 문의한 끝에 가능하다는 답변을 받고 2007년 12월 수술을 하기로 마음먹었다. A 씨는 수술 전 '수혈을 원하지 않고, 모든 피해에 대해서는 병원과 담당 의료진에게 민·형사상 책임을 묻지 않겠다.'는 책임면제각서를 병원에 제출했다.

하지만 이 씨가 수술을 하면서 A 씨의 우측 고관절과 대퇴골 사이를 절단하자 혈관들이 파열돼 많은 양의 출혈이 있었고, 지혈이 되지 않아 A 씨는 결국 사망했다. 이 씨는 의사로서 A 씨가 고령인 점, 과다출혈 발생여부와 출혈을 쉽게 막을 수 있는지 등을 확인해 위험을 방지하지 않고 무수혈 수술을 해 A 씨를 사망에 이르게 한 혐의업무상 과실치사로 2008년 9월 기소됐다.

_ 법률신문, 2014년 6월 26일 기사

2007년도에 발생한 이 사건은 법원이 환자의 자기결정권에 대하여 법원이 손을 들어준 사건입니다. 유가족들은 의사의 의료행위가 생명을 보호할 의무를 저버리는 상황이었다고 보았어요. 하지만 우리 법원의 판단은 달랐습니다. 환자가 당시에 올바른 지적능력을 가지고 판단이 가능한 상황이었고, 오랫동안 종교적인 신념을 가지고 있었다면, 이런 피해자의 승낙을 존중한 의사의 행위는 위법성이 조각된다고 보았답니다. 비록 그 환자가 목숨을 잃었더라도 말이에요. 그렇다면 이런 경우는 또 어떨까요? 내가 승낙한 경우가 뒤에 보았더니 부당하다고 생각되었을 경우 말이에요.

> 위 자궁적출술의 시행에 앞서 위 피해자로부터 그에 대한 승낙을 받았으므로 위법성이 조각된다는 취지이나, 기록에 의하면 피고인은 자신의 시진, 촉진결과 등을 과신한 나머지 초음파검사 등 피해자의 병증이 자궁외 임신인지, 자궁근종인지를 판별하기 위한 정밀한 진단방법을 실시하지 아니한 채 위 피해자의 병명을 자궁근종으로 오진하고 이에 근거하여 의학에 대한 전문지식이 없는 위 피해자에게 자궁적출술의 불가피성만을 강조하였을 뿐 위와 같은 진단상의 과오가 없었다면, 당연히 설명받았을 자궁외 임신에 관한 내용을 설명받지 못한 피해자로부터 수술승낙을 받은 사실을 인정할 수 있으므로 위 승낙은 피고인의 부정확 또는 불충분한 설명을 근거로 이루어진 것으로서 이 사건 수술의 위법성을 조각할 유효한 승낙이라고 볼 수 없다 할 것이다.
>
> **_ 대법원 1993. 7. 27.선고 92도2345 판결**

병원에서 진료 받은 환자에게 의사가 당장 신체의 일부를 적출하지 않으면 문제가 생긴다고 하였습니다. 의사의 말을 믿은 환자는 수술을 통해서 자궁을 제거하였답니다. 임신을 할 수 없게 된 몸이 된 환자는 나중에 충격적인 사실을 알게 돼요. 실제로는 자신의 병이 수술할 정도로 위험한 병이 아니라는 것이었어요. 화가 난 환자는 소송을 걸었고, 수술을 집도한 의사는 본인의 행위는 잘못이긴 하나 '피해자의 승낙'을 얻은 의료행위이기 때문에 위법성이 조각된다고 주장하였습니다.

여기서 문제는 의사가 수술 전에 정확한 병명을 알기 위해서 적절한 조치를 취했었느냐 하는 것과 환자의 동의가 적합한 절차로 이루어졌는가 하는 점이랍니다. 특히 의사가 주장한 피해자의 승낙이란 것이 법적으로 정의하는 위법성 조각사유에 해당되는지를 보아야 해요.

결론적으로 이 사건에서는 법원은 피해를 보았던 환자의 편을 들어주었답니다. 우선 의사가 적절한 관찰을 하였다면 환자의 병을 알아차릴 수 있었을 거라고 보았어요. 의사는 이 부분에서 과실이 있다고 보았습니다. 게다가 환자의 자궁을 제거하는 행위는 한 사람에게 평생 문제를 끼칠 수 있는 상해행위로 보았답니다. 그렇다면 환자가 동의한 부분에 대해서는 어떻게 보아야 할까요? 기존의 판례에서는 의사들의 치료행위로 일어난 결과는 업무상 일어날 수 있는 정당행위로 보아 무죄를 판결하였답니다.

하지만 법원에서는 이 판결을 통하여 처음으로 위법성 조각사유인 '피해자의 승낙' 여부도 확인하여야 하며, 이 경우에는 과실에 해당한다고 보았어요. 의학적인 지식을 가지고 있지 않은 피해자가 신체 일부를 제거하는 결정을 내리게 된 것은 의사의 조언이 결정적이었다고 보았기 때문이랍니다. 다시 말해 충분한 정보가 제공되지 않은 상태에서 이루어진 승낙행위이기 때문에, 이러한 상황은 문제가 된다고 보았어요.

정당행위, 법령이 정한대로

> 법령에 의한 행위 또는 업무로 인한 행위 기타 사회상규에 위배되지 아니하는 행위는 벌하지 아니한다.
>
> **_ 형법 제20조, 정당행위**

마지막으로 우리 형법에서 말하는 위법성이 조각되는 사유입니다. 바로 '정당행위'입니다. 생각해보면 당연한 이야기일 거예요. 법에서 정한 행동, 또는 사회적으로 당연하다고 허용되는 당연히 위법성이 조각될 거예요. 자, 그렇다면 이런 행위는 어떤 것들이 있을까요? 우선 법령에 의한 행위입니다. 법령이 정한 직무집행 행위를 하였다면 위법성이 조각될 수 있어요. 우선 압수수색, 긴급체포 같은 행위들이 이런 행위들이에요.

수사에 필요할 경우, 또는 긴급한 체포가 필요한 경우 누군가의 인신을 구속하거나, 긴급한 불을 끄기 위해 갓길에 주차한 차들을 밀고 진입한 경우, 위법성이 조각된다고 볼 수 있어요. 그런데 이 부분에서 중요하게 고려되어야 할 점이 있습니다. 국가의 공무원이라고 해도 이런 행위를 시민들에게 하기 위해서는 상당한 필요성이 있어야 한답니다.

정당행위 중 하나인 소방차의 '강제처분'의 내용입니다. 작은 골목길이 많고 주차공간이 부족한 우리나라에서 불이 날 경우, 항상 문제가 되는 것이 덩치 큰 소방차들이 불법주차 된 차량들로 인해 현장으로 진입하지 못한다는 것이에요. 이와 관련해서 오래된 도로가 많아 좁은 진입로를 가지고 있어 우리와 같은 고민이 있는 외국에서는 법령으로 이런 불법주차 차량을 강제로 밀어버리고 소방차가 진입할 수 있는 근거를 만들어주었답니다.

하지만 우리나라는 2018년이 되어서 이런 법령이 만들어졌답니다. 이렇게 법령의 근거 위에서 소방차가 강제로 개인의 재산을 필요할 경우 처분할 수 있는 것이 정당행위의 한 사례라고 할 수 있어요. 하지만 실제로 이런 정당행동 역시 현실에서 집행되기에는 많은 제한이 있음을 기사를 통해 알 수 있어요.[48]

징계, 시대가 변했다고요!

징계에 관한 내용이에요. 징계란 누군가를 벌하는 행위입니다. 누가 생각이 나나요? 일단 집에서 부모님이 자식들을 벌하는 경우가 있습니다. 그리고 학교에서 선생님이 학생들을 벌을 주는 경우도 있어요. 그런데 이 조항들을 보면 조금은 재미가 있답니다. 무엇보다도 우리 사회에서 가족이나 사제관계를 바라보는 시선을 엿볼 수 있어요. 자, 아래의 조문을 볼까요?

> 친권자는 그 자를 보호 또는 교양하기 위하여 필요한 징계를 할 수 있고 법원의 허가를 얻어 감화 또는 교정기관에 위탁할 수 있다.
>
> **_ 민법 제915조, 징계권, 2021년 1월 25일 삭제**

앞에서 공부하였던 우리 민법이 기억나나요? 민법에는 가족에 대해 규정을 해놓은 부분이 있어요. 민법 제915조에 징계권이라는 부분은 대표적인 내용이었답니다. 이 조항은 2021년에 결과적으로 삭제되었습니다. 과거에는 이 조항으로 인해서 친권자가 징계하는 방식으로 문제가 발생하곤 했답니다. 대표적인 문제가 '체벌'이에요. 부모가 아이들에게 폭력을 행사해도 이 조항이 있어 제지하기 어려웠습니다. 이런 상황을 고려하여 우리 입법부에서는 이 내용을 법전에서 삭제했어요. 그리고 그 이유를 이렇게 밝혀놓고 있답니다.

'친권자의 징계권 규정은 아동학대 가해자인 친권자의 항변 사유로 이용되는 등 아동학대를 정당화하는 데 악용될 소지가 있는바, 징계권 규정을 삭제함으로써 이를 방지하고 아동의 권리와 인권을 보호하려는 것이다.'

과거에는 법적으로 정당하다고 허용되던 부모의 물리적인 징계권한이 세월이 지나면서 바라보는 관점이 바뀌고, 법령의 개정으로 이어진 사례랍니다. 예전에는 자식들을 인격체 보다는 가족의 구성원으로 더욱 중요하게 보았다면, 이제는 개인들의 인격이 더욱 중하게 고려되고 있습니다. 다음으로 학교에서 일어나는 체벌에 관한 내용입니다.

중학교 교장직무대리자가 훈계의 목적으로 교칙위반 학생에게 뺨을 몇 차례 때린 정도는 감호교육상의 견지에서 볼 때 징계의 방법으로서 사회 관념상 비난의 대상이 될 만큼 사회상규를 벗어난 것으로는 볼 수 없어 처벌의 대상이 되지 아니한다.

_ 대법원 1976.4.27.선고 75도115 판결

지금으로 보면 굉장히 놀라운 판결일 거예요. 하지만 법원에서는 학생의 뺨을 때린 선생님에 대해 법에 근거한 체벌이라고 판결 내립니다. 아래는 1976년 당시 법원이 판결 내린 내용이랍니다.

"교육법 제76조에 의하면 각 학교의 장은 교육상 필요할 때는 학생에게 징계 또는 처벌을 할 수 있도록 규정하고 있으므로 피고인이 훈계의 목적으로 교칙위반 학생에게 뺨을 몇 차례 때린 정도는 감호교육상의 견지에서 볼 때 징계의 방법으로서 사회관념상 비난의 대상이 될 만큼 사회상규를 벗어난 것으로는 볼 수 없다."

법으로도 규정된 정당행위이고 당시의 사회관점으로 보았을 때는 선생님의 체벌은 당연하게 받아들여질 수 있는 것이라는 판결이었어요. 그런데 시간이 지나면서 이로 인한 부작용 역시 심해졌죠. 그리고 이런 시대상을 반영하여 법령 역시 점점 개선되게 됩니다.

현재는 징계사유가 없는데도 교사라는 지위를 이용하여 행하는 체벌행위, 학생에게 상해를 입히는 행위, 자신의 성적인 만족감을 위해 학생들에게 행하는 행위, 지나친 방법으로 학생들에게 가해지는 체벌행위. 이 모든 것들이 판결을 통해서 처벌됩니다.

반대로 말하면, 누가 보아도 그렇게 보이는 가혹한 행위들이 예전에는 행해져 왔다는 의미가 됩니다. 이렇게 법률은 발전하는 사회의 관념들을 비록 속도는 느리지만 반영하고 있답니다.

또 다른 정당행위로는 경찰들이 현행범을 체포하는 행위가 있답니다. 그렇다면 어떤 사람들이 현행범이라고 할 수 있을까요? 현행범에 대해서는 논란이 없도록 법령 **형사소송법 제211조** 에 명확하게 지정되어 있답니다. 가령, 범인으로 불리며 추적당하고 있는 상황이나 범죄에 사용되었다고 보이는 흉기나 증거를 가지고 있을 경우, 신체나 옷 등에 명확한 범죄흔적이 있을 경우, 누구냐고 물었을 때 도망치려 할 경우 등이 현행범이라고 정의하고 있답니다. 다음 조항 **형사소송법 제212조** 에는 이런 현행범들은 영장 없이 체포할 수 있는 권한도 부여하고 있답니다.

노동쟁의행위를 보는 시선들

헌법이 보장하고 있는 노동쟁의행위에 관한 내용입니다. 형법에서는 이것을 어떻게 볼까요? 이 노동쟁의행위는 항상 논란이 따라다녀요. 언론에서 사용자들이 항상 노동쟁의가 일어날 경우, 정당하지 않은 '불법쟁위행위'와 '합법쟁위행위'를 가르곤 한답니다. 노동권은 헌법에서 보장한 권리인데 어떤 것이 불법행위라는 것일까요? 우리 법원은 노동쟁의의 불법성을 판단하기 위해 엄격한 기준을 적용하고 있어요.

첫째, 노동쟁의를 하는 주체가 단체교섭을 할 수 있는 조건을 갖추었는지 확인합니다. 둘째, 노동쟁의의 목적이 정말로 근로조건을 향상하기 위한 것인지도 살펴보아야 해요. 쟁의가 시작하기 위해서는 이전에 노동조합은 사용자들과 대화하려는 노력을 했어야 하고, 사용자들이 거부했을 경우 조합원들의 투표를 거쳐야 하는 절차적인 합리성도 필요해요. 노동쟁의가 시작되면 다른 사람들의 일할 권리에 피해를 주면 안 된답니다. 그리고 사용자들의 재산권 역시 최대한 보장을 해야 합니다. 노동쟁의가 헌법상 보장된 권리이긴 하지만, 그 세부적인 실행을 위해서는 이렇게 적합한 조건을 갖추어야 한답니다.

비난보다는 관심을

또한 직업상 행하는 일이 위법성을 조각하는 경우도 있어요. 병원에서 일하는 의사가 소생 가능성이 없는 환자의 요청에 따라 안락사를 선택할 경우, 이 사람을 살인죄로 처벌해야 할까요? 사실 앞의 헌법을 소개하면서 우리는 이미 그 답을 보았답니다. 연명의료에 대하여 논란이 있기는 하지만, 우리나라에서는 일정한 요건에 해당한다면, 이런 의료행위에 대하여 위법하지 않게 본다고 하였습니다. 신부님이 고해성사를 통해 들은 신도의 위법행위를 이야기하지 않는 경우도, 일정한 요건에서는 역시 위법성이 조각된다고 볼 수 있어요.

우리는 앞에서 형법은 수학공식 같다는 이야기를 했답니다. 차근차근 문제풀이를 하듯이 상황을 공식에 맞추어 따져보아야 한다는 것이죠. 우선 범죄의 구성요건에 성립되는지를 알아보아야 해요. 다음으로 이 구성요건에 해당한다면, 이 행위들이 범죄임에도 불구하고 위법한 행위가 정당화될 수는 없는지를 따져보았답니다. 다시 말해 정말 잘못했는지 먼저 살펴보고, 잘못했다면 그럴만한 상황이었는지를 살펴보는 거예요.

이 두 가지를 다 살펴보고도 잘못한 것이라고 생각하면 이제 책임을 물어야 합니다. 누구한테 일까요? 당연히 범죄를 저지른 사람이랍니다.

범죄인의 책임능력을 살펴보다

자, 그럼 모든 것이 끝난 걸까요? 여기서 하나 더 마지막으로 살펴볼 것이 있어요.

바로 범죄를 저지른 사람이 어떤 상태인지입니다. 정말로 그 사람이 비난받아야 하는 사람일지를 살펴보아야 한다는 것이에요. 음, 조금 어렵다고요? 사실 범죄자면 다 범죄자인데, 비난받지 말아야 할 범죄자가 있을까요?

사람들의 책임에 대해서는 역사적으로 그 견해가 달라져 왔답니다. 과거에는 범죄를 일으키는 것은 사람의 본성의 문제라는 생각이 강했다고 해요. 《레미제라블》에 나온 장발장은 빵을 훔쳤기 때문에 첫 재판에서 5년이라는 형벌을 받았어요. 그런데 그 행동이 너무나 가난한 나머지 아무것도 먹지 못하고 있던 누나와 7명의 조카를 위해서라는 것은 고려되지 않았답니다. 혹시 판사님이 이런 사정을 알았다면, 조금은 가벼운 형벌이 내려지지 않았을까요?

하지만 과거에 범죄자를 바라보는 시선이 일관적이었다고 해요. 범죄라는 것은 그 죄를 저지른 사람의 선택의 결과이고, 전적으로 그 사람의 책임이라는 생각이 있었다고 합니다. 여기서 그나마 감형이 고려된 것은, 제대로 된 판단을 할 수 없는 정신병을 앓고 있는 사람들 정도였을 거예요.

그런데 근대 산업사회로 들어오면서 사회가 점점 복잡해지고 사람들의 생각 역시 바뀌게 됩니다. 산업화로 고도의 발전을 이루던 유럽사회에서 이제 사회내의 빈부격차와 빈약한 국가의 복지프로그램은 여러 사회적인 문제를 일으키게 됩니다. 범죄자들을 관찰하던 사람들은 범죄를 저지르는 사람들의 폭력적인 본성 이외에도 저 사람들을 저렇게 만든 사회 시스템의 책임은 없는지를 물어보게 됩니다.

국가나 사회체계가 장발장의 조카들과 누나를 굶게 만들지 않았다면, 장발장이 빵을 훔치는 범죄가 일어나지 않았을 거라는 인식이 생기게 된 거죠. 이런 바탕에서 근대 형법에서는 누군가에게 책임을 묻기 위해서 무작정 벌을 줄 것이 아니라 우선 따져봐야 할 기준을 정립하게 됩니다. 기준들은 아래와 같답니다.

① 범죄자의 책임능력이 있는 사람인지??
② 범죄자는 자신의 행동이 위법하다는 인식이 있었는지?
③ 혹시 범죄행위에 대한 면책사유가 있는지?

듣거나 말하는 데 모두 장애가 있는 사람의 행위에 대해서는 형을 감경한다.

_형법 제11조, 청각 및 언어장애인

14세 되지 아니한 자의 행위는 벌하지 아니한다

_형법 제9조, 형사미성년자

자, 그럼 우선 책임능력에 대해서 알아보도록 하겠습니다.

우선 우리 형법은 이렇게 신체적으로 성숙하지 않은 사람, 또는 타고난 장애가 있는 사람은 범죄를 저질렀더라도 책임을 지울 수 없거나 때로는 형량이 경감되는 이유가 됩니다.

그렇다면 이런 경우는 어떨까요?

> ① 심신장애로 인하여 사물을 변별할 능력이 없거나 의사를 결정할 능력이 없는 자의 행위는 벌하지 아니한다.
> ② 심신장애로 인하여 전항의 능력이 미약한 자의 행위는 형을 감경할 수 있다
>
> **_형법 제10조, 심신장애인**

형법 제10조는 논란이 있을 수 있는 부분이에요. 가령 사건이 일어났을 때, 내가 형을 작게 받는다거나 심지어 받지 않기 위해서, 죄를 저지른 사람이 누구든지 심신장애를 주장할 여지가 있기 때문이랍니다. 그래서 생물학적 장애에 대해서는 전문가의 감별이 필요합니다. 그리고 심신장애나 심신미약의 상태에 대하여는 법관이 여러 정황들을 참고하여 판단하게 됩니다.

> 피고인이 자신이 거주하는 아파트에 휘발유를 뿌려 불을 지른 다음 2층 비상계단으로 이동하여 위층에 거주하는 甲 등이 대피하기를 기다렸다가 무방비 상태로 대피하는 甲 등을 회칼과 장어칼로 찔러 5명을 살해하는 등 총 22명을 사상에 이르게 하였다고 하여 살인·살인미수 및 현주건조물방화치상죄 등으로 기소된 사안이다. …중략… 피고인은 각 범행 당시 조현병의 정신적 장애를 가지고 있었고 정신적 장애에 기인

한 피해망상, 관계망상 등으로 말미암아 사물을 변별하거나 의사를 결정할 능력이 미약한 상태에 있었던 것으로 판단되므로, 피고인에 대하여는 형법상 심신미약에 따른 법률상 감경 조항을 적용함이 타당하다는 이유로 사형을 선고한 원심 판결을 파기하고 무기징역을 선고한 사례이다.

_ 부산고법 2020.6.24.선고 창원 2019노344 판결: 상고

2019년 진주에서 일어났던 아파트 살인사건에 대한 판결이랍니다.

평소에 층간소음으로 싸움이 잦던 이웃 한 명이 아파트에 휘발유를 뿌리고 불을 지른 후, 대피하는 주민들을 흉기를 사용해 무차별로 공격했어요. 무려 22명의 피해자들이 죽거나 다치게 되었답니다. 그중에는 나이 든 노인들과 아이들까지 포함되어 있었어요. 당연히 여론은 범인에게 사형을 구형해야 한다고 하였습니다. 이와 관련해서 법원은 어떻게 판단하였을까요?

제1심에서 법원은 사형을 선고하였습니다. 하지만 피해자가 억울하다며 다시 사건을 봐줄 것을 요청합니다. 이에 다시 고등법원에서 재판이 열렸습니다. 누가 봐도 명백한 범죄행위, 거기다가 위법성이 부인될 만한 사유도 없었습니다. 사건 현장에서는 너무나 많은 사람이 죽었기에 당연히 사형이 선고될 거라 생각했죠. 그런데 2심 재판부에서는 범죄자의 형이 무기징역으로 감형이 되었습니다. 무기징역은 평생을 감옥에서 있어야 한다는 것이에요. 어떻게 이런 상황이 일어났을까요?

범죄의 상황을 보자면 사형을 받아도 모자람이 없을 것 같지만, 법원에서는 이 범죄자의 성장과정과 여러 가지 의료기록을 참고하였답니다. 과거에 조현병의 진단을 받은 점, 성장과정에서 불우하게 자랐던 점, 빈번하게 불안정한 모습을 보인 점 등이 형을 감경하는데 영향을 주었답니다. 개인의 책임능력이 법을 지킬 수 있을 정도가 되지 않았던 점을 고려해야 한다는 것이었어요.

판결에 대하여 유가족들은 분노하였지만, 결국 사건은 사형은 면하는 형태로 끝이 나고 말았어요. 이런 책임능력에 대하여 장애나 정신박약 외에도 충동적인 도벽 등과 같이 증상들도 형량에 영향을 미칠 수 있는 요인으로 보았답니다. 누군가에게 형벌을 준다는 것은 이렇게 여러 가지 고려할 요소들이 있어요. 그런데 이게 끝이 아니랍니다. 이런 상황도 생각해볼까요?

> ③ 위험의 발생을 예견하고 자의로 심신장애를 야기한 자의 행위에는 전2항의 규정을 적용하지 아니한다.
>
> **_ 형법 제10조 제3항, 심신장애인**

우리 형법 제10조 3항에 내용입니다. 제10조의 다른 항목들은 모두 심신장애가 인정되는 범죄자에게는 무죄나 감형이 된다는 것이었어요. 하지만 제3항의 내용을 보면, 나의 행동이 위험을 가져올 것을 알면서도 스스로 그런 행동을 한 사람은 감경받을 수 없다고 적시합니다. 음. 어떤 사례인지 감이 오지 않는다고요?

아래의 두 가지의 실제 사건을 보도록 하겠습니다.

① 평소에 사람을 죽일 의도가 있었던 A 씨는 대마초를 피우고 심신미약 상태에서 살인을 저질렀다.

_ 대법원 1996.6.11.선고 96도857 판결

② 술을 마시고 운전을 하겠다는 의도를 가지고 술을 마신 후, 운전을 한 운전자 B 씨가 사고를 내어 행인이 사망을 하였다.

_ 대법원 1992.7.28. 선고 92도 999판결

두 가지 사건들이 어떻게 보이나요? 비슷한 것 같지만 또 그 차이점이 보이시나요?

우선, 첫 번째 경우에는 A 씨는 사람을 죽이려고 하는 의도가 있었어요. 그런데 실행단계에서 겁이 났는지 모르지만 약물을 흡입하고는 스스로가 심신미약 상태가 되었습니다.

그리고 두 번째 사례에서 음주운전을 한 B 씨는 살해의 의도는 보이지 않았습니다. 그냥 술을 마시고 싶었죠, 하지만 술을 통해서 심신미약상태가 되었습니다.

자, 그렇다면 문제입니다. 범죄를 위해 스스로를 심신미약 상태로 몰아넣은 A와 범죄의도 없이 심신미약로 들어간 B를 과연 같은 무게로 처벌할 수 있을까입니다.

위험의 발생을 예견한 사람

우리는 앞에서 '고의성'에 대한 부분을 배웠습니다.

대마초를 한 첫 번째 사례의 경우, 내가 상대를 해치겠다는 고의가 있었습니다. 하지만 음주운전을 하겠다고 생각한 두 번째의 경우는 누군가를 해치겠다는 고의는 없었다고 법원은 보았습니다. 고의가 없을 경우에는? 네, 이런 경우 과실로 인한 사망이 됩니다.

서로가 조금씩 달라 보이는 이 두 가지 경우에도 우리 법원에서는 모두가 처벌 대상이 되었습니다. 다시 말해 '의도하고 발생한 고의의 상황이든, 그러려고 하지는 않았든 과실의 상황이든, 나의 행위가 위험한 결과를 가지고 올 수 있다는 것을 알고 있었다 예견이 가능했다.'면, 형법 제10조 제3항에 따라 형이 줄어들 수 없다고 보았답니다.

피고인과 피고인의 동거여인과의 사이에 출생한 아이를 피고인의 법률상 처와의 사이에서 출생한 것처럼 호적부에 허위의 기재를 한 후, 그 과정을 모르는 면장으로 하여금 이에 날인케 하여 허위내용의 호적부를 작성한 것은 형법 제260조 제1항의 허위공문서작성죄의 구성요건을 충족함이 뚜렷하다. …중략… 위법의 인식은 그 범죄사실이 사회정의와 조리에 어긋난다는 것을 인식하는 것으로서 족하고 구체적인 해당 법조문까지 인식할 것을 요하는 것은 아니므로, 설사 피고인이 소론과 같이 위의 판시 소위가 형법상의 허위공문서작성죄에 해당되는 줄 몰랐다고 가정하더라도 그와 같은 사유만으로써는 피고인에게 위법성의 인식이 없었다고 할 수 없다.

_ 대법원 1987. 3. 24. 선고 86도2673 판결

위의 사례는 역시 '위법성'을 인식하고 있는 경우에요.

내가 하는 행위가 법률뿐 아니라 살아가고 있는 사회 공동체 안에서도 금지가 되어 있고, 행위를 했을 경우 문제가 될 수 있다는 것을 인식하고 있는 상태를 의미합니다. 이런 경우는 당연히 고의성을 가지며 중대한 처벌이 내려진답니다. 다만 내가 이것이 잘못된 행동이라는 인식을 가지지 못하였을 경우는 당연히 가벼운 처벌을 받게 될 거예요. 그런데 내가 할 행위가 법적으로 위법하다는 사실을 몰랐더라도 나의 행위가 사회적으로 문제가 될 수 있다고 느낄 수 있지 않을까요?

사건에서 피고는 면사무소에서 일하고 있는 공무원이었어요. 그런데 본래의 아내 외에도 다른 여성과 불륜의 관계에 있었답니다. 그리고 그녀에게서 아이를 낳았죠. 그런데 우리나라의 가족법에서는 이런 혼외자녀를 인정하지 않습니다. 아이가 점점 자라자 면사무소 행정 시스템을 잘 알고 있는 피고가 꾀를 내게 됩니다. 불륜으로 낳은 아이를 마치 아내와 낳은 아이인 양 호적에 입양시켜요. 당시에 호적부 작성을 도와준 면장은 이런 사실을 전혀 모르고 있었답니다.

> 공무원이 행사할 목적으로 그 직무에 관하여 문서 또는 도화를 허위로 작성하거나 변개한 때에는 7년 이하의 징역 또는 2천만 원 이하의 벌금에 처한다.
>
> **_ 형법 제227조, 허위공문서작성등**

자, 이런 행위는 형법 제227조에 따라서 국가의 문서를 위조한 죄가 됩니다. 7년 이하의 징역이나 2천만 원 이하의 벌금에 처해 지는 무거운 벌이예요. 이런 사실이 발각되자, 피고는 자신의 행동이 법적으로 문제가 되는지를 몰랐다고 주장합니다. 자신의 행위가 법전에 나와 있는 위법한 사항이었는지 알고 있지 못했다는 주장이에요.

우리는 이미 이 판결의 답을 알고 있답니다. 판결문에서 판사님은 이렇게 적어 놓았어요. "위법의 인식은 그 범죄의 사살이

'사회정의'와 '조리'에 어긋난다는 것을 인식한다는 것으로 족하다."라고 말이에요.

위법행위를 저지른 사람이 설사 그 행동이 법적으로 문제가 있다는 것을 몰랐다고 해도, 가만히 생각해보면 사회적으로 문제가 될 것을 알 수 있다는 가능성이 있다면 고의범으로 처벌가 능하다고 본답니다.

다른 여성과의 사이에서 낳은 아이를 본래 아내와 낳은 것처럼 위장한 후, 책임자를 속여서 호적에 올리게 한 행위는 법률을 모르는 사람이 상식적인 관점에서 봐도 문제가 있다는 것을 알 수 있을 거예요. 위법행위를 한 피고는 자신이 이런 사실을 몰랐다고 주장했지만, 누가 보아도 이런 사실이 잘못되었다는 것을 알 수 있고, 피고 역시 알았을 가능성이 크다고 법원은 보았답니다.

영화 〈기생충〉에서는 손재주가 좋은 동생이 과외 아르바이트를 원하는 오빠를 위해 대학교 졸업장을 위조해주는 장면이 나와요. 그걸 쳐다보는 아빠에게 주인공이 이야기합니다. "전 이게 위조나 범죄라고 생각하지 않아요. 언젠가는 그렇게 될 거니까."

하지만 이미 우리는 알고 있답니다. 저렇게 말을 한다는 것 자체가, 주인공도 마음속으로는 내가 하는 행동이 '나쁜 행동'임을 인식하고 있구나 하는 것을 말이죠. 이럴 경우가 위법성을 인식하는 경우가 됩니다. 내가 아니라고 해도, 이미 법률로도 불법행위라고 규정되어 있고, 다른 사회 구성원들이 보아도 이런 행동은 문제가 있다고 할 수 있다는 거죠.

그런데 이런 경우는 어떻게 보아야 할까요?

저항할 수 없는 누군가가 나에게 폭력이나 위협 등을 통해서, 법적으로 문제가 될 일들을 시킬 경우 이를 따라야 하는 나는 그 행위에 대한 책임이 있을까요?

이 사건은 교과서에 등장하는 유명한 사례입니다.

형법 교과서 실린 '납북어부=간첩' 사건, 50여 년만에 재심서 무죄

납북어부를 간첩으로 몰아 처벌하는 법리의 첫 피해자였던 80대 노인이 50여 년 만에 재심을 통해 무죄를 선고받았다. 7일 광주고법 형사1부 재판장 박혜선는 신평옥 씨 84의 반공법 위반 등 혐의에 대한 재심에서 무죄를 선고했다.

조기잡이 어선 동림호 선장이었던 신씨는 1971년 인천 연평도 인근 바다에서 조업 중 선원과 함께 북한 경비정에 납치된 뒤 이듬해 풀려났다. 하지만 곧장 경기 경찰국 공작반 소속 경찰관에게 영장 없이 구금돼 조사받다 약 한 달 뒤 간첩으로 몰려 구속됐다. 신씨는 1·2심에서 북한의 활동을 찬양하거나 국내 정보를 알려준 혐의 반공법과 국가보안법 위반 로 재판에 넘겨졌지만, 생명의 위협을 받는 상황에서 강요된 행위라는 이유로 무죄 판단을 받았다.

… 중략 … 하지만 대법원 재판부는 "자의로 북에 들어간 이상

북괴 집단의 구성원과 회합이 있을 것이라는 미필적 예측이라도 하였다고 인정함이 타당하다"며 "생명의 위협을 받았는지 증명되지 않았고, 이런 상황을 자초했다면 강요된 행위로 볼 수 없다"는 새로운 법리를 제시하며 사건을 파기환송했다. 파기환송심은 신 씨에 대한 형량은 유지했지만, 기소된 모든 혐의를 유죄로 인정했다. 신 씨의 사건을 다룬 이 대법원판결은 '기대가능성과 강요된 행위'라는 법리로 불리며 납북어부를 처벌하는 데 활용됐고, 형법 교과서에도 소개됐다.

…중략… 검찰은 과거 수사가 강요된 상태로 이뤄졌다는 점을 인정하며 재심에선 무죄를 구형하거나 항소를 취하하겠다는 뜻을 밝혔다. 이날 열린 두 번째 공판에서 검찰은 약속을 지켰다. 검찰은 "피고인에 대한 증거는 불법 구금상태에서 조사가 이뤄져 증거 능력이 없고, 이를 기초로 한 법정 진술 역시 인정할 수 없다"며 "반공법 위반 혐의로 기소된 피고인이 범죄를 저질렀다는 증거가 없으니 무죄를 선고해 달라."고 재판부에 요청했다. 또 "과거 50여 년 전 검찰이 이 사건과 관련해 적법절차 준수와 기본권 보장 책무를 다하지 못한 점에 대해 현재 검사의 일원으로서 피고인에게 깊이 사과드린다."고 밝혔다.

_ 경향신문, 2023년 9월 7일 기사

1971년에는 남한과 북한은 지금과는 비교가 되지 않을 정도로 사이가 좋지 않았어요. 당시 조기잡이 어부였던 신 씨 할아버지는 연평도에서 조업하던 중에 북한의 경비정에 납북되어 갑니다. 다행히 할아버지는 다음 해에 풀려나지만 다시 남한정부에서는 돌아온 신 씨를 구금해 버렸죠. 북한에 잡혀갔을 당시 북한을 찬양하는 발언을 했고, 남한의 정보를 알려주었다는 것이 죄명이었어요. 당시 1심과 2심 재판에서는 할아버지가 북한에 납북된 상황에서는 강요에 의해 그럴 수밖에 없던 상황이 인정되어 무죄를 선고하였습니다. 그런데 무슨 이유인지 대법원에서 그 판결이 바뀌게 됩니다.

여기서 당연히 사람들은 '왜?'라는 질문을 할 거예요.

당시 할아버지에게 내린 법원의 판단은 이러했습니다.

"스스로 북한에 들어갔다면, 신씨 할아버지가 북한정권 사람들과 만날 수 있다는 것을 어렴풋이나마 예상하고 있었을 것이고, 이런 상황이었다면 북한이 강요가 있었다고 볼 수 없다"

는 것이 논리였답니다. 그리고 더해서, "북한에서 실제로 생명의 위협을 받았는지 증명도 되지 않았고, 이런 상황은 본인이 자초한 것"이라는 논리를 들어 할아버지에게 유죄를 선고하였습니다.

어떠세요?

사실 지금이라도 북한으로 넘어가라고 한다면, 스스로 기쁜 마음으로 넘어갈 사람이 몇이나 있을까요? 그것도 사랑하는 가족들을 남한에 남겨두고라면 더욱 설득력이 떨어지지 않을까요? 더해서 우리 형법에서는 형이 확정되기 전까지는 무죄를 추정하는 것을 원칙으로 하고 있답니다.

그런데 당시의 대법원은 고기잡이를 위해 물고기를 따라 북한해역으로 들어간 행위 자체가 어떤 이유에서든 신 씨 할어버지의 의도가 있었고, 들어가는 순간 북한사람들을 만날 것을 머릿속에서 예상했을 것이고, 더해서 북한에서 총을 든 군인들이 할아버지를 직접 협박한 장면을 보지 못했으니 할아버지는 유죄라고 판결을 한 것이랍니다.

이렇게 판결받은 할아버지는 오랜 시간을 북한에 협조한 혐의자로 살아야 했습니다. 당시에는 그 피해가 당사자뿐만 아니라 가족들에게까지 해당하였죠. 국가가 할아버지에게 잘못했다고 인정하는 데는 무려 50년이 넘는 시간이 걸렸답니다.

그런데 말이에요, 우리는 해피한 결말을 보았기 때문에 안도하고 있지만, 만약 지금까지도 국가가 할아버지에 대한 판결에 무리가 있었음을 인정하지 않는다면 어떤 상황이 벌어지고 있을지 생각해보아야 합니다. 국가가 형벌을 주는 것은 이렇게 한 사람의 인생에 너무나 큰 영향을 주는 행위입니다. 그리기에 형벌을 주는 것에 있어서는 '백 명의 죄인을 놓쳐도, 한 명의 억울한 사람을 만들지 않겠다.'는 마음가짐이 필요하고, 앞에서 배운 여러 과정들이 고려되고 또 확인되어야 한답니다.

작위와 부작위는 무엇인가요?

법전을 찾아보다 보면 어려운 법률용어들이 많아요. 그 중에서 작위作爲와 부작위不作爲라는 단어도 그에 속합니다. 가끔 법률 드라마나 사건을 다룬 기사들을 보면 만날 수 있는 단어들이랍니다. 사실 작위나 부작위는 단어부터가 뭔가 부러지는 느낌이 납니다. 딱딱한 느낌이 나죠.

그렇다면 먼저 작위作爲란 무슨 뜻일까요? 작위란 '의식적이고 적극적인 신체활동을 말한다.'라고 되어 있어요. 말 그대로 우리가 생각하고 움직이는 것을 말합니다.

그럼 부작위不作爲는? 네, 부작위는 내가 당연히 해야 할 일을 의식적으로 하지 않는 행위를 말해요. 당연히 해야 한다고 기대되는 행위임에도 하지 않는 행동이 부작위에 해당합니다.

작위와 부작위는 사실 기존에 배웠던 행동과는 조금 다른 형태를 가집니다. 우선 기존에 우리가 배웠던 형법에서의 행위는 위법한 행위를 하였고, 그 뒤에 이 행위가 고의성이 있느냐, 고의성이 없는 과실이냐를 따지는 것이었죠.

위험의 발생을 방지할 의무가 있거나 자기의 행위로 인하여 위험발생의 원인을 야기한 자가 그 위험발생을 방지하지 아니한 때에는 그 발생된 결과에 의하여 처벌한다.

_ 형법 제18조, 부작위범

그런데 작위와 부작위는 하지 말아야 할 때 그런 행동을 한다든지, 필요할 때 그런 행동을 하지 않아서 범죄가 성립되는 것을 말해요. 아니, 아무것도 하지 않는데 범죄가 된다? 이해가 안 된다고요? 아래의 기사를 보도록 하겠습니다.

'대법관 전원일치' 세월호 선장 살인죄 무기징역 확정

대법원이 304명의 사망·실종자를 낸 세월호 참사 당시 승객 구조를 외면하고 탈출한 이준석(70) 선장의 '부작위에 의한 살인' 혐의를 최종 인정했다. 부작위에 의한 살인이란 피해자의 사망 등의 결과를 방지할 의무가 있는 보증인이 필요한 아무 일도 하지 않음으로써 살인과 동일한 결과를 발생시키는 것을 말한다. 선박 침몰 등 대형 인명사고에서 부작위에 의한 살인죄가 확정된 것은 이번이 처음이다.

대법원 전원합의체는 12일 살인 등의 혐의로 기소된 이 선장 등 세월호 승무원 15명의 상고심(2015도6809)에서 대법관 전원일치로 이 선장에게 무기징역을 선고한 원심을 확정했다.

_ 법률신문, 2015년 11월 12일 기사

2014년 4월 16일, 진도 앞바다에서 제주도로 수학여행 중이던 학생들을 태운 크루즈선 세월호가 전복되어 침몰합니다. 정확한 침몰 원인은 아직도 조사 중에 있지만, 이 사고로 304명에 이르는 승객과 승무원들이 사망했어요. 문제는 당시 배가 기울어지기 시작하던 시점에서 일어납니다.

배가 점점 기울어지면서 위급하게 상황이 진행되고 있는 상황에서, 선장과 일부 선원들이 배 안에 있는 승객들을 남겨놓고 도망을 쳤습니다. 배 안에서는 승객들에게 자리를 지키고 움직이지 말라는 방송이 계속해서 반복되고 있었고, 결국 기울어지던 배 안에서 대부분 승객들이 대피할 수 있는 시간을 놓쳐버리게 됩니다. 선장은 이 사고에서 무엇을 했을까요? 사실 승객들을 위한 아무런 행동도 하지 않았답니다. 이런 경우 아무런 행동을 하지 않은 선장의 행동도 죄가 되는 걸까요? 이런 물음이 있을 수 있답니다.

우선 선장에게 우리가 앞에서 배운 긴급피난의 상황이 적용될 수 있지 않을까요? 위험한 상황에서 자신의 목숨을 지키기 위해 한 행동일 경우 위법성이 조각될 가능성이 있지 않을까요? 우리는 앞에서 범죄의 구성요소를 배웠으니, 선장의 행동이 범죄행위의 구성요건을 만족하는지부터 따져보아야 할 것 같습니다.

사실 선장이 승객들이 사망하는 결과에 대하여 원인을 제공하였는지는 의문입니다. 하지만 승객들에게 자리를 지키라고 직접적으로 자신이 방송을 했다든지, 이들을 사망에 이르게 만들려는 의도로 배를 몬 것으로 보이지는 않습니다. 오히려 문제는 아무런 행동도 하지 않고 도망을 갔다는 점이에요. 승객들을 직접적으로 죽음에 이르는 만드는 행동을 하지 않았다면 어떤 근거로 선장의 처벌이 가능할까요?

우선 선장주체과 사망한 승객객체가 있습니다. 배가 전복되었고원인 사람들이 그 결과로 익사하였답니다결과. 그렇다면 원인과 결과에서의 인과관계가 어떻게 성립할까요? 선장은 고의성이 있었던 걸까요?

우리 법원은 배에서의 선장이라는 지위에 대하여 주목하였습니다. 선장이라는 지위는 배 위에서 사고가 일어나지 않도록 모든 조치를 취해야 합니다. 그 지위에서 이런 역할을 해야 한다는 기대작위의무에 대하여 선장은 그런 조치를 다하지 않았다고 보았습니다. 결국 선장은 승객들의 안전보장이라는 의무를 다하지 않았고, '부작위'를 통하여 승객들을 사망에 이르게 만든 원인이 되었습니다. 법원은 선장과 선원들이 이미 승객들을 버리고 배를 떠날 때부터, 승객들이 죽을 수도 있다는 최소한의 예측할 수 있었고미필적 고의, 이런 경우에는 충분히 형법상의 고의성이 충족된다고 보았어요.

선장은 이후, 법원에서 무기징역을 선고받게 됩니다. 자신의 직위에서 당연히 해야 할 임무가 기대되었음에도, 그 임무를 다하지 않아 승객들을 위험에 빠뜨리고 죽음에 이르게 만들었기 때문입니다.

이렇게 부작위로 인해 성립되는 몇 가지의 죄가 있어요.

우선 누군가에게 내가 사는 집으로 침입했을 때, 밖으로 나가라고 했지만 말을 듣지 않을때 발생하는 '퇴거불응죄', 폭행 및 협박, 손괴행위를 할 목적으로 집합해 있는 군중에게 권한 있는 공무원이 3회 이상 해산을 명령했지만 해산하지 않을 때 발생하는 '다중불해산죄', 전쟁이 일어났을 때 군대에 보급을 하는 물건이나 시설들을 계약하고는 공급하지 않아 발생하는 '전시군수계약불이행죄', 비상상황에서 구금된 사람이 잠시 석방되었는데 국가의 집합명령을 위반할 경우 발생하는 '집합명령위반죄' 등은 행동을 하지 않아 죄가 성립되는 대표적인 범죄랍니다.

자, 이상으로 형법에 대하여 장황하지만 또 간략히 알아보았습니다. 어떤가요? 형법은 헌법, 민법과 함께 중요하게 다루어지는 법률입니다. 그리고 국가가 국민들에게 직접적으로 형벌을 가할 수 있기에 그 파급력이 크고, 그러기에 형을 집행하기 위해서는 더욱 정교한 공식에 따라 여러 각도에서 평가되어야 함을 알 수 있어요. 수학공식과 같은 체계적인 흐름이 여러분들의 성향과 맞으신가요? 아니면, 인간미가 없어서 싫으신가요? 형법의 매력을 음미하면서, 다음으로는 특별법 중 하나인 상법에 대하여 알아보도록 하겠습니다.

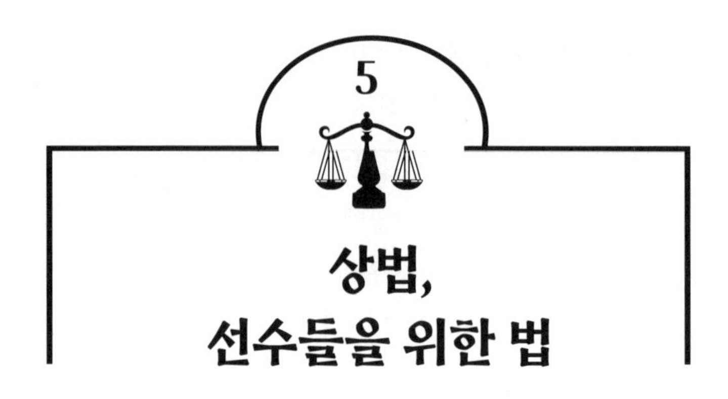

5 상법, 선수들을 위한 법

상법에서 말하는 상商이라는 말은 '헤아린다.'는 뜻이 있답니다. 그런데 또 이 단어는 돈을 벌어들인다는 뜻도 있어요. 이 단어를 보면 뭔가 설득력이 있어 보여요. 돈을 벌려면 누군가의 마음을 헤아려야 한다는 뜻일까요?

그런데 실제 상인이라는 말의 어원이 되는 중국의 역사 이야기를 들어보면 조금은 슬픈 내용이 숨겨져 있답니다. 오래전 중국에는 '상'이라는 부족들이 나라를 세웠다고 합니다. 중국 역사상 최초의 왕조인 상나라가 그들의 터전이었어요. 그런데 어느 순간, 그들의 터전인 나라가 망해버리고 가지고 있던 땅들을 빼앗겨 버렸다고 해요. 이제 농사지을 땅도 없어진 사람들이 여기저기 떠돌아다니면서 그나마 할 수 있었던 일은 물건을 사고 파는 뜨내기 같은 삶이었다고 합니다. 시간이 흘러 이렇게 한 군데 정착하지 못하고, 여러 곳을 떠돌아다니며 장사하던 상나라 사람들을 상인이라고 불렀다고 해요.

아무튼 이런 상황은 멀리 서양에서도 마찬가지였답니다.

각각의 도시들마다 생산을 담당하는 농민과 공인들이 있었고, 이런 이들을 도로나 바닷길을 따라서 연결시켜 주는 사람들은 상인이었습니다. 그런데 이런 상인들은 일반인들과는 조금 달랐나 봐요. 오랜 시간을 외지에서 보내야 했고, 도로 위에서는 항상 그들을 노리는 도적들과 도적들보다 더 무서운 각 나라의 관료들이 있었습니다.

그러기에 이 상인들은 동서를 떠나서 모두가 자신들의 생명과도 같은 재산을 안전하게 보관하기 위한 여러 가지 관습들을 만들어냅니다. 같은 상인들끼리만 알 수 있는 정보를 공유하기도 하고 또 공동체인 상방商幇이나 길드Guild를 만들어 서로를 지켜주고, 길 위에서의 편의도 보아주었답니다. 자연스럽게 이런 상인들 사이에서는 각 지역별로 또는 공통으로 형성되는 그들만의 규칙이 발전했어요. 이런 관습들이 발전되어 '상법'이 탄생합니다.

이런 의미에서 상법은 탄생부터 그 분야에 선수들을 위한 법이라고 할 수 있습니다. 상인이라는 특별한 집단들이 관습적으로 행하던 행위상행위들을 정리한 법이니까요. 이런 상인들의 지위는 서양에서도 마찬가지였어요.

서양의 상인들 역시 오랜 시간을 전통적인 자신들만의 상관습을 지켜오고 있었답니다. 상인들은 말과 문화가 통하지 않는 다른 나라에서도 장사를 해야 했고, 머나먼 길을 귀중한 재물들이나 현금들을 싣고 다녀야 했기 때문에 신속하게 그리고 안정적인 거래를 하는 것이 가장 중요했답니다. 국경을 넘는 거래에서는 이런 통일성이 더욱 중요했죠.

와인 상인들의 법, 올레롱 해법

프랑스 보르도 지방은 지금도 유명한 와인산지랍니다. 이 와인이 영국 및 북유럽으로 수출될 때 적용된 법이 올레롱 해법이에요. 1150년경에 이 지역 영주의 딸이던 엘레노르가 프랑스 왕 루이 7세와 이혼 후, 노르만 공국의 헨리 공작과 재혼합니다. 그리고 헨리는 영국의 헨리2세가 됩니다. 지금도 그렇지만, 보르도 지방은 그 당시에도 포도주를 공급하는 유명한 경작지였어요. 이 포도주와 여러 무역 물품들을 안정적으로 공급하게 하기 위한 공통 법전이 필요했답니다. 이런 배경에서 올레롱 해법이 발간되고 이 법은 대서양 및 북해를 오가는 여러 상인들에게 법전으로 작용합니다. 이 해법에는 국제거래 때 와인들을 담을 보관용기의 치수까지 규정되어 있었다고 해요. 이런 법의 정비는 상인들의 거래를 활성화하는 데 큰 도움을 주었답니다.

_ **Henry Flanders, 《A Treatiese on Maritime Law》**
Boston: Little Brown and Company, 1852 **중에서**

북서유럽지역의 '올레롱해 법 Laws of Oleron'외에도 지중해 및 유럽 지역 무역에 적용되었던 '콘솔라토 델 마레Consolato del Mare', '비스비해 법The laws of Visby' 등이 문헌상에 남아 있는 이런 고대의 상관습법이랍니다.

상인들은 시대에 따라서는 사회적으로 천대받기도 하고, 거래 도중에는 목숨을 걸고 자신들의 재산을 지켜야 하는 상황이 발생하기도 했어요. 하지만 상인이란 존재는 국경을 넘어 자신들만의 거래방식을 만들어 가면서 평화의 시대를 유지하게 해주는 중요한 존재였습니다. 그리고 상인들은 여러 국가의 통치자들에게 막대한 부를 가져다주고 사회가 유지되도록 해주는 중요한 존재들이었답니다.

상법은 어떻게 구성되어 있나요?

우리나라의 상법은 총 935개의 조문으로 구성되어 있어요.

민법전이 1,000개가 넘어가는 조문이 있었는데 상법도 그 분량으로만 보면 방대하기는 마찬가지이죠. 우리 상법전은 크게 총칙과 상행위에 관한 편, 회사편, 보험편, 해상편, 항공운송편 등으로 이루어져 있답니다. 상행위법은 주로 매매에 관한 내용들에 대해서 규정하고 있답니다. 세부 구성은 아래와 같아요.

① 총칙 제1조~제45조

② 상행위 제46조~제168조

③ 회사편 제169조~제637조

④ 보험편 제638조~제739조

⑤ 해상편 제740조~제895조

⑥ 항공운송편 제896조~제935조

자, 그렇다면, 상인들과 일반인들의 차이는 무엇일까요?

가장 큰 차이는 당신은 영리營利를 추구한다는 점입니다. 돈을 벌기 위한 행위, 상인들의 거래는 이런 영리성을 전제하고 있답니다. 돈을 벌기 위해 일하는 사람들은 일반인들보다 더욱 전문적인 지식을 갖추었을 것이고, 이들이 행하는 상행위는 다른 기준을 적용해야 한다는 것이 이 법의 특성입니다. 그러기에 특별법이라고도 해요.

상법 제1조에서 제45조까지는 총칙입니다.

총칙은 상법에서 규정하는 상인의 의미, 사용인의 의미, 상호 등 상법에서 이야기되는 여러 개념에 대한 설명이랍니다. 제46조부터 제168조까지는 상행위편입니다. 상행위란 제46조에 기재되어 있는 22가지의 행위를 말해요.

다시 말해 이러저러한 행위를 하는 사람들이 상인이 되어 상법의 규제를 받는다고 할 수 있답니다. 하지만 복잡해지는 상행위를 모두 조문에 담을 수는 없기에, 제47조에는 보조적으로 상행위의 범위를 규정해 놓았답니다. 제47조의 조문을 보도록 하겠습니다.

> ① 상인이 영업을 위하여 하는 행위는 상행위로 본다.
>
> ② 상인의 행위는 영업을 위하여 하는 것으로 추정한다.
>
> **_ 상법 제47조, 보조적 상행위**

기본적으로 상인이 하는 행위는 돈을 벌기 위한 목적이라는 전제를 가지고 접근하겠다는 뜻이에요. 이후에는 계약하는 법, 해지하는 법, 기타 문제가 발생할 경우 책임소재가 명확히 가리기 위한 조문들이 있습니다.

다음으로 제3편은 회사편이 차지하고 있답니다, 바로 상법 제169조부터 제637조의 내용이랍니다. 회사는 굉장히 독특한 유형의 집단입니다. 상법의 발전 방향에 있어, 이 회사라는 녀석이 중요한 역할을 해요. 사실 자본주의의 발전과 함께 회사라는 조직의 중요성이 더욱 강해지고 있다고도 할 수 있어요.

> 이 법에서 "회사"란 상행위나 그 밖의 영리를 목적으로 하여 설립한 법인을 말한다.
>
> **_ 상법 제169조, 회사의 의의**

재미있는 점은 민법에서도 한 번 다룬 '법인'이란 녀석이 다시 나온다는 것입니다. 법인이란 사실 실제적인 생물상의 법적주체는 아니지만, 필요에 따라 어떤 대상에 대하여 법적지위를 부여하는 것을 말합니다. 과거에는 상법은 상행위를 하는 개인, 상인에게 적용되는 성격이 강했어요. 하지만 점점 자본의 규모가 커지면서 새로운 형태인 회사라는 것들이 등장하게 됩니다. 그리고 그 크기가 점점 더 커지죠. 현대에 상법에서는 회사에 대한 비중이 점점 높아지고 있답니다. 회사법은 이런 회사란 어떤 것이고, 어떻게 회사를 만드는지, 그리고 회사를 만든 후에 정리하려면 어떻게 해야 하는지 등이 나와 있답니다.

사실 상법은 회사의 관리부서 직원이나 회계사, 기업전문 법률회사가 아니면 많이 만날 일이 없는 법이랍니다. 하지만 요즘처럼 자신의 재능을 살려 창업을 선택하는 사장님들이 많아지는 현실에서는 여러분들이 마주할 가능성이 높은 법이기도 해요. 상법을 이해하기 위해서는 어느 정도의 회계지식이 바탕이 되면 좋답니다.

상법의 내용들을 타고 들어가다 보면 결국, 세금을 내는 업무세무와 출납을 체계적으로 정리하는 업무회계와도 밀접하게 연관이 되어있기 때문이에요. 이런 부분은 세법, 어음법, 수표법과도 연계가 된답니다. 그러기에 여러분이 회계사, 세무사가 되기 위해 공부를 하게 되면 마지막에는 상법과 마주하게 된답니다.

보험이란 무엇인가요?

상법의 제4편은 보험이 차지하고 있답니다. 조금은 신기하죠? 단순히 돈을 버는 행위를 넘어서 그 물건이 위험에 처했을 경우 보상이나 배상에 대한 부분까지 법률에 넣어놓았다니 말이죠. 우리가 아는 보험은 평소에 보험사에 돈을 넣었다가 사고가 나면 그 돈을 돌려주는 그런 제도를 말하는데, 이 두꺼운 상법전에 한 편을 보험이 차지하고 있다는 건 무슨 뜻일까요?

아마도 상법의 첫 장들이 우리가 돈을 벌기 위한 실제의 행동들을 설명하고 있다면, 뒷장은 그 행동들을 조금 더 안전하게 할 수 있도록 만들어진 안전한 장치들이 있다는 것을 알려주고 있지 않나 해요. 사실 이 보험이란 것이 그렇게 만만하게 볼 것은 아니랍니다. 무려 수천 년의 역사를 가진 장치니 말이죠.

기원전 1,800년경 만들어진 함무라비 법전에 '선박저당계약'에 관해서만 282개의 조항이 할애되어 있다. 선박저당계약이란 선주가 선박의 항해자금 조달을 위해 배를 저당잡히고 대출을 받는 것이었다. 알려진 바에 따르면, 보험료는 따로 납부하지 않아도 되었고, 선박이 실종되는 경우에는 대출금을 갚지 않았다고 한다.

이러한 해상보험제도의 초기 형태는 로마시대에 이르기까지 큰 변화 없이 그대로 실행되었다. 로마시대에 이르러서는 보험 인수의 개념이 도입되었다. 클라우디우스 황제 기원전 10세기 ~ 기원후 54년 는 옥수수 무역을 크게 장려하는 한편, 로마 상인들에게 보험료는 받지 않으면서 폭풍으로 발생한 손실에 대해서는 책임을 져주는 일인 보험회사 역할을 했다. 오늘날 정부가 지진으로 인한 피해를 입은 지역 또는 태풍이나 홍수로 자연재해를 입은 지역을 복구해주는 것과 다를 바 없는 셈이다.

_ 피터 L.번스타인 지음, 안진환 옮김, 《리스크》한국경제신문, 2008 **중에서**

기원전 1800년경에 고대 바빌로니아, 함무라비라는 왕이 큰 돌기둥에 법전을 새겨놓았습니다. 우리는 함무라비 법전이라고 하면 '눈에는 눈, 이에는 이'라는 보복 문구만 적혀 있는 야만적인 법령집이라고 생각하기 쉽지만, 실제로는 삶의 세부적인 부분을 적어놓은 세련된 법전이었다고 해요. 위의 내용에서 보듯이 함무라비 법전에는 활발한 상행위를 보장해주기 위한 세련된 제도들이 적혀 있답니다.

고대의 제국을 유지하는 과정에서 상인들의 역할은 매우 컸습니다. 특히 로마제국의 경우 밀과 옥수수의 안정적인 공급은 제국 시민들의 충성심을 보장하게 해주는 중요한 문제였습니다. 그러기에 황제들은 이런 무역에 종사하는 상인들이 안심하고 바다로 나아갈 수 있게 여러가지 장치를 마련해줍니다. 그중 하나가 이런 보험제도였는데, 글에서 볼 수 있듯이 가장 큰 문제 **그것도 배가 바다에서 사라지는 엄청난 문제였죠** 를 나라에서 대신 보증해주는 제도를 시행하고 있었습니다.

이런 보험은 근대에 들어오면, 바다뿐 아니라 육지사회의 여러 분야로 뻗어나가게 됩니다. 1687년 영국의 템즈 강에 문을 연 커피 전문점은 이런 보험사업의 중심가였죠. 우리에게 카페는 혼자서 공부하거나 친구들과 시간을 보내는 만남의 장소였지만, 근대의 카페 문화는 돈 많은 상인들이 모여서 서로의 정보를 교환하는 일종의 전문거래소 같은 분위기였다고 해요.

이 중에서 '에드워드 로이드Edward Lloyd'란 사람이 유명해집니다. 그는 1696년 자신의 카페에서 이런 상인들이 커피를 마시며 쉽게 이야기를 할 수 있도록, 바다에서의 일어나는 정보들을 모은 〈로이즈 리스트Lloyd's List〉를 만들어 놓고, 24시간 정보를 교환할 수 있도록 배려해줍니다. 놀랍게도 〈로이즈 리스트〉는 지금까지도 발행되고 있어요. 그리고 이후에 로이즈 커피하우스는 로이즈 마켓이 되어 이름을 유지하고 있습니다.

커피숍에서 논의된
Risk Management, 보험!

해상무역의 주도권이 서서히 네덜란드에서 영국으로 이전될 즈음, 1688년 에드워드 로이드Edward Lloyd가 템즈 강 선착장 부근에 커피하우스를 열었다. 이 커피하우스의 고객들은 좀 특이했다. 선주船主, 화주貨主, 전주錢主, 선장, 보험업자, 무역업자 등이었다. 당연히 그들의 화제는 무역, 항로, 해상 사고, 새로 건조한 배와 중고 선박의 가격 그리고 각국의 정치 상황이었다. 거기에서 선장이나 화주는 무역으로 큰 돈을 벌 찬스는 확실히 있는데, 난파, 좌초, 해적 등의 위험이 있으므로 이를 담보해줄 수 있는 전주나 보험사를 찾았다. 이에 주인 로이드는 고객에 대한 서비스로 "이러 이러한 선박과 화물에 대한 보험을 인수할 의향이 있는 사람은 아래에Under 서명해write 주세요"라는 게시물을 벽에 붙였다. 그 게시된 종이 하단부에 서명한 사람을 'Underwriter'라 하였으니 그가 바로 보험인수인이 되는 것이다.

…중략…

커피하우스에서 돈을 번 로이드는 홀이 더 큰 장소로 이전하여 보험 거래의 큰 '멍석'을 깔아 주었다. 그것이 '로이드 마켓' 또 '로이드 보험거래소'라 불리는 'The Lloyd's of London'인데, 통상 로이즈Lloyd's라 부른다. 로이즈는 보험회사가 아니다. 규정을 정해 멤버들을 감독하며 시장 관리자로서 역할만 한다.

_ **매일경제신문, 2023년 6월 27일 기사**

보험과 상거래가 이렇게 오랜 연관이 있다는 것도 신기한데, 우리가 친하게 접할 수 있는 커피가 이 사이에 있다는 것도 재미있지 않나요? 이렇게 유서가 깊기도 하고, 상행위를 안전하게 해주는 보험이란 제도가 우리의 상법에 한 장을 차지하고 있답니다.

상법의 제5편 해상편,제740조~제895조 과 제6편 항공운송편,제896조~제935조 은 바다와 하늘에 관한 내용이에요. 과거 대부분의 운송은 육지와 바다를 통해서 일어났습니다. 그리고 하늘을 통한 운송은 기술의 개발로 인해 이후에 새롭게 추가될 수밖에 없었답니다. 이렇게 상법은 상행위란 무엇인가에 대해 규정한 후, 회사란 무엇인지를 규정하고, 다음 영역으로 이런 상거래를 보조해 주는 보험, 운송에 관련된 이야기들로 구성되어 있어요. 이런 구성을 머릿속에 넣는다면 이후에 관련 법령을 찾을 때 많은 도움이 될 거라 생각됩니다.

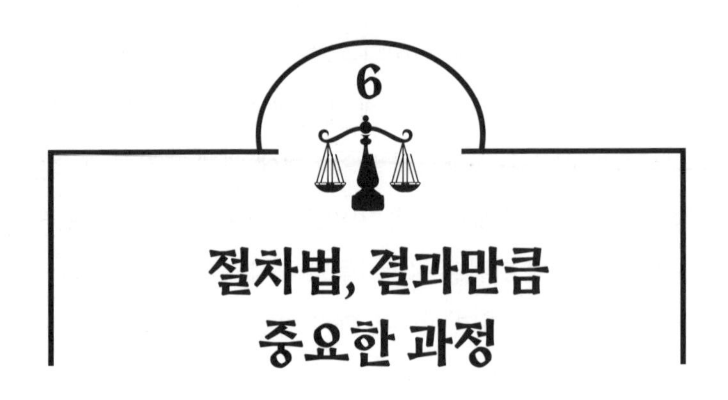

6 절차법, 결과만큼 중요한 과정

절차법은 소송제도를 규율하는 법이에요.

풀어서 이야기하면, 누군가를 체포하거나 범죄자를 법정에 세울 때 지켜야 할 절차를 정해놓은 법이에요. 이런 절차법으로 대표적인 것이 '민사소송법' '형사소송법' '행정소송법' 등이 있습니다. 그리고 부동산에 관한 등기법, 호적법 등도 있어요. 우리 민사소송법은 총 502개의 조항으로 이루어져 있어요. 형사소송법은 총 493개의 조항으로 이루어져 있고, 행정소송법은 총 46개의 조항으로 이루어져 있답니다.

〈민사소송법의 구성〉

① 총칙 제1조~제247조

② 제1심 소송절차 제248조~제389조

③ 상소 제390조~제450조

④ 재심 제451조~제461조

⑤ 독촉절차 제462조~제474조

⑥ 공시최고절차 제475조~제497조

⑦ 판결의 확정 및 집행정지 제498조~제502조

〈형사소송법의 구성〉

① 총칙 제1조~제194조5

② 제1심 제195조~제337조

③ 상소 제338조~제419조

④ 특별소송절차 제420조~제458조

⑤ 재판의집행 제459조~제493조

〈행정소송법의 구성〉

① 총칙 제1조~제8조

② 취소소송 제9조~제34조

③ 취소소송과 항고소송 제35조~제38조

④ 당사자소송 제39조~제44조

⑤ 민중소송 및 기관소송 제45조~제46조

그렇다면 이런 절차법이 중요한 이유는 무엇일까요?

> 체포·구속·압수 또는 수색을 할 때에는 적법한 절차에 따라 검사의 신청에 의하여 법관이 발부한 영장을 제시하여야 한다. 다만, 현행범인인 경우와 장기 3년 이상의 형에 해당하는 죄를 범하고 도피 또는 증거인멸의 염려가 있을 때에는 사후에 영장을 청구할 수 있다.
>
> **_ 헌법 제12조 제3항**

법을 집행하는 기본 원리 중 하나가 '적법절차의 원칙'입니다. 국가의 모든 작용은 정당한 법률을 근거로 해야 하고, 더하여 법률에 따른 적법한 절차에 따라서 발동해야 한다는 원칙입니다. 우리 헌법 제12조를 살펴보도록 하겠습니다.

어떤 개인의 자유를 구속하는 행위를 국가가 할 경우, 법률에 따른 적법한 절차를 거쳐야 한다는 것을 헌법에서 이야기하고 있습니다. 법률이 정한 절차가 있어야 하고, 영장이라는 법원의 확인 절차가 있어야 한다고 되어 있어요. 사실 생각해보면 당연한 이야기입니다. 누군가의 신체를 구속한다는 것은 개인의 자유를 보장하는 우리나라의 법률상, 지극히 지켜져야 할 부분이기 때문이에요. 법전에서는 이런 소송법에서 기소의 방법, 증인의 채택, 기타 소송을 필요한 행정 절차들이 규정되어 있습니다.

'미란다 원칙'은 어디선가 한 번쯤은 들어보았을 유명한 내용이랍니다. 사실 그 내용은 굉장히 간단해요. 범인을 체포할 때, 그 사람의 기본적인 권리를 이야기해 주어야 한다는 원칙이에요.

자, 그런데 자, 그럼 미란다란 사람이 어떤 사람인지를 먼저 살펴보도록 하겠습니다. '에르네스토 미란다'라는 사람은 멕시코계 이민자라고 합니다. 그런데 이 사람이 1963년 3월 미국 애리조나에서 18살 소녀를 강제로 유괴해서 들판에 끌고가 강간하는 범죄를 저지릅니다. 자수를 해도 모자를 판에, 또다시 은행에서 범죄를 저지르던 미란다는 체포가 되어 자백 과정에서 예전에 자신이 저지른 죄를 자백하게 됩니다.

사실 이 미란다라는 사람은 정말 누가 보아도 벌을 받아야 마땅한 사람으로 보여요. 이전부터 동네에 악당이기도 했고, 결정적으로 아직 어린 소녀를 강간한 죄질은 누가 뭐라고 해도 좋게 보아줄 수 없을 거예요.

그런데 열심히 경찰들이 체포해놓았더니 이 미란다라는 사람의 체포과정이 문제가 됩니다. 정확하게 본인이 어떤 기본권리를 가지고 있는지 모르는 상태에서 체포 과정이 이루어졌다는 거예요. 공들여서 범인을 검거한 경찰입장에서는 답답하고 팔짝 뛸 일이지만, 미국 연방대법원은 미란다를 놓아주기로 결정합니다. 범죄자인 것은 인정하지만, 그 체포의 과정에서 헌법이 보장하는 피의자의 권리를 제대로 알려주지 않은 국가의 잘못이 있었다는 거랍니다.[49]

여러분들의 의견은 어떤가요?

사건에서 석방의 여부를 가른 것은 한 마디 문장을 말해주지 않았다는 것이었습니다. 우리가 흔히 범죄 드라마를 보면 경찰관들이 범인들에게 수갑을 채우며 가장 먼저 하는 말인 "당신은 묵비권을 행사할 수 있으며, 변호사를 선임할 권리가 있다."는 그 한 문장 때문이었어요. 하지만 재판정이 단호하게 무죄를 선고한 이유는 아무리 범죄자라 할지라도 그 기본적인 권리를 보호받지 못한 상태에서 신체의 자유가 구속이 되었다면, 사법적 행위 역시 절차상 위법성이 있다는 논리가 바탕이 되었습니다. 이렇듯 법이 추구하는 목적만큼이나 그 절차의 공정함 역시 중요한 법집행의 요건이 됩니다.

〈무간도〉라는 홍콩 영화가 있어요.

범죄조직을 소탕하기 위해 경찰에서 수 년 동안을 몰래 잠입시킨 스파이가 범죄조직의 마약거래 계획을 제보하는 장면이 나온답니다. 그리고 드디어 숨어 있던 경찰들의 눈앞에서 마약거래가 이루어지지만 범죄조직이 심어놓은 경찰 내부의 스파이가 흘린 정보로 마지막에 경찰들의 작전이 들통나게 됩니다. 현장에 경찰들이 있음을 눈치 챈 범죄조직원들이 바다로 마약을 던져버리는 장면이 나오죠. 결국 경찰들이 마약거래의 현장을 덮치지만, 눈앞에서 증거들이 바다로 사라져 버리고 그들을 체포하지 못하게 됩니다.

생각해보면 국가의 보증을 받는 경찰관들이 범죄자들의 거래현장을 목격했어요. 정의의 편인 내가 직접 목격한 현장에서 범인들 모두를 체포해 감방으로 보낼 수 있을 거라고 생각할 수도 있겠지만, 증거가 없는 이상 이들을 체포할 방법이 없어져 버립니다. 이렇게 법을 집행하는 일은 정당한 목적과 함께 공정한 절차를 갖추어야 하기에, 법을 구현하고 정의를 세우는 일은 위법한 행위를 하는 사람들에 비해 배로 힘들 수밖에 없어요.

하지만 절차의 공정성이 요구되기 때문에 법을 집행하는 사람들은 어느 순간 빠지기 쉬운, 자신의 권력을 무제한으로 행사하고 싶은 유혹으로부터 스스로도 보호받을 수 있답니다. 법이란 것이 목적만큼이나 그 절차도 중요하다는 것을 명문화해놓은 것이 '절차법'이란 것을 알게 된다면, 이런 소송법을 읽는 재미가 더욱 배가 될거라 생각해요. 특히, 변호사와 같은 법조실무를 준비하는 이들이라면 절차법은 중요한 공부과목이 될 것입니다.

국제법, 국경을 넘어가는 법

국제법이 뭐 길래?

우리는 지금까지 법의 영역에 대하여 살펴보았습니다. 법이란 것이 종이에 적혀 있을 수도 있고, 어떤 경우에는 우리 눈에 보이지는 않지만 사회에 곳곳에서 관습이란 이름으로 작동하고 있음도 알 수 있었답니다. 그리고 규율의 대상에 따라서 공법과 사법이란 이름으로도 나누어지고, 사람들 사이를 규율하면 민법, 국가와 개인의 관계에서 형벌이 따를 경우에는 형법이란 이름으로 불릴 수도 있고, 국가의 구조나 목적을 나타내는 헌법이란 최고법으로도 존재할 수 있는 것을 배웠습니다.

자, 그렇다면 이건 어떨까요?

모든 국가에는 국경이란 관할권의 제한이 있답니다. 한 나라의 통제력이 미치는 영토, 바다, 하늘 등 가시적 영역이죠. 물론 해외에 위치한 재외공관, 운항 중인 선박이나 비행기는 국경을 넘기도 합니다. 이런 경우 적용되는 법은 뒤에서 언급하도록 하겠습니다. 국가의 법적 관할권 내의 존재들 사이에 적용되는 법은 '국내법 Domestic Law'이라고 합니다. 그 나라의 법이 영역 안에 미치는 거예요. 그런데 우리나라의 범위를 벗어나는 경우는 어떻게 할까요? 우리는 종종 국가 관할권의 영역을 벗어난 외국적 존재들과 사이에서 이루어지는 일들에는 국제라는 말이 붙입니다. 국제경기, 국제거래, 국제결혼처럼 말이에요.

법 역시 마찬가지랍니다. 이렇게 외국적인 존재들과의 관계를 규정하는 법을 '국제법 International Law' 이라고 합니다. 이 국제법은 제가 공부하는 개인적으로 사랑하는 법이기도 하답니다.

국가관할권은 무엇일까요?

그렇다면 국제법의 대상은 무엇일까요?

먼저 국가 사이의 일이 있을 거예요. 지금 러시아와 우크라이나는 사활을 걸고 전쟁을 벌이고 있답니다. 그런데 만약 푸틴이 사람들이 죽고 죽이는 전쟁이 아니라, 우리 일상에서 볼 수 있는 아저씨들처럼, "야야, 싸우지 말고 법대로 해." 라고 말하고, 러시아의 외교부가 반성하면서 무기를 거두고 우크라이나와 국제법정에서 다투어보기로 했다면, 이는 국가 사이의 국제법의 영역이 됩니다. 이처럼 국가 사이에 일어나는 법적인 분쟁과 조정이 전통적인 국제법의 영역이었어요, 이 말은 과거에는 국가범죄의 소송은 국가만이 할 수 있었다는 이야기입니다.

그런데 이런 경우는 어떨까요?

1998년, '국제형사재판소ICC, International Criminal Court'에서는 르완다 내전에서 50만 명의 학살혐의를 주도한 반군조직 르완다애국전선RPF의 '장 캄반다' 전 총리를 체포하고 종신형을 선고하였습니다. 그가 예전에 르완다 총리를 할 때, 자기와 다른 부족 사람들을 수십 만 명씩 대량을 학살한 '반인류적 행위'에 대한 국제사회의 단죄였죠. 이 판결은 여러모로 의미가 있답니다. 이미 국제형사재판소는 이 사건과 관련하여 95명을 기소해 '장 캄반다' 전 르완다 총리는 종신형을 받는 등 32명이 유죄를 선고받았답니다.[50]

과거에도 국가들이 개인들에게 형을 집행하였던 일들은 있었지만, 이는 주로 승전국들 위주의 전범재판뉘른베르크, 도쿄재판 들이었습니다. 전쟁에서 이긴 승전국이 중심이 되어 각 국가별로 법적 처분을 맡기던 이러한 반인륜적 범죄 행위들을, 앞으로는 글로벌 공동체가 용인하지 않겠다고 결정하고 단죄하였답니다.

그런데 캄반다는 개인입니다.

국제법은 앞에서 이야기 하였듯 공법의 영역이에요. 이 뜻은 원래의 국제법은 정확하게는 국가 사이의 법을 의미합니다. 그런데 어떻게 캄반다와 같은 개인에게 책임을 물을 수가 있을까요? 여기에는 오늘날 변화하는 국제법의 분위기가 관련이 있답니다. 오늘날 국제범죄나 분쟁에서는 국가와 개인, 국가와 다국적 기업, 국가와 정부 사이 국제기구IGO, 국가와 비정부단체NGO, 심지어 테러단체들까지, 이루 말할 수 없을 정도로 너무나 많은 복잡한 참여자들과의 법적관계가 발생하고 있습니다. 그리고 점점 전통적인 국가 사이의 관계로는 설명할 수 없는 문제들이 늘어나고 있죠.

가령 한참 말썽을 부리던 IS가 부숴버린 시리아나 이라크의 유적들의 책임을 묻기 위해, 피해를 당한 국가는 누구를 고소해야 할까요? IS라는 테러단체? IS 지도자들? 아니면 신나게 유적들을 부쉈던 각각의 테러범들? 아무튼 복잡한 문제입니다. 현대의 국제법에서는 이런 국가라 보기는 애매하지만, 국제사회에서 큰 역할을 끼치는 존재들을 통틀어서, '비국가행위자Non-state Actors'라는 이름으로 부른답니다. 그리고 어디까지 이들의 존재와 참여영역을 인정해줄 것인지에 대해서 활발하게 토론하고 있어요.

국제법의 성격에 대하여

장황하게 설명하였지만, 국제법은 '국가 사이' 또는 '비국가행위자'와 국가의 갈등을 조정하는 법입니다. 이런 의미에서 '공법Public Law'의 성격이 강하다고 볼 수 있습니다.

하지만 아쉽게도 어느 국가가 그 법을 지키지 않는다고 해서 강력하게 단죄할 수 있는 강제력이 부족하기도 합니다. 이런 점에서 국제법은 항상 '너도 법이냐?'란 공격을 받기도 해요. 국제사회가 강하게 이런 불량국가들을 손을 못 봐주는 이유는, '국가들이 고유하게 가지고 있는 '주권'이란 것을 존중해야 한다는 국제사회의 원칙'이 아래에 깔려 있기 때문이에요.

이런 의미에서 보자면, 국제법이란 강력하게 무언가를 처벌하지는 못하는 '연성법Soft Law' 의 성격이 강하답니다. 그런데 또 르완다 사태와 같은 사안들을 보자면, 국제사회의 처벌이 없는 것도 아니니 '경성법Hard Law'으로서의 성격도 가지고 있죠. 국제법이란 국가 사이의 구체적인 조약을 통해 문서로 남겨지는 성문법Statute Law의 성격이 강하지만, 또 어떤 부분에서는 국가들 사이에 받아들여지는 관습법Custom Law적인 부분 역시 엄연히 존재합니다. 그렇다면 이런 국제법이란 무엇을 말하는 걸까요? 우리나라 법은 법전을 펼치면 정리가 되어 있는데 말이에요.

사실 국제법이 무엇이다라고 콕 집어서 이야기하는 힘들지만, 국제법학자들은 몇 가지의 의견들에 동의하고 있어요. 우리와 같은 공화국에서는 국내에서 법이 만들어지기 위해서는 우선, 선거를 통해 선출된 의원들이 모인 의회에서 법을 제정하게 됩니다.

그렇다면 국가들의 법인 국제법은 어떻게 제정되는 것일까요? 우선 생각할 수 있는 것은, 국가들이 서로 모여 어떤 조항들을 따르겠다고 동의할 경우가 있을 거예요. 이런 합의된 결과를 '조약'이라고 합니다.

이런 국제법의 성격에 대해서 국제사법재판소ICJ, International Court of Justice의 규정 제38조 1항은 잘 정리해놓고 있어요.

1. 재판소는 재판소에 회부된 분쟁을 국제법에 따라 재판하는 것을 임무로 하며, 다음을 적용한다.
   가. 분쟁국에 의하여 명백히 인정된 규칙을 확립하고 있는 일반적인 또는 특별한 국제협약
   나. 법으로 수락된 일반관행의 증거로서의 국제관습
   다. 문명국에 의하여 인정된 법의 일반원칙
   라. 법칙결정의 보조수단으로서의 사법판결 및 제국의 가장 우수한 국제법 학자의 학설. 다만, 제59조의 규정에 따를 것을 조건으로 한다.

_ 국제사법재판소ICJ 규정 제38조 제1항

첫째, '조약'은 국가 사이에 맺어진 국가 사이의 협의를 말해요. 문서로 되어야 하지만, 상황에 따라서는 국제법에서 정하는 합의의 요건을 갖추는 것으로도 가능하답니다. 국가들이 서로 문서를 남기고 따르기로 하였기에, 가장 우선 거론되는 국제법의 시작입니다. 이런 조약은 1969년 '조약법에 대한 비엔나 협약Vienna Convention on the Law of Treaties'을 통해 정의와 절차들이 규정되어 있어요.

둘째, 일반 관행화된 '국제관습'이 있습니다.

국가가 행한 행위에 대해서 국제법상의 책임을 지는 국가책임이나, 국가에 파견된 외교사절을 국가가 보호해야 한다거나, 전쟁이 일어났을 때 민간인들을 보호해야 하는 의무 등이 이러

한 관습이 일반법규로 작용한 경우가 됩니다. 다만 반복적인 단순한 행위 모두를 관습이라고 하지 않습니다. 앞에서 우리가 살펴보았 듯 '법적 확신이 있어야 한다'라는 전제가 필요합니다.

세 번째, '법의 일반원칙'은 막연하게 느껴질 수도 있어요.

여러 국가들에 의해 받아들여진 국내법상의 원칙, 지금까지 국제사회에서 상식적이라 받아들여 오던 원칙들이 그것입니다.

마지막으로는 사건들에 대하여 재판에서 내려진 결정인 판례들 및 국제법 학자들의 학설들을 국제법의 법원으로 규정하고 있어요. 하지만 이런 학자들의 학설들은 보조적인 참고자료이지 절대적인 것은 아니랍니다.

국제적인 여러 분야에서 국제법은 활용되고 있어요.

현재 가장 큰 이슈는 환경에 대한 문제일 거예요. 이런 환경문제를 다루는'국제환경법', 바다에서 일어나는 영해분쟁이나 기타 사건들을 다루는 '국제해양법', 사람으로서 누려야 할 권리에 대해 다루는 '국제인권법', 전쟁의 방지와 종식에 대해 규정하고 있는 '국제인도법' 등 그 분야가 무궁무진 합니다. 그럼에도 이번 이스라엘-하마스 사태, 우크라이나-러시아 전쟁에서 보듯, 국제법은 그 실제적인 효력에 대하여 많은 논란이 있어요. 아직도 많은 보완이 필요하다는 뜻이에요.

국제분쟁을 조정하는 현장들

이런 국제법들은 많은 현장에서 국가 사이의 사법적 논의에 사용되고 있습니다.

첫째, 유엔 산하에 국제사법재판소ICJ, International Court of Justice는 유엔의 대표적인 사법기관이에요.

유엔헌장 제92조에 따라서 이 기관이 운영된답니다. 네덜란드 헤이그에 본부가 있는 이 기관은 국가 사이의 분쟁을 국제법에 따라 조정하는 기관이랍니다. 총 15명의 판사님이 각 대륙별로 선출되어 판결하고 있습니다.

둘째, 상설중재재판소PCA, Permanent Court of Arbitration 역시 국가 사이의 분쟁을 해결하기 위하여 만들어진 기관이랍니다. 사실 만들어진 기간만 보면, 가장 오래된 국제기구이지 않을까 해요. 이 기구가 만들어진 것은 1899년 '제1차 만국평화회의' 때였답니다. 우리에겐 '헤이그밀사 파견사건'으로 유명했던 그 회의였죠.

그런데 국제사법재판소라는 기관이 있는데 중재재판소는 왜 있는 거지? 라는 의문을 가지는 분들이 있을 거예요. 이 기구는 사건이 접수되면, 시기에 맞추어 보유하고 있는 명단에서 적절한 재판관님들을 골라내어 선임하게 됩니다. 중재판정은 특성상 단심한 번의 심리으로 끝납니다. 그러기에 판결의 속도도 빠르고 판정에 드는 비용 역시 정식 재판에 비해 간소하답니다.

중재재판소에서는 ICJ에서 다루는 국가 사이의 분쟁 외에도 기업, 개인들의 국제분쟁 역시 심리하고 있어요. 다만 ICJ는 판결 후에 상대방이 행위를 이행하지 않으면 '유엔안전보장이사회'에 제소가 가능하지만, PCA는 이런 이후의 제도적인 구제장치가 없다는 차이점이 있답니다.

셋째, 국제형사재판소ICC, International Criminal Court가 있습니다. 앞에서 보았던 형사사건을 저지른 국제범죄자들을 처벌하기 위해 만들어진 법정이에요. 2003년에 네덜란드 헤이그에 설치되었답니다. 과거에 전쟁범죄를 벌하기 위해서 국제사회는 형사법정을 열었던 적이 있어요. 바로 제2차 세계대전 이후 나치독일 전범들을 기소하였던 '뉘른베르크 전범재판소'와 일본 전범들을 기소한 '도쿄 전범재판소'가 그것이었답니다.

2000년대 이후 세계적인 민족분쟁이 다시 발생하면서, 2002년 로마조약이 체결되었고 전쟁범죄, 반인도적범죄, 제노사이드 범죄, 침략범죄 등을 지시하거나 행하는 사람들에 대하여 심리하고 있답니다. 1989년 베를린 장벽의 붕괴 이후에, 전 세계에서 너무나 많은 지역 분쟁이 발생하였기 때문이었죠. 이 재판소의 특이한 점은 범죄를 저지른 국가 외에도 개인에게도 책임을 묻는 것이 가능하다는 점입니다. 국제법에서의 소송의 대상은 기본적으로 국가라는 것을 생각하면 특별합니다.

넷째, 임시재판소는 유엔안전보장이사회가 설립하는 별건의 재판소를 말합니다.

제2차 세계대전이 끝나고, 책임자들에게 죄를 묻기 위해서 국제사회는 전범재판소를 연 경험이 있어요. 나치독일의 전범들을 단죄하기 위한 '뉘른베르크 전범재판소'와 일본전범들을 단죄하기 위한 '도쿄 전범재판소'가 그것이었죠. 예전 같으면 승전국이 패전국의 책임자들을 단죄하는 것이 쉽지 않은 일이었지만, 이제 더 이상의 비극을 방지하기 위해 국제사회는 국제범죄에 대해 사법적 절차를 통한 명확한 책임을 지우고자 합니다.

1993년 유엔안전보장이사회에서는 오랫동안 잠자고 있던 임시재판소를 다시 부활시킵니다. 바로 구유고슬라비아의 해체 과정에서 발생한 대규모 인종청소에 대한 책임소재를 가릴 필요가 생겼기 때문이에요. 1994년에는 르완다 내부에서 일어난 인종청소에 대한 국제재판소가 만들어집니다. 이렇게 안전보장이사회의 필요에 따라 임시로 재판소가 만들어져 운영되는 경우를 '임시재판소'라고 합니다.

다섯째, 국제해양법재판소ITLOS, International Tribunal for the Law of the Sea는 조금은 특별한 국제기구에요. 이름에서 알 수 있듯이 바다에서 일어나는 일들을 심리하고 있답니다. 1982년 유엔은 '해양법에 관한 국제협약UNCLOS, United Nations Convention on the Law of the Sea'을 만듭니다. 현재 바다에서 이루어지는 모든 일들은 바다의 헌법이라 불리는 이 법률을 기초로 판단되고 있다고 할 수 있어요. 국제해양법재판소 역시 이 법에 따라서 만들어진 분쟁해결기구입니다. 총 21명의 재판관들로 구성되고 있고, 바다에서 일어나는 환경보호, 해양경계획정, 선박항행과 관한 사건 등 여러 가지 전문성이 필요한 사건들을 심리하고 있답니다.

여섯째, 세계무역기구WTO, World Trade Organization은 분쟁해결관련 기관으로 '패널Pannel'을 유지하고 있습니다. 세계무역기구는 전 세계에 자유로운 무역을 보장하기 위해서 만들어진 기관이에요. 두 차례의 세계대전이 끝난 뒤, 각국은 전쟁이 일어난 이유를 세계 각 국가들이 자신들의 이익만을 생각하면서 자유로운 무역을 방해한 점 역시 하나의 이유라고 분석했어요. 그러기에 자유로운 무역이 보장된다면, 모두가 부유한 세상에서 평화가 보장될 거라 생각했답니다. 패널은 이런 자유로운 무역의 이념을 실행하기 위해, 국가별 무역분쟁을 심리하고 조정하는 역할을 해요. 다만, 현재 세계 각국의 보호무역주의 분위기가 높아지면서 패널의 영향력이 많이 줄어들어 있는 상태랍니다.

WTO 체제, 강제력 잃은 명목상 경제질서로 전락할 수도

WTO의 또 다른 문제는 마비된 분쟁 해결 기능이다. WTO 무역체제는 '규칙에 기반을 둔rule-based' 예측 가능하고 개방적인 다자간 경제 체제다. 각국은 잘 정비된 무역 규칙에 입각해 개방된 글로벌 시장에 예측 가능한 방법으로 접근할 수 있었고, 또한 강력한 법 집행 수단을 통해 힘이 약한 국가도 강대국의 일방주의적 무역 조치에서 보호받을 수 있었다. WTO의 분쟁 해결 기능은 이러한 '규칙 기반' 무역 체제를 유지하는 핵심 요소다. 분쟁 해결 기능이 작동하지 않으면 규칙을 집행할 수 없고 따라서 더 이상 '규칙 기반' 체제가 작동할 수 없다.

그러나 현재 WTO 분쟁 해결 절차는 상소기구의 마비로 규칙의 집행력을 상실했다.

1심에 해당하는 패널단계에서 패소한 국가는 그저 상소장만 제출함으로써 패소 판정을 사실상 무효화하고 집행을 면할 수 있다. 2심에 해당하는 상소기구에 재판할 재판관이 없기 때문이다. 그래서 이런 상소를 '허공으로의 상소appeals into the void'라 부른다. 지금 WTO 패널이 내린 판정 중 3분의 2는 '허공으로의 상소'로 이어지고 있다. 허공 상소를 가장 많이 사용한 나라가 미국이다. 전체 상소 건의 38%를 차지한다.

_ 중앙일보, 2024년11월18일 기사

국제법의 역사와 미래

블록버스터 영화 〈글래디에이터〉을 보셨나요?

리들리 스콧이 만든 대작영화 〈글레디에이터〉는 한때 로마제국의 영웅이었다가 음모에 빠져 검투사의 신분이 되어버린 로마 장군 막시무스의 스토리예요. 영화의 첫 장면은 회색 눈밭에서 마지막 전쟁을 준비하는 로마군단의 모습을 보여줍니다. 영화에서는 철인황제가 로마의 마지막 전쟁을 마무리지은 것처럼 보이지만, 로마의 방어선은 사실 카이사르의 갈리아 전쟁 이후로 여러 황제들이 이루어놓은 업적이었습니다. 로마는 이제 영국과 스페인, 프랑스, 발칸반도와 소아시아, 중동과 아프리카 북부를 어우르는 대제국이 되었습니다.

이제 라인 강과 도나우 강을 중심으로 커다란 로마제국의 국경선이 생기고, 제국 안에는 이제 여러 종류의 사람들이 섞여서 살게 됩니다. 우선 이탈리아 반도에 있는 동포, 로마 시민권자들, 다음으로는 제국이 커지면서 로마 체제에 들어온, 이탈리아 반도 밖에 살지만 로마의 시민권을 가지고 있는 새로운 시민권자들 또는 예비 로마시민들, 마지막으로 제국 방벽 밖의 사람들, 흔히 말하는 이민족들이 그들이었어요.

로마제국은 이제 이런 사람들이 섞여 살아가게 됩니다. 그리고 이러한 사람들이 섞여 살면서 점점, 서로가 이해할 수 없는 관습과 사고로 인해 크고 작은 분쟁들이 일어나게 되죠. 이러한 현상은 로마 군단병들의 압도적인 무력으로도 해결할 수 없는 문제였습니다. 로마사 연구로 팬들을 거느리고 있는 시오노 나나미는 《로마인 이야기》에서 이러한 로마법의 발전을 세 단계로 나누고 있습니다.

제1기 BC 753년 ~ BC 150년 **로마시대**

지중해 패권을 지배한 로마인들에 의해 이탈리아 반도의 라틴민족들을 중심으로 한 법률이 만들어지던 시대. 이 시대의 법을 정의하라면, '이탈리아인을 위한, 이탈리아인에 의한, 이탈리아인의 법의 시대'라고 할 수 있을 거예요.

제2기 BC 150년 ~ AD 300년 **보편제국 로마의 시대**

다민족, 다인종, 다종교, 다문화를 아우르는 로마법 시대로 이미 로마법 자체가 '국제법'의 성격을 띠는 시기라고 할 수 있어요. 이 시기는 '로마인을 위한, 로마인에 의한, 로마인의 법'의 시기라고 하겠습니다.

제3기 AD300년 ~ AD 530년 **로마시대**

기독교와 오리엔트 법률의 시대, 기독교의 국교화 이후 법률이 다시 변화하게 됩니다. 그리고 이후의 중세시대까지도 영향을 미치게 되죠. 이 시대를 정의하라면, '예수님과 황제를 위한, 두 절대자에 의한, 두 절대자의 법의 시대'라고 말하겠습니다.

자, 여기서 말하고 싶은 것은 제2기 로마시대, 제국이 커져가던 시절이랍니다. 이제 로마제국의 엘리트들은 너무나 커버린 제국에 맞는 법률이 필요하다고 생각하게 됩니다. 방벽 밖의 사람들, 로마가 아닌 세계의 사람들에 대한 고려가 필요했답니다. 로마의 법학자들은 이런 법들이 필요하다고 생각했어요.

우선 방벽 안에 위치한 '로마시민권자' 사이에 분쟁이 발생했을 때를 대비한 '시민법 유스키빌레, Jus Civile '입니다. 로마시민들을 위한 법이죠. 제국의 방벽 밖에 사는 비문명인들, 다시 말해 '로마시민이 아닌 사람들'과 '로마 시민권자들'사이에 분쟁을 해결하기 위한 법도 필요하다고 생각합니다. 바로 '만민법 유스겐티움, Jus gentium '이 그것이었죠. 학자들마다 견해의 차이는 있지만, 일반적으로 국제법의 틀을 잘 구현한 것은 로마 시대의 '만민법'이라 받아들여지고 있습니다 만민법은 엄밀하게는 국제사법으로 현대 국제법과는 조금은 차이가 있답니다 . 조금은 오만하지만 방벽 안에 사는 '문명화된 시민들'과 방벽 너머에 사는 비문명인들과의 관계를 규정하는 법률이 그것이었답니다.

1625년 프랑스 파리. 국제법 교과서 맨 처음에 항상 등장하는 중요한 사람이 있습니다. 네덜란드의 델프트 출신의 열정적인 변호사 '휴고 그로티우스'라는 사람입니다. 존경받는 변호사이자 역사학자, 한때는 외교관으로 조국 네덜란드를 위해 봉사했던 사람. 하지만 이제는 조국에서 수배령이 떨어진 범죄자가 되어버린 몸. 새로운 터전인 파리에 정착한 지도 벌써 4년이 되었습니다. 그런 그로티우스가 살던 유럽은 조용하지 않았습니다.

1618년부터 계속된 '30년 전쟁'의 참상이 유럽을 뒤덮고 있었기 때문이에요. 특히 지금의 독일지방을 중심으로 지속된 전쟁은 모든 지역을 황폐하게 만들어 놓고 있었습니다. 파리에서 쫓겨 온 그로티우스는 예전 네덜란드의 동인도회사의 의뢰로 작성하였던 수기 판본을 정리하였습니다. 그리고 그 원고를 토대로《전쟁과 평화의 법》을 집필합니다.

당시 유럽은 강한 나라가 약한 나라를 정복하는 것이 당연하게 여겨지고 있었습니다. 땅에서건 바다에서건 약한 나라의 사람들은 강한 나라의 사람들에게 정복되거나 약탈당하고 있었죠. 이런 유럽의 작은 국가들은 살아남기 위해서 스스로의 힘을 키워야 하는 상황이 펼쳐지고 있었답니다. 그로티우스는 로마 후반기, 유스티니아누스 황제 이후로 이어져 온 강력한 국가의 통치이념인 '신의 권위'에 대해 조심스럽지만 과감한 의문을 제기합니다. 그의 생각이 혁명적이었던 것은, 그동안 세상을 지배한 그리스도 교인만을 위한 강자만을 위한 법의 한계를 넘어섰다는 점에 있습니다. 국가와 국가 사이에는 힘과 종교가 아닌,

'도덕과 법률'이라는 인간이라면 당연히 따라야 하는 정의가 존재한다는 것이었죠.

이러한 국가 사이의 정의는 당연히 '서로의 동의와 법률관계'가 존재할 수 있다고 보았습니다. 더 이상 국가의 나약함이 죄악이 되지 않는다고 보았던 것이었어요. 그로티우스는 인간이란 기본적으로 자신을 방어할 수 있는 권리를 가지고 있고, 그 당연한 권리를 보호하기 위해서 '전쟁'은 불가피하다고 보았습니다. 다만 '자연법'을 위반 하는 '부당하고 문명적이지 않은 존재' 에 대해서만 전쟁이 필요하다고 보았어요.

기왕 사람들이 사회라는 무리에 모여 살기로 결정한 이상, 개인들의 보복 권한은 역시 사회가 가져가야 한다고 정의하였답니다. 그로티우스는 사람을 잡아먹는 등 반인륜적인 행위를 하는 야만인들, 바다에서 선량한 선원들과 사람들을 대상으로 약탈을 일삼는 해적들, 이런 존재 모두는 자연법을 위반한 인류 공통의 적으로 간주하였습니다.

원시시대 같으면, 이런 못된 짓을 하는 마음에 들지 않는 녀석들에게 달려가서 내가 가진 돌도끼로 때려버릴 수 있겠지만, 정식 사회를 갖추고 법률에 따라 착하게 살아보려는, 우리들에게 더 이상 돌도끼라는 아이템은 맞지 않다는 것이죠. 그로티우스의 이런 사상은 여러 학자들에게 퍼져 나갑니다.

1648년, 가톨릭과 개신교의 전쟁인 '30년 전쟁'이 드디어 끝이 납니다. 그로티우스가 사망한 지 3년이 지난 뒤였습니다. 전쟁이 개신교 측의 우위로 끝나면서, 패자에 입장이 된 유럽의 가톨릭 국가들은 네덜란드와 같은 신생국가들을 승인해야 할 상황에 놓이게 됩니다. 그리고 새로운 유럽의 질서를 담은 '베스트팔랜 조약Westfälischer Friede'이 체결됩니다. 이 작은 문서가 가지는 효력은 어마어마했답니다.

광범위한 베스트팔렌 조약의 내용을 모두 언급할 순 없지만, 이 조약은 세 가지 부분에서 주요한 의미를 지닌다고 해요.

> ① 신성로마제국의 약 300개의 공국들이 외교와 전쟁이란 것을 할 수 있는 권리를 가지게 됩니다. 즉 현대의 '주권Sovereignty'과 비슷한 개념이 생겨난 것이었죠.
>
> ② 유럽에서의 개신교루터교 및 칼뱅교가 정식으로 승인되게 됩니다.
>
> ③ 각 국가는 이 조약 이전에 있었던 과거의 적대행위를 잊어버릴 것을 약속합니다.
>
> 하지만 자다가 이불킥할 정도로 너무나 분할 경우는 서로 싸우지 말고, '사법적 논의amicable settlement or legal discussion' 란 것을 해볼 것을 강제합니다.
>
> _ **Derek Croxton, <The Peace of Westphalia>** 2002, Greenwood **중에서**

베스트팔랜 체제가 국제법에서 중요한 이유는 거대한 신성로마제국이 사라지면서 각 국가들이 수평적인 협상의 주체가 되었다는 점에 있어요. 일본이 우리나라를 식민지화할 때, 가장 먼저 가져간 권한 중 하나가 '외교를 할 권한'이었음을 생각해 본다면, 이런 권리가 독립된 국가에게 얼마나 중요한지 알 수 있을 거랍니다.

이러한 각 국가들의 주권에 대한 절대적인 내용은 국제연합UN 헌장에 남아 있답니다.

> 이 헌장의 어떠한 규정도 본질상 어떤 국가의 국내 관할권 안에 있는 사항에 간섭할 권한을 국제연합에 부여하지 아니하며, 또는 그러한 사항을 이 헌장에 의한 해결에 맡기도록 회원국에 요구하지 아니한다. 다만, 이 원칙은 제7장에 의한 강제조치의 적용을 해하지 아니한다.
>
> **_ UN헌장 제1조 2항g ,주권면제의 원칙**

여기서 항상 문제가 되는 이야기가 나옵니다. 법이란 지키지 않으면 내가 제재를 받을 수도 있다는 강제력이 있어야 합니다. 그런데 이 주권이란 눈에 보이지 않는 무언가 때문에 국제사회는 강력한 행동을 할 수 없다는 이야기가 됩니다. 그렇다면 이런 국제법을 법이라고 할 수 있을까요? 이런 논쟁은 국제법의 영역에서 항상 제기되어 온 비판이기도 해요. 하지만 그럼에도 배스트팔랜의 정신은 국제법에 중요한 의미를 주었답니다. 각 국가들이 서로의 주권을 존중하되, 최악의 결과를 가져오는 전쟁을 피하자는 노력을 시작하였기 때문입니다.

이런 움직임은 크기가 작은 나라일수록 더욱 간절했을 거라 생각되어요. 국제법이 탄생한 이후, 제국주의 시대에도 역시 대상이 바뀌었을 뿐이지만 유럽을 비롯한 강대국들은 우수한 군사기술을 이용해서 다른 나라들을 차근차근 침략했답니다. 전쟁이란 간단한 국제문제의 해결 방법이라는 인식이 변하지 않고 있었죠.

두 번의 세계전쟁이 발생했고 그 전쟁들이 인류에게 준 충격은 너무나 컸답니다. 기관총 하나만 있으면, 수백 명의 군인들이 몇 분도 안 되는 시간에 목숨을 잃었고, 전장에 뿌려진 독가스 연기 아래서, 병사들은 살충제 맞은 벌레들처럼 발버둥 치다가 죽어갔죠. 이제 하늘 위로 거대한 폭격기가 날아다니면서 군인이든 민간인이든 가리지 않고 폭탄을 떨어뜨립니다.

전쟁의 범위가 더 이상 전쟁터로만 한정되지 않게 되었고, 과학자들은 어떻게 하면 더 많은 적국 사람들을 효과적으로 죽일 수 있을까를 고민합니다. 그리고 그 결과로 종국에는 사람들의 입을 벌리게 만든 거대 무기가 탄생하죠. 인류는 이제 수십만 명의 사람들을 한 번에 사라지게 만들 수단을 가지게 되었습니다. 바로 핵무기가 등장한 것이었답니다우리는 지금도 이런 고민에서 완전히 자유롭지 않답니다 .

두 번의 전쟁을 거치면서 이제, 세상 사람들은 무언가 중대한 깨달음을 얻기 시작합니다. 다음 세계전쟁이 일어난다면 정말 모두가 사라질 수도 있겠다는 생각을 하기 시작한 것이죠. 이제 전쟁은 더 이상 과거처럼 전선의 군인들만의 일이 아니었습니다.

이런 위기 속에서 한 번 실패하였던 국제기구의 설립이 다시 논의됩니다. 이미 1차 세계대전이 끝나고 한 번 실패하였던 '국제연맹'보다 조금 더 강력해진 '국제연합UN, United Nations'이 탄생한 것이었어요. 두 번의 전쟁으로 정신을 바짝 차린 인류는 이제 무엇을 해야 할지 '국제연합헌장'에 앞에 남겨놓습니다.

모든 회원국은 그들의 국제분쟁을, 국제평화와 안전 그리고 정의를 위태롭게 하지 아니하는 방식으로 평화적 수단에 의하여 해결한다.

_ UN헌장 제1장 2조 C, 분쟁의 평화적 해결

모든 회원국은 그 국제관계에 있어서
① 다른 국가의 영토보전이나 정치적 독립에 대하여 또는
② 국제연합의 목적과 양립하지 아니하는 어떠한 기타 방식으로도 무력의 위협이나 무력행사를 삼간다.

_ UN헌장 제1장 2조d, 무력행사의 요건

이제 국제사회는 해석이 모호했던 '전쟁'이라는 행위를 규정하였습니다. 제2차 세계대전 이후, 앞으로 국제사회를 살아가는 구성원들은 상대 국가를 침략하는 것은 절대적으로 악한 행위이며 어떤 분쟁이든 평화롭게 해결할 것, 더해서 타국의 영토나 주권을 침해하는 '침략전쟁'에 대응하거나 '국제연합의 목적에 반하는' 경우에만 무력행사가 가능하다고 적어놓은 것이죠. 그리고 드디어, 전 세계가 같이 인류 공동에 적에 대한 몽둥이질이 가능하다는 것을 헌장에 규정합니다.

고대 로마시대에 국제법이란 로마의 방벽Limes 안에 자신들과 방벽 밖에 있는 이들 사이에 관계를 말했어요. 베스트팔렌 체제 이후에는 그 범위가 넓어졌죠. 유럽의 국가들이 자신들의 대륙 안에서 법이란 것을 통해서 분쟁이란 것을 해결하려고 시도하게 됩니다. 그리고 세계대전 이후로는 그 범위를 전 세계로 넓혀놓았답니다. 물론 서양 국가의 관점에서지만 말이에요. 이런 의미에서 국제법은 아직도 발전하는 과정에 있다고 보아야 하겠죠.

국제법이 작동하는 제도는 아직은 완벽하지 않아요. 지금도 일어나고 있는 많은 전쟁들을 아직도 막지 못하는 것을 보면 말이에요. 최근에는 러시아-우크라이나 전쟁에서도 이런 한계가 보입니다. 하지만 그럼에도 많은 시간이 걸려서 우리 인류는 전쟁보다 국제법이란 방법을 통한 해결이 필요하다고 생각하게 되었고, 세상의 문제들을 해결하기 위해 하나가 된 공동체가 필요하다고 느끼게 되었습니다.

현재 우크라이나 전장에 북한군이 파병되면서 EU에서는 북한의 국제법 위반을 주장하고 있어요.[51] 그리고 북한은 자신들이 국제법을 위반하지 않았다는 점을 강조하고 있어요.[52] 물론 유엔의 안전보장이사회의 복잡한 의결방식으로 인해, 국제연합에서 러시아나 북한을 직접 제재할 방법은 현실적으로는 없답니다. 하지만 그럼에도 국가들은 서로가 국제법의 준수여부를 소리 높여 이야기하며 국제사회에 자신들의 정당성을 이야기하고 있어요. 이런 관점에서 현재 국제법을 생각해본다면 국제법의 다른 무게가 보일 거라고 생각합니다.

1950년 6월 25일, 자유대한민국으로 북한이 무력 도발을 강행하게 됩니다. 그리고 이 내용은 외신을 통해 급히 뉴욕에 있는 국제연합본부에 전달되게 되죠. 그리고 국제사회의 국가들이 한반도에서 일어난 불법적인 침략전쟁에 대하여 하나로 뭉쳐 결의합니다. 바로 〈유엔안전보장이사회 결의 제82호~제84호〉가 그것이에요.

유엔안전보장이사회 결의 제82호, 1950년 6월 25일

안전보장이사회,

…중략… 북한 군대의 대한민국에 대한 무력공격을 중대한 관심을 가지고 주목하고, 이 행동이 평화를 파괴하는 요인이 된다고 단정하여,

(I) 전쟁행위의 즉각적인 중지를 요구하고, 북한 당국은 즉시 그 군대를 북위 38도선까지 철수시킬 것을 요구한다. …(중략)

…

(III) 모든 위원국에 대하여 본 결의의 이행에 있어서 국제연합에 모든 지원을 제공할 것과 북한 당국에 대한 지원 제공을 삼갈 것을 요구한다.

결의 제83호, 1950년 6월 27일

안전보장이사회는,

북한군에 의한 대한민국에 대한 무력공격이 평화의 침해행위를 구성한다고 판단하면서, …중략… 국제평화와 안전을 회복하기 위해서는 긴급한 군사조치가 요구된다는 점에 유의하면서 …중략…유엔 회원국들이 무력 공격을 격퇴하고 국제평화와 해당 지역의 안보를 회복하기 위하여 필요한 지원을 대한민국에 제공할 것을 권고한다.

결의 제84호, 1950년 7월 7일

안전보장이사회는,

북한의 무력이 대한민국을 공격한 것은 평화를 침해하는 것이라고 판단하여, 유엔 회원국들이 무력 공격을 격퇴하고 그 지역의 국제 평화와 안전을 회복하기 위해 필요한 지원을 제공할 것을 권고한 후,

1. 대한민국이 무력 공격으로부터 스스로를 방어하고 따라서 이 지역의 국제 평화와 안전을 회복하도록 돕기 위해 유엔 정부와 여러 회원국들이 1950년 6월 25일과 27일에 결의한 82 1950와 83 1950에 근거해 신속하고 적극적인 지원을 시행한다.
2. 유엔 회원국들이 유엔에 대한민국에 대한 지원 제안을 전

달한 참고 사항;

3. 위의 안보리 결의에 따라 군사력 및 기타 원조를 제공하는 모든 회원국이 미합중국 산하 통일된 지휘부에 그러한 군사력 및 기타 원조를 제공할 것을 권고한다.
4. 미국에 그러한 군대의 지휘관을 지정할 것을 요청한다.
5. 통일된 지휘부가 참여하는 여러 국가의 국기와 동시에 북한군에 대한 작전과정에서 유엔기를 사용할 수 있는 권한을 재량으로 부여한다.
6. 통일된 명령에 따라 취한 조치 과정에 대해 적절한 보고서를 안보리에 제공할 것을 미국에 요청한다.

우리 역사 교과서에서는 간단한 한 줄의 설명으로 넘어가지만, 한반도에서의 비극적인 전쟁은 UN이 국제사회에 단합된 힘을 보여준 최초의 사례였습니다. 위기에 처한 남한정부에 UN군의 이름으로 병력을 파견할 것을 안전보장이사회에서 합심하여 결의하였고 총 22개국 195만 명에 이르는 UN연합군이 한반도에 도착하여 UN의 깃발 아래 공산침략군을 막아내었습니다.

국제법은 그 실효성에 대해 많은 논란이 있습니다. 하지만 그럼에도 국제사회가 인류의 공동목표 앞에서는 하나가 되어 단합된 행동을 보여줄 수 있다는 가능성을 우리가 사는 한반도에서 확인할 수 있답니다.

3장

종착역, 법조인이 된다는 것

대한민국에서 법률가가 되는 방법은 법학전문대학원로스쿨에 입학하여 3년의 양성과정을 거친 후, 변호사시험에 합격하는 방법이 있습니다. 2024년 전국에 총 25개의 로스쿨이 인가가 나 있으며, 한 해에 대략 2천여 명가량의 신입생들이 모집되고 있다고 합니다. 여러분들이 로스쿨을 진학하려 한다면, 매년 실시되는 입학시험인 법학적성시험LEET, Legal Education Eligibility Test을 통과해야 합니다. 여기에 더해서 입학시험을 위해 학부 때의 성적이 추가로 심사되며, 최종적으로는 면접시험을 치게 됩니다. 합격하면, 이후 법학교육을 이수 받게 되고, 졸업시험을 통과하면 총 5번의 변호사시험 응시기회 안에 변호사 자격을 취득하면 됩니다.

법무부가 발표한 2024년 변호사시험 합격률은 53%입니다. 총 3,290명 응시에 1,745명이 통과하였다고 합니다. 이 수치는 당해 졸업생과 함께, 예전에 시험에서 탈락하였던 응시자들이 재시험을 친 것까지 포함한 수치입니다. 이런 상황을 볼 때, 변호사시험은 현재 실무법조인이 되는 유일한 길이라 할 수 있어요. 현재 우리나라는 기존의 사법고시 출신의 법조인들이 있고, 로스쿨 제도가 도입된 이후에 자격을 취득한 변호사들이 존재합니다. 하지만 2017년 마지막 사법고시가 끝나면서 54년 동안 유지되었던 법학과 체제의 사법고시 출신 법조인들의 시대는 사라지게 됩니다. 적절한 변호사 숫자에 대한 논란은 여전히 존재하지만, 현재의 수준의 법조인들이 배출되고 있어요.

이와는 별개로 미국을 위시한 서구국가의 로스쿨 진학을 통해 변호사 자격을 받고 오는 법학석사LL.M, Master of Laws 제도 등도 있답니다. 영어에 자신이 있다면, 유학을 통해 미국의 로스쿨 졸업 후에, 미국 주변호사 시험을 통과한 후, 현지에서 활동을 하는 방법도 있어요. 많은 수의 변호사들이 다시 한국으로 돌아와 외국업무 담당의 변호사를 하기도 합니다. 단 이 경우에는 미국 변호사 신분인 관계로 한국에서의 변호사로서의 활동은 제한받을 수 있답니다.

마지막으로는 순수한 학문으로 법학을 연구하는 방법도 있어요. 각 법학전문대학원은 로스쿨 과정과는 별개로 일반대학원 법학과를 운영하고 있답니다. 흔히 말하는 법학박사Ph.d, Doctor of Philosophy가 되는 과정이에요. 실제 법학은 실무의 영역에 더하여, 이러한 사례에 대하여 분석하고 시대에 맞는 법이론을 찾아주는 학문의 영역도 중요하게 여겨지고 있답니다. 법학실무가가 아닌 학자의 길을 원한다면 법학과의 진학을 통해 연구하는 것도 하나의 방법이라고 할 수 있어요. 다만 로스쿨 제도 도입 이후에 실무가와 학자의 벽이 많이 무너지면서, 현재는 순수학문으로의 법학자의 수는 많이 줄어든 상태입니다.

앞에서 살펴보았듯, 법학이란 학문은 사람들의 삶에 대한 분석과 규정을 통해, 정의로움을 추구하는 목적을 가지고 있답니다. 하지만 법이 항상 정의롭고 법학자들이 항상 옳다는 믿음으로 움직이는 것은 위험해요. 법이란 그 절차의 정당성만큼이나 추구하는 목표 역시 선해야 한다고 했답니다. 그런 의미에서 정당한 절차를 통해 만들어진 법도 항상 그 목적이 정당한지를 의심받고 또 검증받아야 합니다.

우리가 들어본 적 있을 '집시와 유태인은 열등하니 지구상에서 지워버려야 한다.'든지 '흑인은 동물과 같으니 노예로 부려도 된다.'든지, '조선인은 개화되지 않았으니 태형매로 다스리는 형벌으로 다스려야 한다.'와 같은 의미를 담고 있는 법들이 우리가 살아왔던 역사 속에서 존재하였고 심지어 나름대로의 적법한 절차를 거쳐 제정되었던 것을 보아야 해요. 이런 측면에서 본다면, 아무리 적법하게 제정된 법률은 정의로울 것이다라고 짐작하는 것은 너무나 위험해요. 법을 법전 속의 무조건 지켜야 할 '문자'로만 바라보면 안 되는 이유가 바로 여기에 있답니다.

우리가 살펴본 헌법, 민법, 형법, 상법, 국제법 외에도 법이 담고 설명하는 영역은 너무나 광범위하답니다. 법학을 공부한다면 좋은 점 중 하나는 하나의 현상을 가지고 이렇게, 여러 가지 법률의 관점에서 바라보고 자신의 의견을 논리적으로 이야기할 수 있는 능력이 길러진다는 것이에요. 그렇게 세상을 바라보면서, 모두가 말하는 공동의 선함을 목표로 현실에 대한 의문을 가지다 보면, 그 시대에 맞는 조화로운 세상을 위한 정의에 대한 자신만의 답을 찾을 수 있게 될 거랍니다. 그 옛날 무기를 들고 죽음의 걱정 앞에서, 안전하게 사는 방법을 고민했던 우리가 동굴에서 나와 법이라는 제도가 나를 지켜줄 거라는 믿음 아래 편하게 밤거리를 걸어 다닐 수 있게 된 것과 같이 말이에요.

1945년 제2차 세계대전이 끝난 이후로, 우리 인류는 긴 번영의 시대를 살아왔답니다. 그 평안하던 일상이 요즘에는 세계 여러 곳의 분쟁으로 균열을 보이고 있어요. 점점 위험해진 세상에서 우리는 다시 두려움에 떨며 돌도끼를 들고 우리만의 동굴을 찾아 들어가야 할까요? 아니면, 우리 모두가 안전한 세상을 만들기 위해 손잡고 고민하던 조상님들의 모습처럼 답을 찾아가야 할까요? 작게는 우리 옆의 이웃들과의 말다툼에서부터 크게는 내 머리 위에 떨어질지도 모를 다른 나라의 드론폭탄을 방지하는 일까지 우리네 삶에서 법이 관여하지 않는 곳은 없답니다. 그러기에 글을 읽는 우리에게 아직도 법이 필요하고, 법이란 학문도 여러분들을 필요로 할 거예요.

법이란 이상하고 어려운 영역을 알아보기 위해 지금까지 따라와 주셨다면 너무나 감사합니다. 저는 항상 상상해봅니다. 누군가, 위험해져가는 세상을 바라보며 나의 동굴밖으로 나와 정의로움이 무엇인지 자신만의 답을 찾아 긴 여행을 떠날 어떤 사람을 말이에요. 저는 그 여행자가 바로 글을 읽고 있는 여러분이 되었으면 좋겠어요. 조금은 어렵지만 언제나 아름답고 의미 있을 여러분의 여행을 응원합니다.

미주

1 "소크라테스는 '악법도 법이다'라고 말하지 않았다.", 대한민국법원, 《법원사람들》, 2017년 6월 30일 기사.

2 "나치 독일에 협력한 것 기억해야… 이탈리아의 반성", 세계일보, 2024년 1월 27일 기사.

3 '법령용어해설' 법제처, (https://www.moleg.go.kr/mpbleg/mpblegInfo.mo?mid=a10402020000&mpb_leg_pst_seq=125496)

4 법제연구원, '대한민국영문법령' (https://elaw.klri.re.kr/kor_service/struct.do)

5 '춤추는 고양이병' 환자들, 오염수 방류 반대 왜?', 노컷뉴스, 2023년 9월 5일 기사.

6 '흔들리는 기초법학 … 25개 로스쿨 기초법학 교수는 4.9%', 법률신문, 2022년 9월 15일 기사.

7 "영화 '터미널' 실존인물, 18년 살던 파리공항서 숨져…사인은", 중앙일보, 2022년 11월 13일 기사.

8 '김정은, '남북관계 근본적 전환' 선언…"적대적인 두 교전국 관계"', 연합뉴스, 2023년 12월 31일 기사.

9 '대구경찰, 교교회에서 미등록 이주노동자 단속… 기본권 침해', 뉴스민, 2023년 3월 13일 기사.

10 이성재, '중세와 근대초기 유럽의 동물재판에 나타난 절차의 중요성', 한국프랑스사학회, 2022. 논문.

11 "사람을 박스로 인식한 로봇… 40대 노동자 깔려 숨졌다", 경향신문, 2023년 11월 8일 기사.

12 "로 대 웨이드: '낙태권 보장' 미국 대법원 판결 49년 만에 뒤집혀", BBC 코리아, 2022년 6월 25일 기사.

14 '배상금 수령 후 이의제기 금지'… 세월호피해지원법 시행령 "위헌", 동아일보, 2024년 7월 4일 기사.
15 "여성참정권 부르짖으며 죽음 택한 에밀리 데이비슨", 중앙일보, 2010년 3월 9일 기사.
16 "헌재로 가는 중대재해처벌법", 파이낸셜뉴스, 2024. 4. 1. 기사.
17 "헌재, "주 52시간제"는 합헌", 법률신문, 2024. 3. 4. 기사.
18 '대전 '금싸라기' 도안지구 토지수용 논란… 일부 지주 소송 제기', 연합뉴스, 2024. 1. 10. 기사.
19 '"13년 간 766건, 인정된 적 한 번도 없어"… 급발진 의심 사망사고에 무죄 선고', 중앙일보, 2023. 6. 20. 기사.
20 "사람이 싫어 가상 캐릭터와 10년 연애 후 결혼한 일본 남성", 동아일보, 2022. 4. 25. 기사.
21 "기적의 PSG 골키퍼, 코마상태에서 다시 필드로 돌아올 채비", 인터풋볼, 2024. 2. 28. 기사.
22 '실종 잠수정 5명 전원 사망… 치명적인 내부 폭발', 동아일보, 2023. 6. 23. 기사.
23 '법원, 신OO 치매인정… 후견인에 자식들 배제', 한국일보, 2016. 8. 31. 기사.
24 송호영, '법인격의 형성과 발전 – 새로운 법인격 개념의 정립은 필요한가?-, 재산법연구 제38권 제2호, 2021. 논문.
25 "할리우드 작가들은 왜 '생성 AI'와 싸우나", ZDNET Korea, 2023. 7. 19. 기사.
26 '인간의 직관을가진 '4세대 인공지능'의 시대가 온다', AI 타임즈, 2020. 11. 19. 기사.
27 양형우, 『민법입문 제6판』, 정독, 2023.
28 '로비 자금 명목 1억 수수… 검사 출신 변호사 실형 확정', 법률신문, 2020. 8. 18. 기사.
29 '"차라리 취소해 달라" 30년 표류 김천부항온천지구 주민들 하소연', 시사저널, 2023년 6월 8일 기사.
30 '친구가 도박한다고 빌려간 돈을 안 갚고 있어요', 한국연예스포츠신문, 2021. 2. 25. 기사.

31 '대법 '금동관음보살좌상' 일본 소유권 인정… '취득 시효 완성'', 경향신문, 2023.10. 26. 기사.

32 '대법, "못 받은 양육비, 자녀 성인 되고 10년 지나면 청구불가"', 로앤비, 2024.07. 18. 기사.

33 '육아기간 외도한 남편, 나중엔 이혼 사유 안 된다… 왜?', YTN, 2024.05. 20. 기사.

34 가츠다 아리츠네 외, 앞의 책.

35 양형우, 『민법의 세계: 이론 판례 (14판)』, 정독, 2023.

36 이균성, '화재보험과 저당권자의 보호', 한국화재보험협회, 1997. 논문.

37 '연이율 최대 2천 400%, 이자만 56억 원 챙긴 고리대금업자 실형', 연합뉴스, 2024. 5. 6. 기사.

38 '"빚 못 갚아 …" 대위변제율 급증', 한국경제, 2024. 3. 17. 기사.

39 '전 남친 보증서줬는데 후회막급, 되돌릴 방법은?', 머니투데이, 2019. 12. 11. 기사.

40 가츠다 아리츠네 외, 앞의 책.

41 "곤장을 매우 쳐라" 싱가포르, 일본인 성폭행범에 태형 20대, 한겨레, 2024년 9월 10일 기사.

42 '범죄 후 피고인 유리하게 변경된 신법 따르지 대법원 판결', 로리더, 2022년 12월 26일 기사.

43 '최악의 원양어선 선상반란 '페스카마호 사건'은?', 서울신문, 2016년 6월 20일 기사.

44 '메리에겐 뭔가 특별한 범죄가 있다.', 시사인, 2017년 10월 2일 기사.

45 '"이 사람은 곧 범죄를 저지릅니다."… '마이너리티 리포트'가 현실로', 한국경제신문, 2024년 7월 18일 기사.

46 '나도 모르는 사이 미행 · 도촬 당했는데… 스토킹 처벌 못한다? ', 데일리안, 2024년 4월 5일 기사.

47 '헌재 "폭행하는 남편 팔 할퀸 여성, 정당방위 맞다"… 기소유예 취소', 경향신문, 2023년 9월 6일 기사.

48 '소방차 막은 아파트 불법주차, 쪽문으로 대원 진입', 동아일보, 2024년 3월 25일 기사.
49 '책갈피 속의 오늘, 1966년 美'미란다 원칙' 판결', 동아일보, 2009년 9월 24일 기사.
50 '르완다 대학살 주범, 20년 만에 프랑스 법정 섰다.' 경향신문, 2014년 2월 5일 기사.
51 'EU "북한군 파병, 국제법 위반"… 유엔 "우크라전에 군사력 추가 반대'', VOA, 2024년 10월 25일 기사.
52 북한, 러시아 파병 첫 시인… "그런 일 있으면 국제법 부합", 한겨레, 2024년 10월 25일 기사.

참고문헌

가츠다 아리츠네 외,《개설 서양법제사》, 민속원, 2020.

금태섭,《디케의 눈》, 궁리, 2008.

김영란,《판결과 정의》, 창비, 2019.

레이먼드 웍스,《법철학》, 교유서가, 2021.

린다 콜리,《총,선,펜》, 에코리브르, 2023.

마이클 샌델,《정의란 무엇인가》, 와이즈베리, 2014.

박혁,《헌법의 순간》, 페이퍼로드, 2024.

성낙인,《헌법개론 제12판》, 법문사, 2022.

신동운,《간추린 신형사소송법 제12판》, 법문사, 2020.

양형우,《민법의 세계: 이론판례 제13판》, 정독, 2022.

양형우,《민법입문 제6판》, 정독, 2023.

이상영 외,《법철학》, KNOU, 2018.

이세훈,《법령용어해설》, 법제처, 2009.

이재성 외,《형법총론 10판》, 박영사,2022.

정인섭,《신국제법강의, 이론과 사례 제14판》, 박영사,2024.

페터아렌스,《유럽의 폭풍, 게르만족의 대이동》, 들녘, 2006.

폴커 키츠,《법은 얼마나 정의로운가》, 한스미디어, 2023.

피터 L.번스타인 지음, 안진환 옮김,《리스크》, 한국경제신문, 2008.

한동일,《로마법수업》, 문학동네, 2016.

국회 제1회 제17차 속기록 중, 대한민국역사박물관
대한민국법원, '법원사람들', 2017
박찬호, '국제해양법상 해양의 평화적 이용에 관한 소고', 법학연구, 부산대학교, 2024.
이균성, '화재보험과 저당권자의 보호', 한국화재보험협회, 1997.
이영록, '헌법에서 본 3.1운동과 임시정부의 법통', 법학논총, 2017.

Derek Croxton, 《The Peace of Westphalia》, 2002, Greenwood.
Henry Flanders, 《*A Treatiese on Maritime Law*》, Boston: Little Brown and Company, 1852.